世界传世藏书

【图文珍藏版】

二战通史

马博⊙主编

第六册

線裝書局

三十一、守土有责——马占山

"神武将军天上来，浩然正气系兴衰，手抛日球归常轨，十二金牌召不回。"
——陶行知《敬赠马占山主席》

马占山字秀芳，1885 年出生于吉林怀德县，祖籍河北河北省唐山市丰润区。他从小给地主放马，后因丢失一匹马，被抓进官府，遭毒打和关押并被逼赔偿。后来，那匹马跑回来，地主仍不退钱。马占山一怒之下，上山落草，因善骑射，为人义气，不久被推为头领。1907 年入奉军第 6 骑兵旅，1929 年被张学良任命为黑龙江省骑兵总指挥，1930 年任黑河警备司令兼黑龙江省陆军步兵第三旅旅长。

1931 年 9 月 18 日，日本关东军在沈阳炮轰东北军北大营，揭开了侵占中国东北的序幕。张学良的军队在蒋介石密电"不许抵抗"的命令下节节撤退（张学良晚年在接受日本电视台采访和与唐德刚口授历史时多次声明"九一八"事变时不抵抗是他自己的主张，与蒋无关。）日军仅用了短短的 40 多天的时间，在未遇任何抵抗的情况下，就占领了辽、吉两省，中国东北半壁大好河山被拱手相让，沦于敌手，成为我们民族的奇耻大辱，让国人悲愤万分。

马占山

日军占领了辽、吉两省后又开始步步进逼黑龙江省。"九一八"事变发生后，在国内一片"不抵抗将军"的指责下，张学良电令马占山任黑龙江省政府代主席兼军事总指挥，负守土职责。此时黑龙江省有东北军 3 万余人，分驻扎兰屯、海拉尔、黑河、克山、满洲里、拜泉等地。当时黑龙江省省会是齐齐哈尔，日军沿平齐铁路线北进，唯一的咽喉要道是松花江上游一大支流上的嫩江大铁桥，此处是阻扼日军的要塞，舍此将无险可守。

1931 年 10 月 13 日，由日本人扶持的、自称为"边防保安总司令"的汉奸张海鹏令其旅长徐景隆带三个团为先锋向黑龙江省进犯。16 日拂晓，伪军进抵江桥南

端，与守军徐宝珍部发生激烈战斗，其三个团在守军的反击下伤亡惨重，伪旅长触地雷身亡，所部伪军因伤亡惨重而溃退。为防止伪军再犯，守军将嫩江桥炸毁三孔。马占山得知伪军向江桥进犯的消息后，遂由黑河南下，19日夜抵达省城齐齐哈尔，20日宣誓就职，就任黑龙江省代理主席、军事总指挥。

马占山就职后，布告安民，整顿社会秩序，致电前线将士奋力阻敌，以尽守土之责。并于10月22日发表对日抵抗宣言："凡侵入我境者，誓决以死战。"马占山不顾蒋介石的不抵抗命令，不理日军的恫吓，毅然肩负起抗日的重任。他明确表示："吾奉命为一省主席，守土有责，我已决定与日本拼命，保护我领土，保护我人民。一息尚存，绝不敢使尺寸土地沦于异族。"

日本关东军在张海鹏伪军失败之后即准备直接出兵，认为中国军队破坏嫩江桥是最好的借口，遂以洮昂路的修建有日本投资为理由，11月3日，关东军司令部向黑龙江省政府发出关于修复江桥的通告："在11月4日中午12时以前，两军撤至距桥10公里外，在修桥任务未完成前不得进入10公里之内。对不答应上述要求者，视为对日军怀有敌意，当依法诉诸武力，特此通告。"

这个"通告"，实际上是日军向黑龙江省进攻的最后通牒。面对关东军司令部的"通告"，马占山拒绝了日军的最后通牒，下令："如果日军侵入我阵地，即行抵抗。"此刻，广大官兵枕戈待旦，严阵以待，准备迎击来犯之敌。

1931年11月4日凌晨，日军出动7架飞机，4000名士兵在4列铁甲车和数十门山炮掩护下，向江桥发起猛烈攻击。马占山立即命令守军奋起还击，声震中外的嫩江河畔的血战全面爆发，黑龙江的这位小个子军人——黑龙江省代主席马占山，率部在泰来县江桥镇境内的嫩江桥打响了抗击日寇的第一枪。

4日上午，日嫩江支队先遣中队在飞机的掩护下从江桥车站北进，通过嫩江桥后向大兴车站以南的中国军队阵地进攻。马占山卫队团徐宝珍部、张竞渡部共2700人奋起迎击，将敌击退。直到中午，日军伤亡很大，纷纷溃退回南岸。下午至夜，日军发起数次强攻，均被守军击退。

5日4时，日军重新组织进攻，6时以数十门大炮对守军阵地炮击，7时日伪军8000余人在大炮和飞机的掩护下，日军从中路、伪军从左右两路渡江，当船到江心时，中国军队猛烈还击，日伪军虽伤亡很大仍挣扎强渡。10时，日军占领江岸第一线阵地，守军分撤至左右两翼阵地，日军继而向第二道防线大兴阵地发起猛攻，遭到守军顽强抗击。战到日暮，由于"中国军队用步兵及骑兵实行包围式之反攻，使日军蒙受极大损失，而不得不向后撤退"。

1931年11月17日的《滨江时报》曾经发表评论说，黑龙江中国的军人在日军

的横暴下孤军奋战。嫩江河畔的赤血，是中国血性男儿的瑰宝，黑龙江的中国军队，是真正的卫国勇士。文章说我们对于中国军人不能不怀疑，究竟有多少可杀敌，我们在极度失望下，我们在失守东三省后50天，才发现黑龙江的马占山是足以当"中国军人"四个字而无愧。

尽管中国军人同仇敌忾，个个"奋勇异常"，但因连日苦战，伤亡很大，既无援军又无弹药，在侵略军源源不断地得到大量补充和增援的情况下，敌强我弱的局面日趋严重。加之阵地被毁，"实在无力支持"下去，11月18日下午，马占山将军不得不痛苦地下令撤出战斗。11月19日9时许，日军主力占领距省城15里的榆树屯，以猛烈炮火向省城轰击，17时，日军5000余人侵占齐齐哈尔，马占山率部沿齐克路撤往克山、拜泉、海伦一带集结，江桥之战至此结束。

1932年，马占山诈降，出任伪黑龙江省长兼任伪满洲国军政部总长之职后，秘密用12辆汽车、6辆轿车，将2400万元款项、300多匹战马及其他军需物资运出城外，再次举起了抗日的旗帜。

马占山在拜泉邀集李杜、丁超等各路军的代表开会，改黑河警备司令部为省府行署，三路人马共7000人，公推马占山为黑龙江省救国军总司令，会上作出三路出击日军的战斗部署，在不到半年的时间里，马占山率部给日伪军以重创，大灭日军侵略气焰，后因战事失利，退到苏联境内。

江桥抗战打响了中国东北抗日第一枪，它也是抗击日本侵略军的典范，东北爱国民众纷纷建立抗日武装，在不到半年的时间内，东北义勇军总数达30余万人，可以说，江桥抗战点燃了中国东北抗日的烽火。

马占山所部与日军血战江桥的壮举，给了全国人民以莫大的鼓舞，马占山的名字，迅速传遍全国，慰问函电如雪片般飞来，人们称赞他"为国家保疆土，为民族争光荣"，是当代的"爱国军人"和"民族英雄"。上海《生活周刊》给马占山发专电称："奋勇抗敌，义薄云霄，全国感泣，人心振奋。"

三十二、"长沙之虎"——薛岳

薛岳（1896～1998年），抗日名将，外号"老虎仔"，字伯陵，广东乐昌人，原名薛仰岳，后因崇敬岳飞改名薛岳。有抗日"战神"之称，在抗日战争时期，参加淞沪会战，指挥了武汉会战、徐州会战、长沙会战等著名会战；以其著名的"天炉战法"，打击了日本侵略者的嚣张气焰，荣膺美国总统杜鲁门所授自由勋章，张

治中将军称其为"百战名将"。

1937年，"淞沪会战"爆发时，薛岳驻守在贵州，他连续三次请命，要求到前线抗战，最终得到蒋介石应允。1937年9月17日，他到达南京，被任命为第19集团军总司令，归第三战区左翼军总司令陈诚指挥，投入淞沪战场。他们在蕴藻浜南岸一带坚守半个多月，虽然伤亡巨大，但也给了日军很大打击，"淞沪会战"后先后任武汉卫戍区第一兵团总司令及第9战区司令长官等职。

1938年7月，武汉会战爆发，在整个武汉会战期间，时任武汉卫戍区第一兵团总司令的薛岳指挥的万家岭战役，取得辉煌胜利，几乎全歼敌160师团，是抗战8年绝无仅有的。虽未能保住武汉地区，但实现了预定的消灭敌军有生力量的目的。时任新四军军长叶挺曾盛赞薛岳指挥的万家岭大捷"挽洪都于垂危，作江汉之保障，并与平型关、台儿庄鼎足三立，盛名当永垂不朽"。

薛岳一生戎马，最辉煌和最值得铭记的，当属他指挥的三次长沙会战。

薛岳

1938年10月下旬，日军攻占岳阳，兵逼长沙。10月12日夜间，长沙守城官兵在慌乱中点燃大火，历史名城长沙基本被焚毁，人员和财产损失严重，薛岳临危受命，担任第9战区副司令长官，代司令长官，并兼任湖南省政府主席，肩负起保卫长沙的重任。

临危受命到长沙的薛岳，不敢有丝毫的怠慢，他首先熟悉地形和了解敌情。在摸清了湘北的地形后，薛岳对保卫长沙充满了信心，设计了一套"天炉战法"的作战方案。其实，蒋介石心里对第9战区也不完全放心，为了加强对长沙作战的指导，派白崇禧和陈诚到长沙，与薛岳商讨作战方案。白崇禧提出了一个和薛岳不同的作战方案，陈诚认真听了他们的分析后，经过思考，认为薛岳的方案较好，还为这个方案总结为8个字"后退决战，争取外翼"。

1939年9月14日，日军11军司令官冈村宁次指挥日军精锐部队18万人，在

海空军的配合下直取长沙。大敌当前，以蒋介石为首的国民政府军事委员会从战略考虑，为保存有生力量决定弃守长沙。而薛岳坚信长沙一定守得住，毅然抗命，电呈军委会，表示"誓与长沙共存亡"的决心。蒋介石急了，派白崇禧去第9战区以"长期抗战，须保存实力"相劝，薛岳也不听。后来蒋介石在陈诚等人的劝说下补发了一条命令："配合你，就在长沙打！"

在长沙会战中，薛岳开创的"天炉战法"至今仍被世界各国军事家奉为陆军野战的经典之作。当日军发起进攻时，在保存实力的情况下，薛岳的部队先节节抵抗，节节后退，尽量地拖累和疲耗敌人，然后向斜侧后方山地撤退，绕到敌人的包围圈外面去，从更大的层面上形成对日军的反包围，砌成两面"天炉之壁"。同时，在中间地带，彻底地破坏交通道路，空室清野，诱敌至决战区域，而断其后路，从四面八方构成一个天然"熔炉"，最后歼灭包围之敌。

这一战，薛岳以一种"后退决战"的战术，诱敌深入，然后予以包围歼灭。日军虽然装备精良，但毕竟兵力有限，尤其是人员伤亡无法补充，拖下去凶多吉少，只会加大伤亡。冈村宁次不得已，只好下令撤退，中国军队乘胜追击，终于取得第一次长沙大捷。此战共歼敌3万余人，成为日军侵华以来遭受最大损失的战役，对日军士气打击严重。日本军部的总结报告也承认："中国军队攻势规模很大，其战斗意志之旺盛，行动之积极顽强，在历来的攻势中少见其匹。我军战果虽大，但损失亦为不少。"

1941年，阿南惟几调任日军第11军司令官，他上任后一心想"一雪前耻"。他集中全军六成以上的兵力在长沙正面，准备强攻长沙。1941年9月18日，日军开始疯狂攻击大云山的薛岳部，日军利用强大的火力优势，直扑长沙外围。第二次长沙保卫战拉开了序幕。此时薛岳仍然采取诱敌深入的方法，不与日军正面交战，只是尽量将日军引向湖南的崇山峻岭。正当阿南惟几的大军向长沙长驱直入时，其后方却屡遭紧随而来的中国军队的四面打击，后勤补给线几乎全部被切断。9月26日，陈诚的第6战区主力向宜昌发动猛攻，此时的阿南惟几再也顾不得攻占长沙了，重复了他的前任冈村宁次曾下达过的命令："全线撤退。"下令在湖南的日军立刻回守宜昌。混乱中薛岳抓住战机，及时令长沙外围的6个军同时向日军发动攻势，形成南北夹击之势。此时的日第11军早已乱了阵脚，损失惨重，大败而归。

1941年12月7日，日军偷袭珍珠港，太平洋战争爆发，为了配合盟军作战，蒋介石命令薛岳，从第9战区抽调第4、第74军南下，拟配合第4、第7战区进攻广州，以消解日军攻取香港的打算。日第11军司令官阿南惟几听说薛岳的两支精锐部队南下，决定再攻长沙。

此战薛岳以第 10 军死守长沙，主力部队正迅速向长沙外围合拢，以优势兵力形成了一个对日军的包围圈。薛岳下令第 10 军李玉堂布下巷战阵势，守卫长沙市区。薛岳给第 10 军下了道死命令："擅自后退者杀无赦，重伤兵亦不得后撤。"战斗到激烈的时候，薛岳连身边的卫队也投入了进去。就在双方在长沙东南郊展开激战，拼死争夺之际，中国军队切断了日军的补给，而薛岳于岳麓山中部署的炮兵阵地，更是发挥了极大的杀伤效果，日军的天时地利尽失，只能苦苦支撑。

1942 年 1 月 3 日，正当第 10 军死守长沙时，第 9 战区的大军正迅速向长沙外围合拢，以 9 个军的优势形成了一个从东南、东北、西面及北面对日军的包围圈。阿南惟几知道攻下长沙已不可能，再不走就有全军覆灭之危，在众参谋的劝说下，他咬着牙下达了全军撤退的命令。薛岳随即命令各部队从不同方向对败退的敌军展开围追堵截。日军且战且退，损失惨重。第三次长沙会战，中国军队击毙击伤日军近 6 万人，就历次中日战争中的战场成果与记录而论，第三次长沙会战的战绩应是最为辉煌的，而薛岳将军更是因此被日军称为"长沙之虎"。

在中国赫赫有名的美国"飞虎队"队长陈纳德将军的遗孀陈香梅女士在美国出版的一本畅销书里讲到，在中国抗战时期，天上有一个"飞虎"是陈纳德，地上有个"奔虎"就是薛岳。

中国军队第三次长沙会战的胜利，在国内外都产生了积极的影响。蒋介石在黄山别墅说：此次长沙会战，实为"七七"事变以来最得意之作。薛岳得到了蒋介石给予他的最高奖赏——青天白日勋章，美国总统罗斯福在第三次长沙大捷后发来了一份热情洋溢的贺电："中国军队对贵国遭受野蛮侵略所进行的英勇抵抗，已经赢得美国和一切热爱自由民族的最高赞赏。"抗战后期，日本人打到广东时，对薛岳家的祖坟非但寸草未动，还清得干干净净，杀鸡杀羊杀牛来祭祀，就是因为日本人也觉得薛岳是一个英雄。

薛岳将军为民族的独立奋战 8 年，立下了赫赫战功，纵观整个抗日战争，薛岳是歼灭日军最多的中国将领，单单三次长沙会战就歼灭日军 10 万余人，其军事生涯也走向了巅峰。

三十三、"是功是过？是荣是辱？"——余程万

抗日战争中，国民党有五大王牌师，其中最著名的是第 74 军，在抗战中英勇善战被称为"抗日铁军"，而"抗日铁军"中最著名的师就是"虎贲"师（第 57

师）。"虎贲"这一称号是他们在上高战役上用浴血奋战换来的。"虎贲"师师长余程万，广东人，黄埔一期学生，1936年2月5日授少将军衔，在第74军，他的资历比两任军长俞济时、王耀武都要老，虽然他们是上下级关系，但私下两人都将余称作老学长。"虎贲"师在1943年的常德会战中全军覆灭，而余程万也因这一战而成为一位备受争议的人物。

常德会战发生于1943年11月至12月，是日本中国派遣军为牵制中国军队对云南的反攻，并掠夺战略物资，打击中国军队的士气，对第6战区和第9战区结合部发动的一场战役。日军第11军出动约九万人攻占常德，中国第74军57师苦战16昼夜，几乎以全军覆灭的代价为中国军队形成对敌的反包围赢得了主动，6天后中国军队收复常德。

常德是湘西北重镇，川贵的门户，素有"西楚唇齿""黔川咽喉"之称，战略地位十分重要。常德历来是水陆交通的枢纽，可北扼长江，进逼宜昌，东指粤汉铁路，西协黔川，历来为兵家必争之地。

在这个不足4平方公里的城里，发生了抗日战争时期继上海、南京、台儿庄之后规模最大的一次会战，被称为"东方斯大林格勒战役"。日军以"凄绝"形容常德保卫战，在电报中称"此次攻防战激烈之程度，不禁使人想起南京攻击时，'重庆'军之战意，诚不可辱也。"

常德会战前夕，蒋介石在开罗会议上向罗斯福表示一定能守住常德，并电谕第9战区司令长官薛岳与第74军军长王耀武："一定要保住常德，驻军必须与城共存亡。"并钦点"虎贲"师赴常德坚守城池。

1943年5月，余程万率第57师奉命赶往常德，当第57师经过11昼夜兼程赶到城郊时，常德百姓已疏散到外地，城内空无一人。第57师随即留驻常德接替防务。余程万一面整训部队，一面构筑工事。当蒋介石令其"固守常德"时，余程万曾当即复电："奉电寄重，保卫常德，本师官兵，极感光荣，均抱与常德共存亡之决心，达成任务，以负期望之殷。"余程万此刻亦向全师官兵动员，发出了"城存与存，城亡与亡"的作战号令。8000多将士同仇敌忾，誓与常德共存亡，有虎贲存在，常德一定存在。为了表达牺牲的决心和准备，余程万临战前给妻子写了绝笔书："程万此次奉命保卫常德，任务固甚重大，但我以担负这个任务为光荣，文天祥说'人生自古谁无死，留取丹心照汗青'。在此诀别的时候，我谨将后句改为'留取光芒照武陵'。"书信发出后，他即率领全师官兵宣誓："非将敌寇驱退，决不生离常德。"并指嘱常德城一处高地为战死后的葬身之地。

会战从11月18日开始，日军先头部队在飞机的掩护下对常德城发起了进攻，其中日寇攻城部队有第 3 师团，第 68 师团，第 116 师团，共计 3 万余人，而常德的守城军队只有 8000 多人的第 57 师，力量对比悬殊。

会战开始，中国军队发扬大无畏的牺牲精神，在敌我力量悬殊的情况下与敌鏖战，拼死作战，日军求胜心切，疯狂进攻，中国军队在多处与敌反复厮杀，战况极为惨烈，坚守 16 昼夜，予敌重创，中国守军虽然牺牲惨重，但兵亡官继、弹尽肉搏，宁可战死，决不投降。在保卫常德城的最后关头，日军采取攻心战，向城内居民散发招降传单："日军爱护汝等，宜速反对抗

余程万

战，与 57 师将兵扬起白旗。"余程万在传单上批语："黄埔军事教育，无悬起白旗之语。"

常德城内经过日军 14 天的飞机轰炸、炮轰、毒气弹、燃烧弹，无数次的攻防战和白刃冲锋，打到 12 月 3 日凌晨，第 57 师参战的 8315 名官兵，仅剩 300 余名。余程万深感大局已难挽回，于 3 日凌晨 2 时召集少数几个能到达的团长开会，决定突围。于是翻越南城墙，乘小船渡过沅江突出重围，点算共有 83 人。担任掩护师突围的第 169 团柴意新团长及留城内掩护的人员全部牺牲。经过 12 昼夜的血战后，常德于 12 月 3 日晨被日军占领。

常德城失守令从开罗归来的蒋介石大为光火，认为余程万抛弃部属放弃守土，下令将其拘押至重庆。扬言要将余程万枪决，后因众将求情说："57 师全体官兵守城为国捐躯，弹尽粮绝，实已尽全力。"得免。但在常德会战后，余程万以"临阵脱逃"罪名沦为阶下囚，判刑两年，被囚 4 个月之后无罪释放，旋任命为国军第 74 军中将副军长。此事引发了长久的争议，有人以为余程万弃城潜逃，纯以天子门生获释，也有人认为蒋介石行事苛刻，常德一战，余程万已尽最大努力，如此重惩，有失厚道。是功是过？是荣是辱？还是留给后人去评说吧。

三十四、风流川将——"范哈儿"

"范哈儿"（范绍增）是"傻儿师长"的原型，四川省大竹县清河乡人。著名抗日将领。

新中国成立前，盘踞四川的军阀中，有两位是特别好色，姨太太成群结队。其中一位，是后来去了台湾的杨森。另一位，就是"范哈儿"。比较杨森和范绍增两位风流"将军"，最大的差别，大约是杨森相对受过正规教育，有旧派军人的作风；而"范哈儿"出身"袍哥"（四川地区的民间帮会组织），故而江湖气息更重。

"范哈儿"有多少个老婆谁也说不清，有人算了一下可能有40多个。20世纪30年代初期，范为便于金屋藏娇，讨姨太太们的欢心，斥巨资在今重庆大礼堂对面的民国路，修建了占地面积可观的公馆——范庄。这处花园式建筑设计新颖，装修华丽，花园有亭台阁榭、怪石奇葩；还辟有健身房、台球馆、游泳池、网球场、舞厅；大门侧面养着狮、虎、熊等动物。范庄内众姨太太都有自己的居所，美色如云。"范哈儿"每日公务之余，便在新公馆里左拥右抱，风光旖旎。

抗战爆发后，"范哈儿"痛感国难当头，心潮澎湃，决意请缨出征。蒋介石满口夸赞，委任他为第88军军长。然而除了这么个军长的头衔外，一无士兵，二无武器。"范哈儿"牙齿一咬："没关系，只要你蒋委员长肯给编制，老子自己招兵！"

"范哈儿"这次组建军队是散尽家财，自募兵员，国民政府只给了他一个军的番号却不给钱和人。他找到昔日的好友罗君彤，任命他为副军长，在大竹、合江两地成立新兵招募编练处，同时又利用袍哥、旧部的种种关系，号召他们踊跃参军，英勇杀敌。不到10天，就凑起了4个新兵团，加上原有两个团，计6个团，达万余人。

有了人，武器又成了问题。"范哈儿"绞尽脑汁，搞到一些库存的旧枪械，但这些武器破旧不堪，都是其他川军淘汰的破烂货，根本无法使用。于是，"范哈儿"找到军械修造厂的老部下，对他们说："我自己出修理费，你们帮帮忙，一定要尽快把这些枪炮修好，我好出去打鬼子。"

出川前，他召集全体官兵训话："过去我们在四川打内战，都是害老百姓，这回弟兄们随我去打日本鬼子，打的是国仗，你们要好好干，要人人当英雄，不准当狗熊，老子就是倾家荡产，拼命也要同你们一起把日本的龟儿子赶跑。"

1939 年初，"范哈儿"率第 88 军出川，在开拔前夕，"范哈儿"根据国民党军委会对部队番号保密的规定，在全体官兵臂章上用"英挺"两字为代号，其意思为第 88 军是英勇挺进的部队。

1940 年 8 月，"范哈儿"部在太湖沿线与日本军队激战。"范哈儿"来到前线督战，他说："弟兄们，现在是显本事的时候了，本人叫伙房杀了几头猪，犒劳大家，不过，老子把丑话说在前头，哪个畏缩不前，在小日本龟儿子面前丢人现眼，莫怪老子的枪子不认人！"

结果在这场战斗中，第 88 军击溃日军一个连队、毙伤日军数百人。

次年冬，第 88 军调太湖张渚地区担任防守，日军第 22 师团长土桥一次指挥敌伪两万多人进犯，在宜昌一带展开激烈的拉锯战。"范哈儿"亲临第一线督战，终于击败日军。1941 年春节时，老百姓慰问范部，"范哈儿"在张渚各界劳军会上说："这回打日本人，不是老百姓帮忙，还是打不赢的，下回我们不把仗打好，老百姓要吐我们口水！"

1941 年 1 月，日军利用"皖南事变"所造成的正面国民党兵力空虚的有利条件，对太湖地区发动猛烈扫荡，第 88 军前锋不敌，纷纷后撤。"范哈儿"与副军长罗君彤挡住去路，范高吼："王铭章师长固守滕县，以身殉国，何等壮烈！如果我们丢城失地，将来有何面目回四川见父老乡亲?！"

他亲率部队，与日军激战三天三夜，多次拼刺刀肉搏，终于在春节前夕将日军全线击溃，收复原有阵地，还缴获了一架日军迫降的飞机，这对国民党正面战场来说确是一个了不起的胜利。这年秋天，华中许多国民党中央军连连失利，未完成作战计划，唯独"范哈儿"的第 88 军击溃了日伪军两万多人的扫荡，并收复了余杭县城，获国民党军政部明令嘉奖。

虽在前线打了胜仗，"范哈儿"却被惯于玩弄权术的蒋介石调任为没有实权的第 10 集团军副总司令，明升暗降。

"范哈儿"一气之下，于 1942 年初回到重庆。他频繁地与一些进步人士接触，思想逐渐倾向反蒋。"范哈儿"被蒋介石夺了兵权后，虽然手下没了部队，但在四川依然有强大的势力，当内战愈演愈烈，国民党损兵折将，眼看解放军就要入川。这时"范哈儿"又再次向老蒋请战，要招兵买马抵抗共军。1949 年秋，经顾祝同斡旋，蒋介石委任"范哈儿"为国防部川东挺进军总指挥，编练新军，保卫四川！老蒋哪里知道，"范哈儿"早在抗战开始时，就已经与地下党有了来往。1949 年 12 月 14 日，他在刘伯承、邓小平的感召下，毅然率所属官兵 2 万余人在渠县的三汇镇通电起义。

一个胸无点墨的江湖袍哥，激于民族大义，领兵抗日，不惜散尽家财。后来又能认识到民主之可贵，反蒋之独裁，殊为可贵。

1977 年 3 月 5 日 "范哈儿" 在郑州去世，终年 83 岁。

三十五、抗战中的 "鄂中大怪物" ——王劲哉

王劲哉将军是中国近代史上最富传奇色彩、最有个性、最奇特的军人，他是屡立战功的西北军骁将，"西安事变" 的主要参与人，逮捕韩复榘的执行人，鄂中 6 年抗战的旗帜、领袖，参与国军抗日战役最多、战功最卓著的抗日名将之一，他文武双全、军政皆能，治理开封、鄂南等地成就斐然，有 "开创乱世好风气" 的美誉。

王劲哉，原名王步礼，1897 年出生于陕西省渭南县（今渭南市）阳郭镇康坡村一个贫农家庭。他自幼胆识过人，崇武厌文，喜爱舞枪弄棒，20 岁即进入西安讲武堂学习军事。1925 年，王劲哉进入陕西靖国军任连长，后加入杨虎城的第 17 路军，从营长一直升到西北军第 38 军第 17 师第 49 旅旅长之职。

由于他作战勇猛，身先士卒，常常手挥大刀上阵搏杀，在军中赢得了一个响亮的外号——"王老虎"。

王劲哉是抗日战争中一个特殊的人物，他原为杨虎城西北军的一个旅长，抗战初期升为新编第 35 师师长兼开封警备司令。在徐州会战中立下战功，曾受到蒋介石通令嘉奖，并在 "一·二八" 淞沪抗战的荣誉纪念日命名王劲哉所部为陆军第 128 师，拨归汤恩伯集团军序列。1938 年 10 月，旷日持久的武汉会战以日军占领武汉而告终，在九江乌头镇阻击日军战斗中损失惨重的第 128 师王劲哉部受命开赴鄂南的咸宁、蒲圻（今赤壁市）一带休整补充。这时候，王部建制较完整的 382 旅李俊彦部被汤恩伯调往河南补充其他部队，李俊彦是个虎将，挥泪告别了多年追随的王劲哉将军。这时 128 师余部连同师部和轻、重伤员在内已不足 800 人，王劲哉差不多成了一个有名无实的 "光杆" 司令。王劲哉带着他的残部在鄂南，好一阵子也没把队伍恢复起来。

武汉失守后，部队纷纷后撤，汤恩伯命令王劲哉撤退到湖南。但王劲哉想，我现在是个 "光杆" 司令，到哪儿去都一样，便决定不买汤的账，就待在鄂南算了，于是迟迟没有动身。

旷日持久的武汉会战后，丢失在战场上的枪支、弹药和各种武器不计其数，当

地青壮年随手可捡几杆枪。于是，这些有了枪的人们便纠合起来，纷纷拉起队伍，一时间，中原大地群雄并起。雄心勃勃的王劲哉看到这是壮大队伍的大好时机，他饱经沙场，经验丰富，知道这些杂牌武装不是对手。

1938 年冬季，王劲哉率部从浦圻渡江，乘虚进入沔南、沔阳，采取诱降、硬吃的办法，收编川军周兴的 2000 人，将汉川周干臣部改编为一个团，甚至将已被国民党收编的游击纵队第五支队管子芳部吞掉，还有共产党领导的汉川独立大队 800 人。不到一年，王劲哉的队伍扩大到 15 个团，近 3 万兵力。不久又扩为 9 个独立旅，占有鄂中 6 个县的地盘，成为鄂中的霸主。

王劲哉师长可称得上真正的"独立"，他靠手中实力在日军占领区建立起独立王国，实行的是王劲哉主义。在王劲哉住所的大厅中央，并排挂着两个人头像，一个是蒋介石，另一个是王劲哉。王劲哉亲手题撰对联一副贴于两巨幅头像侧。上联：你蒋委员长若抗战到底；下联：我王劲哉誓死不做汉奸。

王劲哉自幼争强好胜，为人猜忌多疑，时刻提防别人暗算，因此便更加凶狠地暗算别人。他动辄以"汉奸"罪杀戮百姓，对军内持不同意见者，统统以"反王师长"之罪杀害。蒋介石派去的军官多被他除掉，连友邻部队第 49 师派往该师的联络参谋也遭活埋。他不论亲疏，翻脸就要人的脑袋，先后处死过老师、同学、同事、部下甚至亲表弟。在重庆，报界将他描绘成青面獠牙的"鄂中大怪物"。

1940 年夏，日军武汉警备司令古贺太郎派 4 个汉奸前来劝降，拿出信函，上面写道："本部请示南京司令，只要你投降，就封你湖北 20 万皇协军总司令。"王劲哉在信的背面写个死字，画上刺刀，交给一个汉奸，说道："去告诉老贺，我王劲哉的战表就是刺刀。"并命令卫兵将其他三个汉奸推出"用刀"。古贺太郎大怒，1941 年夏末，日军河野部队以 5000 步兵、2000 骑兵，在 40 辆坦克和 30 架飞机配合下，向第 128 师陶家坝阵地发起猛烈进攻。

王劲哉指挥部队与日军血战 7 天 7 夜，直至肉搏，终于击溃了敌军。此役歼敌 1800 余人，缴获大量武器装备，取得了重大胜利，创造了有"江汉平原的台儿庄战役"美誉的陶家坝之战的奇迹。

对王劲哉这颗钉子，不光日军想拔掉，就连国民党第 6 战区司令长官陈诚也想除之而后快。他密令第 128 师第 382 旅旅长古鼎新除掉王劲哉，事成后让古鼎新担任该师师长，古鼎新为避嫌疑，竟向王劲哉主动交出密令以表忠心。生性多疑的王劲哉表面上虽然赞许古鼎新的忠诚，暗地里却对他产生了猜忌，认为被人策反的人肯定有反主的可能。于是，他给独立旅旅长潘尚武下了道手令，命令潘严密监视古鼎新旅的一举一动并相机歼灭。没想到这么机密的命令被古鼎新知道了，立即派人去武汉与日军联系反王投日之事。古的投降让日寇如获至宝，从此对第128师的兵力布防、火力配备以及防区虚实几乎了如指掌。

王劲哉的第128师长期控制着江汉平原这一战略要地，对侵入华中重镇武汉的日军构成严重威胁。1943年2月，日军为歼灭第128师，以其第11军5万兵力，在60架飞机掩护下，发起了"江北歼灭战"。

2月21日，日军对以百子桥为防御中心的第128师实施猛烈的包围攻击，王劲哉率全师官兵凭垒固守，顽强抵抗。但终因日军兵力强大，加之古鼎新旅叛变，引导日军突破阵地。经过近10天的战斗，王部官兵战死8604人，被俘2.3214万人，王劲哉本人也受伤被俘，鄂中"王国"如过眼烟云，彻底覆灭了。

在第128师被围攻之时，国民党军队拒不相助，而是以之为诱饵，集中了第22集团军、第20集团军、第6集团军等大批部队，对日伪军进行反包围，取得了打死打伤日伪军1.4万余人，俘虏5000余人，击毙日军第58师团长下野一霍的重大胜利。

战役结束后，在王的司令部里发现一具面目皆非的尸体，国民党就以为王劲哉已为国捐躯，为了宣传的需要，便追封他为陆军二级上将，授一级青天白日勋章。其实，王劲哉被俘后，日军没有杀死他，而是想尽办法让王劲哉为己用。但是王劲哉始终不肯投降，日军没办法，只好硬给王劲哉设了伪师长的职位，以对外显示王劲哉已和日军合作，从而破坏王劲哉在老百姓心目中的形象。过了不久，王劲哉就率部起义反正，开展敌后游击战，直到部队被彻底打散后，他回到康坡村隐居了一段时间。抗战胜利后，王劲哉奔赴延安，成为中共特别党员。

8年浴血抗战中，王劲哉将军率国民革命军第128师屡建奇功。他作战英勇，敌人对这个绰号"老虎"的师长既恨又怕。国民政府曾给两位"抗战殉国"的将领追封陆军二级上将，授一级青天白日勋章，一位是壮烈殉国的张自忠将军，另一位就是被出卖后落入敌手的王劲哉将军。

半个多世纪已经过去了，王劲哉已经成为一个历史人物，总结他复杂而传奇的一生，虽然有严重的个人错误，但对人民对民族有功，王劲哉的一生应该是功大于过。

第四章　二战武器

一、空军战机

战机是二战中最为重要的武器装备之一，按照今天的话来说，谁掌握了制空权谁就掌握了战争的主动权。在二战初期，德军之所以势不可当，其主要原因除了战术得当和装甲力量雄厚之外，还有非常重要的一点就是来自天空的支持。

（一）德国 Me-262 喷气式战斗机

Me-262 是德国梅塞施密特（Messerscthmitt）飞机公司于二战时期所设计的一款喷气式战斗机，是人类航空史上第一种投入实战的喷气机。

1. 研发历史

1935 年，德国气动力学家阿道夫·布斯曼提出了后掠翼（前、后缘向后伸展的机翼，呈锥形，可有效提高飞机的飞行速度，缩短起降距离）的概念。这一概念在 1940 年被德国飞机设计师威利·梅塞施密特做了进一步改进，并开始设想将后掠翼这一概念运用到实际飞机中。之后，梅塞施密特在二战后期成功研制出了Me-262 喷气式战斗机。

2. 性能解析

Me-262 喷气式战斗机是一种全金属半硬壳结构的轻型飞机，流线型机身有一个三角形的断面，机头集中装备 4 门 30 毫米机炮和照相枪。半水泡形座舱盖在机身中部，可向右打开。前挡风玻璃厚 90 毫米，具备防弹能力。近三角形的尾翼呈十字相交于尾部，两台喷气发动机的短舱直接安装在后掠的下单翼的下方，前三点起落架可收入机内。

（二）德国 Bf-109 战斗机

Bf-109 是德国梅塞施密特飞机公司设计的一款战斗机，它的多项特点使它在当时属于新一代的战斗机。其设计被多国飞机设计师所效仿。

1. 研发历史

20 世纪 30 年代，希特勒为实现侵略扩张计划，开始大力扩建空军。不过想建立一支强大的空军，性能优良的战斗机是必不可少的条件。因此希特勒要求德国飞机公司按军方的要求提供一种新型战斗机的设计方案。几家飞机公司中，梅塞施密特飞机公司提供了一款

德国 Bf-109 战斗机

单翼高速战斗机——Bf-109 战斗机的设计方案，并通过了军方的审核。

2. 性能解析

Bf-109 用到了许多在当时最新、最先进、或者说最前卫的技术，包括下单翼、全金属蒙皮、窄机身、可回收起落架和封闭式座舱等。虽然这些技术已经在别的机型上分别得到了验证，但从未被集中起来运用过。毫无疑问，梅塞施密特飞机公司冒着极大的风险，更确切地说，是孤注一掷。

（三）德国 He-112 战斗机

He-112 是德国亨克尔飞机公司设计的一款战斗机，于 1937 年投产，是当时飞得最快的飞机。德国空军自己并未采购该飞机，而是日本、西班牙和罗马尼亚等国采购了一批。

1. 研发历史

20 世纪 30 年代，在希特勒的扩张空中部队的计划中，除了梅塞施密特飞机公司的 Bf-109 战斗机之外，还有一款性能也相当出众的战斗机，它就是亨克尔飞机公司的 He-112 战斗机。可以说，亨克尔飞机公司在研发 He-112 战斗机时，倾注了所有的心血，把其长久以来所累积的空气动力学知识全部运用到了该飞机的设

计上。

2. 性能解析

He-112 在竞争中败北确实也有它自己的原因，主要便是机体结构太复杂，而且热衷于采用曲线构形，制造起来费工费时，不利于大量生产。虽然德国军方没有采用该机，但其在欧洲的其他国家及日本赢得了一些合同，日本订购了 30 架，西班牙 19 架，另外有 30 架卖给了罗马尼亚。

（四）德国 Fw-190 战斗机

Fw-190 是德国第二次世界大战期间所使用的一款战斗机，也是德国二战期间最好的战斗机之一，直到二战结束，它都是其他竞争对手追逐的对象。

1. 研发历史

一战结束后，各国都深知制空权的重要性，也因此大力发展空中武器。20 世纪 30 年代，在希特勒的侵略扩张计划中，梅塞施密特飞机公司为德国军方打造了 Bf-109 战斗机。

30 年代中期，军备竞赛的趋势日益明显，德国只有 Bf-109 这一种主力战斗机，而其他军事强国至少有两种以上的高性能战斗机，因此德军无法在空中立足。鉴于此，1937 年，德国库尔特·谭克博士向军方提交了 Fw-190 战斗机设计方案，该方案在 1939 年通过审核后，开始实际生产。

2. 性能解析

Fw-190 战斗机采用当时螺旋桨战斗机的常规布局：全金属下单翼、单垂尾、单发布局，全封闭玻璃座舱，可收放后三点式起落架。因其采用 14 汽缸 BMW 801 发动机，这种发动机容易过热，外加机械增压器的技术不足，故而 Fw-190 的高空性能不佳，始终无法取代 Bf-109 的地位。

（五）德国 Ju-86 高空侦察机

Ju-86 是德国容克飞机公司（Junkers）设计生产的一款高空侦察机（也可做轰炸机），在二战期间它将柴油机的性能发挥到了极致。

1. 研发历史

柴油机给人的第一印象除了体积庞大，就是浓烟滚滚，而飞机制造工艺复杂，且对各组成部件有着较高的要求，所以现在一般很少有人将柴油机与飞机联系在一起。不过在 20 世纪初，飞机诞生后，柴油机确确实实与飞机有着千丝万缕的关系，并且有许多使用柴油机的飞机翱翔于蓝天，纵横在战场。这其中就包括大名鼎鼎的 Ju-86 高空侦察机。

2. 性能解析

Ju-86 是一款多用途双螺旋桨飞机，具有军用轰炸机和民用运输机等多种用途，乘员 4 人，使用 2 台 Jumo 205C-4 柴油发动机，最高航速 385 千米/小时，最大航程 1500 千米，配备 3 挺 MG42 式 7.92 毫米机枪，可装载炸弹 800 千克。该机使用的柴油发动机和较弱的火力配置是它最大软肋。

（六）德国 Ju-287 轰炸机

Ju-287 是德国容克飞机公司设计的一款轰炸机，是世界上第一种前掠翼重型轰炸机，不仅在容克的飞机设计历史中占有极其重要的地位，它的研制成功，在世界航空史上都创造了一个新的潮流。

1. 研发历史

1943 年，盟军对德国境内进行猛烈的轰炸，虽然当时德军已经拥有"高科技"防空武器，例如 HS-117 "蝴蝶"地对空导弹，但是毕竟数量有限，且实用性并不强，所以德军无法抵挡盟军"千军之势"的攻击。致使德军制空权顿时丧失大半。鉴于此，希特勒要求研制一种"能超越盟军任何一种战斗机"的轰炸机，Ju-287 由此诞生。

2. 性能解析

Ju-287 轰炸机采用前掠翼设计，不管是当时还是现在，这都是一个大胆且风险极大的设计，所以只在少数的高空高速战斗机上使用。Ju-287 的发动机布局非常的少见，4~6 台发动机分布保证了飞行速度，前机身的两台发动机工作减轻了机翼挂载喷气发动机时的压力，而前掠翼设计减轻了发动机喷口处高速气流对其他发动机的影响，这样做不仅提高了每台发动机的效率，也提高了飞机的稳定性。

（七）德国 Ar-234 "闪电" 轰炸机

Ar-234 "闪电"（Britz）是德国阿拉多飞机制造厂（Arado Flugzeugwerke）于二战期间设计的一款轰炸机，是世界上首款实用化的喷气式轰炸机，但参战太迟，未能充分发挥作用。

1. 研发历史

20 世纪 40 年代初期，德军空中部队取得了一些成绩之后，使得帝国航空部（二战期间德国管理其空军的政府机关，位于德国首都柏林）更加看重这一军种。为能进一步提高空中部队的作战力，帝国航空部要求本国的阿拉多飞机制造厂研发一款高性能作战飞机，以装备空中部队，后者所带来的产品正是 Ar-234 "闪电" 轰炸机。

2. 性能解析

Ar-234 "闪电" 轰炸机与 Me-262 喷气式战斗机的发展几乎同步，采用类似的喷气发动机，也都经历了量产时起落架的布置与原型机完全不同的设计变更，但前者的载油量超过后者两倍，体型也大很多。作为轰炸机，Ar-234 "闪电" 的速度超越当时盟军的飞机，除期待其发生机械故障而损失飞行高度及速度外，盟军拿它毫无办法。

（八）德国 Ta-152 轰炸机

Ta-152 战斗机是德国在二战末期从 Fw-190 战机发展而来的一种高空战斗机，其性能非常优秀，与 P—51 "野马" "喷火" 一起被誉为终极活塞式战斗机。

1. 研发历史

1940 年底，Focke Wulf 设计小组在 Dipling Kurt Tank 博士的领导下着手改进 Fw-190 战斗机，主要目的为提高其高空性能。当时的计划方案主要有三个。

第一个是 Fw-190B，Fw-190B 型和 Fw-190A 型相似，它换装的是 BMW801 新型发动机，在发动机上加装喷射硝基化合物的加力装置和废气驱动的增压涡轮，还增加增压座舱和加长的机翼。

第二个是 Fw-190C，Fw-190C 型和 Fw-190B 型类似，但是发动机换装 Daimler Berlz DB603 发动机，发动机装硝基化合物喷射加力装置和机械驱动增压装置。

最后一个为 Fw-190D，Fw-190D 型使用 Juno-213 型发动机。后来，B 型和 C 型均没有量产，而 D 型成了 Fw-190 Dora 战机和 Ta-152 门 53 战机的起源。

1942 年秋天，美国轰炸机开始与英国皇家空军一起对德国进行大规模战略轰炸。德国空军认为如果美国当时的 B-29 轰炸机对德国进行轰炸的话，那么德国现有的战斗机将完全无力截击，因为德国现有的战斗机大多达不到这样的飞行高度，即使勉强达到了，也完全丧失了机动能力，所以 Kurt Tank 的计划被德国空军火速提到议事日程上。

第一架 Ta-152H—0（预生产型）战斗机于 1944 年 12 月下线，该型号一共生产 20 架。一个月之后，Ta-152H-1 型也下线了，Ta-152H-1 在发动机上方安装了一门 30 毫米 MK108 航炮，另外，在两个翼根上各安装了一门 20 毫米 MG151/20 航炮。该机在发动机和座舱部位有 160 千克的装甲板保护。Ta-152H 一共生产了大约 150 架，其中大部分为 H-1/R11 坏型。

Ta-152B 型战斗机在最初设计时考虑了兼容 Jumo213/DB603 发动机，但实际上只装过 Jumo213 发动机，该型战机直到二战结束前仅生产了 3 架原型机。

Ta-152C 型战斗机最初因德国空军部不提供 DB603 发动机而二战搁置，到 1944 年年末，Kurt Tank 自行装配了一架 Ta-152C—0 战机进行试验，他认为 DB603 发动机的重量较轻而且马力更大、高空性能更佳，因此会给飞机性能带来较大的提升。这时候，德国空军部也同意了生产线转产 Ta-152C 型战斗机，但后来大部分的 Ta-152C 在生产线上还未完工即被苏联军队攻占了装配厂，最后没有一架 Ta-152C 战斗机装备到部队。

2. 性能解析

Ta-152 战斗机于 1945 年 1 月开始列装参战，直到战争结束，最终生产总数不到 150 架。该型战机直到战争结束也没有在其设计初衷的领域一展身手，没有一次在高空拦截过盟军的轰炸机和侦察机。但事实证明，Ta-152 战斗机即使在中低空的格斗战中一样非常优秀。装备了 Ta-152 战斗机的德国 JG301 联队在战争最后的两个月里，面对盟军的绝对空中优势取得了不凡的成绩。

（九）美国 P-26 战斗机

P-26 是美国陆军航空队所使用的第一款单翼战斗机，由波音飞机公司设计生产。虽然大多数部署于美国境内的 P-26 在珍珠港事件之前就已经退出第一线，但在其他国家中仍有小批量在使用。

1. 研发历史

由于飞机作战力在战争中得到了充分的证明，因此，一战结束后，各国都开始大力发展这一新型空中武器。1931 年，为了提高空中部队的作战能力，美国陆军航空队要求波音飞机公司协助设计一款性能卓越的飞机。之后，围绕军方要求，波音公司推出了一款单翼战斗机——P-26 战斗机，其成为美国陆军航空队第一款单翼、全金属结构的战斗机。

2. 性能解析

P-26采用单翼，但是在机翼的上下方仍有与机身连接的支撑钢线，以维持机翼的结构与刚性。这样的做法虽然避免机翼结构在飞行下扭曲，然而外露的钢线仍会产生多余的阻力，在结构强度不够的情况下算是一种折中的设计。

（十）美国P-40"战鹰"战斗机

P-40"战鹰"（Warhawk）是由美国柯蒂斯—莱特飞机公司（CurtissWright）设计生产的一款战斗机，在太平洋战争爆发初期时是美国陆军航空军的主力机种。

1. 研发历史

柯蒂斯—莱特飞机公司于1929年由柯蒂斯飞机/发动机公司和莱特航空公司合并而成，资本达到7500万美元，是当时美国最大的航空制造企业。1937年，柯蒂斯—莱特公司推出了P-36战斗机，这款战斗机是二战初期最成功的战斗机之一。之后，柯蒂斯—莱特飞机公司又在P-36的基础上推出了P-40"战鹰"战斗机，这款战斗机在二战期间制造了将近14000架。

2. 性能解析

P-40"战鹰"战斗机的前身P-36乃是同期世界各国战机中最均衡的杰作，但P-40的设计仅是将P-36液冷化，在登场的时间点已属陈旧，本身性能与设计特征并无突出之处。总体来说，P-40仅能在中低空凭借在当时还算突出的火力以及强横结构、适度装甲等取得优势。

（十一）美国P-51"野马"战斗机

P-51"野马"（Mustang）是北美航空公司设计生产的一款战斗机，是美国陆军航空队在二战期间最著名的战斗机之一，有多种型号，其中包括P-51B、P-51C和P-51D等。

1. 研发历史

二战初期，英国除了使用本土飞机之外，也购买其他国家性能优越的飞机。1940年，英国原本打算购买美国柯蒂斯—莱特飞机公司的P-40"战鹰"战斗机，但是该公司生产任务繁重，无法为英国生产飞机，于是英国要求美国北美航空公司来生产。然而，在北美航空公司得到这个通知后，认为P-40"战鹰"战斗机太落后了，不愿生产，并向英国承诺自己能设计更好的飞机。之后，北美航空公司拿出的产品就是P-51"野马"战斗机。

2. 性能解析

P-51 "野马" 战斗机整体布局没有特别之处，但它将航空新技术完美地结合于一身，采用先进的层流翼型，高度简洁的机身设计，合理的机内设备布局，这使它的气动阻力大大下降，并且在尺寸和重量与同类飞机相当的情况下，载油量增加了 3 倍。

（十二） 美国 F2A "水牛" 战斗机

F2A "水牛"（Buffalo）战斗机是太平洋战争爆发前美军装备的主力舰载机之一，也是美国海军第一种实用的单翼可收放起落架舰载战斗机。

1. 研发历史

20 世纪 30 年代，美国海军想壮大海上作战能力，于是开始寻求一种适合舰载的战斗机。随后，几家包括格鲁曼航空航天公司和布鲁斯特航空工业公司在内的美国飞机制造商各自提交了自己新型飞机的原型机，格鲁曼航空航天公司的为 XF4F-1，而布鲁斯特航空工业公司的为 XF2A-1（X 表示试验品，正式定型后才更名 F2A）。在测试后，前者的性能略逊于后者，所以美国当时没有采用格鲁曼航空航天公司的 XF4F-1，而是采用了 XF2A-1。

2. 性能解析

F2A "水牛" 战斗机采用的是中单翼设计，机身呈圆桶状，结构为全金属半硬壳设计，只有控制面是以布面蒙皮构成，可伸缩起落架收起时是缩入机身两侧，位于机翼前方的位置。其动力装置为莱特公司 R-1820—22 气冷式发动机与一级机械增压器，机身上装有 4 挺 12.7 毫米航空机枪，另外可以在机翼下携带 2 枚 45 千克的炸弹。

（十三） 美国 F4F "野猫" 战斗机

F4F "野猫"（Wild Cat）战斗机是美国格鲁曼航空航天公司设计的一款舰载机，在二战爆发之际是美军最主要的舰载战斗机之一。

1. 研发历史

在格鲁曼航空航天公司的 XF4F-1 战斗机和布鲁斯特航空工业公司的 XF2A-1 战斗机同台竞技之后，虽然前者在当时落榜，但该公司并没有放弃这一款战斗机。之后，格鲁曼航空航天公司对 XF4F-1 进行了一系列改进，如加强防护、增大火力等，之后，再次交与军方测试。这次测试的结果还算差强人意，而且美国海军当时也急需大量战斗机，仅凭 XF2A-1 战斗机（即 F2A "水牛"战斗机）并不能满足其需求量，所以最终还是采用了改进后的 XF4F-1 战斗机，并更名为 F4F "野猫"战斗机。

2. 性能解析

F4F "野猫"战斗机为全金属半硬壳，应力蒙皮以铆钉接合。中

美国 F4F "野猫"战斗机

单翼内有两条主梁，方形翼端，翼剖面采用 NACA 23015 系列。起落架以人力操作的方式收起于机身两侧，机翼前缘的下方，尾轮为固定式，不可伸缩。飞行员座舱为密闭式，位于机翼的中央，在机翼下方两侧各有一个观测窗。

（十四）美国 F4U "海盗"战斗机

F4U "海盗"（Corsar）战斗机是美国西科斯基飞机公司（Sikorsky AircraftCorporation）设计的一款舰载机，在太平洋战场上，它与 F6F "地狱猫"并列为美国海军主力，成为日本战斗机的强劲对手。

1. 研发历史

20 世纪 30 年代中期，虽然美国海军已经装备了 F4F "野猫"战斗机和 F2A "水牛"战斗机，但这两者性能在当时并不算是最好的，而且德国当时已经研制出了几款性能超越两者的战斗机，致使美军寻求高性能战斗机的欲望更加强烈。1938 年，美军发出了新型战斗机的招标信息，得知此消息后，美国西科斯基飞机公司按照要求设计出了军方满意的战斗机，即 F4U "海盗"战斗机。

2. 性能解析

F4U "海盗"战斗机在几个方面都与当时的飞机有很大差别。首先，其机翼采用了倒海鸥翼的布局；其次，它采用了当时动力最大的活塞发动机——普惠公司 R-2800，马力达到 2000，而同时期的军机多数的引擎马力只有 1000。

（十五）F6F“地狱猫”战斗机

F6F“地狱猫”（Hellcat）战斗机是格鲁曼航空航天公司设计的一款舰载机，二战期间凭借优秀性能逐渐取代了F4F“野猫”战斗机，成为美军的主力舰载机。

1. 研发历史

F4F“野猫”战斗机虽然被美国海军采用，但其性能毕竟是“差强人意”的，所以，格鲁曼航空航天公司并没有一直停留在这一款战斗机上，而是研发后续机种。1941年，日本偷袭珍珠港后，格鲁曼航空航天公司进一步加快了研制新型机型的步伐，而其成果便是F6F“地狱猫”战斗机。比起旧式F4F“野猫”战斗机，F6F“地狱猫”更为先进，但外观上除了机体更大以外，却所差无几，故此也被戏称为“野猫的大哥”（Wildcat's big brother）。

2. 性能解析

与F4F“野猫”战斗机相同的是，F6F“地狱猫”的设计特点也是方便生产，及保持强稳机体结构。F6F“地狱猫”原本采用柯蒂斯-莱特飞机公司的R-2600引擎，但为了提升战斗力，格鲁曼航空航天公司装上了普惠公司的普惠R-2800双黄蜂引擎，马力提升到2000，整体动力提升了25%，而且该发动机任一气缸被击中后，仍可通过其他气缸运行保持飞行。

（十六）美国B-17“空中堡垒”轰炸机

B-17“空中堡垒”是美国波音飞机公司于20世纪30年代为美国陆军航空队所研发的四发动机重型轰炸机，是二战初期美军的主要轰炸机，后由更为强大的B-29“超级堡垒”轰炸机替代。

1. 研发历史

20世纪30年代初期，美国陆军航空队为了能实现超远距离飞行，并实施大威力轰炸目标，提出了新型轰炸机的设计要求，其主要内容是：该飞机能携带2000公斤以上的炸弹，能以350公里的时速飞行等。之后，美国波音飞机公司和洛克希德·马丁飞机公司（Lockheed Martin）分别提交了自己的初步设计。不过后者因各方面的原因，被踢出局，最终由波音飞机公司设计了B-17“空中堡垒”轰炸机。

2. 性能解析

在长距离护航战机出现以前，B-17“空中堡垒”轰炸机仅仅依赖所装备的M2

重机枪进行自我防卫。之后，波音飞机针对这一局面不断地改良 B-17，增加其防卫火力及装甲，使它拥有的重机枪数目达 13 挺，看似火力异常的强大，但无形之中增加了飞机本身的重量，因此它没有很好的机动性。

（十七）美国 B-24"解放者"轰炸机

B-24"解放者"（Liberator）是由团结飞机公司（Consolidated Aircraft）于二战时期所研制的一款轰炸机，是当时美军生产的最多、使用的最多的轰炸机。

1. 研发历史

自 B-17"空中堡垒"轰炸机在美国陆军航空队服役后，其不论是载重量，还是飞行高度、速度，都引起了不小的轰动，致使美国多家飞机公司开始朝着这个方向发展新型飞机，其中就包括团结飞机公司。二战爆发后，美军开始"征召"新型轰炸机，而团结飞机公司欲打进美军市场，所以着重开始研发类似 B-17 的轰炸机，并最终于 1939 年 12 月推出了 B-24"解放者"轰炸机。

2. 性能解析

B-24"解放者"采用大展弦比梯形悬臂上单翼，机翼上装有 4 台气冷 R1830 型活塞发动机，单台功率 883 千瓦。该飞机有一个实用性超强的粗壮机身，上下、前后、左右均设有自卫枪械，构成一个强大的火力网。机头有一透明投弹瞄准舱，其后为多人制驾驶舱，再后便是一个容量很大的炸弹舱，可挂各种炸弹。

（十八）美国 B-25"米歇尔"轰炸机

B-25"米歇尔"是美国北美航空公司于二战期间设计的一款轰炸机，以"米歇尔"命名是为了纪念一战中美国指挥官威廉·米歇尔（WilliamMitchell）。

1. 研发历史

自一战结束后，美国北美航空公司就在研制各种用途的军用飞机，进入 20 世纪 30 年代末期后，该公司开始研发一种代号为 NA—40—1 的新型轰炸机，恰巧此时美国陆军航空队开始招标新型轰炸机，于是北美航空公司对 NA—40—1 做了重大改进，以满足军方要求。改进后的新型轰炸机，美军给予正式编号 B—25。

2. 性能解析

B-25"米歇尔"轰炸机在太平洋战争中有许多出色表现，如它参与使用了类似鱼雷攻击的"跳跃"投弹技术，即飞机在低空将炸弹投放到水面上，而后炸弹在水面上跳跃着飞向敌舰，这提高了投弹的命中率，并且炸弹经常在敌舰吃水线以下爆炸，杀伤力增大。

（十九）美国 B-29 "超级堡垒" 轰炸机

B-29 "超级堡垒"（Super fortress）是美国波音飞机公司设计的一款轰炸机，是美国陆军航空队在二战战场的主力战略轰炸机。其不但是二战时各国空军中最大型的飞机，同时也是当时集各种新科技的最先进武器之一。

1. 研发历史

二战爆发后，美国陆军航空队再次提出了大型轰炸机的需求。另一方面，自波音飞机公司推出 B-17 "空中堡垒" 轰炸机后，对这一类大型的轰炸机并没有停止研究，反而是累积了许多设计技术和装配经验。在得到美国陆军航空队下达的任务后，波音飞机公司立即行动，运用之前累积的各种技术、经验，以 B-17 "空中堡垒" 轰炸机为蓝本，推出了 B-29 "超级堡垒" 轰炸机。

2. 性能解析

B-29 "超级堡垒" 轰炸机各方面都比 "空中堡垒" 轰炸机更上一层楼，9000公斤的载弹量、6000 公里的航程、万米以上的实用升限，是二战中名副其实的 "超级堡垒" 轰炸机。当时轴心国大部分战斗机都很难爬升至 B-29 "超级堡垒" 这种飞行高度。

（二十）美国 C-46 "突击队员" 运输机

C-46 "突击队员"（Commando）是美国柯蒂斯-莱特飞机公司设计的一款运输机，二战期间被当作军用运输机，战争结束后被改造成了客运飞机，至今仍在一些地方服役。

1. 研发历史

在二战期间，美军为了将受伤的士兵安全地送回医院进行治疗；同时也为了向前线部队提供充足的轻型火炮、燃料、弹药和食物等必备的军需物资，开始寻求一种大容量的运输机。此时，柯蒂斯-莱特飞机公司的 CW-20 客运飞机有着响当当的名声，关键是其各方面都较符合美国军方对运输机的要求。鉴于此，柯蒂斯-莱特飞机公司将 CW-20 客运飞机做了些许改进，打造成了用于军事行动的 C-46 "突击队员" 运输机。

2. 性能解析

1940 年秋，"突击队员"运输机开始装备美国陆军航空队，在"火炬行动"（二战中美国、英国和加拿大在 1942 年 11 月 8 日至 11 月 10 日登陆北非的军事行动）中，将作战人员和装备运送到北非战场，证明了自身的远程飞行性能。

（二十一）美国 C-47 "空中火车"运输机

C-47 "空中火车"（Skytrain）是由美国道格拉斯飞机公司（DouglasAircraft Company）于二战期间设计的一款运输机，是当时盟军广泛采用的机种之一，并一直沿用至 20 世纪 50 年代，时至今日仍然服役于少数国家。

1. 研发历史

C-46 "突击队员"运输机服役后，其远程飞行性能毋庸置疑，但也有着不少缺点，其中包括运营费用高，维修保养困难等，另一方面，美军为了进一步增加空中运输能力，又开始寻找另一种运输机。之后，美国道格拉斯飞机公司，将自己设计生产的 DC-3 客运飞机，改造成了满足军方要求的 C-47 "空中火车"运输机。

2. 性能解析

C-47 "空中火车"运输机在二战时为盟军提供了高机动性的空中运输能力，在各个战役中被广泛采用，如诺曼底、市场花园作战等。在二战末期，大量的 C-53 "空骑兵"（Skytrooper，C-47 衍生型）在欧洲战事中担任空投伞兵及牵引军用滑翔机的任务。

（二十二）美国 P-43 "枪骑兵"侦察机

P-43 "枪骑兵"（Lancer）是美国共和飞机公司（Republic Aviation）设计的一款侦察机，于 1940 年开始在美国陆军航空队服役，主要用于高空侦察。

1. 研发历史

战争中，在炮火中穿梭的前线部队固然很重要，但是像医务、运输和侦察等后勤部队其地位也不可忽视，尤其是侦察，俗话说：知己知彼，百战不殆。二战爆发后，为了能侦察到敌方军事单位的一举一动，为己方带来有效情报，美军需要一款在高空有着良好机动性的战斗机，来完成侦察这一任务。之后，美国共和飞机公司根据当时战况，合理的打造了一款侦察机，即 P-43 "枪骑兵"。

2. 性能解析

P-43"枪骑兵"是一款单引擎，全铝合金，低主翼的侦察机，整体性能在当时并不出众，但拥有良好的高空机动性且配有供氧系统，所以对侦察，尤其是高空侦察，有着较大的优势。

（二十三）美国 P-47"雷霆"战斗机

P-47"雷霆"（Thunderbolt）是美国共和飞机公司于二战期间研发的一款战斗机，是美国在二战中后期的主力战斗机之一，也是当时最大型的单引擎战斗机。

1. 研发历史

二战初期，因各方面的原因，德国的陆、空武器几乎都有着重火力、高防御和高机动性的特点，致使美军也着重发展这一类武器。另一方面，二战中期美国在扩展空中部队，所以就试想着研发新型的集上述三种特性于一体的战斗机。恰逢此时美国共和飞机公司有着研制 P-43"枪骑兵"侦察机和其改进型战斗机的技术和经验，所以，美军将研制新型战斗机的任务交给了该公司。而共和飞机公司的研制成果便是 P-47"雷霆"战斗机。

2. 性能解析

P-47"雷霆"战斗机的设计理念是马力大，火力强，装甲厚，为此它装上了马力达到 2000 匹的普惠 R-2800 引擎，这令其有充沛的动力，发动机排气还会带动在机身上的涡轮增压器，以保证即使在高空，发动机仍拥有巨大输出。

该飞机采用由共和飞机公司研发的 S-3 高速翼，翼型是椭圆形，机翼前方是由液压操作的开缝式小翼，机翼后方电动襟翼以帮助从俯冲中拉起。P-47"雷霆"战斗机在俯冲中能达到极快的速度，且强韧的结构也能保证机身不解体，这令它擅长采取高速俯冲的战术。

（二十四）美国 P-61"黑寡妇"战斗机

P-61"黑寡妇"（Black Widow）是世界上第一种实用的夜间战斗机，也是美国陆军航空队在二战时期起飞重量最大的战斗机。该机最先利用雷达进行导航，可在夜间进行空中打击。

1. 研发历史

美国陆军航空队的夜间战斗机开发计划自 1940 年 8 月开始，位于伦敦的美军陆航办公室对不列颠空战中皇家空军如何使用雷达对德国空军进行拦截任务有着深

刻认知。当时英国即将开发出一款可以安装在飞机上的雷达，在台柴特委员会（TizardMission）的运作下，美国于 1940 年 9 月获得了英国许多先进科技授权，包括雷达的生产。

之后，英国采购委员会向美国的飞机制造公司提出需要一种高空、高速、装有雷达、可在空中进行 8 小时长时间巡逻、并可在炮塔内装入任何英国指定武器的重型战斗机，以防卫德国轰炸机在夜间对伦敦进行攻击。杰克·诺斯罗普的开发团队认为这样的需求需要一台多引擎的大型机才能满足。

由于设计复杂且计划耗费相当长的时间，当 P-61 在 1944 年进入太平洋战区服役开始，盟军在欧洲和太平洋战场都已经取得制空权，使得 P-61 没有发挥太多的余地，战果比 P-38 或 "蚊" 式等改装的夜间轰炸机要小许多。

2. 性能解析

作为美国第一种为夜间作战设计的战斗机，P-61 的大小接近中型轰炸机，装有两台 2000 马力的普拉特-惠特尼 R-2800-10 "黄蜂" 发动机，双方向舵装在尾部支撑桁架上，起落架为前三点式。中央机舱有机头雷达、驾驶舱（驾驶舱内还有一个坐在飞行员后上方的雷达员）和末端的射击员舱。可伸缩的副翼使襟翼有可能延伸至机翼后线的全长。

P-61 是世界上第一种用玻璃钢做雷达罩的飞机，也是世界上第一架乘员为 3 人的重型战斗机。

武器系统由装在机身下突出部分的共带 600 发炮弹的 4 门 20 毫米机炮和装在顶部遥控操纵炮塔内的共带 1600 发子弹的 4 挺 12.7 毫米机枪组成。这 4 挺机枪像机炮一样通常由飞行员向前射击，但射击员也能开锁、瞄准，作为飞机上半球活动防御武器。

3. 作战经历

P-61 正式投产后，很快装备了部队。从 1943 年 1 月至 1944 年 6 月，美军先后组建了 15 个 P-61 夜战中队，并相继被派往各个战区。尽管 "黑寡妇" 问世较晚，但却取得了很好的战果。在欧洲战区，德国后期投入使用的 JU88 型、DO217 型战斗机共计被 "黑寡妇" 击落 237 架。美国陆军航空队的 P-61 型飞机在欧洲战区夜间作战中，损失率仅为 0.7%。

在二战的最后一年，"黑寡妇" 成为美国陆军航空队的标准夜间战斗机，经常独自出动去伏击各个敌方袭击者。

（二十五） 美国 SBD "无畏式" 轰炸机

SBD "无畏式"（Dauntless）是道格拉斯公司开发的舰上俯冲轰炸机，主要于二战时期活跃于太平洋战场上。它与 F4F "野猫" 及 TBD "破坏者" 为第二次世界大战开战时美国三大主力舰载机。

1. 研发历史

SBD 早期为道格拉斯与诺斯洛普公司合作开发，以诺斯洛普 BT 为设计的原型机，不过诺斯洛普后来退出研发团队，所以才将机型名称由原本的 BT-2 改为 SBD。

1941 年服役的 SBD-3 改换输出力 1000 匹马力的 R-1820-52 发动机、自封油箱与防弹装甲以及更大的炸弹挂载重量，增加的输出力弥补新装备的重量，因此基本性能没有下降。1943 年推出的 SBD-5 则是 SBD 系列

美国 SBD "无畏式" 轰炸机

的最终版本，换装了出力 1200 匹马力的 R-1820-60 的发动机及可以挂载副油箱的强化机翼提升航程，同时增加航速。

2. 性能解析

比 TBD "破坏者" 的开发，SBD 的金属蒙皮技术更为成熟，使用了与 SBC 式相同的穿孔式空气煞车襟翼，兼顾了结构强度与俯冲时机身稳定性，不像德国 JU-87 与日本九九舰爆，必须额外加装维持稳定的副翼与固定式起落架维持稳定。此外，SBD 的收藏式起落架比起前两者减小了更多的风阻，虽然飞机重量高于国外同级产品，但仍能维持相同速度。

3. 作战经历

在珊瑚海海战与中途岛海战当中，SBD 创下了空前的战绩，尤其是击沉了日本引以为傲的海上主力：赤城、加贺、苍龙、飞龙四艘航空母舰。至 1944 年由于后继机种 SB2C "地狱俯冲者" 的服役，才慢慢退居二线。而 1944 年 SBD 也加入了英国皇家海军的行列，在北海对抗德军的 U 型潜艇，同时 SBD 也以 A-24 之名加入美国陆军航空队，在地中海战场上打击德国与意大利的装甲部队。

（二十六）美国TBF "复仇者式" 轰炸机

TBF "复仇者式" （Avenger）轰炸机为格鲁曼公司开发的舰上鱼雷轰炸机，与SBD一样活跃于太平洋战场上。

1. 研发历史

1939年，由于现役鱼雷轰炸机TBD "破坏者" 性能落后，美国海军便向各大航空制造产业公司征求新一代舰上轰炸机，最后由格鲁曼公司出线，并在1942年进入量产阶段。1942年3月开始，因格鲁曼必须同时生产F4F "野猫" 式与F6F "地狱猫" 式战斗机，为了降低生产压力，便授权通用制造TBF，而通用生产的TBF则被称为TBM。

2. 性能解析

比起原本的TBD，TBF的性能有着明显大幅的提升，除了加大马力的发动机外，新设计的流线型座舱配备防弹玻璃，机身的防弹装甲也前所未有的坚固。而机翼能够向上折起的长度比起其他型舰载机也更长了许多，更减少了在航空母舰机舱内所占的位置。

TBF的攻击能力比起日本的九七舰更强悍，除了搭载一枚Mark13航空鱼雷之外，还可装载1个907千克或4个227千克炸弹，而襟翼配备减速板设计加上刹车减速板，更让TBF可以拥有和俯冲轰炸机一样的俯冲攻击能力，在战场上成为日本军舰的头号杀手。

3. 作战经历

最早的TBF-1型于1942年中途岛海战时登场，不过只有6架，再加上人员操作的不熟悉，所以当时并无建立任何战功。在性能低落的TBD普遍被 "零" 式战斗机当成标靶的状况之下，在中途岛战役过后，海军便全面将所有的航舰换装上TBF。随即于同年8月的第二次所罗门海战便击沉了日本的轻型航空母舰 "龙骧" 号，紧接着11月份的瓜达尔卡纳尔海战也重创 "比睿" 号战舰。

1943年，新型的TBF-3服役，换装威力更强的新型Mark 15航空鱼雷，也加大了炸弹挂载量与输出力更强的发动机，同时也搭载了对水面及反潜雷达，开始支援大西洋战场的猎杀德国U型潜艇任务；而同时搭载对空及对海搜索雷达的机型也成为可于夜间或雨天出击的全天候攻击机。

1944年6月于菲律宾海海战击沉了日本的航空母舰 "飞鹰" 号，随后于莱特湾海战及隔年的坊之岬海海战先后击沉了大型航空母舰 "瑞鹤"，以及象征帝国海

军联合舰队的"大和"与"武藏"两艘战舰，可谓战功彪炳。

（二十七） 苏联 I-15 战斗机

I-15 战斗机是苏联二战前夕的主力战斗机，苏军曾在诺门坎战役和苏芬战争中大量使用，苏德战争初期也仍在服役。

1. 研发历史

苏联早年自行设计的战斗机 I-5 型双翼机老旧后，当时苏联最著名的飞机设计师玻利卡尔波夫开始设计一款新型战斗机。1933 年 10 月 11 日，新型战斗机进行试飞，随后进入批量生产，命名为 I-15 战斗机。虽然 I-15 战斗机在当时来说也无独特之处，但与苏联早前自行研制的质量参差不齐且产量极低的 I-3 和 I-5 战斗机相比，I-15 战斗机更能向外界展现苏联作为航空大国的技术和生产能力。

2. 性能解析

I-15 战斗机为单座双翼机，机身粗短，采用帆布蒙皮和木制骨架结构，与其他双翼机最明显的区别是使用海鸥型上翼。I-15 战斗机使用 1 具 9 气缸星形气冷发动机作为动力装置，有开放式座舱和固定式后三点起落架，设有两叶式螺旋桨。I-15 战斗机的机载武器为 2 挺带同步射击装置的 7.62 毫米 PV-l 机枪。

3. 实战表现

在 1936 年爆发的西班牙内战和 1939 年的诺门坎战役中，I-15 战斗机都有不错的战果。苏芬战争中，苏方大量使用 I-15 战斗机，并在战争中意识到此机完全过时，从而中止改良同时开发新一代的战斗机。到苏德战争初期，I-15 战斗机只占苏联战斗机不足两成，在面对德军战斗机时完全不敌，但仍在美国援助的战机到达前被充当攻击机使用。

（二十八） 苏联 I-16 战斗机

I-16 战斗机是苏联在 20 世纪 30 年代初期开发的战斗机，也是全世界第一款备有可收式起落架的下单翼悬臂式战斗机，它的出现刺激了各国研制新型战斗机的风潮。

1. 研发历史

1932 年，苏联空军面临双翼和单翼战斗机孰优孰劣的问题，因为双翼机虽然战斗性能较佳，但速度较慢，而单翼战斗机则刚好相反，故最后决定双线发展，这就

是 I-15（双翼机）和 I-16（单翼机）的由来。苏联于 1933 年开始设计 I-16 战斗机，1934 年 2 月 18 日由著名飞行员瓦列里·契卡洛夫进行试飞。1935 年，I-16 战斗机在红场纪念"五一"国际劳动节的群众集会上首次露面，编队飞过红场上空。随后，I-16 战斗机开始装备部队。

2. 性能解析

I-16 战斗机是世界上第一架低单翼的硬壳结构战斗机，并率先使用收放式起落架和变距螺旋桨等新的民用飞机技术。I-16 战斗机代表了两次世界大战期间空战概念的变化，兼有新旧机型的特点，如旧机型的开放式座舱和粗短机身，但总体而言是反映了一战时的"缠斗战"思想。早期型号的机载武器为 2 挺 7.62 毫米 Sh-KAS 机枪，后期型号的火力逐渐加强，加装了 20 毫米 ShVAK 机炮、12.7 毫米 UBS 机枪等武器。

3. 实战表现

在 1936 年爆发的西班牙内战、1937 年爆发的中日战争以及 1939 年爆发的诺门坎战役，I-16 战斗机都有很好的战果。苏芬战争中，因为保卫祖国的芬兰人奋力抵抗，以及新时代的空战战术思想指导，苏联军方认识到 I-16 战斗机及 I-15 战斗机开始过时，从而在改良 I-16 战斗机的同时开发新一代战斗机，如 Yak-1 战斗机、MiG-3 战斗机和 LaGG-3 战斗机。到苏德战争初期，I-16 战斗机仍占苏联战斗机约七成。即使在苏联新的主力战斗机 Yak-9 和 La-5 大量服役后，残存的 I-16 仍然被改造成教练机和攻击机使用，直到 1943 年为止。

（二十九）苏联 I-153 战斗机

I-153 战斗机是 I-15 战斗机的改良型，总产量为 3437 架，在 1938～1945 年服役。

1. 研发历史

I-15 战斗机服役后，苏联空军始终不太欢迎这种战斗机。虽然双翼海鸥型机翼提供了良好的回旋性，但由于生产技术的低劣以及速度低于 I-16 战斗机，使得其评价始终不佳，不过，因为西班牙内战的操作经验使得双翼机的开发出现了一丝回光返照的迹象。因此，苏联空军要求玻利卡尔波夫设计局进行改良型双翼机的开发。改良型称为 I-153，设计于 1937 年完成，但是新发动机的开发无法跟上飞机制造进度，因此，1938 年 8 月试飞的一号原型机仍是用 I-15 所使用的 M-25 发动机。

1939 年 6 月 16 日，装备 M-62 发动机的二号原型机进行首次试飞，并得到最高时速 442 公里、升限 9800 米的成绩，虽然在速度上没有太大改观，高空效能有显著改善，但也并未达到验收标准。原本设计局估计最高时速可以提升到 462 公里，但在测试途中发现飞机设计有着严重的结构问题，如果俯冲时速超过 500 公里以上，机身将会解体，因此速度提升被强制中止。另外，海鸥式机翼理论上虽然可以提升飞机性能，但驾驶员的视野却受到主翼的阻挡。尽管设计局提出了改良方案，但是 I-153 当时已经投入量产，苏联政府以修改设计会拖延量产的理由拒绝了日后所有的改良方案。

2. 性能解析

I-153 战斗机的机载武器为 4 挺 7.62 毫米 ShKAS 机枪，共装载 2600 发子弹。另外，可携带 4 枚 55 千克炸弹或 6 枚 RS-82 空射火箭。除了设计的缺失以外，I-153 战斗机在回转时表现也不好。I-153 战斗机比 I-16 战斗机更容易进入"尾旋"状态，而且更难以改出，因此，故意进入"尾旋"状态的行为遭到飞行单位的严格限制，直到后来才发展出一套回复操作程序，但大多数飞行员并没有熟练这套程序所需要的时间。

3. 实战表现

由于量产较迟，I-153 战斗机并未军援西班牙共和政府。首次作战则是由苏联空军在 1939 年的诺门坎战役与日军交战。与日军当时的九七式战斗机相比，I-153 战斗机的速度略低，回旋性也不如九七式。虽然具备防弹装甲，但油箱与驾驶舱间缺乏良好的防火设计，如果油箱起火，驾驶舱也会迅速遭火焰吞噬，因此，自 I-153 战斗机逃生的驾驶员常有严重烧伤问题。另外，M-62 发动机失败的机械增压器设计使得增压器寿命仅有 60~80 小时，这些设计上的瑕疵更使得 I-153 战斗机无法承担第一线作战任务。

苏德战争爆发后，I-153 战斗机虽然因新型战斗机不足而勉强在一线接战，但作战时会尽量避免与德机接触，并用 RS-82 火箭弹在远距离以"乱枪打鸟"的方式进行射击并脱离战场，但速度不足以及火箭命中率极低等因素使 I-153 战斗机不但折损率高，也没有任何飞行员驾驶 I-153 战斗机成为王牌飞行员。大多数的 I-153 战斗机在 1943 年后新型战斗机充足的情况下撤离前线战场。

（三十）苏联 Yak-1 战斗机

Yak-1 战斗机是苏联在二战初期最优秀的战斗机，也是苏联螺旋桨战斗机中产量最大的雅克系列的第一种型号。

1. 研发历史

1939 年，苏联在总结了西班牙内战的经验后，认为需要有优于以前I-16 的新型战斗机，要求是有流线型的外形和可以由钢管

苏联 Yak—1 战斗机

和木材构成机体，并尽可能使用无线电通信设备。最后，新出道的设计师亚力山大·雅克列夫的设计中标。

苏德战争爆发后，Yak-1 战斗机成为苏联空军的中流砥柱，不只是比过时的I-15 和 I-16 有较佳的战果，就算是与同期的 LaGG-3 战斗机和 MiG-3 战斗机相比，仍有明显优势。但在德国空军空袭破坏了众多飞机厂后，向后方撤退的新厂只能以较差的材料生产飞机，故 Yak-1 战斗机在 1942 年停产，改为生产其后继型Yak-3 和 Yak-9 战斗机。雅克设计局还设计出 Yak-5 和 Yak-7 战斗机，但都被当作教练机的双座机型，产量也较少。

2. 性能解析

Yak-1 战斗机是一种采用液冷发动机的低单翼单发单座螺旋桨战斗机，使用后三点收放式起落架和三叶螺旋桨，与其改良型不同的地方是使用流线型而非气泡座舱。Yak-1 战斗机的动力装置为一台 M-105R 液冷 V 型十二缸发动机，功率925 千瓦。机载武器为 1 门 20 毫米机炮，2 挺 12.7 毫米机枪，可挂 100 公斤炸弹或 6 发空用火箭。

(三十一) 苏联 Yak-3 战斗机

Yak-3 战斗机是苏联二战后期性能最好的战斗机之一，也被认为是整个二战中最灵活敏捷的战斗机，是被改造成苏联第一种量产的喷气式战斗机 Yak-15 的原型。

1. 研发历史

在苏德战争初期，雅克设计局的 Yak-1 战斗机是唯一能对抗德国Bf 109E/F战斗机的苏联战斗机。在德国更新型的 Fw 190A 和 Bf 109G 推出之后，雅克设计局也计划推出一种能够对抗任何新型敌军机型的高性能战斗机，并以在中低空有效夺取制空权为目的，要有轻巧而能够承受各种特技动作的坚固机体，并以既有的液冷式

发动机为动力。在这种设计思想指导下，Yak-3 战斗机正式问世。因德国空军的轰炸以及将生产工厂设备撤退至后方等种种原因，雅克设计局优先推出与 Yak-1 较接近的简化版 Yak-9，而 Yak-3 则自 1944 年起开始生产并投入服役。

2. 性能解析

Yak-3 战斗机以 Yak-1M 战斗机作为蓝本，主要作为 5000 米高度以下的制空战斗机，为减少风阻而把机头下方的滑油器冷却口改设于主翼两侧根部位置，机身下方的冷却器也重新设计的更具流线型，翼展也有小幅度缩短，这使得 Yak-3 战斗机比 Yak-1 战斗机更小巧轻快。Yak-3 战斗机的机载武器为 1 门 20 毫米 ShVAK 机炮，2 挺 12.7 毫米 UBS 机枪。

3. 实战表现

Yak-3 战斗机首次参战就是参加德苏库斯克战役，并在低空展现出极佳的飞行性能。自 1944 年开始，Yak-3 战斗机大量装备苏联空军。同年 7 月 14 日，一队刚编成的 Yak-3 战斗机中队共 18 架，迎战 30 架 Bf 109 战斗机，一共击落 15 架敌机而本队无一损失。当时德国流传着"避免在 5000 米以下与机首无油冷器的雅克战机交战"的劝谕。直到后来苏军逐渐摸索出 Yak-3 战斗机的特性，才敢在低空正面交手。

正因为 Yak-3 战斗机的优异表现，苏联曾一度提出持续改良发展的计划，但因为 Yak-3 机体的高度轻量化使得其用途过于狭小，所以苏联当局反而决定把原定提供给该机的新发动机 M-107 转而配置于 Yak-9 战斗机。

（三十二）苏联 Yak-9 战斗机

Yak-9 战斗机是苏联在二战后期主要的战斗机之一，其产量超过 1.6 万架，为 Yak-1 以来全系列产量最大的型号。

1. 研发历史

在苏德战争初期，Yak-1 的表现远优于当时苏联空军的主力 I-16 战斗机，成为唯一能够和 Bf 109E/F 型对抗的机型。但因为苏联飞行员的经验普遍不如德军飞行员，而且在不久后 Fw 190 投入战斗和 Bf 109G 的出现，使德方再度获得战斗机的性能优势。此外，很多炼铝厂和飞机用发动机工厂遭德军破坏或被迫后撤，难以获得大量铝材和生产新型液冷发动机，迫使雅克设计局转而发展多种新机型，其中，最先进的 Yak-3 虽然采用最先进的全铝结构，而且使用新式发动机，以适应前线需要高速性的作战环境，但却缺乏铝材和足够的 Bk-107 型发动机；而另一种新型的

Yak-7 原本规划拟作为战斗轰炸任务为主的重战斗机，同样因为发动机功率不足，因而使得两种发展型的量产被迫推迟。

最后，雅克设计局决定发展 Yak-7 轻量化的纯空优战斗机型方案，使用 Yak-1 现用 M-105 发动机的改良型 M-105PF。采用钢管骨架和帆布为主结构的机体，配合木制机翼结构，取得了强度和重量的平衡点，也在维持性能的前提下，最大限度地减少生产和维修所需要的人力和资源。因此，能够把较低功率发动机和空气动力设计发挥到极致的 Yak-9，反而优先投产，并成为主力的战斗机型。

2. 性能解析

Yak-9 战斗机的机载武器是 1 门 20 毫米 ShVAK 同轴机炮和机首 1 挺 12.7 毫米 UBS 机枪。由于苏联增压器技术不足，因此 Yak-9 设计目标主要为在中低空对抗德军主力战斗机。除了担任空优任务外，雅克设计局也持续改良此机，使它可以挂载炸弹执行对地支援任务。例如，可在机身内挂载炸弹的 Yak-9B，或换装 37 毫米与 45 毫米机炮，执行对地攻击任务的 Yak-9T、Yak-9TK。此外，也有增设机内油箱以延伸续航距离的 Yak-9DD，战术侦察型的 Yak-9P（机背上有一处透明框罩），以及战后生产的全金属材质的 Yak-9U 系列。

3. 实战表现

Yak-9 战斗机凭借低廉的造价成本与材料形成的数量优势，在 1942 年底开始服役，并逐渐在东线战场取得和德方空中优势的平衡，也取代其前身 Yak-1 和更早期的 I-16 成为新锐的主力机种。但因为面对实战经验丰富的德国飞行员，Yak-9 战斗机损失依然较大，直到苏军飞行员们逐步累积经验后，苏联空军才逐渐在战斗中削弱德国空军并取得制空权。

（三十三）苏联 LaGG-3 战斗机

LaGG-3 战斗机是苏联在二战期间生产和使用的一种单座单发活塞战斗机，它和雅克设计局的 Yak-1 以及米高扬设计局的 MiG-3 战斗机一起，在战争爆发后逐步取代老式的 I-15 和 I-16 成为苏联空军战斗机部队的主要作战机型。

1. 研发历史

按照苏联军方的要求，拉沃契金设计局顺利地完成了 LaGG-1 战斗机的设计工作。不过，到原型机试飞的时候，空军忽然将对航程的要求从 800 公里提高到 1000 公里。为此，拉沃契金设计局不得不修改了原先的设计，改进后的原型机也就成了 LaGG-3。该战斗机以它的设计者拉沃契金（Lavochkin）、戈尔布诺夫（Gorbunov）

和古德科夫（Gudkov）的名字命名。苏联飞机设计师在 LaGG-3 的整个生产过程中一直对其进行改良，因此，各个生产序列的飞机在细节上会有小小的不同。LaGG-3 的总产量为 6528 架，共分为 66 个生产批次。后期型号的操纵性能有了很大的改善，其中的 66 系列一直使用到 1945 年。

2. 性能解析

LaGG-3 战斗机的机载武器为 1 门 20 毫米 ShVAK 机炮和 2 挺 12.7 毫米 BS 机枪，还可以携带 6 枚 RS-82 或 RS—132 无制导火箭弹。与其他的苏联战斗机比较，LaGG-3 的主要优点在于机体结构坚固，早期型号的火力也较强。当被炮弹击中时，LaGG-3 并不像雅克战斗机（采用钢管蒙布结构）那样容易起火，但木质结构在遭受损伤时更容易碎裂解体。

LaGG-3 主要的问题是相对于笨重的木质机身来说，发动机的功率明显不足，但苏联一时又拿不出比克里莫夫 M-105 功率更大的液冷发动机。为此，设计人员在 LaGG-3 的生产过程中不断试图减轻飞机的重量来改善性能，包括减少飞机上的武装。此外，在后期生产的机型上还安装了前缘襟翼以提高飞机的机动性能。但对于 LaGG-3 主要的对手 Me-109F 来说，这些改进仍然不足以改变 LaGG-3 在空战中所处的劣势地位，苏军飞行员普遍对 LaGG-3 的操纵性能不满意。

（三十四）苏联 La-5 战斗机

La-5 战斗机是苏联在二战后期的主力战斗机之一，还被认为是苏联当时综合表现最优秀的战斗机。

1. 研发历史

苏德战争爆发后，虽然 LaGG-3 战斗机表现不出众，但其有当时苏联其他较新的战斗机（如 Yak-1）所没有的高防弹和抗毁性能。不过，LaGG-3 战斗机存在液冷式发动机功率不足的问题。为了彻底解决马力不足的问题，拉沃契金等人试验性地为 LaGG-3 装上了 1820 匹马力的 M-82 星型气冷发动机，而这一改型最终演化为成功的 La-5 战斗机。因为拉沃契金的搭档离开了设计局，所以此机才被单独命名为 La-5 战斗机。La-5 战斗机从 1942 年开始生产，总产量达到 1 万架左右。

2. 性能解析

La-5 战斗机的结构很像 LaGG-3 战斗机，以木结构为主，并以苯酚-甲醛树脂填充。该机是一种单座单发式螺旋桨战斗机，最大特点是首创了前缘襟翼的构造，使用后三点式收放式起落架，配三叶式螺旋桨和气泡式座舱，有外露式的无线电天

线。早期的 La-5 战斗机前机身上方有 2 门 20 毫米 ShVAK 机炮，载弹量 200 发。另外，机翼下可挂载 200 千克炸弹。

相对于另一苏联战时主力战斗机 Yak-9 因受制于任务性质而毁誉参半的评价，或专司战斗而用途过狭的 Yak-3 型，除了超短航程与备弹较少的传统缺点外，相对较均衡的 La-5 战斗机几乎是一面倒地受到实战部队的欢迎。

（三十五）苏联 La-7 战斗机

La-7 战斗机是二战中苏联空军最实用的战斗机之一，由 La-5 战斗机改良而来。其速度快、火力强，是打击德国空军的重要力量。

1. 性能解析

La-7 的主要结构仍是木材，机身主梁和各舱段隔板为松木，蒙皮为薄胶合板和多层高密度织物压制而成，厚度由机头至机尾为 6.8 毫米至 3.5 毫米，其强度要比 La-5 强。机头由于要镶上发动机和弹药舱等，故采用铬钼合金钢管焊接的支架。驾驶舱也采用金属钢管焊接的支架结构。座舱玻璃为 55 毫米厚的有机玻璃，必要时可以拉动推杆把座舱罩抛掉以便跳伞逃生。后部座舱玻璃是防弹玻璃。座椅后方有一块厚 8.5 毫米的钢板。主翼被分成和机身一起制造的内侧和另外制造的外侧，两个部分由金属支架连接。主翼采用金属和木材混合结构，翼梁是金属制而翼肋是木制，副翼和襟翼等控制翼面是胶合板的。主翼蒙皮和机身的一样，内有充填惰性气体的自封式燃料箱。起落架为油压式，必要时可改用压缩空气。机尾是木制的，必要时可以从机身上拆除。

2. 实战表现

苏联空军第一个装备 La-7 战斗机的是第 176 近卫战斗机航空团，其指挥官是著名的空战王牌伊凡·阔日杜布，他的 62 个战果当中有 17 个就是靠 La-7 取得的。1944 年 9 月初，驻立陶宛的第 63 近卫航空团也得到 La-7，该团的 La-7 主要为轰炸机护航和支援地面部队前进，该团的 La-7 总共参加了 39 场空战，击落了 52 架 Fw 190 和 3 架 Bf 109 战斗机，而本身 La-7 则只损失了 4 架。

（三十六）苏联 MiG-1 战斗机

MiG-1 战斗机是苏联米格系列战斗机的第一个成员，1940~1943 年间服役。

1. 研发历史

MiG-1 战斗机于 1938 年开始研发。当时，苏联空军根据实际需要，提出研制一种新型高速战斗机，玻利卡尔波夫设计局提出的方案赢得了广泛的支持。随后，该机被赋予了 I-200 的研发代号。不过，该项目进展缓慢，直到 1939 年 11 月以后才在 I-26 战斗机的基础上开展。之后，该项目由新成立的米高扬设计局（由米高扬和格列戈维奇两人共同创立）负责研发。1940 年 4 月 5 日，新型战斗机首飞，并被命名为 MiG-1。试飞证明 MiG-1 是一款优秀的高速战斗机。值得一提的是，MiG-1 在同年 5 月 2 日的试飞中达到 657 千米/小时的速度，打破了当时的世界纪录。由于存在不少缺陷，MiG-1 的产量很少，仅有 100 架生产型和 3 架原型机。

2. 性能解析

MiG-1 的设计重点是高空高速，以细小的机身去配合当时算是大马力的 AM—35A 液冷式发动机，因此全机都好像是围绕着发动机去设计。它在 6000 米高空速度达到 657 千米/小时，原设计的目标成功达成。可是 MiG-1 却有着其他缺点。由于采用高翼载设计，从而导致 MiG-1 的机动性差，散热器在驾驶舱正下方而令驾驶舱温度过高，座舱盖设计有问题，一旦合上就不易打开，不利于飞行员跳伞逃生。MiG-1 最大的问题是重心偏后，从而导致滚转率和稳定性不足。还有，由于机身较小而不可放入太多燃料还要供应大马力发动机，故 MiG-1 航程较短。这些各种问题令 MiG-1 生产量不多，很快改为生产其改良型 MiG-3。

（三十七）苏联 MiG-3 战斗机

MiG-3 战斗机是苏联在二战中使用的一种单座活塞式战斗机，由 MiG-1 战斗机改进而来。

1. 研发历史

在 MiG-1 战斗机投产后，米高扬和格列戈维奇继续对其进行改进，并在苏联中央空气和流体力学研究所的 T-1 风洞中仔细检查了飞机的气动外形。随后，又进行了大量的修改工作，如将发动机前移 100 毫米、将外翼段的上反角增加 1 度、采用新型的 OP-310 型散热器、在飞机内增加一个容积为 250 升的燃料箱、在发动机下方增加了一个润滑油箱等。改进后的飞机被命名为 MiG-3 战斗机，1940 年 12 月开始生产。到 1941 年停产时，总生产量达 3172 架。

2. 性能解析

MiG-3 战斗机的机载武器为 1 挺 12.7 毫米 UBS 机枪和 2 挺 7.62 毫米 ShKAS 机枪，并可搭载 2 枚 100 千克炸弹或 6 枚直径为 82 毫米的 RS-82 非制导火箭弹。有些 MiG-3 为了加强火力，在机翼下方加装了 2 挺 UBK 机枪，但此举会对飞机性能带来不利的影响。

3. 实战表现

苏德战争爆发前，有 17 个苏联战斗机团装备了总共 917 架 MiG-3，此外，还有 64 架 MiG-3 装备于黑海舰队和波罗的海舰队，但是真正形成了战斗力的只有部署在西部军区的第 20 混成师、第 41、第 124、第 126 战斗机团和第 23 基辅战斗机团。部署在边境地区的 MiG-3 在战争开始时损失惨重，它们成了德国空军的第一轮打击目标。

装备有 233 架 MiG-3 的苏联空军第 9 混成师是苏联空军战斗力最强的部队之一，在第一天的战斗中，该师损失了全部 407 架战斗机中的 347 架，其装备的所有 MiG-3 全部被摧毁在地面上。苏军飞行员科科内夫驾驶一架 MiG-3 强行起飞，并驾机撞毁了一架德国 Bf 110 战斗机，这也是 MiG-3 在苏德战争中首次与敌机同归于尽的战例。

（三十八）苏联 Pe-3 战斗机

Pe-3 战斗机是苏联于 1941 年设计制造的双发重型战斗机。从被要求设计到飞机交付，佩特利亚科夫设计局仅仅用了 7 天时间。

1. 研发历史

1941 年夏，苏德战争爆发，苏联空军迫切地需要一种能进行巡逻、拦截的两用战机，以便有效对抗德军的轰炸机和侦察机。然而，随着战事的推进，为了能让前线部队迅速形成战斗力，军方决定以当前生产的机型为基础直接发展双发战斗机。老式的 Pe-2 轰炸机恰好符合该要求。1941 年 8 月 1 日，佩特利亚科夫设计局受命研制 Pe-2 的战斗机版本，7 天后便设计定型，命名为 Pe-3 战斗机。该机在 1941~1944 年间生产，总产量为 360 架。由于战事紧张，Pe-3 战斗机及其配套装备几乎是刚走下生产线就立刻配装到了前线部队。

2. 性能解析

Pe-3 和 Pe-2 结构上最大的差异体现在机头、机腹中段和武器系统上。飞机在机身中部、弹舱和两个机枪手座舱处都添置了额外的油箱，同时，设计局也为 Pe-3 增加了一个副驾驶席。Pe-3 在机头处安装了 2 挺 12.7 毫米别津列机枪（共备弹 300 发）和 1 挺 7.62 毫米施卡斯机枪（备弹 450 发）。另外，领航员座舱位置还有 TSS-1 型自卫机枪座，可搭载 1 挺 7.62 毫米施卡斯机枪，备弹 450 发。Pe-3

还装有固定机尾炮塔，配有 1 挺 7.62 毫米施卡斯机枪（备弹 250 发），以便提供后方自卫火力。

Pe-3 的对地武器进行了大幅简化，只保留了 4 个炸弹挂载点：左右发动机舱的炸弹托架上各 1 个，外加机腹的 2 个外部挂架。标准载弹量也下调到了 400 千克，最大载弹量降到 700 千克（2 枚 250 千克和 2 枚 100 千克炸弹）。考虑到日后无须再进行俯冲轰炸，Pe-2 所使用的翼下俯冲减速板及配套机构也一并移除了。

（三十九）苏联 Tu-2 轰炸机

Tu-2 轰炸机是苏联图波列夫设计局在二战时期设计的中型轰炸机，原本称为 ANT-50，后改称为 Tu-2。

1. 研发历史

1940 年，苏联空军迫切需要一种新型轰炸机，以适应未来战争的需要。当时被关押在集中营里的飞机设计师安德列·图波列夫领受了这一任务，带领一批"囚犯"工程师从 1940 年 5 月 1 日开始进行新型轰炸机的研制工作。不久之后，ANT-58 轰炸机问世（ANT 是图波列夫姓名的 3 个首位字母，58 是他的牢房号），后被重新命名为 Tu-2 轰炸机。由于图波列夫的杰出贡献，1941 年 7 月 Tu-2 轰炸机问世后，他被提前释放。

Tu-2 轰炸机在二战时作为苏联空军的水平轰炸机甚至俯冲轰炸机，参与了苏德战争中后期的主要战役，包括柏林攻防战。

2. 性能解析

Tu-2 轰炸机服役后成为苏军最有效的打击德军的武器。1943 年起，苏军在东线夺取了制空权，德军开始遭到 Tu-2 轰炸机的猛烈轰炸。当时，德军的"虎"式坦克和"豹"式坦克装甲厚、火力猛，苏军坦克难以抗衡，而 Tu-2 轰炸机却能有效消灭这两种坦克。Tu-2 轰炸机能够飞到"虎"式坦克上空，用密集的炸弹击穿"虎"式坦克的顶装甲，将其完全摧毁。值得一提的是，Tu-2 轰炸机在轰炸德军地面有生目标时，在弹舱内不装炸弹，而是装 88 支 PPSh41 冲锋枪，用 7.62 毫米子弹形成大面积的密集的弹雨，猛烈扫射德军，因此被称为"空中喀秋莎"。

（四十）苏联 TB-3 轰炸机

TB-3 轰炸机是苏联于 20 世纪 30 年代研制的重型轰炸机，在苏联空军历史上

苏联 TB-3 轰炸机

1. 研发历史

1930 年，图波列夫开始研制 TB-3 轰炸机。1931 年 4 月 28 日，首架预生产型的飞机试飞。1932 年 4 月 28 日，首批 10 架 TB-3 在莫斯科中央机场交付部队，准备参加 5 月 1 日红场的阅兵式。4 月 30 日发现，10 架 TB-3 的发动机散热器均有泄漏。为不影响阅兵式，苏军在 7 架泄漏不是很严重的飞机上装满水罐，增加 4 名机械师轮班摇动手动输水泵向散热器补充冷却水，应付了次日的阅兵式。在数年后爆发的二战中，这些外形庞大的飞机显示出的作战效能无比低下，很快被迫退出第一线。不过，TB-3 轰炸机在苏联空军发展史上仍具有重要的地位。

2. 性能解析

TB-3 作为全世界第一种四发下单翼重型轰炸机，在那个时代的航空界是超前的。该机采用平直机翼，固定式起落架，机翼蒙皮为漆布，机身蒙皮为波纹铝板。动力装置为 4 台 Mikulin M-17F 活塞发动机，单台功率为 525 千瓦。TB-3 装有 5~8 挺 7.62 毫米 DZ 机枪，并可搭载 2000 千克炸弹。

3. 实战表现

TB-3 参加了二战前的若干局部战争：1938 年苏日哈桑湖冲突；1939 年哈勒欣河战役；1937 年后援助中国 6 架，参加了抗日战争。TB-3 在卫国战争中很少作为轰炸机使用，主要是作为运输机进行。1940 年 6 月苏军在摩尔达维亚作战时，曾使用 4 个 TB-3 飞行团、170 余架飞机，对比萨拉比亚地区空降了 3 个伞兵旅，切断罗马尼亚军队的退路。1942 年 1 月的维亚济马空降战役是 TB-3 参加的最后一次作战。由于战斗机掩护不力，慢吞吞的 TB-3 损失严重。从此，TB-3 开始退出现役。

（四十一）苏联 Il-4 轰炸机

Il-4 轰炸机是苏联在二战时的主力中型轰炸机，总产量超过 6700 架。

1. 研发历史

Il-4 轰炸机是苏联伊留申设计局在 1936 年投产的 DB-3 轰炸机基础上的一种发展型，最初的型号是 DB-3M（M 是 M-87/M-88 发动机的意思），生产不久后即改为 DB-3F。1942 年正式改名为 Il-4。

2. 性能解析

Il-4 和它的前身 DB-3 在外形上很相似，除了头部的领航员舱外。但是 Il-4 是一架在内部结构和制造工艺上都完全不同的飞机，钢管构架承力结构已改为机身整体承力结构，所有结构变得简单和容易制造，质量也好控制。Il-4 非常可靠和坚固，经常在超过最大负荷和最大航程的条件下，深入敌人后方执行轰炸任务，是公认的二战中最好的中型轰炸机之一。除了作为轰炸机外，还作为鱼雷轰炸机、滑翔机牵引机、伞兵运输机使用。

3. 实战表现

二战中，技术基础薄弱的苏联非常缺乏远程战略轰炸机，苏联空军远程航空兵不得不大量装备载弹量小、防护不足的 Il-4 轰炸机。苏德战争初期，Il-4 轰炸机几乎是苏军唯一可用的远程空袭力量。在苏德战争爆发的第二天，苏军远程航空兵就使用 Il-4 轰炸机趁夜突袭了多个轴心国城市的军事目标，包括赫尔辛基和布加勒斯特等，不过因为出击规模小、指挥混乱、友军高炮误伤等因素，实际效果并不好。

在 1942 年 8 月 19 日到 9 月 14 日，苏联海军航空兵使用 Il-4 轰炸机对柏林、布达佩斯和布加勒斯特等轴心国首都进行了空袭，堪称 Il-4 轰炸机最著名的作战行动。虽然这些作战行动同样没有取得太大的战果，但也很好地鼓舞了苏联军民的士气。在战争后期，随着苏军战线前移，护航战斗机的成熟，Il-4 轰炸机常被用于打击德国境内战略目标，并有出色的表现。

（四十二） 苏联 Pe-8 轰炸机

Pe-8 轰炸机是二战时苏联空军唯一的四发重型轰炸机，又称为 TB-7 或 ANT-42。

1. 研发历史

Pe-8 最初于 1934 年 7 月以 ANT-42 的代号在图波列夫设计局进行开发，后转移至佩特利亚可夫设计局进行开发，设计目标为制造一款具有高速并且可以在高空飞行的重型轰炸机，可以不需要战斗机护航独立飞行至敌军腹地进行轰炸。此时开

发代号变更为 TB-7，原型机于 1936 年 12 月 7 日在格罗莫夫试飞院完工。

由于发动机问题无法解决，加上机体超重问题，TB-7 的研发以及生产一直不顺利，佩特利亚可夫本人甚至因为研发落后在 1937 年 4 月被关进劳改营，而安装了装甲以及相关轰炸设备的二号原型机直到 1938 年 7 月 26 日才进行首次试飞。几经周折后，TB-7 最终于 1940 年 5 月公开展示，佩特利亚可夫在同年 7 月被释放回到设计局继续辅助 TB-7 量产。服役后的 TB-7 因为苏联机种编号变动而改名为 Pe-8。

2. 实战表现

以 Pe-8 轰炸机的技术数据而言，该机的性能与同时期欧美四发重型轰炸机接近。Pe-8 轰炸机生产后仅配发在少数部队。在作战纪录上，Pe-8 轰炸机比较显著的战斗纪录为第 81 远程轰炸机航空师于 1941 年 8 月 11 日对柏林的轰炸。这场轰炸动用了 12 架 Pe-8 轰炸机，但是因为发动机故障以及迷航等因素，最后仅有 4 架完成任务，轰炸宣示性大于作战实质效果。

二战后期，Pe-8 轰炸机改用新型汽油发动机之后，整体性能也逐渐稳定，但是在《租借法案》援助的飞机性能皆超越 Pe-8 轰炸机的情况下，这款轰炸机的存在价值降低，并且在 1944 年春季之后退出第一线作战任务。

除了轰炸任务以外，Pe-8 轰炸机于其他领域较为突出的事件是在 1942 年 5 月 19 日至 6 月 13 日载运苏联外交部长莫洛托夫代表团自莫斯科飞往伦敦及华盛顿特区与盟军谈判开辟第二战场的相关事宜，途中经过德国领空，没有遭遇任何阻拦。

（四十三） 苏联 Pe-2 轰炸机

Pe-2 轰炸机是苏联在二战中研制的双发轻型轰炸机，也是二战时苏联最著名的轰炸机之一，产量高达 11427 架。

1. 研发历史

1938 年，佩特利亚科夫设计局在 Pe-8 重型轰炸机成功服役后，即着手开发一种双发双座高空重型战斗机，编号 VI-100，后又修改为三座水平轻型轰炸机，又加上了一个俯冲制动器，可以兼作俯冲轰炸机。该机在 1940 年试飞成功，随后命名为 Pe-2 轰炸机并开始服役。在苏德战争爆发后，Pe-2 轰炸机即受到重视和大量生产，因为它有较高的速度和飞行高度，能渗透德国的防空系统并阻截德军增兵。

2. 性能解析

标准型 Pe-2 为三座轻型轰炸机，呈下单翼、双垂直尾翼布局，全金属结构，使用三叶式螺旋桨。第三位乘员是机首下方的火力管制员。该机是战时苏联飞机中的另类代表，完全不像其他战时机型那般简陋。

虽然以 Pe-2 的构造，安装雷达完全不成问题，但仅有少数能像 P-38、Bf110 或"蚊"式等类似的双发战机改装成为夜间战斗机（Pe-3R）。除了是因为苏联电子科技较美英德稍逊，开战之初红军还未使用新发明的雷达外，更因为在雷达成为空军标准装备后，当时的苏联红军要求战斗机完全依赖地面雷达站提供情报，反映其作战方式局限于"飞行员不过是战斗员"的陈腐观念，无法让战斗机使用其空中高度优势发现敌人，甚至拖慢了苏联发展预警机和全天候战斗机的进度。

（四十四）苏联 SB-2 轰炸机

SB-2 轰炸机是苏联于 20 世纪 30 年代研制的双发轰炸机，在 1936～1941 年间批量生产，总产量超过 6600 架。

1. 研发历史

1933 年，苏联空军提出需要一种快速双发轰炸机。1934 年 1 月，由图波列夫主持开始设计。10 月，两种原型机完成设计，即 ANT_40-1 和 ANT-40-2。两者的差别在于，ANT-40-1 使用星型气冷发动机，Ant-40-2 使用十二缸液冷发动机。经过试飞，ANT-40-2 的性能较为优秀，在赋予 SB-2 的型号后，从 1936 年底开始批量生产。

2. 性能解析

SB-2 是苏联第一种全金属，机身、蒙皮形成整体承载结构的飞机。初期型号装两台 M-100 发动机，驱动两副金属固定桨距螺旋桨。发动机散热器布置在发动机前端，从外观上可以看见若干垂直布置的调温百叶窗叶片。该机比同时代的大多数战斗机飞得快，在 20 世纪 30 年代中期是一种先进的轰炸机。

3. 实战表现

作为苏联红军的主要轰炸机，SB-2 参加了 20 世纪 30 年代中后期的若干战争。1936 年 7 月 18 日西班牙内战爆发，苏联曾向共和军提供 684 架 I-15、I—16、SB-2 型飞机的援助。SB-2 轰炸机曾轰炸萨拉曼卡、塞维尔、卡塞利斯、格兰拉达等地的敌军集结地域和阵地配系。

SB 系列轰炸机还参加了 1938 年 7、8 月的苏、日哈桑湖之战，1939 年 5～8 月的哈勒欣河之战，以及 1939 年底至 1940 年初的苏芬战争。苏德战争初期，苏联空军的编制中旧式飞机占很大比例，SB 系列轰炸机参加了抗击德国军队入侵的战斗，

但是性能已经明显落后，随着战争的消耗逐渐被新型飞机取代。

（四十五）苏联 SB-3 轰炸机

1937 年，图波列夫设计局开始将部分 SB-2 轰炸机改用水冷式 M-103 发动机（单台功率 716 千瓦），并在翼下加上挂架。改进后的飞机被称为 SB-2-M103，之后又命名为 SB-3 轰炸机。SB-3 轰炸机的机载武器为 4 挺 7.62 毫米机枪，并可搭载 600 千克炸弹。

（四十六）苏联 SU-2 轰炸机

SU-2 轰炸机是苏联于 20 世纪 30 年代研制的轻型轰炸机，1937 年 8 月 25 日首次试飞。该机的设计和试飞都是在极度保密的情况下进行，不但德国人不知道有这种飞机，就是苏联战斗机飞行员在战争初期的空中遇见 SU-2 轰炸机都以为是敌机。这种苏联当局期望值很高的飞机在激烈对抗的苏德战线上，用途极其有限。SU-2 轰炸机的操纵性虽好，但火力配备较弱、没有装甲，很难适应战斗需要。该机在没有战斗机护航的情况下匆忙参战，损失很大。SU-2 轰炸机一共制造了 910 架，1942 年退出现役。

（四十七）苏联 Yak-4 轰炸机

Yak-4 轰炸机是苏联雅克设计局在 20 世纪 30 年代研制的轻型轰炸机，使用 2 台 M-105 液冷发动机，单台功率为 821 千瓦。该机在海平面的最大平飞速度增加到 458 千米/小时，在 5050 米高度时则可以达到 533 千米/小时。Yak-4 轰炸机存在稳定性差、发动机功率不足和航程过短等问题，虽然最终投入了批量生产，但 YaK-4 轰炸机的设计一直没有获得进一步的完善。雅克设计局由于要负责 I-26（即后来的 YaK-1 战斗机）的开发而无暇顾及 YaK-4 轰炸机的改良工作。Yak-4 轰炸机的总产量只有 90 架。

（四十八）苏联 Ar-2 轰炸机

SB 系列轰炸机投产后，设计师一直在进行改进工作，以满足苏联空军的需要，但是绝大部分改进型都不太成功：T-1 鱼雷机在试飞中发生结构破坏、机毁人亡的事故；MMN 轰炸机不能使军方满意。随后研制的 SB—RK 是一种俯冲轰炸机，性能得到一些提高，在此基础上进一步改进设计的飞机即 Ar-2 轰炸机。Ar-2 轰炸机在 1940~1941 年期间生产，总产量为 200 架。该机参加了苏德战争初期的战斗，直到被更先进的 Pe-2 轰炸机所取代。

（四十九） 苏联 Yer-2 轰炸机

Yer-2 轰炸机是苏联在二战期间研制的一种双发远程轰炸机，采用全金属双垂尾倒鸥翼布局，具备可收放式后三点起落架，定员 5 人，最高载重高达 5 吨（短航程载油量）。不过，苏联红军认为更需要 Pe-2 一类的轻型轰炸机，Yer-2 和 Pe-8 一样没有大量生产，但在 1945 年前也一直没停产，断断续续生产了 320 架。Yer-2 也是苏德战争中最早夜间空袭柏林的苏军战机之一。

（五十） 苏联 Il-2 攻击机

Il-2 是苏联在二战期间生产的单发对地攻击机，产量超过 36000 架，堪称航空史上单产量最大的军用飞机。

1. 研发历史

1938 年，苏联中央设计局下属的由谢尔盖·弗拉基米罗维奇·伊留申领导的部门开始研制一种称为 TsKB-55 的新机型，军方给予的名称是 Bsh-2 型，即"带装甲对地攻击机"。TsKB-55 的研发非常不顺，装甲板焊接频频出错，随之而来的是不断增加的重量。1940 年春季，TsKB-55 终于完成了飞行试验，结果证明 AM-35 型发动机根本无法承受重达 4.7 吨的飞机，从而间接导致各项性能均不令人满意。此时，斯大林亲自要求伊留申把 TSKB-55 由纯粹的双座低空攻击机改为可从高空进入敌军阵地的单座战斗轰炸机，据此很快完成了新的 TSKB-57 样机，而 TSKB-57 的改进型 TsKB-55P 实际上就是 Il-2 的原型机。在 1941 年 4 月，TsKB-55P 以设计师的名字命名为 Il-2。后来，Il-2 又因作战需要再次改成双座机。

2. 性能解析

Il-2 是以单活塞式三叶螺旋桨驱动的机型，呈下单翼硬壳式布局，为后三点式收放式起落架，生产型为纵列双座封闭式座舱，后座位是面向后方的机枪手座位，并设有弹仓的构造。动力装置为 AM-38X 十二缸液冷发动机，最大功率 1327

千瓦。Il-2 的前起落架虽为收放式，但轮胎是可收入机体内的自行车式构造，而后轮则不可收，保障了在紧急降落时的安全性。

Il-2 在两翼各内藏有 1 门固定式 23 毫米 VYa-23 机炮和 7.62 毫米 ShKAS 航空机枪，后座舱 1 挺 12.7 毫米别列津 UBT 可回转机枪，最大载弹量 600 千克，也可搭载火箭发射架和小型航弹集装箱（子母弹）。

3. 实战表现

Il-2 原本是作为单座的战斗轰炸机，但初期在和德军作战时表现不理想，因为对于其较大的体型来说，发动机功率不足，使得飞行性能不足以与德军 Bf109 进行格斗战。后来加装了机枪手的后座位和重机枪自卫，并强化了装甲并集中攻击地面目标，才成为当时最成功的攻击机，德国对 Il-2 有"黑色的死神"之誉。但实际上 Il-2 的性能仍然不足以作为战斗轰炸机，在德国的新型战斗机如 Bf109G 和 Fw190 出现后，受到相当损失，只能在战斗机护航下才能作战。而且载弹量过少，只能对无防护的人员和车辆造成重大杀伤，对坦克差不多无能为力，后来专门为它开发了集体投下的小型炸弹以对付坦克。

（五十一）Il-10 攻击机

Il-10 是苏联伊留申设计局在二战后期由 Il-2 改进而来的攻击机，1944 年开始服役。

1. 研发历史

Il-2 本意是设计成战斗轰炸机，但因发动机功率不足，只好改为攻击机，后来二战末期重新设计成较小型的全金属制机型，配合了新的大功率发动机，试图发展成为类似美国的 P-47 战斗轰炸机。但发动机功率虽大，可是构型阻力较大和机翼也过厚，所以速度并不比 Il-2 快多少，所以只好保持攻击机的用途，命名为 Il-10 攻击机。

2. 性能解析

Il-10 的外观和 Il-2 相似，但实为全金属结构，外观上不同的地方是改用与普通战斗机相似的收放式起落架。另一特点是有内藏的弹仓。Il-10 也是以单活塞式三叶螺旋桨驱动的机型，呈下单翼硬壳式布局，为后三点式收放式起落架，主要生产型为纵列双座封闭式座舱，后座位是面向后方的机枪手座位。发动机为液冷式的 AM-42，最大功率达 2051 千瓦。

Il-10 早期型在两翼各内藏有 2 门固定式 23 毫米机炮和 2 门 7.62 毫米机枪，

后座舱 1 挺 12.7 毫米可回转机枪。后期型的机翼各为 2 门 23 毫米机炮，后座 1 门 20 毫米机炮。两翼下载弹 250 千克，弹仓可载 400 千克火箭发射架或小型航弹集装箱（子母弹）。

3. 实战表现

I1-10 在二战后期才服役，而且外观和其前身 I1-2 型相似，所以知名度较低。二战后，由于早期的喷气式飞机低空低速性能不佳，并不适合对地攻击任务，因此 I1-10 有机会输出到国外参加了几场局部战争，并授权捷克斯洛伐克生产，称为 B-33 轻型轰炸机。I1-10 在各国服役到 20 世纪 60 年代，在喷气式飞机的低空和低速性能全面改善后，才正式退役。

（五十二）英国"喷火"战斗机

"喷火"战斗机（Spitfire）是英国在二战中最重要也最具代表性的战斗机，战争中其转战欧洲、北非与亚洲等战区，担负着英国维持制空权的重大责任。

1. 研发历史

20 世纪 30 年代，德国开始大力发展空中力量，并且各类战斗机的性能和制造数量日益提升，这对靠近它的英国来说构成了不小的威胁。英国方面，当时该国最快的飞机时速达 350 千米左右，远不及德国的高性能战斗机，所以为了能回应德国的空中力量，或者精确地说是为了抗衡德国空中战斗机，英国航空部开始研发新型战斗机。而"喷火"战斗机正是在此背景下诞生的。

2. 性能解析

"喷火"战斗机的设计成功之处在于采用了大功率的活塞式发动机（如梅林 63 型发动机，功率为 1710 匹马力）和良好的气动外形设计。半纺锤形机头，有别于当时大多数飞机的平秃粗大机头，整流效果好，阻力小。发动机安装在支撑架后的防火承力壁上，背后便是半硬壳结构的中后部机身。机翼采用椭圆平面形状的悬臂式下单翼，虽制造工艺复杂，费工费时，但气动特性好，升阻比大。

（五十三）英国"剑鱼"式鱼雷轰炸机

"剑鱼"式（Fairey Swordfish）鱼雷轰炸机于 1936 年开始投入使用，是二战时期英国皇家海军航空兵使用的主要机型之一。

1. 研发历史

在服役初期，"剑鱼"式装备于航母作为鱼雷轰炸机使用，而到了战争中后期，其被改装为反潜和训练机。尽管"剑鱼"式设计于20世纪30年代，但它仍然得以使用到1945年二战在欧洲地区战火熄灭。

2. 性能解析

"剑鱼"式的主武器是鱼雷，但由于是慢速的双翼飞机，从而在攻击时需要一段较长的直线路径用于俯冲投射鱼雷，这样就使它很难精确的攻击到防空火力强以及速度快的军舰。但是1940年11月11日的塔兰托战役中，由英国皇家海军杰出号航空母舰上起飞的"剑鱼"式轰炸机却立下了汗马功劳。

战斗中，"剑鱼"式使用鱼雷击沉或重伤意大利海军的3艘战列舰和1艘巡洋舰。塔兰托战役的成功很可能给当时的日本帝国海军以自信或者灵感，并在随后攻击了美国太平洋舰队的母港——珍珠港。之后"剑鱼"式也在马耳他突围战役担任了攻击军舰的任务。

（五十四）英国"蚊"式轰炸机

"蚊"式（Mosquito）轰炸机在二战期间创造了英国空军轰炸机作战生存率的最高纪录，它是英国人的骄傲，更是充满了传奇色彩的一代名机。

英国"蚊"式轰炸机

1. 研发历史

杰弗里·德·哈维兰是英国著名飞机设计师、飞行员和航空工业企业家，有过许多卓有成效的建树。一战结束后，因英国军方需要一款高速轰炸机，所以哈维兰应英国军方所邀开始为其研发满足要求的轰炸机。

之后哈维兰设计了一款在当时看来很滑稽的轰炸机，之所以说滑稽，是因为该飞机采用木质材料。不过在测试中，该飞机还是有不错的表现，可惜因黏合机身的接合剂不佳，故而造成空中解体而坠机的意外，直到20世纪40年代初期，哈维兰才真正完善了这款轰炸机。这款轰炸机正是世人皆知的木头飞机——"蚊"式轰炸机。

2. 性能解析

"蚊"式轰炸机有几大奇特之处：一是采用全木结构；二是改型多；三是生存性好。这种集轰炸、战斗、侦察、教练、联络、反潜于一身的木头飞机曾活跃在地域广阔的欧亚战线上，是当时闻名四海的飞机。

（五十五）英国"暴风"战斗机

"暴风"（Tempest）为英国空军最先进的活塞式战斗机，配属英国驻海外的部队，如德国、塞浦路斯、巴勒斯坦、摩加迪沙、印度、伊拉克、新加坡等地。

1. 研发历史

"台风"本来是作为比"喷火"更先进的战斗机而设计，但在使用过程中发现其爬升率和高空速度并不理想，尤其是在高速俯冲时空气动力特性恶化，不容易从俯冲中改出，在使用过程中逐渐当成战斗轰炸机和地面攻击机使用。霍克公司从1940年3月开始开发改进型"台风"，试图使"台风"成为原来设想的先进战斗机。

经过研究，改变"台风"的翼形和减薄机翼可以大幅提高"台风"性能。随即，采用比"台风"更接近椭圆的翼形，并在机翼弦长37.5%处减薄14.5%，翼尖减薄10%。机翼减薄后机翼油箱的容量减少，因此把发动机支架向前延伸0.53米，在发动机防火墙后增加了一个0.29立方米的机身油箱。改进后的飞机和"台风"外形十分相似，但从机翼的外形和机鼻的长度仍然可以将两者区别。

英国空军部在1941年11月18日定购了两架原型机，称为"台风II"。1942年春天，英国已经有多种2000马力级的发动机可供选择，霍克公司提出了数种改装不同发动机的方案供英国空军部再次选择，英国空军部为了保证能获得性能先进的战斗机，要求霍克公司同时发展5个型号6架原型机以便最终选择。同年8月，"台风II"改名为"暴风"。

2. 性能解析

1944年1月，RAF的第486中队装备"暴风"，随后第3中队也开始装备。4月，第3中队在肯特郡的Newchurch开始战斗值班。6月8日，第3中队的9架"暴风"首次在诺曼底登陆场上空执行巡逻任务并和德军的5架Bf109相遇，"暴风"击落了3架Bf109，自己无一损失。

1944年6月13日，德国开始用V-1导弹对英国腹地的目标尤其是伦敦进行大

规模袭击，"暴风"作为英国飞得最快的中低空战斗机，承担了截击 V-1 的任务。6 月 16 日"暴风"首次击落 13 枚 V-1。在接下来的战斗中，飞行员总结了经验，利用"暴风"速度上的优势（V-1 通常飞行高度为 457～610 米，飞行速度为 650 千米/小时）从后部接近 V-1，在 300 米距离上开火，可以准确无误地击落 V-1，而且可以避免 V-1 被击爆后伤及自己，击落 V-1 的数量迅速提高。

（五十六）"吸血鬼"战斗机

"吸血鬼"（Vampire）是英国皇家空军装备的第二种喷气式战斗机，计划安装德·哈维兰公司开发的"小妖精"小型涡喷发动机。这种早期喷气式发动机推力实在过小，为此设计团队采用了双尾撑布局以使造成死重的尾喷管长度最小。事实证明这种改进很有效．"吸血鬼"的原型机成为当时西方国家首款时速超过 804.7 千米的飞机。

性能解析

"吸血鬼"战斗机装备英国哈弗德公司的 H·1 型喷气发动机（德海维兰公司成批仿造型易名为"丑妖"），采用极富特色的双尾梁气动布局。继承了大战中蚊式飞机传统的木制驾驶舱连同机头下 4 门 20 毫米机炮及发动机都装在一个中央短舱之内的设计，而两个尾梁居其左右，由一副小后掠角梯形中单翼将三者串联在一起。

同样，双尾梁之后端又由一片平尾和二片小小的垂尾连成一体。发动机的进气口与进气道开在左右机翼根部夹层内。前三点起落架可完全收入机内。这样煞费苦心的造型设计使喷气管尽量做短，减少了排气损失。

（五十七）"桑德兰"水上巡逻轰炸机

"桑德兰"（Sunderland）是肖特兄弟公司（Short Brothers plc）设计的一款水上巡逻轰炸机，是二战中最强大、使用最广泛的水上飞机之一，并在大西洋海战（在大西洋盟军与德国海军针对海上通航线的一连串攻防作战）中用来对抗德国 U 形潜艇。

1. 研发历史

战争中，海上航线是非常重要的，尤其是对于英国这种四面环水的国家，建立海上航线，并确保海上运输安全，更是生死攸关的大事。要保证海上航线的安全，除了必备的海上作战武器（如航母、战列舰等）之外，水上飞机的作用也不可忽视，所以，英国一直都非常注重水上飞机的研发和运用。1936 年，英国老牌飞机公司——肖特兄弟公司以航行于大西洋航线的 C 级"帝国"水上旅客机为基础，设计出了"桑德兰"水上巡逻轰炸机。

2. 性能解析

"桑德兰"水上巡逻轰炸机有一个竖椭圆形横断面的粗机身，机舱分为上下两层甲板，设有驾驶室、休息室、工作间、卧铺、军官餐厅、厨房和厕所，这对于连续飞行十几个小时的多人空勤组来说并不多余。机身底部为单断阶的艇底，与外翼下的一对浮筒组成完备的水面漂浮和滑行装置。

（五十八）英国"贼鸥"式战斗轰炸机

"贼鸥"式（Skua）战斗轰炸机是英国海军于 20 世纪 40 年代初期所使用的一款单发双座舰载飞机，也是其所拥有的第一种全金属结构的单翼飞机。

1. 研发历史

1934 年，英国海军向本国各大飞机公司发布了新型舰载飞机的招标信息。之后，有多家公司参与竞标，其中包括布莱克本飞机公司（Blackburn A）、阿弗罗飞机公司（Avro）和霍克飞机公司（Hawk）等。在众多飞机公司的设计方案中，只有布莱克本飞机公司的"贼鸥"式战斗轰炸机设计方案得到英国海军青睐。1937 年 2 月，"贼鸥"的第一架原型机进行了试飞，同年 10 月又进行了各项性能测试，结果是各项性能都有不错的均衡效果。之后，在该公司的不断完善下，"贼鸥"于 1938 年 10 月正式列装。

2. 性能解析

1939 年 9 月 26 日，3 架"贼鸥"式战斗轰炸机在北海上空击落了一架德国的道尼尔 Do 18 飞艇，成了二战中第一个击落敌机的英国飞机。两年后的 4 月 10 日，16 架"贼鸥"式战斗轰炸机击沉了入侵挪威的德国巡洋舰"柯尼斯堡"号，而该舰也是盟军在二战中击沉的第一艘敌舰。尽管"贼鸥"式战斗轰炸机在挪威和地中海对抗敌方轰炸机时表现良好，但在面对现代化的战斗机（如德军的 Bf-109 战斗机）时却有所力不从心了。

（五十九）英国"流星"战斗机

"流星"（Meteor）战斗机是盟军在二战时唯一能进行实战的喷气式飞机，二战后，"流星"持续生产到 1954 年，共计生产 3900 架，除了英国空军外，澳大利亚、加拿大、比利时等国空军都装备过该机。

1. 研发历史

在二战中德国和英国进行的喷气式飞机设计制造竞赛中，英国始终处于第二的地位。1941 年 5 月 15 日，格罗斯特公司的首架装 WhittleW. 1（390KG 推力）的 E28/39 喷气式飞机试飞。在此之前，在不列颠之战正在残酷进行时，英国空军部已经以 F.9/40 号计划，决定由格罗斯特公司研制一种双发喷气式战斗机，而后者的产品正是"流星"战斗机。而采用双发方案的目的是因为初期的喷气发动机性能不稳定，双发方案能减少技术风险。

2. 性能解析

1942 年 2 月，英国空军正式向格罗斯特公司订购 12 架"流星"战斗机。1942 年 7 月，装 W. 2B 涡轮喷气发动机的首架原型机进行地面滑行试验 1943 年 3 月 5 日，第五架原型机装 HalforsH.1 进行首次试飞。1944 年 1 月 12 日 20 架生产型 MKI，装 W. 2B/23 发动机开始出厂。首架 MKl 被送到美国，交换一架贝尔公司的 YP-59（美国第一架试验喷气式战斗机）样机，其余交付 RAF616 中队，于 1944 年 6 月交付完毕。

（六十）英国"飓风"战斗机

"飓风"（Hurricane）是英国于 20 世纪 30 年代设计的战斗机，在不列颠空战期间皇家空军取得的战果大都由飓风战斗机完成，是不列颠空战英国胜出的最大功臣，并在二战各个主要战场服役。

1. 研发历史

"飓风"战斗机也是二战中闻名遐迩的战斗机。是真正的伦敦上空的鹰。

"飓风"由西多尼·卡姆爵士设计，K5083 号原型机于 1935 年 11 月 6 日在英国的霍克飞机厂试飞成功，成为英国航空史上第一种时速超过 500 千米的飞机。

由于该机开发于 30 年代中期，所以尽管外观上已具备 40 年代单翼机的布局，但仍是一种半金属结构的飞机，而且机身内承力构架依然由钢管焊接件组成，后机

身外部是亚麻布蒙皮。"飓风"在机头装一台"梅林"水冷活塞发动机，故前机身显得较为尖削。从多框的滑动开闭座舱盖后部开始，后机身背部向下倾斜，最后是一片近半圆形的垂尾。梯形平面上反下单翼内装有全部射击火器，翼下可挂小炸弹，机腹为水散热器。整个机体显得质朴、美观。

2. 性能解析

二战爆发后，"飓风"作为英军最先进的战斗机之一，被派驻欧洲大陆，担任前线空中打击部队（A.A.S.F.）的主力。但战果大大出乎英国人的预料：1940年5月8日至18日短短的十天里，"飓风"即被击落250架；在掩护敦刻尔克大撤退的空战行动中，又损失了近150架。

在法国战役中，一天英军三个中队共36架"飓风"战斗机正在编队飞行，突然发现约十架Bf-109钻云而出，从编队的侧后方扑过来。英军带队长机立即率领机群转向迎击德机，但笨拙的转向还没完成一半，德军战斗机已咬住排在编队最后的英军战机开火了。转眼间，在击落英军四架战机后，德机消失得无影无踪。整个战斗过程中，英军未有机会发射一发子弹，有的飞行员甚至连敌机都没看见。

在1940年8月的不列颠空战中，人们的注意力都被性能更好，足以和Bf-109匹敌的喷火式战斗机所吸引，因此"飓风"战斗机的功绩往往被忽视。实际上当时英空军中"飓风"战斗机共有32个中队，而"喷火"式只有19个中队，飓风式仍然是英军战斗机部队的主力。

当"喷火"式与德军护航的Bf-109纠缠时，"飓风"则乘虚攻击笨重的德军Bf-110战斗机和轰炸机。

（六十一）日本"零"式战斗机

"零"式（Zero）战斗机是日本在二战期间的主力舰载飞机，整个太平洋战区都可以见到它的踪影，堪称日本海军在二战时最知名的战斗机。

1. 研发历史

出生于1903年6月22日的堀越二郎是日本昭和时期的航空技术人员，曾在德国容克飞机公司和美国柯蒂斯-莱特飞机公司深造，吸收了当时世界最先进的飞机设计理念。1937年，堀越二郎运用自己所学习的先进技术，并结合日本海上作战的方式后，设计出了"零"式战斗机。

2. 性能解析

"零"式战斗机是日本飞机设计的重要里程碑，它实现了多个第一，例如：首次采用全封闭可收放起落架，电热飞行服，恒速螺旋桨，超硬铝承力构造，大视界座舱和可抛弃的大型副油箱等。

在二战初期，"零"式战斗机以爬升率高，转弯半径小，速度快，航程远等特点压倒美军战斗机，但到战争中期，美军使用新型战斗机捕获它之后，其弱点被研究出——装甲薄弱，因此美军飞行员戏称其为"空中打火机"。

（六十二）日本百式侦察机

百式（Type 100）侦察机是日本三菱重工业（Mitstubishi Heay Industries）设计制造的一款飞机，是日本陆军二战期间的主要侦察机之一。

1. 研发历史

1937年，三菱重工业应日本军方要求，研制一款高速侦察机。军方对该飞机的要求是：能在6000米高空以600千米/小时的速度飞行6小时。之后，1939年，三菱重工业推出了百式侦察机的原型机，在通过测试后，于1940年开始生产制造。在二战末期，日本曾在百式侦察机上装设倾斜式机炮，用以拦截B-29"超级堡垒"轰炸机。

2. 性能解析

百式侦察机的防风镜与机体合二为一，这种流线型外表在当时相当先进，但也因此容易反光，影响视线，而且由于航空玻璃制作技术不成熟，挡风玻璃常龟裂。虽然该飞机的速度在当时的日本军队中是最高速度的，但美国的新型飞机还是能超越它，不过这并不是因为其本身速度性能不足，而是双方使用的航空用油其品质有差距。

（六十三）法国MS.406战斗机

MS.406战斗机是法国战役开始时，法国空军装备数量最多的战斗机，达到上千架。该飞机和二战初期其他法国战斗机一样，都源自20世纪30年代法国空军航空技术服务部提出的"C1要求"。

1. 研发历史

20世纪30年代初期，航空器的发展进入了一个新的阶段，各国战斗飞机开始向单翼、可收放起落架、全金属结构等方向发展。作为传统航空大国的法国自然不甘人后，1934年，法国空军航空技术服务部提出了研制现代化单翼单座战斗机要求，代号"C1"。

按照"C1 要求"，莫拉纳–索尼埃公司（Morane Saulnier）在保密状态下研制出了一种下单翼战斗机——MS.405。第一架样机于 1935 年 8 月 8 日上天。该飞机采用常规布局，机身外壳大部分由铝合金制造，不过后机身仍然采用帆布蒙皮。动力装置采用 860 马力的"西班牙·瑞士（HS）"12Ygrs 发动机。飞机采用了可收放式起落架。

此后，研制工作似乎放慢了下来。经过 17 个月后，第二架原型机于 1937 年 1 月 20 日上天。第二架原型机改进了机翼设计，换装了 900 马力的"西班牙·瑞士"12Ycrs 发动机，最大时速达到了 443 千米/小时（4000 米高度）。莫拉纳–索尼埃战斗机成为法国第一种时速突破 400 千米/小时的战斗机，其出色的性能使法国军方非常满意，立刻发出了制造 16 架试生产型的订单。同年，MS.405 原型机参加了布鲁塞尔航空展，其广告牌上大大咧咧地写上了"世界上最好的战斗机"。

之后莫拉纳–索尼埃公司对 MS.405 进行改进，主要更换了 860 马力的"西班牙·瑞士"12Y31 发动机，并且减轻了机翼重量。改进后的飞机命名为 MS.406，于 1938 年 5 月 20 日上天，最大平飞速度达到了 486 千米/小时（5000 米高度），而后成为正式生产型大量生产。

2. 性能解析

20 世纪 30 年代末，法国和纳粹德国的战争已经迫在眉睫，法国空军下达了大量生产 MS.406 的命令。MS.406 同时也被确定为法国标准的单翼战斗机，事实上成为"C1 要求"竞争的胜利者。第一架 MS.406 上天的同时，法国军方对 MS.406 的生产命令就已经达到了 1000 架。显然莫拉纳–索尼埃公司的生产能力已经无法满足这个命令了，于是在国内又建立起来三处制造工厂，很快投入大批量生产。

法国战役前，共有 60 架 MS.406 战斗机出口。1939 年 11 月至 1940 年 1 月，30 架 MS.406 出口芬兰，另外 30 架于 1940 年 2～3 月间出口土耳其。在"奇怪战争"（德国人称之为"静坐战争"）期间，MS.406 只参与了少数的接触战斗，主要是对付德国的侦察机和梅塞施米特 Bf—109D 战斗机。实战证明，MS.406 这种早期的单翼战斗机，性能上逊于速度较快的 Bf-109D。该机的一门 20 毫米机关炮射速太慢，而两挺 7.5 毫米机关枪威力又太小。尽管如此，法国飞行员依然顽强地驾驶这种战斗机和德国的 Bf—109D 对抗。但是随着 1939 年底速度更快性能更出色的 Bf—109E 的上场，法国空军的形势就更加恶劣了。

经过涂装后的法国 MS.406 战斗机在"静坐战争"期间，法国就认识到了该飞机的弱点，开始对其加以改进，主要着眼点在麻烦不断的可卸式散热器和火力配置

上。新改型更换为固定式散热器，机枪也由弹鼓供弹改为弹链供弹。新飞机于 1940 年上天，命名为 MS. 410。新飞机还试验了新的排气装置，由于发动机散热效率大大改善，最大速度增加到了 509 千米/小时。

二、海军舰船

战争形势的变化也促进了武器的发展，一战时期坦克发展迅猛，二战时期则主要集中在海上武装和军用飞机上。与坦克相比，海上舰船既能适应海上作战环境，又具有更强的火力和防护能力，飞机又具有更好的机动性能和高度优势。

因此，以战列舰和航空母舰为主的水面战舰，以潜艇为主的水下战舰，在这一时期都得到了前所未有的发展。尤其是航空母舰，由一战时的从属地位逐渐取代战列舰成为现代远洋舰队的主干，在太平洋战场上起了决定性作用。战争期间，廉价的小型护航航空母舰也被大量建造，投入到反潜护航作战中。

> **战列舰**
>
> 战列舰又称战斗舰，是一种以大口径火炮的攻击力与厚重装甲的防护力为主要诉求的高吨位海军作战舰艇。这种军舰自 19 世纪 60 年代开始发展，直至二战末期一直是各主要海权国家的主力舰种之一，因此在过去又曾经一度被称为主力舰。

（一）美国"科罗拉多"级"西弗吉尼亚"号战列舰

"西弗吉尼亚"号战列舰于 1920 年 4 月开工，1921 年 7 月下水，1923 年 12 月开始服役。属于"科罗拉多"级战列舰。

1. 研发历史

"科罗拉多"级战列舰继承了当时美国战列舰的标准风格，包括笼式主桅、飞剪形舰艏、副炮安装在舰楼甲板以上、采用电气推进的动力系统等。但有一点不足的是，该级战列舰的航行速度同当时所有的美国战列舰一样没有得到相应的重视，最大航速只有 21 节。

"科罗拉多"级战列舰最初计划建造 4 艘，但三号舰"华盛顿"号（BB-47）因华盛顿海军条约的规定而被终止建造。最终建成了 3 艘："科罗拉多"号（USS

Colorado BB-45）、"马里兰"号（USS Maryland BB-46）和"西弗吉尼亚"号（USS West Virginia BB-48）。

2. 性能解析

"西弗吉尼亚"号参加了硫球岛和冲绳岛的两栖作战。在这几场战斗中，"西弗吉尼亚"号的主要威胁是日本的"神风"自杀式飞机。

1945年4月，"西弗吉尼亚"号在冲绳海域的战斗中就曾被"神风"自杀飞机击中，在战争结束的前三天（1945年8月12日），"西弗吉尼亚"号还被日本的"回天"自杀鱼雷击中，但损伤并不严重。战争结束后，"西弗吉尼亚"号进入了东京湾，随后参加了运送美军士兵回国的任务。

（二）美国"田纳西"级"加利福尼亚"号战列舰

"加利福尼亚"号战列舰（USS Califonia BB-44）是美军在1921—1947年间所使用的海上武器，在二战中共获得7枚战斗之星勋章。

"加利福尼亚"号战列舰

1. 研发历史

"田纳西"级（Tennessee Class）战列舰是"新墨西哥"级战列舰（USS NewMexico Class）的改进型，1917年开工。"加利福尼亚"号（USS California BB-44）是"田纳西"级战列舰的二号舰，于1919年11月下水，1921年8月作为太平洋舰队的旗舰开始服役。此后的20年间，"加利福尼亚"号交替在太平洋舰队和大西洋舰队服役，参加年度的演习、训练和运送任务。1929~1930年，"加利福尼亚"号进行了现代化改装，改装内容主要为安装各种防空火炮。

2. 性能解析

1940年随着太平洋局势的升级，"加利福尼亚"号随太平洋舰队一起移驻珍珠港。1941年12月7日，珍珠港事件爆发，"加利福尼亚"号被3条鱼雷击中舰体，

一颗炸弹引爆了舰上高射机枪的弹药舱。由于当时"加利福尼亚"号的水密舱没有完全关闭，致使舰尾沉入水中，但舰首和上层建筑仍在水面上。此次袭击造成舰上98人丧生。

（三）美国"宾夕法尼亚"级"亚利桑纳"号战列舰

"亚利桑纳"号战列舰（USS Arizona BB-39）于1916年10月服役，之后，交替作为美国海军第2、第4、第9战列舰队的旗舰往返于美国东西海岸、加勒比海以及夏威夷之间实施训练任务。在1941年12月7日的珍珠港事件中，不幸中弹沉没。

1. 研发历史

"亚利桑纳"号是"宾夕法尼亚"级（PennsyIvania class）战列舰的二号舰，于1914年3月开工，1915年6月下水，1916年10月服役。1929年7月至1931年3月，"亚利桑纳"号进行了改装，改装的项目包括前、后笼式主桅改为三脚桅并增设桅楼，改建舰桥，撤去部分副炮加装高射炮以及改良防护增加装甲，并加装水上飞机等。

2. 性能解析

1941年，随着太平洋局势的紧张，太平洋舰队也不断加强训练。1941年12月4日"亚利桑纳"号与"内华达"号（"内华达"级战列舰一号舰）、"俄克拉荷马"号（"内华达"级战列舰二号舰）一起进行夜战训练，12月5日，"亚利桑纳"号返回珍珠港后停泊在"贞洁"号维修船内侧，12月7日遭到日本舰队偷袭并沉没。

（四）美国"内华达"级"内华达"号战列舰

"内华达"号（USS Nevada BB-36）是"内华达"级战列舰的一号舰，在二战中有着突出的表现。

1. 研发历史

"内华达"号战列舰于1912年12月开工，1914年7月下水，1916年3月完工并服役。

1916年5月26日，"内华达"号战列舰在罗得岛的纽波特加入大西洋舰队，开始在东海岸和加勒比执行任务直到一战爆发。在弗吉尼亚州诺福克完成炮手训练后，"内华达"号战列舰于1918年8月3日起航，8月23日到达爱尔兰，加入英国大舰队。1918年12月，"内华达"号战列舰还执行了护航美国总统伍德罗·威尔逊前往法国布列斯特的任务。

2. 性能解析

1927~1930年，"内华达"号战列舰在诺福克海军造船厂进行了一次大规模的现代化改装，在这次改装中，其整个上层建筑几乎全部重建，采用了新的三脚桅杆，原先设置在舷侧的10门主炮被移到露天甲板上前后各5门，还在舰桥、前桅杆两侧布置了8座127毫米高炮，后桅杆两侧也布置了2门76毫米高炮。船尾增加了飞机弹射器，舰宽加大到33米。

（五）美国"新墨西哥"级战列舰

"新墨西哥"级（New Mexico Class）是美国于1914年开始建造的战列舰，同级舰共3艘，分别是"新墨西哥"号（New Mexico BB-40）、"密西西比"号（Mississippi（BB-41）和"爱达荷"号（ldaho BB-42）。

1. 研发历史

二战爆发时，"新墨西哥"级三舰都在大西洋舰队服役。1941年，"新墨西哥"号开始参加中立巡逻。珍珠港事件后，"新墨西哥"级于1942年先后调到太平洋战区，1943—1944年进行现代化改装。该级舰参加了太平洋战区的数次两栖作战，包括苏里高海峡夜战。另外，"新墨西哥"号曾在冲绳岛战役中接任美国海军第五舰队司令雷蒙德·斯普鲁恩斯的旗舰。

2. 性能解析

与"宾夕法尼亚"级相比，"新墨西哥"级进行了一些较大的改进，采用飞剪形舰艏，提高在大浪中行驶时的稳定性（后来这种舰艏成为美国海军舰船的一种特征）。改用蒸汽轮机-发电机驱动电动机的动力装置，动力系统虽然有改进，但航速提高有限。改用50倍口径身管的356毫米主炮，主炮炮塔的布局与"宾夕法尼亚"级相同。

（六）美国"北卡罗来纳"级战列舰

"北卡罗来纳"级（North Carolina Class）是美国海军根据第二次伦敦海军条约于1937年完成设计的一种新型战列舰。同级舰共2艘："北卡罗来纳"号（North

Carolina BB-55）和"华盛顿"号（Washington BB-56）。

1. 研发历史

太平洋战争爆发后，"北卡罗来纳"级两舰相继加入美国海军太平洋舰队。在太平洋战争期间，它们参加了大部分重大战斗，主要为航空母舰舰队提供防空火力保护，以及沿岸炮击行动。

2. 性能解析

1942年8月，美军在瓜达尔卡纳尔岛登陆，"北卡罗来纳"号成为当时为美国快速航空母舰舰队护航的唯一一艘战列舰。1942年11月14日，"华盛顿"号在第二次瓜达尔卡纳尔海战中，利用雷达的引导攻击日本海军"雾岛"号战列舰，命中其9枚406毫米炮弹，迫使其自沉于瓜岛水域。1944年，"华盛顿"号在一次碰撞事故中舰艏撞毁并更换了新舰艏。

（七）美国"南达科他"级战列舰

"南达科他"级（South Dakota Class）是美国海军在"北卡罗来纳级"基础上改进设计的战列舰，于1938年5月开始建造，一共4艘："南达科他"号（South Dakota BB57）"印第安纳"号（BB58）"马萨诸塞"号（BB59）和"阿拉巴马"号（BB60）。

1. 实战表现

1942年10月26日，"南达科他"号同两艘"约克城"级航空母舰一起参加圣克鲁斯群岛战役，在海战中击落32架日本飞机，创造了一艘战舰一天内击落飞机的纪录。1942年11月8日，"马萨诸塞"号参加了北非的"火炬"登陆行动，炮击停泊在卡萨布兰卡港的法国"让·巴尔"号战列舰，406毫米口径的火炮显示了强大的威力，法国战列舰被击中5枚炮弹，丧失了战斗力。2艘法国驱逐舰亦被击沉。

2. 性能解析

"南达科他"级的设计排水量、火力与"北卡罗来纳"级相同，并保持相同的最大舷宽。不同之处在于，缩小了水线长度，动力舱室更加紧凑，造成航速略为降低，转弯半径较"北卡罗来纳"级稍大；采用单烟囱，增加侧舷装甲带倾斜角度以及甲板装甲厚度，防护水平有所提高；采用球鼻形舰艏以降低舰体阻力，并增大了主机功率。

（八） 美国"怀俄明"级战列舰

"怀俄明"级（Wyoming Class）是二战中美国海军服役最老旧的一级战列舰（训练舰除外），共建 2 艘："怀俄明"号（Wyoming BB-32）、"阿肯色"号（Arkansas BB-33）。

1. 研发历史

"怀俄明"号的建造于 1912 年 9 月 25 日完工，1927 年进行现代化改装。1931 年，"怀俄明"号按照伦敦海军条约规定解除武装，同年 5 月成为一艘训练舰。随着空中威胁日益增强，它于 1941 年 11 月拆除了部分主炮，加装了防空火炮，成为一艘防空训练舰。

珍珠港事件后，"阿肯色"号在大西洋舰队服役。1942-1944 年间，它参加向苏联方向航行的运输船队护航行动。

2. 性能解析

"怀俄明"级安装 12 门 305 毫米主炮，6 座炮塔采用成对背负式的方式布置，这种布置方式主炮口爆风对舰体上层建筑影响较小。当时，英国已经开始建造"超无畏"级战列舰，美国海军曾考虑是否安装 356 毫米口径主炮，但由于从未装备过这种口径主炮，需要重新设计、试验，最后经过慎重考虑，还是按照原计划安装305 毫米口径主炮，并加强了防御装甲。

（九） 美国"纽约"级战舰

"纽约"级（New York Class）是美国海军在"怀俄明"级的基础上改进设计的一型战列舰，共建 2 艘："纽约"号（New York BB-34）和"得克萨斯"号（Texas BB-35）。

1. 研发历史

"纽约"号的建造于 1911 年开工，1914 年服役。在二战中，"纽约"号在大西洋舰队服役，主要担任训练舰。1942 年，其参加了盟军登陆北非的"火炬"行动。

"得克萨斯"号的建造于 1911 年开工，1914 年服役。其与"纽约"号一起服役于大西洋舰队。二战中，1941—1944 年间主要为运输船队提供护航。1944 年 6 月，"得克萨斯"号参加了诺曼底登陆战役的行动，之后返回美国进行现代化改装。

2. 性能解析

20 世纪初期，美国"怀俄明"级战列舰装备的是 305 毫米主炮，而当时世界主要海军强国的战列舰都已经装备更大口径的主炮。这使美国海军感到不安，于是决定用新式 356 毫米主炮装备建造中的"纽约"级。因此，尽管"纽约"级的主炮炮塔（中部）比"怀俄明"级少 1 座，但全舰火力更强。

（十）英国"伊丽莎白女王"级战列舰

"伊丽莎白女王"级（Queen Elizabeth Class）是英国皇家海军中最为出众的战列舰，共建造了 5 艘："伊丽莎白女王"号（HMS QueenElizabeth）、"厌战"号（HMS Warspite）、"巴勒姆"号、"刚勇"号和"马来亚"号。该级舰在两次世界大战中都屡立功勋，尤其是"厌战"号，可以说是英国最为著名的战列舰。

1. 研发历史

一战前夕，各海军强国围绕建造无畏舰展开军备竞赛，英国和德国之间的竞争更进入狂热状态，英国人声称德国额外每增加建造一艘主力舰英国就将造两艘作为回应。"伊丽莎白女王"级就是该时期的产物之一。

2. 性能解析

为了巩固在战列舰火力方面的优势地位，英国皇家海军在"伊丽莎白女王"级上安装 112.7 毫米主炮，取代原先的 13.127 毫米主炮。由于主炮重量较大以及威力提升，所以"伊丽莎白女王"级比以往英国建造的无畏舰减少了主炮数量，双联装主炮炮塔采用舰尾对称布置。减少 1 座主炮炮塔节省下来的舰体空间和重量，被用来加强动力系统、提高防御装甲的厚度。

（十一）英国"纳尔逊"级战列舰

"纳尔逊"级（Nelson Class）是英国于 1927 年开始建造的战列舰，共建造了 2 艘："纳尔逊"号（HMS Nelson）、"罗德尼"号（HMS Rodney）。前者以英国海军上将，特拉法尔加海战的英雄霍雷肖·纳尔逊命名，后者以英国海军上将乔治·布里奇斯·罗德尼命名。

1. 实战表现

二战时，除"罗德尼"号参加了围歼德国"俾斯麦"号战列舰的海战外，该级舰大多是执行护航和为登陆行动提供火力支援的任务。1944 年，"纳尔逊"号参加了诺曼底战役。1945 年，"纳尔逊"号开赴印度洋参加针对日本的作战行动，并见证了日军在印度尼西亚群岛的受降行动。二战结束后，2艘"纳尔逊"级战列舰先后退役拆解。

2. 性能解析

"纳尔逊"级采用平甲板船型，不再是以往英国战舰常用的艏楼船型。根据日德兰海战的经验教训着重提升装甲防护水平，首次采用倾斜布置水线装甲带，是当时舷侧装甲最厚的战舰。

（十二）英国"复仇"级战列舰

"复仇"级（Revenge Class）是英国于1913年开始建造的战列舰，最终建成5艘："复仇"号（HMS Revenge）、"皇家橡树"号（HMS Royal Oek）、"君权"号（HMS Royal Sovereign）、"决心"号（HMS Resolution）和"拉米利斯"号（HMSRamillies）。

"复仇"级战列舰

1. 研发历史

20世纪初期，德国建造了"巴伐利亚"级战列舰，这使英国感到不安，于是决定建造能与之抗衡的战列舰，而"复仇"级战列舰的建造计划就始于此。1913年预算批准建造7艘"复仇"级战列舰。1914年8月，英国海军取消了后2艘的建造计划，将预算改为建造2艘"声望"级战列巡洋舰，所以最终建成5艘。

2. 性能解析

在布局和武器装备上，"复仇"级与"伊丽莎白女王"级基本相同，舰体长度缩短，防护略有改进，采用单烟囱，出于对战时石油供应的担忧，动力系统在设计阶段改回燃煤型锅炉，因此遭到1914年重新担任海务大臣的费舍尔强烈反对，虽然重新修改，但锅炉舱空间设计狭窄，致使航速相对"伊丽莎白女王"级减低。此外，"拉米利斯"号在建造过程中舰体首次安装了附加防鱼雷隔舱。

（十三）苏联"甘古特"级战列舰

"甘古特"级战列舰（Gangut—class battleship）是苏联海军从沙俄海军继承的唯一一级战列舰，在相当长时间里也是苏联海军唯一的战列舰。

1. 研发历史

日俄战争之后，沙俄海军面临战列舰极度短缺的窘境。1906 年，在设计和性能上有着革命性突破的英国"无畏"号战列舰问世，它让沙俄舰队仅剩的几艘战列舰也迅速地过时。同时，"无畏"号战列舰的出现也标志着新一轮海军军备竞赛在全世界范围内展开。不甘人后的沙俄海军打算为自己争取 4 艘"无畏"型战列舰，并全部配备在波罗的海，以便在可能爆发的战争中与德国人在波罗的海的力量相抗衡。

相对于"无畏"舰这一全新概念，沙俄船厂的设计和建造能力显得极为不足，因此，海军部向国内外各大造船厂发起招标。不久，海军部就收到了国内外 27 家造船厂提交的 51 份设计方案，这些方案来自意大利、法国、英国、美国甚至德国。最后，沙俄海军部决定买下德国的设计并按照沙俄标准重新修改，波罗的海船厂接受了这个任务。新型战列舰的于 1909 年开始建造，由于沙俄造船厂本身效率低下，加上正在建造的又是一种全新的战舰，新型战列舰的建造困难丛生，进度很慢。1911 年，4 艘新型战列舰先后下水并进行海试，第一艘服役的"塞瓦斯托波尔"号于 1914 年加入海军作战序列，其余三艘（"甘古特"号、"彼得罗巴甫洛夫斯克"号、"波尔塔瓦"号）也在当年 12 月陆续服役。沙俄方面也把该级舰称为"塞瓦斯托波尔"级战列舰。

2. 性能解析

"甘古特"级战列舰的设计突出了空前强大的火力：4 座三联装主炮塔全部布置在舰体纵向中心线上；舰体前后各布置 1 座主炮塔，舯部布置 2 座炮塔。它的305 毫米口径主炮舷侧齐射的火力超过同时期任何一艘英国或者德国战列舰。"甘古特"级战列舰采用破冰船艏，以便冬季封冻时也能自如地在波罗的海活动。由于使用较轻的"亚罗"式锅炉代替此前常用的"贝尔维尔"式锅炉，"甘古特"级战列舰的速度同样突出，航速达到 24 节，比同时期大多数"无畏"舰的航速都要高2~3 节。

"甘古特"级战列舰也有一个明显的弱点：为了保证高航速牺牲了太多装甲防护，舷侧水线装甲厚度为 229 毫米，和同期世界主要战列舰相比，它大部分部位的装甲带都薄了 25~76 毫米。而从这点上看，它似乎是介于战列舰和战列巡洋舰的中间舰型。为防止鱼雷或水雷对战舰造成重大损害，该级舰采用双层舰体，并一直延伸到甲板。

3. 实战表现

苏联建立以后，沙俄时代的战列舰大多于 1922—1924 年期间拆毁，只有"甘古特"级战列舰被保留下来，并重新命名（"甘古特"号更名为"十月革命"号，"塞瓦斯托波尔"号更名为"巴黎公社"号，"彼得罗巴甫洛夫斯克"号更名为"马拉"号，"波尔塔瓦"号更名为"伏龙芝"号），作为海军重建的基础。"伏龙芝"号因损坏严重，没有太大的修复价值，仅仅作为水上兵营使用，其余三艘在经过整修后重新回到舰队序列。

1940 年，"十月革命"号和"马拉"号参加了对芬兰的冬季战争，但漫长的冬季、封冻的海面都阻止了苏联战列舰充分发挥自己的实力。苏德战争爆发后，"马拉"号于 1941 年 9 月 23 日被德国轰炸机投下的 800 千克重磅炸弹直接命中，坐沉于喀琅施塔得港内浅水处。之后被打捞起，经过简单的修理，变成了"马拉"号浮动炮台，用它剩余的 9 门主炮支援陆军抵抗德军的进攻。另外两艘"甘古特"级战列舰也在战争中小有战果，但也屡次受损。1943 年中，几艘战列舰都恢复了原来的舰名。

纵观整个二战，苏联战列舰没有在海战中击沉过德国的任何军舰，305 毫米主炮的炮弹绝大多数都落在德国陆军的头上，战舰在大多数时间则停留在港口里。

（十四）法国"敦刻尔克"级战列舰

"敦刻尔克"级（Dunkerque Class）是法国于 1926 年开始建造的一种战列巡洋舰，同级舰 2 艘："敦刻尔克"号（Dunkerque）和"斯特拉斯堡"号（Strasbourg）。

1. 实战表现

二战中，法国战败后，英国为了防止法国舰队被轴心国利用，对法国舰队发动攻击。1940 年 7 月，在阿尔及利亚的米尔斯克比尔港，"敦刻尔克"号被英国海军重创并搁浅在港内，"斯特拉斯堡"号则躲过英国海军的攻击，逃抵土伦港。1942 年 11 月 27 日，"敦刻尔克"号与"斯特拉斯堡"号为避免被德国占领军俘获，全部在土伦港内自沉。后来意大利海军分别进行打捞，此后又遭到了盟军轰炸机的轮番轰炸，战争结束后被解体。

2. 性能解析

"敦刻尔克"级的主炮是两座四联装 330 毫米口径火炮，全部布置在舰桥之前。这种布局减小了主炮塔总重量和重装甲防护区域，舰首面对敌舰时可发挥全部主炮火力。但后方火力非常薄弱，火力损失概率较大。而且会导致船体重心前移，影响船型设计。舰体尾部布置了四联装副炮以及舰载飞机机库。这是首次在设计战舰时计划携带飞机以及存放飞机的机库。

（十五）法国"黎塞留"级战列舰

"黎塞留"级（Richelieu Class）是法国于 20 世纪 30 年代末期建造的战列舰，共 3 艘："黎塞留"号（Richelieu）、"让·巴尔"（Jean. Bart）号和"克莱蒙梭"号（Clemenceau）

1. 研发历史

一号舰"黎塞留"号于 1935 年 10 月 22 日在布雷斯特开工。随后 4 年内，二号舰"让·巴尔"号和三号舰"克莱蒙梭"号相继开工。法国计划首批建造 3 艘"黎塞留"级战列舰，随后再建造 3 艘"黎塞留"级的改进型，预计到 20 世纪 40 年代中期，整个建造计划完成时，法国将拥有 8 艘较新的战列舰与意大利和德国海军的同类战舰对抗。最终，由于二战的爆发，"黎塞留"级只有 3 艘勉强完工。

2. 性能解析

"黎塞留"级战列舰，其作战思想就是在地中海能与意大利主力舰或者英国地中海分舰队决战，同时能进行护航、破交和对陆火力支援、压制任务。基于此，它在设计上具有以下特点：具有高航速，但续航能力不做过高要求；具有足以对付意大利新型战列舰的主炮；具有较强的水平装甲带，还要增强对空防护能力。

（十六）德国"俾斯麦"级战列舰

"俾斯麦"级（Bismarck Class）是德国建成的最大的主力战列舰，同级 2 艘："俾斯麦"号（Bismarck）、"提尔皮茨"号（Tirpitz）。

1. 研发历史

在德国宣布撕毁《凡尔赛和约》之后，1935 年与英国签订《英德海军协定》。德国海军开始准备建造"俾斯麦"级战列舰。英国曾要求德国将该型舰的排水量限制在 35000 吨，但德国以其不是华盛顿海军条约签字国为由断然拒绝。同级舰 2

艘："俾斯麦"号于1936年7月1日开工；"提尔皮茨"号于1936年11月2日开工。

2. 性能解析

"俾斯麦"级设计上的主要瑕疵是防空火力不足。这主要是因为德国人在高平两用炮的研制上进展缓慢，因此不得不在"俾斯麦"级上安装大量的152.4毫米副炮及105毫米高炮，占用了很大的甲板空间。而同时期英国人建造的战列舰上使用了127毫米高平两用炮，既可用于水面作战，也可用于防空，这样可以节省空间以安装更多的高炮。

（十七）德国"沙恩霍斯特"级战列巡洋舰

"沙恩霍斯特"级（Scharnhorst Class）是德国设计建造的一种大型主力战列巡洋舰，同级舰2艘："沙恩霍斯特"号（Scharnhorst）"格奈森瑙"号（Gneisenau）。

1. 研发历史

1933年，希特勒掌权后，大力扩充军力，海军的新型战舰也开始实际设计工作。1935年6月，德国与英国签订《英德海军协定》，在法律上解除了"凡尔赛和约"对德国海军的限制，并允许德国建造排水量在35000吨级的军舰。于是，德国海军停止建造德意志级的四、五号舰，于协约签订的当月开工建造新设计的"沙恩霍斯特"级战列巡洋舰。

2. 性能解析

1942年，"沙恩霍斯特"级两舰同"欧根亲王"号重巡洋舰一起通过英吉利海峡返回德国，但相继被水雷炸伤。之后，其中"沙恩霍斯特"号修复后北上挪威海域，1943年12月25日，"沙恩霍斯特"号出航攻击盟国护航运输队，却遭到英军集中攻击，被击沉。而"格奈森瑙"号修理完毕，准备出海前往挪威时，英国轰炸机使其再次受创，该舰只好长时间待在船厂，最后变成了一艘毫无用处的废船，被作为障碍船沉没于格丁尼亚港。

（十八）意大利"维托里奥"级"利托里奥"号战列舰

"维托里奥"级（Littorio Class）是意大利建造的一款战列舰，同级有："维托里奥·维内托"号（Vittorio Veneto）、"利托里奥"号（Littorio），另外，还有2艘

改进型："罗马"号（Roma）、"因佩罗"号（lmpero）（未完工）。

1. 研发历史

首舰"维托里奥·维内托"号于 1934 年始建，1940 年建成服役。当 2 艘"维托里奥"级在建时，1936 年，意大利退出伦敦召开的限制海军军备会议，意大利海军认为还不具备足够的力量对抗英国、法国在地中海的联盟，决定再建造 2 艘"维托里奥·维内托"号的改进型。该级战列舰以炮管寿命短的代价，获得了在同期所有国家 381 毫米主炮中穿甲能力最强的优势。

2. 性能解析

"维托里奥"级战列舰续航能力相对较小，安装大功率动力装置使航速达到 30 节。舰体舷侧主装甲带采用倾斜布置，特别设计了水下舷侧防护系统——"普列塞系统"（一种圆筒形的防鱼雷系统）。3 座三联装主炮塔，在舰体前部呈背负式安装两座，舰体后部安装一座。装备 50 倍径 381 毫米主炮具有射程远和威力大的特点，但是主炮身管磨损严重寿命比较低。

（十九）日本"大和"级战列舰

"大和"级（Yamato Class）是日本于 20 世纪 40 年代初期建造的战列舰，是该国海军中最著名的战列舰，也是二战中日本最大的战列舰。

1. 研发历史

1936 年，日本退出伦敦海军限制军备的谈判，日本海军明确提出在西太平洋海上截击假想敌美国海军舰艇编队的战略。日本海军在主力舰的数量方面无法同美国海军抗衡，决心以单舰的威力来抵消对方在数量上的优势。"大和"级战列舰正是在此背景下诞生的。

2. 性能解析

"大和"级以其装备的 9 门 460 毫米巨型主炮闻名于世，是当时火炮口径最大的战列舰主炮，主炮炮弹重量 1460 千克，三联装主炮炮塔的旋回部分重约 2700 吨，相当于当时驱逐舰的排水量。三联装 155 毫米副炮是最上级巡洋舰改装时拆卸下来的。

"大和"级重视防护，是当时装甲最厚重的战列舰，侧舷水线装甲厚度 410 毫米拥有 20 度的倾斜角，两层水平装甲厚度合计超过 250 毫米，炮塔正面装甲厚度 650 毫米，要害部位的装甲防护极强。

驱逐舰

　　二战中，驱逐舰虽然在作战用途上还不是非常的重要，也未被交战国过多地重视，但是在战争中，它们也发挥出了不小作用。

（一）英国"部族"级驱逐舰

　　"部族"级（Tribes Class）是二战时英国海军最著名的一级驱逐舰，其设计目的是为了对抗其他国家的大型驱逐舰，如日本的"吹雪"级。

　　1. 研发历史

　　20世纪30年代，英国海军开始发现其舰队驱逐舰标准已经落后于其他国家，于是决定打造新型驱逐舰。英国海军要求新型驱逐舰执行的任务包括：巡逻、追击、包抄，对驱逐舰中队的近距离支援，与巡洋舰共同执行侦察和护航任务等。1934年，新型驱逐舰"部族"级的设计开始摆上台面，1935年，海军军部批准了最后的设计方案。

　　2. 性能解析

　　虽然"部族"级比以前建造的舰队驱逐舰体积更大、武备更强，但在实际使用时和普通驱逐舰的作用没什么两样。"部族"级驱逐舰自1938年开始服役，长年奋战在艰苦的第一线。在英国海军中服役的16艘"部族"级，战争结束时只剩下4艘。

（二）美国"弗莱彻"级驱逐舰

　　"弗莱彻"级（Fletcher Class）是美国在二战时最著名的驱逐舰，它组成了二战中后期美国海军驱逐舰队的主力。

　　1. 研发历史

　　二战期间，共有175艘的"弗莱彻"级在短短两年间被赶造出来，并参加了战争中后期的所有重要海上战役。值得注意的是美国驱逐舰的设计从"弗莱彻"级开始又回到了平甲板型的路子上来。二战后，幸存的"弗莱彻"级进行了改装，部分舰只重新定级为DDE和DDR，20世纪70年代全部退役。

　　2. 性能解析

　　为了与航母、巡洋舰编队一起活动，"弗莱彻"级驱逐舰采用四台"考克斯"

"弗莱彻"级驱逐舰

式重油焚烧锅炉和两台通用电气公司生产的高性能汽轮机，优于当时日、德、英等国使用的产品，总功率60000匹马力，最大航速37.8节，实际使用中最高为35节，续航3750海里（14节），燃料搭载量492吨。

（三）美国"桑普森"级驱逐舰

"桑普森"级（Sampson Class）是美国于一战后设计生产的一款驱逐舰，同级共6艘："桑普森"号（Sampson DD-63）"罗恩"号（Rowan DD-64）"戴维斯"号（Davis DD-65）"艾伦"号（Allen DD-66）"威尔克斯"号（Wilkes DD-67）禾口"肖"号（Shaw DD-68）。

"桑普森"级的部分舰参加了一战后期战事，主要是护航，20世纪30年代中，该级已经老化，开始逐步退役。到二战时，只有"艾伦"号继续服役，1940年它被编入太平洋舰队，1941年12月7日，在珍珠港停泊，目睹日本的偷袭，但"艾伦"号并未受到损伤。在战争中"艾伦"号多数在太平洋护航和巡逻，并无参加一线作战，战后退役拆毁。

（四）苏联"愤怒"级驱逐舰

"愤怒"级驱逐舰（Gnevny—class destroyer）是苏联于20世纪30年代建造的驱逐舰，共有30艘建成并在二战中服役。

1. 研发历史

日俄战争失败后，沙俄开始重建海军，根据德国提供的设计图纸建造的。"诺维克"号驱逐舰在世界驱逐舰发展史上占有重要地位，并奠定了此后沙俄/苏联海军建造大型舰队驱逐舰的传统。苏联建立后，新成立的苏联海军的首要任务是修复沙俄海军的作战舰艇，然后逐渐恢复国内船厂的建造能力，同时成立中央研究院，负责舰艇设计并开始有计划地建造潜艇、驱逐舰等中小型舰艇。第一个五年计划中的"列宁格勒"级驱逐领舰和 D 级大型潜艇、L 级布雷潜艇就是这个时期的代表。

20 世纪 20 年代，苏联开始与德国和意大利进行接触，寻求技术援助。在这个时期，意大利船厂给予了苏联极大的帮助，两国海军也多次进行了互访，在巡洋舰、驱逐舰以及潜艇的建造上，苏联舰艇都打上了意大利的烙印。在 1932 年开始的苏联第二个五年计划中，海军舰艇的建造继续被给予高度重视。在建造"列宁格勒"级驱逐领舰后，苏联海军认为有能力建造新一级的舰队驱逐舰。计划数量多达 36 艘（最终建成 30 艘），用来组建 8 个驱逐舰支队，分别配备给波罗的海、黑海、太平洋舰队和北方舰队。工程设计代号为 7，因此被称为 7 号工程或 7 型驱逐舰，按首舰舰名又称为"愤怒"级。

2. 性能解析

"愤怒"级驱逐舰的设计虽然受意大利驱逐舰的影响，但苏联海军根据自己的战术技术要求，对意大利的设计进行了修改。"愤怒"级驱逐舰保留了意大利舰只的基本设计，采用了大型单烟囱结构、长艏楼的基本舰型及动力装置的布置形式等，但沿用了"列宁格勒"级的 130 毫米单管舰炮和小型防盾。为了更好地使用这些重型舰炮，苏联采用了强度更高的钢材制造炮架。

（五）德国 1936A 型驱逐舰

1936A 型驱逐舰又称为 Z-17 级驱逐舰，外形上参照 1934 型驱逐舰，其船体加大，标准排水量达到 2400 吨以上。为了改善抗浪性，该级舰艇采用弧形前倾的飞剪形。武器和动力系统与 1934 年级相同。因此该级只建造 6 艘，全部于 1939 年 12 月服役。1940 年该级首次参战，其任务是攻占挪威纳尔维克港口，切断以英国为主的联军的退路。由于采用突然袭击的战术，在毫无抵抗下，搭载数千名德国陆军士兵迅速攻占纳尔维克港口。英国皇家海军决定在 4 月 10 日和 13 日对纳尔维克港口的德国驱逐舰发动反击，相继击沉 5 艘 1936A 型驱逐舰。致使该舰只剩下 1 艘。之所以这一艘未被击沉，是因为它当时担负"沙恩霍斯特"的护航任务，并未参与直接战斗。

巡洋舰

　　巡洋舰是战舰大家族中较为古老的舰种，但是因为其防护能力和火力配置的原因，在二战中并未发挥主要作用，但是作为一款武器总会有其发挥用武之地的地方。

（一）　美国"巴尔的摩"级巡洋舰

　　"巴尔的摩"级（Baltimore Class）巡洋舰是美国海军在二战中建造的重型巡洋舰，也是美国摆脱海军军备条约限制后最先建造的在武装和防护上比较合理的重型巡洋舰。

　　由于战争初期美军对轻型巡洋舰的需求更为紧迫，本级舰的建造有少许拖后。直到1943年4月，第一艘"巴尔的摩"号才入役，装备有三座三联装203毫米主炮，并安装了服役不久的双联装127毫米副炮和无线电近爆引信（VT）炮弹。受益于其庞大的舰体和充足的火力，本级舰的防空能力仅次于快速战列舰，因此本级舰服役后，多半用于快速航母舰队的护航。

（二）　美国"克利夫兰"级巡洋舰

　　"克利夫兰"级（Cleveland Class）是美国海军在二战前设计的轻巡洋舰并参与了二战开战，是美国在此次战争参战次数最多的巡洋舰。

　　1. 研发历史

　　1938年，美国海军鉴于日本海军的逐步强大，而且清楚地知道日本的侵略野心，于是确定建造新一代巡洋舰，它的设计完全摆脱了各类海军军备条约的限制。鉴于在欧洲战区的实战经验，该级在设计时希望增大航程和增强防空火力，以提高战舰的整体战斗力，这一级新型巡洋舰被命名为"克利夫兰"级。

　　2. 性能解析

　　在舰体结构方面，"克利夫兰"级巡洋舰使用了先进的独立防水隔舱，舷部隔舱宽度小，容积小，没有专门的贯通全舰的电缆通道，这样在舰体破损后海水向全舰范围内的漫延速度和范围就会大大缩小，舰体水密性较好，对鱼雷的防护能力比较好。另外该级舰有较高的干舷，所以有较大的储备浮力。同时水平方面的防护效果也比较理想，再加上火力强大，综合作战能力很高，因此得到了很大的发展，生产了大量同型舰。

（三）美国"奥马哈"级巡洋舰

"奥马哈"级（Omaha Class）是美国一战后设计并于战后制造的巡洋舰，它的主要使命是作为主力（战列舰）舰队的先遣舰，率领驱逐舰进行战前侦察行动，以便为主力舰队提供可靠的情报。

1. 研发历史

"奥马哈"级巡洋舰全部参加了二战，由于多数未参加一线作战，所以没有一艘被击沉。其多数用来海岸巡逻、运输、护航等任务。珍珠港事件中，两艘"奥马哈"级巡洋舰"底特律"号（etroit CL-8）和"罗利"号（RaleighCL-7）均在海港里。所有该级战舰都在战后退役拆毁。

2. 性能解析

"奥马哈"级巡洋舰标准排水量大约为7162吨，使用大马力的发动机，使其拥有34节以上的航速，这可以使它与驱逐舰部队密切配合。"奥马哈"级巡洋舰有庞大的储油量，使它有持久的作战能力。而它所装备的152毫米火炮、533毫米鱼雷，足可以应付任何阻止其行动的敌方驱逐舰。当太平洋战争爆发后，"奥马哈"级巡洋舰虽然是旧式舰，但性能良好，经过现代化改装，都能上战场杀敌。

（四）美国"阿拉斯加"级巡洋舰

"阿拉斯加"级（Alaska Class）是美国于20世纪30年代开始建造的一款巡洋舰，二战爆发后，其在战场上起到了不小的作用。

1. 研发历史

20世纪30年代，美国决定打造一款新型的巡洋舰，原因无他，仅为了和德国当时的大型军舰相抗衡。之后，在多种设计方案中，美国海军选择了"阿拉斯加"级巡洋舰。该级巡洋舰预计建造6艘，舷号CB-1～CB-6，但实际只完成2艘。因为战争的结束，第三艘"夏威夷"号（USS Hawaii CB-3）最终未能完成。首舰"阿拉斯加"号（USS Alaska CB-1）和第二艘"关岛"号（USS GuamCB-2）分别于1944年6月17日和9月17日服役，加入太平洋舰队对日作战。

2. 性能解析

"阿拉斯加"级配备了强大的防空火力，包括56门40毫米四联装博福斯高炮，以及 34 门 20 毫米厄利康高炮，组成了严密的防空火力网，同时还可以向其他军舰提供防空火力支援。此外，"阿拉斯加"级还搭载 4 架柯蒂斯 SC-1 水上飞机，作为侦察机和弹着点观测机使用。

（五）德国"科隆"级巡洋舰

"科隆"级（K. ln Class）巡洋舰是德国二战期间依照《凡尔赛和约》的限制（6000 吨）制造的轻巡洋舰，于 20 世纪 20 年代开始设计。为了符合重量限制的要求，它的钢板连接处 85% 是焊接的而不是铆接的，由此带来了抗疲劳性差的问题。

1. 研发历史

该舰共造了 3 艘，以德国 3 座城市为名，即"柯尼斯堡"号（Konigsberg）、"卡尔斯鲁厄"号（Karlsruhe）和"科隆"号（Koln）。与其他战舰不同，该级巡洋舰以三号舰"科隆"号命名为"科隆"级，而不是像其他大多数战舰那样以首舰命名，如果按照以首舰命名的习惯，它也可以叫"柯尼斯堡"级。

2. 性能解析

"科隆"级巡洋舰有一个与众不同的特点，那就是它的三座主炮塔是前 1 后 2，而不是传统的前 2 后 1。为了弥补正前方火力不足的问题，后甲板的两座三联主炮塔不在一条轴线上，而是呈对称分布，目的是必要时后炮可以转向 180 度向前开炮。

（六）意大利"扎拉"级巡洋舰

"扎拉"级（Zara Class）巡洋舰是意大利在二战中建造并服役的一级重型巡洋舰，该级共 4 艘："扎拉"号（Zara）"阜姆"号（Fiume）"波拉"号（Pola）和"戈里西亚"号（Gorizia）。

研发历史

"扎拉"号于 1929 年 7 月 4 日始建，1930 年 4 月 27 日下水，1931 年 10 月 20 日完工。1941 年 3 月 29 日在马塔潘角海战中被英国海军的战列舰在近距离击伤，最后被英国驱逐舰的鱼雷击沉。

"阜姆"号于 1929 年 4 月 29 日始建，1930 年 4 月 27 日下水，1931 年 11 月 23 日竣工。1941 年 3 月 29 日在马塔潘角海战中与"扎拉"号一起被英国皇家海军的战列舰击沉。

"波拉"号于 1932 年 12 月 5 日竣工服役，1941 年 3 月 29 日在马塔潘角海战中被英国皇家海军的驱逐舰"贾维斯"号和"努比亚"号的鱼雷击中，夜间又被英国海军的"可畏"号航空母舰的舰载机的鱼雷击沉。

"戈里西亚"号于 1941 年 12 月参加了锡尔特海战，1942 年 6 月参加了护航到亚历山大港返航的行动，1943 年 4 月 10 日被美国陆航的 B-17 "空中堡垒"轰炸机的 3 颗重磅炸弹击中。

（七）英国"肯特"级巡洋舰

"肯特"级（Kent Class）巡洋舰是英国于 20 世纪 20 年代中期开始建造的一款重型巡洋舰，是英国第一种装备 203 毫米主炮的近代化巡洋舰。

1. 研发历史

在签署《华盛顿条约》后，许多国家都投入精力在所谓的条约型巡洋舰的建造上，英国皇家海军因此建造出了"肯特"级重型巡洋舰。"肯特"级的部分军舰被调到新加坡担任英国远东舰队的中枢，另外该级"苏夫克"号是 1940 年 5 月第一艘发现并回报"俾斯麦"号航行位置资料的军舰，这项报告对英国海军极为重要。

2. 性能解析

"肯特"级巡洋舰跟一些同类的条约型巡洋舰相比，在攻击力和防护力上显得非常不足，但却在续航能力上却胜出许多。由于英国海军的主要任务是维护自地中海、非洲到亚洲的殖民地和海外贸易航线的完整，而不是和敌方舰队进行大洋决战，因此"肯特"级的轻装甲和低航速是可以理解的。

（八）英国"约克"级 巡洋舰

"约克"级（York Class）巡洋舰是英国海军最后一级重型巡洋舰（英国海军对轻重型巡洋舰的区分是看搭载的火炮口径，而非排水量），该级舰是英国海军一战后第一次对建造的非条约型重巡洋舰的尝试。

1. 研发历史

由于《华盛顿条约》对战列舰建造的限制，一万吨级装载 203 毫米主炮的巡洋舰成为各国海军补偿实力的最佳选择，也受到了英国海军的欢迎。但是在设计建造"约克"级重型巡洋舰时，正值英国国内对削减海军经费呼声最高的时候。迫于国内的这种压力，英国海军部决定建造一级缩水重型巡洋舰。其把普通型号重型巡洋

舰的四座 203 毫米炮塔精简成三座，这样既可以减少建造经费又可以保证舰队中巡洋舰的数量，保证英国的海外利益。于是"约克"级重型巡洋舰诞生了。

2. 性能解析

"约克"级全舰装甲最厚处只有 121 毫米，不但如此，这样的主装甲带还不覆盖全舰，只覆盖了战舰锅炉舱和动力舱这一块，差不多只有全舰的三分之一的面积。该级安装有 8 台燃油锅炉，4 台帕森斯齿轮减速蒸汽轮机，总功率达到 80000 马力，最高航速 32.3 节，四轴四桨推进，在 15 节航速时航程可达到 6200 海里。

（九）法国"阿尔及尔"级巡洋舰

"阿尔及尔"级（Algérie Class）是法国于一战结束后所研制的一款重型巡洋舰，并在二战中起了一定作为，同级共有 7 艘："挑战者"号、"突击者"号、"征服者"号、"复仇者"号、"终结者"号、"无畏者"号和"掠夺者"号。

1. 实战表现

二战爆发后，"阿尔及尔"级担任第一巡洋舰队旗舰。1940 年 3 月，它在土伦改装后，与战列舰"布列塔尼"号一起驶往加拿大，运送 3000 箱法国黄金。4 月返回地中海，此时意大利已经对法国宣战，"阿尔及尔"级在 6 月炮击了热那亚。在法国投降前，"阿尔及尔"级的最后一个任务便是为运输队护航。

2. 性能解析

1942 年 11 月 27 日，德国入侵所谓的自治区，"阿尔及尔"级同其他的法国战舰一起凿沉在土伦。当时舰上被放置了炸药，德国人试图阻止并告诉法国人凿沉战舰将违反停战协定。"阿尔及尔"级的舰长通知德国人让其等待，他将请示上级，并同时点燃了燃料。当拉克鲁瓦将军赶到时，他下令疏散船员。当德国人准备登船时，他告诉他们这艘巡洋舰将要爆炸。最终该舰被炸毁并燃烧了 20 天。

（十）苏联"红色高加索"号重型巡洋舰

"红色高加索"（Red Caucasus）号巡洋舰是苏联海军中的第一艘重型巡洋舰，是由沙俄 1913 年开工的"斯维兰那"级轻型巡洋舰的后继舰"拉扎列夫海军上将"号改造而成。

1. 研发历史

1922 年，美国、英国、法国、日本和意大利签署了《限制海军军备条约》，由此诞生一种新的舰种：条约型巡洋舰。条约规定，条约型巡洋舰的排水量在 1 万吨，并安装不超过 203 毫米口径的主炮。到了 1924 年，各海军列强都提出了各自的条约型巡洋舰设计方案。由于没有财力建造同类的巡洋舰，于是，苏联将目光瞄上了在沙俄时代未竣工的巡洋舰上，将它们进行一定的改装和强化，获得与条约型巡洋舰对抗的能力。这是保证短期内形成战斗力，且又耗费最小的方案。

经过全面考察，苏联海军选定"拉扎列夫海军上将"号轻型巡洋舰作为改装舰体。该舰于 1913 年 10 月 13 日在乌克兰尼古拉耶夫船厂开工建造。由于一战爆发严重影响了工程进度，直到 1916 年 6 月 21 日才下水，到十月革命爆发时还尚未完工。十月革命后，完成度仅有 63% 的该舰一直处于停工状态，虽然历经内战和长期无人维护，但是其舰体保存完好，没有任何损坏，是实施改装的首选。1925 年，苏联海军设计人员正式开始重新设计，1926 年 12 月 14 日，还在改装设计中的巡洋舰被命名为"红色高加索"号。1927 年 9 月，"红色高加索"号的改装设计方案得到批准，改建工程迅速展开。但由于苏联缺乏材料、技术人员和有经验的工人，实际改建工程进行了 4 年多，直到 1932 年 1 月 25 日才正式完工。

2. 性能解析

"红色高加索"号巡洋舰基本保留了"拉扎列夫海军上将"号巡洋舰的状态，采用垂直艏和艏楼舰型。但是为了增加内部空间，安排更多的舰员住舱，艏楼部分被延长，使得外板从舰艏一直延伸到三号烟囱的位置，在外形上更加简洁流畅。舰艉部分则

"红色高加索"号重型巡洋舰

是个奇特的组合，水下部分是巡洋舰艉，水上部分又是一个方形结构。

"红色高加索"号巡洋舰完工时安装 4 门 180 毫米主炮，4 门 100 毫米副炮，2 门 76 毫米高射炮，4 挺 8 毫米高射机枪，12 具 533 毫米鱼雷发射管。180 毫米主炮采用人工装填，不仅射速慢，而且还增加了炮塔人员的负担。此外，"红色高加索"号巡洋舰还安装了 1 座德国海因克尔公司提供的飞机弹射器，并使用同一公司的 HE55 型水上飞机。理论上该舰可以搭载 2 架，实际上由于空间不足，只能携带 1 架。

"红色高加索"号巡洋舰的舷侧水线装甲厚度为 75 毫米，分布于水线部位上下；舷侧上板装甲厚度 25 毫米，从水线装甲上沿向上延伸至主甲板。水平防御由双层装甲甲板组成，分别位于主甲板和下甲板，单层厚度 20 毫米。这样水平装甲

和垂直装甲结合，形成了上下两个装甲盒结构。此外，该舰没有任何水下防御手段，是一个严重的缺陷。

3. 实战表现

1941年6月苏德战争爆发后，"红色高加索"号巡洋舰与其他苏联军舰一起开赴塞瓦斯托波尔港外，进行防御水雷阵的布设。同年9月，该舰在敖德萨战线作战，一面护送海上运输队将第157步兵师运送到敖德萨，一面以火炮支援陆上部队。该舰还搭载第3海军陆战团1个营从塞瓦斯托波尔出发，在罗马尼亚军队战线后方成功实施两栖登陆，消灭了位于丰坦卡和多分诺夫卡附近的罗马尼亚海岸炮兵。10月3~6日，该舰又掩护护航队将第157步兵师从敖德萨撤回到塞瓦斯托波尔。塞瓦斯托波尔保卫战打响后，该舰先把在克里米亚被分割的部队撤回塞瓦斯托波尔，后又从高加索港口运来援军。其中12月7~13日和21~22日，就分别协助将第388步兵师和第354步兵师从诺沃罗西斯克和图阿普谢运送到塞瓦斯托波尔。随后，该舰参加了刻赤-费奥多西亚战役，12月25日返回诺沃罗西斯克装载第44集团军人员和300枚水雷，29日抵达费奥多西亚港，将运载的部队送上海岸后，又以火炮支援作战，战斗中被敌军火力击中达17次之多。

1942年1月1~3日，"红色高加索"号又为刻赤半岛桥头堡的苏军送去增援力量和补给品，返航时遭到德军俯冲轰炸机的围攻，因受损严重不得不到波季进行彻底修复，直到10月才恢复战斗力。10月20~23日，回到战地的"红色高加索"号从波季运兵到图阿普谢。1943年2月4日，苏军在诺沃罗西斯克以西、德军战线之后实施一系列的两栖登陆，"红色高加索"号参与了掩护护航队和火力支援任务。但到了10月，随着塔曼桥头堡战斗的失利，斯大林严令禁止海军大型舰只出战，这就实际宣告"红色高加索"号退出了战争。

（十一）　苏联"基洛夫"级轻巡洋舰

"基洛夫"级巡洋舰（Kirov-class cruiser）是苏联于20世纪30年代建造的轻型巡洋舰，两艘同级舰均参加了二战。

"基洛夫"级巡洋舰在设计上以意大利"莱蒙德·蒙特库特里"级轻型巡洋舰为原型，这是意大利海军最早实施大型化的轻型巡洋舰。"基洛夫"级巡洋舰的一号舰"基洛夫"号、二号舰"伏罗希洛夫"号分别于1935年10月22日和1935年10月15日在波罗的海造船厂和马尔季造船厂开工。"基洛夫"号于1938年9月开始服役，"伏罗希洛夫"号则于次年6月开始服役。

1. 性能解析

"基洛夫"级采用长艏楼结构，艏楼一直延伸到前烟囱末端；两根巨大的向后倾斜的椭圆形烟囱位于舰体中部，且间隔很大，中间是一部舰载机的弹射器；舰桥共有三层，且相对低矮，驾驶室位于第三层2号主炮后，其后有一根大型的"A"字形四角主桅，上置一部测距仪。紧随后烟囱的还有一根细小的三角后桅。"基洛夫"级装备3座三联装B-1-P型180毫米舰炮。该炮身管长57倍口径，使用MK-3-180型炮塔，分别布置在舰艏的A、B炮位和舰艉的Y炮位。其射速为每分钟6发，最大射程约35千米。最初的副炮是6门单管56倍口径的B-34型100毫米舰炮，集中安排在后烟囱两侧的武器平台上。防空武器包括舰桥顶部3门单管46倍口径的21K型45毫米高炮和舰艉楼上层建筑末端等处密集布置的5门单管67.5倍口径70K型37毫米高炮。"基洛夫"级的双烟囱之间有1部飞机弹射器，舰上可携带2架Be-2小型水上飞机。飞机弹射器的两侧是两组并排式的三联装533毫米鱼雷发射管，除了最初服役的一段时间外，鱼雷发射管都是被拆除了的。此外，舰艉还有2根布雷轨，舰上共可携带60~96枚各式水雷。

2. 实战表现

"基洛夫"号服役于波罗的海舰队，1943年2月27日被授予"红旗"勋章，于1974年2月退役。"伏罗希洛夫"号服役于黑海舰队，1945年7月8日被授予"红旗"勋章，于1973年3月退役。

(十二)"马克西姆·高尔基"级巡洋舰

"马克西姆·高尔基"级巡洋舰（Maxim Gorky-class cruiser）是苏联于20世纪30年代建造的轻型巡洋舰，四艘同级舰均在二战期间入役。

研发历史

"马克西姆·高尔基"级巡洋舰是在"基洛夫"级巡洋舰基础上改进而成，一号舰"马克西姆·高尔基"号于1936年12月开工，1938年4月下水，1940年10月进入波罗的海舰队服役，1944年3月22日获得"红旗"勋章，1958年4月退役；二号舰"莫洛托夫"号于1937年1月开工，1939年5月下水，1941年6月进入黑海舰队服役，1957年6月重新命名为"光荣"号，1972年4月退役；三号舰"加里宁"号于1938年6月开工，1942年5月下水，1942年12月进入太平洋舰队服役，1960年退役；四号舰"卡冈诺维奇"号于1938年8月开工，1944年5月下水，1944年12月进入太平洋舰队服役，1957年8月重新命名为"彼得罗巴普洛夫

斯克"号，1961 年退役。

"马克西姆·高尔基"级巡洋舰与"基洛夫"级巡洋舰差异很小，最明显的差异就是舰桥的变化。前两艘舰上耸立的四脚主桅在后续舰上不再采用，驾驶室顶被一圆桶形结构舱室加高，原安装在主桅的 B-20 测距仪移到了这一舱室顶部。另外，由于主桅被取消，在舰桥与一号烟囱之间靠近烟囱的地方还新立了一根三角小桅。

舰载武器方面，除"卡冈诺维奇"号和"加里宁"号在以前 B-34 舰炮的位置替换 8 门单管 90K 型 85 毫米舰炮外，其他无多大变化。90K 舰炮是 1943 年投入使用的 52 倍口径高平两用半自动舰炮，射速为 18 发/分，射程为 15.5 千米，射高达 9000 米，全炮重 5.5 吨，水平瞄速 12 度/秒，俯仰瞄速 8 度/秒，俯仰角 -5 度~85 度，弹丸重 9.5 千克。

潜　艇

　　潜艇是二战海上战争中一个非常重要且令人恐惧的武器，它在寂静的海水之中游弋，常常在敌人毫无准备的情况下突然浮出水面或者直接给予致命一击，因此潜艇也被人们冠以"海底幽灵"的称谓。

（一）德国Ⅶ级潜艇

Ⅶ级潜艇是二战中德国海军使用最广泛的潜艇（同级数量 703 艘），贯穿整个二战，第一艘击沉敌船的 U-30（两次世界大战中，德国使用的潜艇通称 U 艇）与最后一艘被击沉的 U-320 皆属于此类型。

1. 研发历史

Ⅶ级潜艇的设计源于一战后期德意志帝国海军使用的 UB Ⅲ 级潜艇，战后由于《凡尔赛条约》限制德国不得拥有潜艇，军方转而资助本国造船公司在荷兰建立的空壳公司——船舶建设工程局（NV Ingenieurskantoor voor Scheepsbouw），与日本、阿根廷、西班牙和芬兰等国合作接订单，秘密研制新式潜艇，并以他国造船厂建造试验。

2. 性能解析

Ⅶ级潜艇采用单壳体结构，燃油储存于耐压壳体内，能防止深水炸弹攻击导致燃油外泄事件的发生。舰身中部有主压载水舱，耐压壳体外部前后方各有两个副压载水舱，两侧各有一个鞍状储水舱，船头有类似一战德国潜艇的锯齿状构造。

（二）德国 XXI 级潜艇

XXI 级潜艇是德国海军在二战后期使用的一级潜艇（同级数量 118 艘），也是世界上第一种完全为水下作战设计、而非以往为攻击和躲避水面舰攻击才下潜的潜艇。

1. 研发历史

在二战的大西洋海战中，德国使用的 VII 级主力潜艇在战场上已逐渐显得过时，为了能跟上战争节奏，德国海军潜艇总司令卡尔·邓尼兹将 VII 级潜艇的建造计划进行了变更，全力将资源投入高速新式潜艇的建造。于是就诞生了 XXI 级潜艇。

2. 性能解析

XXI 级的生产采用了与以往不同的方法，邓尼兹将它模组化生产，将整艘潜艇分为 8 个部分生产，于 32 家造船厂的零件制造，再集中到 11 间造船厂里进行组装，生产速度大幅提升，每 6 个月就能下水一艘，也减少了盟军轰炸的效果。然而此做法却使得多数零件有着整合或质量不一的问题，事后还需要另做调整。

（三）苏联"斯古卡"级潜艇

"斯古卡"级（Shchuka-class，简称 SC 级）潜艇是设计用于近海作战的中型潜艇。最初的设计需求是苏联革命军事委员会于 1930 年 1 月 23 日提出的，计划自 1930 年 2 月起开始建造大量的"斯古卡"级潜艇装备 4 个苏联海军舰队。负责建造"斯古卡"级潜艇的海军码头共有 7 处，分别位于列宁格勒、高尔基市、尼古拉耶夫和符拉迪沃斯托克，这些码头最终建成了 86 艘"斯古卡"级潜艇。

"斯古卡"级潜艇的每艘艇都有特定的命名方式，如"1××"代表该批艇在太平洋舰队服役，"2××"代表在黑海舰队服役，"3××"代表在波罗的海舰队服役，"4××"代表在北方舰队服役。太平洋舰队中的"斯古卡"级潜艇主要用于对日作战，在大战中没有损失，但其他几支舰队中的"斯古卡"级潜艇损失较大，几乎涵盖了所有一线作战潜艇中的 70%。

（四）苏联"玛留卡"级潜艇

"玛留卡"级（Malyutka—class，简称 M 级）潜艇是苏联于 20 世纪 30 年代初

设计的典型的近海潜艇，也是世界上第一种采用全焊接工艺建造的潜艇。"玛留卡"级潜艇共有 4 个不同的系列：Ⅵ、Ⅵ-bis、Ⅻ和 ⅩⅤ 系列，每一系列均在前一系列的基础上有所改进。

由于设计目标的原因，"玛留卡"级潜艇的性能指标乏善可陈。其中，Ⅵ系列潜艇的航程仅 800 海里，晚期型号的航程才增大到 3400 海里。Ⅵ型的最大海上自持力仅 10 天，艇上仅能携带 2 枚鱼雷。不过，用于近海巡逻的目的，这种潜艇似乎也已够用。造价低廉、便于大量生产是其显著优点，甚至可以很方便地由铁路转场运输。二战时，有不少"玛留卡"级潜艇经由铁路运输到 20000 千米，以保护苏联漫长的海岸线。这种潜艇足以有效保护苏联沿海的海军基地码头等设施，还可用于封锁敌港口水域。

（五）苏联"真理"级潜艇

"真理"级（Pravda—class，简称 P 级）潜艇设计用于配合战列舰执行水下远距离物资运输补给任务，潜艇的航行速度必须跟得上战列舰的航速（约 22～23 节水面最大航速），同时还必须具备一定的水下攻击能力。所以"真理"级潜艇的艇壳设计是按照高速航行的需求进行的，火力也较强大。

"真理"级潜艇于 1930 年 10 月开始设计制造。设计意图并没能真正贯彻到潜艇的建造中去，该级艇下潜深度较小，下潜和上浮速度也较慢，水下航行可操纵性差，鱼雷发射也常有故障。所以"真理"级潜艇很难说得上是一种有效的作战潜艇。该级潜艇一共建造完成 3 艘。战争爆发前，3 艘"真理"级潜艇全部用作训练，但战争期间还是执行过运输任务，其中 1 艘因故沉没。

（六）美国"小鲨鱼"级潜艇

"小鲨鱼"级（Gato Class）是美国海军在二战中的主力潜艇（同级数量 77 艘），它是混用柴油引擎及电动机的传统动力潜艇。

1. 研发历史

一战中德国使用潜艇取得了非常不错的战绩，于是在战争结束后各大军事主力国都开始加大潜艇的研发力度，其中就包括了美国。1940 年，"小鲨鱼"级潜艇开始建造，有康涅狄格州通用电船公司、加州梅尔岛海军造船厂、威斯康星州曼尼威托克造船厂和新罕布什尔州朴次茅斯海军造船厂，这 4 家造船厂参与量产作业。完

工时间为 1941 年 4 艘、1942 年 33 艘、1943 年 36 艘。同年，由于战争进程的推进，美国开始进行庞大的扩军计划，于是新研制的"小鲨鱼"级成为战时的标准潜艇。

2. 性能解析

和当时所有的传统潜艇一样，"小鲨鱼"级下潜后的续航力和机动力都不佳，高速水下航行很快会将电瓶电力耗尽。当时的传统潜艇更像是"可潜鱼雷艇"，大部分时间都在水面航行，而且水面航速高于水下航速。

（七）英国 U 级潜艇

U 级潜艇是英国二战时期的主力潜艇，大多数部署在地中海的马耳他基地，攻击从附近通过的轴心国运输船队。

1. 研发历史

U 级潜艇原是被设计用来替代一战期间的无武备的 H 级潜艇，艇上增加了鱼雷发射管便于作战。该型艇排水量较小，可操作性好，适合在北海和地中海海域作战。U 级艇后又被 V 级艇替代，两者都具有廉价、可靠性高和便于快速生产的优点，成为英国皇家海军在二战期间的主力潜艇。

2. 性能解析

U 级潜艇装有 1 门 1 27 毫米甲板炮和 4 具 533 毫米鱼雷发射管，此外，甲板上还有 2 具必须在水面装填的 533 毫米鱼雷发射管，目的是在水面攻击时，可以同时齐射 6 枚鱼雷。但在实际应用中发现，水面鱼雷发射管操作非常不便，故而自 1940 年开始，新建的 U 级潜艇取消了水面鱼雷发射管，使得鱼雷齐射能力下降到了 4 枚。

（八）英国 S 级潜艇

S 级潜艇是一种中型巡逻潜艇，用于北欧和地中海海域的作战活动。这种潜艇操纵性能较好，下潜速度快，鱼雷携带数量也较多。具备较强的生存能力和攻击力。

S 级潜艇被证明是二战中最优秀的潜艇之一，共建造了 62 艘，其中后期建造的潜艇采用了全焊接结构，所以潜艇耐压壳体强度有很大提高，最大下潜深度也得以提高。

（九）法国"速科夫"号潜艇

"速科夫"号（Surcouf）是法国一战后设计建造，并在二战中使用的一种潜艇，其主要任务为通商破坏，舰上搭载了拥有动力的小艇用于运送其他船只被俘的船员，可以收容40名俘虏。

1. 研发历史

1921年，法国已经不具备财力重建一支大型水面舰队，老式的"丹东"级和"库尔贝"级战列舰早已破旧不堪。因此法国计划建立一支远洋劫掠舰队，由潜艇担当主力，当时的设计要求是排水量在1500吨左右，航程10000海里以上，水面航速超过17节。随后，法国就设计出了"速科夫"号潜艇，其于1926年开始建造，1934年服役，在日本的伊–400级潜水舰登场之前为世界上最大的潜艇。

2. 性能解析

"速科夫"号潜艇的最大特点是指挥塔前部的双联203毫米火炮，因此又被誉为"水下巡洋舰"。"速科夫"号的炮塔比一般巡洋舰轻，射速也较低（每分钟3发）。该炮最大射程距离为24000米，能搭载炮弹共600发。而由于其巨大炮塔外露的缘故，严重影响了潜艇的隐蔽性。

（十）日本伊–400级潜艇

日本海军的伊–400级潜艇是二战时期最大的也是直到20世纪60年代核动力潜艇建成前最大的潜艇。

1. 研发历史

太平洋战争中，日本在工业和兵器技术上远远落后于美国，这是它们失败的一个重要原因。后期，美国海军的战舰性能已全面超越日本。然而，伊–400级大型载机潜艇却是一个例外。以今天的眼光来看，潜水航空母舰的设想是相当超前的。虽然伊–400级的作战思想

伊–400级潜艇

和设计都相当先进，但和德国XXI型潜艇一样，因为来得太迟而无法影响二战的

结局。

2. 性能解析

伊-400级所携带的燃料足以绕地球航行一圈半，可装载 3 架晴岚攻击机并可使其迅速投入战斗。它的主舰体采用横向双筒结构，这是为保障艇内弹药库和巨大燃料箱的安全而专门设计的。

伊-400级的舰桥和指挥塔并不在潜艇正中，而是偏离中线，为保持全艇的平衡，机库位置相应向反方向偏移。而这种不对称的设计，在遇到紧急情况或发射鱼雷时，水下的操作较不稳定。

航空母舰

二战中，战列舰虽然也发挥了一定的作用，但是在战争中最抢眼的还是航空母舰。二战是航母的成名之战，从此，航空母舰奠定了其海上霸主的地位。

（一）美国"约克城"级"企业"号航空母舰

"约克城"级（Yorktown Class）"企业"号（Enterprise CV-6）是美国海军历史上拥有的第 6 艘航空母舰，也是第 7 艘使用"企业"命名的船只，参与了太平洋战争大部分的战斗。

1. 作战历史

"企业"号是"约克城"级航空母舰的二号舰，它于 1936 年 10 月下水，1938 年 5 月正式服役。1946 年 1 月，"企业"号进入美国纽约的海军船坞解除服役状态，并于 1947 年 2 月退役。虽然许多人和团体想要竭力保留"企业"号为博物馆或纪念船，但由于无法募集到足够的资金购买下"企业"号，最终于 1958 年 7 月开始拆解。

2. 性能解析

"企业"号航空母舰采用的是开放式机库，并拥有 3 个升降机，它们分别位于舰体的前、中、后部。该舰的桅杆、舰桥、烟囱一体化的大型岛式建筑位于右舷，并在木制的飞行甲板前端装有 1 台蒸汽弹射器，以便紧急情况下让飞机可以通过横向弹射器从机库里直接弹射起飞。但是，由于该设计并不实用，所以于 1942 年拆除。

（二）美国"长岛"号航空母舰

"长岛"号（Long Island AVG-1）是美国二战期间第一艘护航航空母舰，其前身是一艘名为"莫麦克梅尔"号（Mormacmail）的大型运煤船。

1. 研发历史

二战欧洲战场上，德国法西斯在西欧战场所向无敌，只有隔海相望的英国还能勉强和德国对抗，德国海军出动潜艇攻击了英国海上运输船队，使英国运输船损失惨重，影响了英国继续抵抗德国法西斯的力量。此时英国急需护航力量来保护海上生命线，于是美国总统罗斯福应英国的要求，于 1940 年批准将商船改装成航空母舰，1941 年用海军所属的大型运煤船"莫麦克梅尔"号改装成美国第一艘护航航空母舰，同年 9 月改装完成并编入护航部队服役，命名为"长岛"号护航航空母舰。

2. 性能解析

因为是由商船简单改装而来，所以"长岛"号及所有护航航母都具有一个共同的特征：简易而且简陋。不过该舰在二战中还是起到了不小的作用，直到 1946 年才退役。

（三）美国"中途岛"级"中途岛"号航空母舰

"中途岛"（Midway Class）级"中途岛"号是二战期间美国建造的最大的一款航空母舰，而且它还是第一艘有飞行甲板装甲的航空母舰。

1. 研发历史

"中途岛"号航空母舰于 1943 年 10 月开始动工，其全部建造工期一直拖到 1945 年 9 月才完成。但这时二战的帷幕已经落下。"中途岛"级航空母舰建成时是当时世界上最大的航母。

2. 性能解析

"中途岛"号于 1952 年 10 月设计改装为攻击航母（CVA-41），1955 年 7 月开始在 Bremerton 海军船厂进行了 SCB110 改装，在 1957 年 9 月完工后重新加入美国海军服役。1966 年 2 月到 1970 年 1 月期间，"中途岛"号在美国三藩海军船厂进行了 SCB101 改装。

此后，从 1973 年直到退役都被部署在日本。1975 年 6 月该舰又被重新设计为

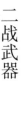

多用途航母（CV-41），但不能操作反潜飞机。

（四）美国"卡萨布兰卡"级航空母舰

"卡萨布兰卡"级（Casablanca Class）可算是美国最著名的一级护航航空母舰，不但在建造数量上远超其他几级，在战争中的表现也可圈可点。

1. 研发历史

随着二战战局的发展，时任美国总统的罗斯福强调要多造护航航空母舰。为此，美国海事委员会提出了批量生产的方案，凭借美国的强大工业实力，只用一年时间，美国船厂便造出了 50 艘护航航空母舰，并命名为"卡萨布兰卡"级。

2. 性能解析

因航速和装甲等方面的限制，护航航空母舰一般不直接参加战斗，多担负对岸轰炸和支援任务，然而在 1944 年 10 月的莱特湾大海战中，6 艘"卡萨布兰卡"级护航航空母舰"不幸"地撞上最强大的日本水面舰队——第一机动舰队，从而展开了一场小狗斗大象般的战斗，由于美军的奋战，给予日舰队重创，自身仅损失两艘护航航空母舰（"圣罗"号和"甘比尔湾"号）。

（五）美国"桑加蒙"级航空母舰

"桑加蒙"级（Sangamon Class）被认为是早期的改造航空母舰中最成功的一型，也是后来大量建造的科芒斯曼特湾的原型舰。

1. 研发历史

1936 年，美国根据商船法注册建造了 12 艘油船，1940 年前完成。二战开战后因战事的发展急需护航航空母舰，但当时 C3 货船船体不足，考虑到此批油船的船体较大、航速较快，便将其中 4 艘改建为"桑加蒙"级航空母舰。

2. 性能解析

"桑加蒙"级建成后即参加盟军在北非的登陆作战，从而开创了护航航空母舰作为舰队航空母舰使用的先例。该级参加了莱特湾大海战，充当航空母舰对日军军舰的攻击，取得不小的战绩。之后还参加了硫磺岛登陆战和冲绳岛登陆战。战后于 1959 年全部退役。

（六）日本"瑞凤"级航空母舰

"瑞凤"级（Zuihō Class）是日本二战期间所使用的一款航空母舰，是由潜艇母舰改装而来的。

1. 研发历史

太平洋战争爆发后，日本的航空母舰数量有限，为了能霸占海上控制权，其将原有的潜艇母舰改装为航空母舰。"瑞凤"级正是在这一背景下诞生的，同级2艘："祥凤"号和"瑞凤"号。

2. 性能解析

"祥凤"号1935年下水，在1942年5月7日的珊瑚海海战中，被命中13枚炸弹和鱼雷沉没。它也是日本海军损失的第一艘大于驱逐舰的军舰。

"瑞凤"号比"祥凤"号晚下水，但"瑞凤"号却更早作为一艘舰队航空母舰服役，参加了瓜岛圣克鲁斯海战，中一枚炸弹而撤出战场。在1944年10月25日莱特湾战斗中被多枚炸弹命中沉没，当时是作为小泽舰队的一个诱饵。

（七）日本"龙凤"级"龙凤"号航空母舰

"龙凤"级（Ryuho Class）"龙凤"号是日本二战期间由"大鲸"号潜艇母舰改装而来的一款航空母舰，改装工作于1941年开始，1942年11月28日完成。

1. 研发历史

"龙凤"号从建造到初次下水只用了短短的7个月时间，但下水后，就出现了很多的问题，首先是工程师发现原"大鲸"号所使用的柴油机问题很多，所以在调整上花费了许多时间；随后第四舰队事件的爆发又引发了对于电气熔焊强度的疑虑，所以"大鲸"号又得进行补强的作业；此外，由于中日战争开打，该舰的建造工作又拖延了一阵子。因此原来在1933年花了7个月就完成船体并进行下水仪式的"龙凤"号，实际上到了1939年才最终配发到部队。

2. 性能解析

"龙凤"号的一生可谓坎坷艰辛，1941年4月18日，还在改装中的"龙凤"号就挨了美国杜力特轰炸队的一枚炸弹，刚改造完成，"龙凤"号就又挨了一枚鱼雷。在1944年6月菲律宾海的海战中被击伤，1945年3月17日，停泊在吴县军港的"龙凤"号再次被炸，这次之后它就没有再回到现役，1946年被解体。

（八）日本"赤城"级"赤城"号航空母舰

"赤城"级（Amagi Class）"赤城"号是日本海军在"信浓"号以前的第二大航空母舰，并以第一航空战队旗舰的名号服役了 25 年，参加了太平洋战争初期重要的海战，后于中途岛海战中被击沉。

1. 研发历史

根据 1919 年日本海军制订的"八八舰队计划"，"赤城"号于 1920 年 12 月 6 日作为战列巡洋舰在吴海军船厂开工建造，属于"天城级"战列巡洋舰的二号舰。1922 年 11 月 9 日，日本决定将停建的"赤城"号战列巡洋舰改造成航空母舰，1925 年 4 月 2 日下水，1927 年竣工，编入横须贺镇守府服役。

"赤城"号航空母舰

2. 性能解析

"赤城"号经历的第一场实战就是 1941 年 12 月 7 日的珍珠港事件，其作为第一机动部队的旗舰，在由渊田美津雄中校所率领的航空战队创下击沉 5 艘战列舰的纪录。随后"赤城"号又作为日本第一航空舰队旗舰参加太平洋战争，率领日本航空舰队向西扫荡南太平洋至印度洋海域，在拉宝尔攻略战、达尔文港空袭、印度洋海战中屡战屡胜，创下"无敌机动部队"的名声。

（九）日本"大和"级"信浓"号航空母舰

"大和"级（Yamato Class）"信浓"号（Shinano）是由"大和"战列舰改造而来的一款航空母舰，基于各方面的原因它没有真正进入二战战场。

1. 研发历史

1936 年，日本退出伦敦海军限制军备的谈判。1937 年日本海军制订了"03 舰艇补充计划"，确定建造 2 艘"大和"级战列舰，即三号舰（110 号舰）和四号舰（111 号舰）。

110 号舰进行建造时太平洋战争爆发。战争初期飞机对战舰的优势完全显现，加上战争期间资源不足的原因，110 号舰的建造计划被取消，111 号舰停止建造并解体。

之后，日本海军在 1941 年 6 月中途岛海战中惨败，并损失 4 艘主力航空母舰，因此日本除了加速建造航空母舰以外，110 号舰船壳也被日本海军列入改装航空母舰工程，"信浓"号航空母舰因此诞生。

2. 性能解析

"信浓"号航空母舰是当时世界上排水量最大的航空母舰，也是 1960 年美国"小鹰"级航空母舰服役前世界上排水量最大的航空母舰。但"信浓"号服役后不久就被美军潜艇的鱼雷击沉，其正式出航后，仅仅 20 小时就被击沉，创造了世界舰船史上最短命的航空母舰的纪录。

（十）英国"大胆"级"大胆"号航空母舰

英国"大胆"级（Audacious Class）"大胆"号是世界上第一艘护航航空母舰，最早用于为护航队提供空中和反潜支援。从"大胆"号航空母舰性能参数就可以看出，该舰无论在规格、动力还是火力配备上都显得非常简陋，但是却开创了航空母舰反潜的新纪元，并在二战中屡立战功。

它虽然只搭载 6 架欧洲燕式 II 型战斗机，但 3 次战斗就击落、击伤或赶走了 9 架 FW200 式飞机。此外，在为护航运输队护航期间，它还发现过 9 艘德国潜艇。1941 年 12 月，它第 3 次为护航运输队护航，在异常激烈的战斗中被击沉，结束了它短暂而光辉的一生。

1946 年 1 月 5 日，"大胆"号重新命名为"鹰"号。1954—1955 年，"鹰"号接受现代化改装，1959 年 5 月 11 日暂停服役。1959 年 10 月至 1964 年 5 月接受彻底改装，1972 年 1 月 25 日除役，1978 年 6 月 10 日出售拆毁。

（十一）英国"光辉"级"光辉"号航空母舰

"光辉"级（Illusious Class）是英国在二战前设计的一级新型航空母舰，同级共 4 艘："光辉"号、"胜利"号（Victorious）、"可畏"号（Formidable）和"不挠"号（Indomitable），其中"光辉"号在二战中表现卓越。

1. 作战历史

"光辉"号是英国"光辉"级的首制舰，1940年8月加入英国海军地中海舰队。1940年11月11日，英国海军以"光辉"号航母为核心，利用舰载飞机袭击意大利海军基地塔兰托。第一攻击波是由12架鱼雷攻击机进行攻击，港内停泊的意大利巡洋舰、驱逐舰和其他军船乱作一团。当第一攻击波撤出战斗后，第二攻击波接着进行，2架攻击机投下24枚照明弹，把海港夜空照得通明，5架鱼雷攻击机投射5枚鱼雷，重创了一艘意大利战列舰。

2. 性能解析

英国海军认为"光辉"号将在北海和地中海岸基飞机的航程内作战，而英国的舰载机却不具备陆上战斗机的优良性能，为抵御轰炸机的轰炸，英国海军决定给航空母舰尽可能提供有效的保护，因此"光辉"号航空母舰在机库和飞行甲板上相较之前的航空母舰都增加了厚厚的装甲防护。

（十二）英国"暴怒"号航空母舰

"暴怒"号（HMS Furious）是英国早期建成的航空母舰，它是由英国"暴怒"号巡洋舰改造成的，1918年4月完成改造。它也是英国皇家海军第一艘真正意义上的航空母舰。

"暴怒"号航空母舰最早用于实验目的，它为英国皇家海军日后航空母舰设计打下了坚实的基础。1922年6月到1925年8月，"暴怒"号经过进一步的改装，拥有了长175.6米、宽27.7米的全通式飞行甲板，双层机库，1939年的改装中又在舰体右舷增加了小型岛式上层建筑。虽然在二战中"暴怒"号舰体老化，但还是参加了不少辅助性的战斗。

三、坦克装甲车

装甲战斗车辆是指装有装甲及武器的军用车辆。二战中，最著名的装甲战斗车辆莫过于坦克，以苏联和德国为首的参战国，在其基础上还研发出了各式各样的自行火炮和坦克歼击车。在此次战争中，除坦克之外，其他类的装甲战斗车辆虽然有，但多以坦克底盘为基础开发出来的，并不是主力装甲战斗车辆。

坦克

坦克有"陆战之王"之称，是一种具有直射火力、高度越野机动性和装甲防护的履带式装甲战斗车辆，现代主战坦克更拥有高火力坦克炮、高功率引擎及再配有战场上最高效能的装甲，主要执行与对方坦克或其他装甲车辆作战，也可以压制、消灭反坦克武器、摧毁工事、歼灭敌方有生力量。

（一）美国 M3"格兰特"中型坦克

M3"格兰特"（M3 General）是美国于二战期间所使用的一款中型坦克，是 M4"谢尔曼"中型坦克的过渡型。

1. 研发历史

M3 中型坦克从 1941 年 8 月开始投产，一直持续到 1942 年 12 月结束。美国一共生产了 M3 中型坦克及其改进型号 6258 辆。其中 M3Al 中型坦克采用了美国机车车辆公司制造的铸造车体，鉴于强度要求，车体侧面没有开舱门。

而 M3A2 型坦克采用了比铆接车体强度更高的焊接车体，还减轻了车重。M3 中型坦克的变型车较多，如 T1 扫雷车、T2 坦克抢救牵引车、T6 火炮运载车和 T16 重型牵引车等。

2. 性能解析

M3 最大的特点是有两门主炮，一门是 75 毫米榴弹炮，装在车体右侧的凸出炮座内；另一门是 37 毫米加农炮装在炮塔上。另外，它的推进系统也很有特色，最突出的是它的各种改进型车和发动机型号各不相同，这也反映了战时的特点。它的行动部分采用平衡式悬挂装置，每侧 6 个负重轮分为 3 组，主动轮在前，诱导轮在后。

（二）美国 M4"谢尔曼"中型坦克

M4"谢尔曼"（M4 Sherman）是二战时性能最可靠的坦克之一，其动力系统的坚固耐用连苏联坦克都逊色几分，德国坦克更是望尘莫及。

1. 研发历史

M4 是二战时美国开发、制造的中型坦克，通常称为"谢尔曼"或"雪曼"（Sherman），名字为英军所取，来源是美国南北战争中北军的将军威廉·特库赛·

M4 "谢尔曼" 中型坦克

谢尔曼（WillamTecumseh Sherman）。在二战中，美国研制坦克的厂家主要有通用、福特、克莱斯勒等汽车厂，采用的是亨利-福特倡导的生产线原理，因此能够大批量生产，并且大幅度降低了成本。

2. 性能解析

M4 拥有几项世界领先技术。首先炮塔转动装置是二战中最快的，转动一周的时间不到 10 秒。其次 M4 还是二战中唯一装备了火炮垂直稳定仪的坦克，能够在行进当中瞄准目标开炮。M4 的 500 马力汽油发动机也是二战时期最优秀的坦克引擎之一，使其具有 47 千米的最高公路时速。这些优点都有助于机动作战。

3. 作战经历

1942 年春天，M4 首次出现在北非战场。当时隆美尔非洲兵团装备的坦克依然是过时的 3 型、4 型和 38t 型，于是 M4 拥有无可置疑的战场统治权，英军在阿拉曼战役中大量使用。战役以后，隆美尔写道："敌方的新式 M4 坦克，比我们所有的型号都要先进。"

由于它在战场上的出色表现，很快赢得坦克手们的青睐。根据"租借法案"，英国等美国的盟国也要求租借这种坦克。为此，美国庞大的汽车工业纷纷转产生产坦克。仅 1943 年一年，美国就生产各型坦克近 3 万辆，其中 M4 坦克占相当大比重。

二战中后期，M4 坦克在反法西斯战场上发挥了重要作用。在欧洲战场上，虽然 M4 坦克在与德军重型坦克的较量中，还有些力不从心，但它的数量多，可以以量补质。巴顿将军指挥下的美军装甲师主要装备就是 M4 坦克，它们在诺曼底登陆以后的历次战斗中发挥了重大的作用，1945 年春，美军有 16 个装备有 M4 中型坦克的装甲师参加了对柏林的总攻。在太平洋岛屿争夺战中，美军的 M4 坦克也出尽了风头，日军的 97 坦克根本不是它的对手。

（三） 美国 M3/M5 "斯图亚特" 轻型坦克

M3/M5 "斯图亚特"（M3/M5 Stuart）是美国在二战中制造数量最多的轻型坦克。欧洲战场上的英军以美国南北战争名将斯图亚特（J. E. B. Stuart）为其命名，在英国还拥有 "甜心"（Honey）的非官方昵称。美国陆军则仅以 "M3 轻型坦克" 和 "M5 轻型坦克" 作为官方名称。

1. 研发历史

二战初期，随着欧洲形势的日渐紧张，美国坦克设计师意识到 M2 轻型坦克已经过时，于是进行了整体升级计划，美国以 1938 年推出的 M2A4 轻型坦克设计进行强化，包括更换引擎、厚实装甲、采用加入避弹设计炮塔以及新的 37 毫米主炮，并因应加重的车身重量而修改驱动轮及悬吊系统。

新的坦克被命名为 "M3 轻型坦克"，于 1941 年 3 月至 1943 年 10 月生产，由美利坚汽车与铸造公司（American Car and FoundrvCompany）负责。改良型 M3A1 于 1941 年 8 月服役。尽管使用单位抱怨该坦克火力不足，改良型的 M5 轻型坦克依然保留了 37 毫米主炮。M5 自 1942 年开始生产后逐渐取代了 M3，并在 1944 年被 M24 轻型坦克所取代。

2. 性能解析

如同其前身 M2A4 坦克，M3 装备一门 37 毫米 M5 主炮，以及三挺 M1919A4 机枪：一挺与主炮同轴，一挺在炮塔顶端，一挺在副驾驶座前方，然而车身枪塔的机枪常被拆除以换取更多空间。车身采用斜面设计，并将驾驶舱盖移到上方，但车身由于过高且有许多棱角，故而给了对手很大的射击面积。

M3 使用两具新版本的凯迪拉克七汽缸辐射型引擎（星形发动机），全部共有 250 匹马力；但在 1941 年时由于引擎材料开始短缺，有约 500 辆的 M3 改装上了吉伯森（Guiberson）T-1020 柴油引擎。

M3A1 搭配了有动力旋转装置的改良型同质焊接式炮台，具有一陀螺稳定器可使 37 毫米主炮于行进中能精准射击，炮塔内部并采用吊篮式设计。下一型 M3A2 亦采焊接式设计，主要结构与 M3A1 大同小异，但没有投入生产。之后的 M3A3 则有许多地方被重新修改，包括炮塔、车身以及车身机枪座。

3. 作战经历

M3/M5 "斯图亚特" 是美国以及其盟国在二战中使用最广泛的轻型坦克，产量超过 2000 台，从欧洲、北非到菲律宾，甚至是东南亚丛林以及岛屿上都有它的踪迹。此外还在"租借法案"的推广下陆续提供给苏联、法国、南斯拉夫、葡萄牙及若干中南美国家使用，其中有部分甚至持续使用至 1996 年。

（四）美国 M24"霞飞"轻型坦克

M24"霞飞"（M24 Chaffee）是美国在二战中期使用的轻型坦克，以美国装甲兵之父阿德纳·R. 霞飞将军命名。

1. 研发历史

为了取代二战初期配备的 M3/M5"斯图亚特"轻型坦克，美国陆军决定以 M5 坦克的动力系统，加上改良的悬吊系统与 75 毫米火炮、25.4 毫米厚度装甲，以及重量不超过 16 吨作为新的轻型坦克的设计标准。

M5A1 因为炮塔空间太小，无法使用 75 毫米火炮。T21 轻型坦克因为重量达到 21.5 吨而出局。T7 坦克原先计划使用 57 毫米火炮，经过变更之后，虽然可以使用 75 毫米火炮，重量却是直线上升进入中型坦克的范围。虽然 T7 稍后被赋予 M7 的正式编号并且同意进入量产，但整个生产计划很快被取消。

直到 1943 年 4 月，通用汽车凯迪拉克汽车部门展开了 T24 的计划。采用了新的设计，低的侧面影像、倾斜式装甲、扭力杆悬吊系统，由 B-25H 轰炸机的 75 毫米主炮改良而来的 M6 坦克炮及三人炮塔。

M24 于 1943 年 10 月 15 日设计完成，1944 年 3 月开始量产。产地有两个：4 月开始在凯迪拉克，7 月开始在 Massey—Harris。至 1945 年 1 月时已完成 4070 辆，在 1945 年 8 月停产前装配线总共完成了 4731 台。其中一部分提供给英国陆军，根据英国给坦克命名的传统，它被命名为"霞飞"。

2. 性能解析

M24 是二战时期性能最好的轻型坦克，因为大部分的坦克生产国放弃了他们轻型坦克的计划，专注于中型坦克和重型坦克的开发，使得"霞飞"坦克的竞争对手减少。装甲单位的报告特别赞扬它的越野性能及可靠度。其中 75 毫米火炮是最让人赞赏的设计，由于火力强化轻型坦克部队面对德军坦克不再陷入只能挨打的局面，在"突出部战役"时曾击毁德军四号坦克，不过因为 M24 的装甲薄弱，面对德军坦克以及反坦克炮的生存性不高，甚至单兵反坦克武器就可对 M24 造成足够伤害。而 M24 因为来得太晚也太少，因此对欧战并没有起决定性影响。

M24 的主武器是 1 门 M6 型 75 毫米火炮，采用半自动横楔式炮闩及同心式反后坐装置。后坐装置与炮管同心安装在一起，除具有助退作用外，还起倒向作用。火

炮可发射被帽穿甲弹和榴弹，弹药基数 48 发。其中穿甲弹的初速为 860 米/秒。火炮装有电击发和手击发两种装置。火控系统包括炮塔的电液操纵和手操纵方向机、陀螺仪式火炮稳定器、观瞄装置、象限仪和方位仪等。火炮方向射界为 360 度，高低射界为 −10°~+15°。

M24 的发动机为 2 台凯迪拉克 44T24 型 V8 水冷 4 冲程汽油机，位于车体后部，在转速 3400 转/分时，每台发动机的功率为 80.85 千瓦。每台发动机的动力分别经液力耦合器、行星变速箱传至位于车体前部的传动箱，再经双差速转向机构、单级齿轮式侧减速器到主动轮。

3. 作战经历

M24 的任务为取代当时不敷需求的 M5 轻型坦克，第一批 34 辆"霞飞"在 1944 年 12 月运抵法国编入美军第二骑兵群（机械化），这 34 辆坦克分配到第 2 骑兵侦察营以及第 42 骑兵侦察营两个单位的 F 连中，每连下辖 17 辆轻型坦克；随后这些单位都参加了突出部战役，其中有 2 辆 M24 转隶美国第一军的 740 坦克营。不过大部分的装甲单位直到德国投降前都还未接收到 M24，只能用现有的 M5 继续担负作战任务。

（五）美国 M26"潘兴"重型坦克

M26"潘兴"（M26 Pershing）是美国二战和朝鲜战争时期的重型坦克，其在二战末期装备美国陆军，专为对付德国的"虎"式重型坦克而设计，为纪念一战的名将约翰·潘兴（John Pershing）而命名。

1. 研发历史

二战期间，美国为了在坦克技术上赶超德国，于 1942 年开始制出第一辆重型坦克 T1E2，后来在该坦克的基础上又发展成 M6 重型坦克。该坦克的性能虽然优于德国的"黑豹"中型坦克，但却赶不上德国的"虎"式重型坦克。

为了改变 M6 重型坦克的劣势，美国发展了两种坦克，一种是 T25，另一种是 T26。这两种坦克都采用新型的 T7 式 90 毫米火炮。其中 T26 得到了优先发展，其试验型有 T26E1、T26E2 和 T26E3 三种型号。其中 T26E1 为试验型，T26E2 装一门 105 毫米榴弹炮，后来又发展为 M45 中型坦克。T26E3 在欧洲通过了实战的考验，于 1945 年 1 月定型生产，称为 M26 重型坦克。

2. 性能解析

M26 坦克为传统的炮塔式坦克，车内由前至后分为驾驶室、战斗室和发动机室。该车有乘员 5 人：车长、炮手、装填手、驾驶员和副驾驶员。驾驶员位于车体前部左侧，副驾驶员（兼前机枪手）位于右侧，他们的上方各有一扇可向外开启的舱门，门上有一具潜望镜。

炮塔位于车体中部稍靠前，为了使火炮身管保持平衡，炮塔尾部向后凸出。车长在炮塔内右侧，炮手和装填手在左侧。指挥塔位于炮塔顶部右侧。炮塔顶部装有一挺高射机枪，炮塔正面中央装有一门火炮，火炮左侧有一挺并列机枪。

型号	特点
M26（T26E3）	主要生产型，装有 M3 主炮上及双室制退器
M26A1	装有 M3A1 主炮、单室制退器及炮膛清除器
M26A1E2	装有加长 T15E1/E2 主炮的试验型
M26E1（T26E4）	加长主炮，采用分离式炮弹
M26E2	装有 M3A1 主炮、新引擎及变速器、后被 M46 巴顿取代
T26E2	试验版本，装有。105 毫米榴弹炮，用于近战支援，又名为 "M45 重型坦克"
T26E5	加厚装甲试验版本，最厚位置达 279 毫米
M26A2	只有蓝图设计，以 T26E3 装上。150 毫米装甲、配双室制退器的。105 毫米主炮及与 M48 巴顿及 M60 巴顿相同的 750 马力（552KW）引擎

（六）美国 T-28 超重型坦克

T-28 超重型坦克是美国在二战期间研制的一种重量达 95 吨的坦克，其防护能力和火力在当时极其优秀，但机动力欠佳。

1. 研发历史

美国陆军最初计划先生产 5 台 T-28 原型车之后再量产 25 辆实车，不过最后只有 2 台问世，并且未参加过战斗。其中一台在亚伯丁测试场（Aberdeen Proving Ground）上被运转中的引擎引发的大火而严重损毁；另外一台则被当作废铁抛弃在贝尔佛堡（Fort Belvoir）后面的野战场上，后来被拖运到肯塔基州的诺克斯堡（Fort knox）巴顿装甲骑兵博物馆（PattonMuseum List of Exhibits）作永久展示。

2. 性能解析

火力

T-28 坦克采用 105 毫米 HV（High Velocity，高初速）T5E1 主炮，安装在球形

炮盾上，再装入车体前方。T-28 坦克上另外有一挺勃朗宁 M2 重机枪，装置在车长的舱盖口前方。由于需要人工填弹，T5E1 主炮射速仅有每分钟 4 发。主炮初速可达每秒 1128 米，炮座右射界 10°左射界 11°，俯角－5°，仰角＋19.5°，可以在 1500 米外打穿 250 毫米厚的钢板。

防护力

由于没有炮塔，T-28 有着相对低矮的外形轮廓。满载的战斗重量时，高达 95 吨。这重量大部分来自它的厚重铸钢装甲，装甲厚度高达 305 毫米，在当时几无对手（连它的侧裙装甲板都厚达 102 毫米）。美军相信这样的厚度足够抵挡德国 88 毫米高射炮自 1006 米外的射击威力或者其他德军坦克主炮的威力。

机动力

T-28 采用福特汽车 GAFV 形八汽缸汽油引擎，仅仅能输出 410 匹马力，所以 T-28 的最大速度只有 13 千米/小时。受限于车体重量和马力输出，T-28 不论在越野性能以及障碍物跨越方面都极为尴尬。理论上，T-28 可行驶于 60°仰坡，不过只能越过 0.6 米高的障碍物、通过 1.2 米深的壕沟或浅滩；况且 T-28 与德国八号坦克"鼠"式一样，都面临无桥可渡的问题，因为没有桥梁能够承担它的重量。

T-28 另外一个特性是采用四条履带接地（因为整体重量的关系），因此不必担心被地雷炸断外部履带而影响机动能力；T-28 坦克在移防时必须先将外侧的履带与路轮拆解下来才能方便运输，同时将拆解下来的组件集中成一个单位一起拖走。T-28 在行驶中务必将主炮维持最大仰角，因为主炮炮管过长，有可能因为行进间将炮口抵触地面或障碍物而导致炮基座严重毁损。

（七）苏联 T-27 超轻型坦克

T-27 坦克是苏联于 20 世纪 30 年代研制的超轻型坦克，二战时期仍在苏军中服役。

1. 研发历史

1927~1930 年间，苏联以 T-16 轻型坦克的底盘为基础发展了数款超轻型坦克：T-17、T-21（仅停留在纸面）、T-23 和 T-25（同样仅停留在纸面）。其中，T-23 有两种型号：一种有炮塔，另一种没有。T-25 则是基于 T-17 的一种改进型号。这些车辆在设计中有许多缺陷，但性能在当时还算不错，而改正这些缺陷需要耗费大量的时间。因此，苏联从英国购买了 26 辆早期型"卡登—洛伊德"Mk Ⅳ 超轻型坦克，这批车辆被重新命名为 25-v（一些档案文件称为 K-25）。同时，苏联政府也购买了许可证用于大规模生产。根据生产计划，在 1930~1931 年，将生产 290 辆超轻型坦克，这之后每年生产 400 辆。

然而，苏联的工程师并不完全满意早期型"卡登—洛伊德"Mk Ⅳ 的性能，在大规模生产之前对其进行了改进。经过这些改进，新的超轻型坦克相对于英国的型号有了很大的变化。1931 年 2 月 13 日，它被命名为"T-27"并投入使用。

2. 性能解析

T-27 的车体由轧制的装甲板铆接而成，部分为焊接，车顶有两个方形的舱门。所有的装甲板接缝处都用帆布垫片进行了密封，用于增大 T-27 的涉水深度。T-27 没有任何的内部或外部通信联络设备。两车之间的联络主要依靠信号旗来完成，这也是那一时期苏联坦克的典型特征。车辆的动力来源于 GAZ-AA 水冷四缸

T-27 超轻型坦克

汽油发动机（仿制福特-AA）。在每分钟 220 转的情况下，输出功率可达到 30 千瓦。

T-27 有 2 名乘员：车长/机枪手和驾驶员，车上安装了 1 挺 7.62 毫米 DTM1929 型机枪。苏军在使用中发现 T-27 非常简单和容易操作。不过，因为使用的是窄履带，所以不能有效地在沼泽和雪地使用。T-27 的内部空间太小，只有相对矮小的士兵才能进入，而且根据以往的经验，缺少全方位旋转炮塔使得坦克的渡河能力不足。后来，这些需要改进的地方都在 T-37 和 T-38 轻型坦克上得到了体现。

3. 实战表现

在苏军中，超轻型坦克主要用于机械化部队的侦察任务。到 1932 年末，共成立了 65 个超轻型坦克营，每个营有 50 辆超轻型坦克。不久，每个营的数量就下降到了 23 个。在苏军最初的机械化部队当中，T-27 超轻型坦克扮演着非常重要的角色，但到后来，随着更先进的型号的发展，它们的作用开始下降。到了 1937 年 1 月 1 日，共有 2547 辆 T-27 在服役。到了 1941 年 1 月 1 日，仍有 2157 辆 T-27 在服役。其中的一些参加了最初阶段的苏德战争，使用 T-27 最后的一个有记载的战斗是在莫斯科战役期间（1941~1942 年冬季）：1941 年 12 月 1 日，一些 T-27 支援第 71 海军陆战旅在亚赫罗马地区附近作战。

（八）苏联 T-37 两栖坦克

T-37 坦克是苏联在 20 世纪 30 年代研制的轻型两栖坦克，主要用于执行侦察任务。

1. 研发历史

T-37 坦克的设计源自苏联于 1931 年购入的英国卡登—洛伊德超轻型坦克。其中，有 8 辆为 A4E11 型轻型两栖坦克，苏联对此很感兴趣并动手研制了自己的两栖坦克。由于 A4E11 并不能满足苏军的要求，苏联据此改进制出了自己的 T-33 两栖坦克。由于存在不少设计缺陷，T-33 没能成为苏军的主力轻型侦察坦克。重新设计的工作持续到 1933 年第一辆 T-37 从生产线上开出。T-37 达到了当局的要求，除了继承了 T-33 的两栖能力外，与 T-33 全无相似之处。

2. 性能解析

T-37 是一种小巧的超轻型双人坦克，在单炮塔上安装 1 挺 7.62 毫米 DT 机枪。T-37 只能靠外壳上的浮囊泅渡内陆的水道，比如小溪和小河，并依靠装在后部的一个螺旋桨在水中行驶。之后，苏联还研制了比 T-37 更现代化的试验车 T-38。这两种两栖坦克在二战中的表现乏善可陈。实际上，T-37 并不是一种糟糕的武器，只是它从未被用来从事本职工作，而是执行与敌人坦克作战或支援步兵——两种不可能完成的任务。贫弱的装甲和火力使 T-37 成为敌人的"活靶子"。实际上，作为侦察坦克，T-37 还是能够胜任的，其装甲和机枪足以应付敌人的步兵，但它不能担负战斗的重任。

（九）苏联 T-40 两栖坦克

T-40 坦克是苏联于 20 世纪 30 年代末研制的两栖坦克，参加了苏德战争初期的战斗。

1. 研发历史

苏联是特别重视发展两栖坦克的国家。当苏军认识到 T-37 和 T-38 的不足时，他们就开始设法研发下一代的两栖坦克，即 T-40 两栖坦克。该坦克是 1939—1940 年间，由第 37 工厂的阿斯特洛夫设计组研发成功的。研发过程中，曾参考了苏军在苏波战争中缴获的 7TP 轻型坦克，这在机枪塔和防盾的形状上有所体现。T-40 有 T-40、T-40A、T-40C 等型号，于 1941~1946 年间在苏军中服役。T-40 配备在苏军的各坦克旅中，但在战争爆发后的 1941 年底就消耗殆尽了。

2. 性能解析

T-40 两栖坦克的车体设计新颖，与船的形状近似，前部宽大而低矮，机枪塔装在左侧略靠后的地方。车辆尾部有个四叶片螺旋桨，水上行驶时靠它驱动，并由两个尾舵操纵航向。车体还有浮动油箱以便增加车辆浮力。该坦克有 1 挺 12.7 毫米重机枪装在机枪塔上，由车长操纵；另有 1 挺 7.62 毫米前机枪，装在车体前部，由驾驶员操纵。

T-40 的动力装置为 6 缸水冷汽油机，动力传动装置的布置和 T-37 坦克类似，其悬挂装置采用独立扭杆式，这比 T-37 坦克的平衡式悬挂装置要先进得多，有利于提高越野性能。每侧有 4 个负重轮、3 个托带轮，主动轮在前，诱导轮在后。其车体和机枪塔为钢装甲全焊接结构，装甲厚度 6~14 毫米。

（十） 苏联 T-18 轻型坦克

T-18 坦克是苏联的第一种量产坦克，其原型为法国在 20 世纪初研制的雷诺 FT-17 坦克。

1. 研发历史

1926 年 5 月，苏联开始了一个三年期的坦克发展计划，目标是开发出一种能够突破由敌人 2 个师兵力防守的 10 公里长的防线的坦克。同年 9 月，苏联成立了一个特别委员会负责此型坦克的研制。1927 年 5 月，设计小组又完成了一种全新的设计方案并试制出一辆样车，在接受了简单的行驶测试后，该方案被命名为"1927 年式 MS-1 小型护卫坦克"，其后被正式定型为 T-18。1927 年 6 月 17 日，对 T-18 样车的最终测试在莫斯科附近完成。特别委员会一致认为 T-18 的设计十分成功，并推荐将其量产在苏军服役。1928 年 2 月，苏军正式订购了轻型坦克。

2. 实战表现

T-18 轻型坦克的总产量为 959 辆，其中 4 辆转交内务部队，2 辆交给第 4 委员会，1 辆交给军事化工委员会，其余全部装备了苏军的坦克营、坦克团以及 1929 年开始组建的混成坦克旅。由于苏联后来研制了一系列性能先进的中型和重型坦克，T-18 轻型坦克只能退居二线作为训练使用。而留在部队继续服役的 T-18 的命运也同样惨淡：大部分不是发动机失灵，就是传动装置出了故障，得不到及时的修理。有鉴于此，苏军将剩下的 700 辆 T-18 用于加固各军区的防御工事。苏德战争初期，大约有 450 辆被改成固定火力点的 T-18 和 160 辆当作移动火力点的 T-18 投入使用。T-18 的最后一次大量使用是在莫斯科保卫战中，第 150 坦克旅在战斗中动用了 9 辆 T-18，这也是有关 T-18 参战记录的最后记载。

（十一） 苏联 T-26 轻型坦克

T-26 坦克是苏联红军坦克部队早期的主力装备，广泛使用于 20 世纪 30 年代的多次冲突及二战之中。该坦克被认为是 20 世纪 30 年代最为成功的坦克设计之一，产量极高且衍生型众多。

1. 研发历史

在早期的苏联坦克中，T-26 坦克是比较出名的一种。1930 年，列宁格勒的布尔什维克工厂在 H·巴雷科夫和 C·金兹鲍格工程师的领导下，参照从英国购买的维克斯坦克，经改进设计，制造出 20 辆类似的坦克，定名为 TMM-1 和 TMM-2 坦克。在和其他设计进行对比试验后，革命军事委员会于 1931 年 2 月 13 日决定采用以维克斯坦克为基础设计的新坦克，并正式命名为 T-26 坦克。从 1932 年起，以列宁格勒的基洛夫工厂为主的一批工厂开始大量生产 T-26 坦克。

T-26 坦克一般被用来支援步兵，曾经参加过 1936 年的西班牙内战、1939 年苏日哈拉哈河战斗和 1939 年的苏芬战争，一直被使用到二战初期，在苏联坦克发展史上占有重要的地位。该坦克的主要缺点是装甲防护较差，在苏日哈拉哈河战斗和苏芬战争中损失较大。不过，这也成为苏联以后研制 BT-7 轻型坦克和 T-34 中型坦克的契机。

2. 性能解析

T-26 坦克和德国一号坦克都是以英国维克斯坦克为基础设计的。两者底盘、外形相似，但 T-26 坦克的火力大大高于一号坦克和二号坦克，甚至超过了早期三号坦克的水平。早期 T-26 坦克的主炮为 37 毫米口径，后期口径加大为 45 毫米。不过，T-26 坦克的装甲防护差，没有足够能力抵抗步兵的火力，以至于苏联巴甫洛夫大将得出"坦克不能单独行动，只能进行支援步兵作战"的错误结论。T-26 坦克的机动能力较强，公路最高速度达 36 千米/小时，越野最高速度为 16 千米/小时。

T-26 坦克取消了指挥塔，使得车长的观察能力大打折扣，而且车长还要担任炮长，作战的时候几乎无暇观察四周，因此很容易被侧后的火力袭击。此外，T-26 坦克的火控能力也不太好，精确射击能力不足，据说在 300 米内才可以取得比较高的命中率，而这么近的距离对于装甲薄弱的 T-26 坦克来说是非常危险的。

3. 实战表现

苏德战争爆发初期，T-26 等旧式坦克在数量上还是苏军的主要坦克装备。虽然 T-26 性能较 T-34 等新型坦克大为逊色，但德国坦克数量大大少于苏联，而且性能优于 T-26 的三号、四号坦克装备数量更少，所以苏联当时不存在装备性能落后问题。但是，由于苏军大部分指挥人员素质低下，再加上以坦克的分散使用对抗德军的坦克集群，以及暴露在德军步兵火力下缺乏协同的无谓冒进，使得 T-26 等坦克的损失量巨大。

（十二）苏联 T-50 轻型坦克

T-50 坦克是苏联于二战初期研制的轻型步兵坦克。该坦克的设计有许多先进的特点，但其车体复杂、生产费用昂贵，因此产量很少。

1. 研发历史

T-50 坦克被设计用来取代 T-26 步兵坦克。在原计划里，T-50 是产量最多且与 BT 系列快速坦克一起作战的武器。T-50 坦克源于 1939 年列宁格勒基洛夫第 185 号工厂的试验机械设计部（OKMO）坦克设计局提出的"步兵支援"方案，最初的原型车称为 T-126 与 T-127，虽然性能不比之前的 T-46-5 优良，但最后还是选择了较重的 T-126 来发展。1940 年 5 月，研发工作转交给伏洛希洛夫第 174 工厂负责。1941 年 1 月，T-50 设计完成并被批准生产，但因为技术问题而迟迟无法进行。直到同年 9 月，T-50 才开始生产。T-50 坦克虽然有着优异的设计，但仍有着技术性的问题，而且还发现了其昂贵的产能可以用来生产更多更优秀的 T-34。同时，更为简单的 T-60 轻型坦克早已进入大规模生产阶段。最后，共有 69 辆 T-50 坦克被生产出来（只有 48 辆有武装），1942 年 1 月终止生产。

2. 性能解析

T-50 有着当时先进的设计，包括扭力杆式悬吊系统、柴油发动机、倾斜式装甲和全焊接的车身。该坦克还拥有能容纳三人的炮塔，以及设计优良的车长指挥塔，这些在 1942 年前都未出现于其他苏联坦克。1939—1943 年期间大部分的苏联坦克不是单人炮塔就是双人炮塔，战斗效率远低于三人炮塔。另外，所有的 T-50 坦克都拥有无线电，而早期只有车队队长才拥有无线电装置。

T-50 也有一些缺陷，如同大部分的苏联坦克，其内部非常狭窄。但主要问题在于它的 V-4 发动机。T-50 使用的是专用的 V-4 发动机，而不像其他苏联轻型坦克可使用标准的卡车发动机。为了 T-50 而特别生产专用的发动机，使得其生产成

本变得相当昂贵，不符合经济效益。另外，V-4 发动机本身也不可靠，其设计上的缺陷一直无法解决。发动机的可靠性低与高成本的生产最后导致了 T-50 的生产时间极为短暂。

3. 实战表现

曾有少量的 T-50 坦克被部署于列宁格勒前线，现今虽有几张战斗的照片存世，但却没有相关的战斗纪录。1944 年，有一辆装甲经过升级的 T-50 坦克被芬兰军队缴获使用。从书面资料来看，T-50 应该能轻松应付任何早期的德国坦克。

（十三）苏联 T-60 轻型坦克

T-60 坦克是苏联于 1941—1942 年生产的轻型坦克，用来取代老旧的 T-38 两栖坦克，其基础设计工作仅花了 15 天的时间就完成。

1. 研发历史

1938 年尼古拉斯·阿斯特罗夫的莫斯科第 37 号工厂设计团队接受命令设计两栖侦察坦克与非两栖侦察坦克，很快就做出了 T-30A 和 T-30B 两辆原型车。前者于 1940 年时预计作为 T-40 两栖坦克的生产样式，同时也衍生出了 T-40S（非两栖版本），该车为较重型且被认为过于复杂，难以大规模生产。T-30B 原型车则是共用了 T-40 的底盘，但其在生产上较为简单且拥有较厚的装甲，因此，T-30B 作为 T-60 坦克被军方所接受，1941 年 7 月开始生产。

2. 性能解析

T-60 装有 1 门 20 毫米 TNSh 主炮，使用的炮弹包括破片燃烧弹、钨芯穿甲弹等。后期开始使用次口径穿甲燃烧弹，使其能在 500 米的距离 60 度角击穿 35 毫米的装甲。这使 T-60 可以成功对抗早期的德国坦克以及各种装甲车辆和一些轻装甲目标。T-60 还装备了 7.62 毫米 DT 坦克机枪。这种机枪和 TNSh 主炮都可以拆卸下来单独作战，TNSh 主炮拆卸下来只有 68 千克。

T-60 具备大的行程和不良地形上的较好机动性，其负重轮和诱导轮可以互换。第一批生产的 T-60 并没有安装无线电，内部的通信主要靠 TPU-2 或者简单的灯光指示。为了增加其在沼泽和雪地中的机动性，设计了与标准履带通用的特殊可移动加宽履带。相比于其他苏军坦克，T-60 在雪地、沼泽、烂泥和水草地的机动性能尤为出色。

T-60 坦克于 1942 年被测试改装为滑翔坦克，并设计由 Pe-8 或 TB-3 轰炸机进行拖曳投放，为德占区内的游击队提供轻装甲武力。该坦克为了空用而将其轻量化，包括卸除武装、弹药、车头灯和仅保留极少的油料。然而，即使是经过改良的TB-3 轰炸机也无法有效投放 T-60 坦克，因为该坦克本身空气动力学设计极差。由于缺乏足够动力的飞机来拖曳该坦克，此计划后来被取消，再也没被提起。二战时，罗马尼亚还将 34 辆缴获的 T-60 坦克进行改装，成为 1943 年时推出的 TACAM T-60 驱逐坦克。

（十四）苏联 T-70 轻型坦克

T-70 坦克是苏军于二战中使用的轻型坦克，用来取代 T-60 的侦察与 T-50 支援步兵的用途。

1. 研发历史

1942 年，轻型坦克被苏军认为是无用的武器，它们无法匹敌 T-34 中型坦克的性能，其武器也无法伤害大部分的德国坦克，但它们能够在那些无法生产重型与中型坦克的小工厂进行生产。T-70 是缺点繁多的 T-60 轻型坦克的替代品，后者的机动性差、装甲薄弱，20 毫米炮的火力也不足。T-70 也取代了生产时间极短的 T-50 轻型步兵坦克，该坦克有着设计复杂、生产成本高的缺点。

T-70 坦克由基洛夫第 38 号工厂的尼古拉斯·阿索托夫设计团队研发，1942 年 3 月开始在第 37 号机械工厂生产。1942 年 9 月，T-70 完全取代了 T-60，虽然 T-60 坦克仍然持续使用直到战争结束。T-70 的生产一直到 1943 年 10 月时终止，共生产了 8226 辆。

2. 性能解析

T-70 坦克的主要武器为 1 门 45 毫米火炮，方向射界 360 度，高低射界-6 度~+20 度，弹药基数为 91 发。辅助武器为 1 挺 7.62 毫米并列机枪，弹药基数为 945 发。发动机为 2 台 6 缸水冷汽油机，每台的功率为 51.45 千瓦。车体的前装甲板厚 35~40 毫米，炮塔装甲板厚 10~60 毫米。该坦克共有 2 名乘员，一位为驾驶员，另一位是车长，车长还要兼职装填手与炮手的工作。T-70 坦克最大的缺点是机动性不足，它的底盘是从 T-60 照搬过来的，其速度仅仅比 T-60 快一点，而越野行程甚至不如 T-60。

（十五）苏联 BT-2 快速坦克

BT-2 快速坦克是 BT 系列快速坦克的第一种量产型，于 1932 年面世。

1. 研发历史

苏联一直重视轻骑兵的作用，所以要求坦克具有很高的速度，这就使苏联坦克设计人员对美国的克里斯蒂坦克产生了浓厚的兴趣，因为这种坦克的机动性很好。1930年，苏联向美国购买了两辆克里斯蒂坦克。1931年，在沃罗涅什进行了广泛的试验。同年，苏联设计了一种基于克里斯蒂坦克的简化型坦克，称为BT-1快速坦克。BT-1坦克经试验不适合作战要求，生产了两辆样车之后就停产了。1931年底又设计出BT-2型，经试验后，在1932年1月开始批量生产。

2. 性能解析

BT-2以BT-1为蓝本研制而成，由于BT-1没有炮塔，因此BT-2新设计了一个炮塔，安装了1门37毫米口径反坦克炮，车身正前方加装一条钢管去固定诱导轮轴，这成了后来BT坦克的典型特征，其车身结构为焊接和铆钉铆接的混合。与BT-1一样，BT-2可以选择用履带或车轮行驶。因为苏联国土辽阔，有许多地方是没有公路的原野，因此在实际使用时发现很少有机会用车轮行驶。

（十六）苏联BT-7快速坦克

BT-7是BT系列快速坦克的最后一种型号，1935—1940年大量生产。该坦克在二战中得到了较为广泛的应用，其设计经验还成功运用到更新型的T-34中型坦克上。

1. 研发历史

1934年，苏军提出重新设计BT快速坦克，要求将车体装甲改用焊接装甲，并加大装甲板倾斜角度，以增强防护力。1935年，改进工作完成，改进后的BT快速坦克被命名为BT-7快速坦克。二战初期，BT-7坦克主要供远程作战的独立装甲和机械化部队使用，但因其装甲防护薄弱，不适于与敌方坦克作战，所以在1941年的莫斯科会战后便让位于更出色的T-34中型坦克。

2. 性能解析

为了克服装甲薄弱的缺点，BT-7坦克的车体装甲使用焊接装甲，并加大了装甲板倾斜角度，以增强防护力。该坦克采用新设计的炮塔，安装1门45毫米火炮和2挺7.62毫米机枪。为使主炮和机枪能在夜间射击，坦克上增装了2盏车头射灯并在火炮上安装了1个遮罩。后来生产的BT-7.2型坦克还有2个牛角形的潜望镜。

BT-7坦克的动力装置为新型的M17-TV-12汽油发动机，每分钟1760转，功率为 372 千瓦。这种发动机是德国宝马汽车公司发动机的翻版，最初是为飞机设计的。该发动机可以使 BT-7 坦克的道路行驶速度达到 72 千米/小时，越野速度达到 50 千米/小时。该坦克的车组成员有 3 人，分别是车长（也担任炮手）、装弹员和驾驶员。

3. 实战表现

1941 年 6 月 22 日，德军在 3500 余辆坦克的掩护之下突然进攻苏联，苏德战争爆发。苏军当时在欧洲虽然有 20 个师的兵力，理论上应有 1031 辆坦克，但实际上各师坦克都不足，只有 337 辆 BT 坦克和 T-26 坦克。战争初期，BT 坦克只可对付德军一号坦克和二号坦克等超轻型坦克，面对德军三号和四号坦克则无能为力，而且德国空军握有制空权，很多 BT 坦克在抵达前线之前就已被德军飞机炸毁。1941 年后，BT 系列坦克停产，以集中资源生产 T-34 中型坦克。

（十七） 苏联 T-28 中型坦克

T-28 坦克是苏联研制的一种中型坦克，于 1931 年完成设计，1932 年底开始生产。

1. 研发历史

T-28 坦克在许多方面的设计都类似于英国的维克斯 AlEl 坦克。尽管后者只有 1 辆在 1926 年制造的原型车，但还是大大影响了两次世界大战期间的坦克设计。1932 年，列宁格勒的基洛夫工厂开始以 AlEl 坦克为基础，设计新型坦克。设计出的 T-28 坦克于 1933 年 8 月 11 口被批准使用。在 1933~1941 年，共有 503 辆 T-28 坦克被生产了出来。虽然这种坦克在战斗上的设计并不十分成功，但对苏联设计师来说是一个重要的里程碑，包括一系列在 T-28 坦克上进行的试验，对未来的坦克发展有一定程度的影响。

2. 性能解析

在推出后数年里，T-28 是世界上最先进的中型坦克之一，拥有无线电等现代化设备。二战爆发后，由于经过了装甲升级，T-28 的防护力不低于德国四号坦克早期型。不过，T-28 坦克拥有明显的缺陷，其活塞弹簧悬吊系统较差，发动机和变速箱也有缺陷，最糟糕的是设计缺乏弹性。尽管 T-28 与四号坦克早期型的装甲与火力相当，但四号坦克是在良好的基础设计上制成，T-28 却是在一个糟糕的基础设计上改良而来。

3. 实战表现

T-28坦克起初部署到入侵波兰和对付芬兰的冬季战争部队中。在冬季战争初期，该坦克被赋予直接对芬兰碉堡开火的任务。在这些行动的过程中，苏联军方发现坦克装甲厚度不足，并计划对其升级。正面装甲从50毫米升级至80毫米，而侧面与后面装甲升级至40毫米。借由装甲升级后的T-28坦克，苏军突破了芬兰的主要防御工事——曼纳海姆防线。

苏联在1941年6月德军入侵时约有411辆T-28坦克。大部分的T-28坦克都在入侵后头两个月损毁，多为机械故障而被弃置。有些T-28坦克参与了1941年冬季保卫列宁格勒和莫斯科的战斗，但在1941年晚期后，T-28在苏军服役的数量已极为稀少，并有少部分被敌军缴获使用。

（十八）苏联T-34中型坦克

T-34坦克是苏联于1940—1958年生产的中型坦克，是二战期间苏联最好的坦克之一。它在坦克发展史上具有重要地位，其设计思路对后世的坦克发展有着深远影响。

1. 研发历史

1936年，苏联著名战车设计师柯锡金被调往柯明顿工厂担任总设计师，此时柯明顿工厂的设计局正负责BT车轮履带两用式坦克的改造。1937年，该厂被委派研发一款新型中型坦克，设计代号为A-20。同年11月，设计工作完成，设计方案集BT-1至BT-7之大成。之后，柯锡金建议发展纯履带式的车型，以适应苏军的作战需要，设计编号为A-32（即此后的T-32）。1939年初，A-20和A-32在苏联卡尔可夫制造完成。此后，T-32又加强了火力和装甲防护，并进一步简化了生产工序，最终成为T-34中型坦克。1940年1月底，第一批T-34生产型完工。

T-34坦克有T-34/76、T-34/57、T-34/85和T-34/100等改良型号。其中，T-34/85是为了应对德国"虎"式坦克而研制的改进型号。当时，苏军没有能在正常作战距离上对"虎"式构成正面威胁的坦克，因此作为主力坦克的T-34的改装计划立即提上日程。由于加大了炮塔，德军常把T-34/85称为"大脑袋T-34"。

T-34中型坦克

2. 性能解析

T-34 中型坦克的主要武器最初是 1 门 76.2 毫米 M1939 L-11 型炮，1941 年时改为 76.2 毫米 F-34 长管型 41.5 倍径的高初速炮，具有更长的炮管以及更高的初速，备弹 77 发。T-34/85 又改为 85 毫米 ZiS-S-53 坦克炮，备弹 56 发。除了主炮，T-34 中型坦克还装有 2 挺 7.62 毫米 DP/DT 机枪，一挺作为主炮旁的同轴机枪，另一挺则置于车身驾驶座的右方，初速为 662 米/秒。

T-34 中型坦克的车身装甲厚度都是 45 毫米，和德国的三号、四号坦克相当，但正面装甲有 32 度的斜角，侧面也有 49 度。炮塔是铸造而成的六角形，正面装甲厚度 60 毫米，侧面是 45 毫米，车身的斜角一直延伸到炮塔，因此 T-34 从正面看几乎是一个直角三角形。该坦克 45 毫米厚、32 度斜角的正面装甲，防护能力相当于 90 毫米，而 49 度斜角的侧面装甲也相当于 54 毫米。这样的正面装甲，直接导致 1941 年德国坦克装备的任何火炮在 500 米距离上都无法穿透。

T-34 中型坦克的底盘悬挂系统是美国工程师克里斯蒂发明的新式悬挂系统，可以让坦克每个车轮独立地随地形起伏，产生极佳的越野能力和速度。这项技术因为规格问题未被美军采用，反而被苏联买下专利，并应用于 T-34 中型坦克上，这使得 T-34 中型坦克的越野机动性优于德军坦克，而宽履带的设计也将接地压力减至最小。T-34 中型坦克的最大行驶速度为 55 千米/小时，满载弹药时 T-34 的时速仍可达 40 千米，最大行程则有 468 千米。该车可通过高 0.75 米的障碍、越过宽 2.49 米壕沟，爬坡度达 30 度。在冰天雪地的东线战场，T-34 坦克可在雪深 1 米的冰原上自由驰骋，被德军称为"雪地之王"。

3. 实战表现

苏军曾经在二战中大量使用 T-34 坦克。1941 年苏德开战时，苏军共有 967 辆 T-34 坦克。在苏德战争前期，装有 F-34 火炮、使用 BR-350A 式破甲弹的 T-34 坦克，可以在任何距离上击穿三号坦克。为此，在 1941 年，德军投入了新式的四号坦克，其前装甲厚达 80 毫米。然而，苏军不久也开始使用 3 千克重的 BR-350P 硬芯穿甲弹（APCR），这种炮弹足以在 500 米距离上击穿 92 毫米的装甲。但随着时间的推移，德军的"虎"式坦克和"豹"式坦克逐渐入役，T-34 坦克的 F-34 火炮面对这些坦克时难免显得疲软。因此，在 T-34/85 坦克出场以前，T-34 坦克大部分时候都只能从侧翼或后方发起攻击。T-34 坦克的主要优势在于其速度快。在库尔斯克战役中，虽然 T-34 坦克损失惨重，但却利用其速度优势阻遏了德军对苏军突出部的攻击。

（十九）苏联 T-44 中型坦克

T-44 坦克是苏联在二战中后期生产的一种中型坦克，设计用以取代当时大量服役的 T-34 坦克。与 T-34 以及后来的 T-54/55 坦克相比，T-44 的产量较低，大约有 2000 辆。

1. 研发历史

T-44 的研发计划始于 1943 年，基本设计与 T-34 接近，同时参考了稍早的另外两种设计方案：T-34M 以及 T-43 坦克。在设计上，T-44 从原先的克里斯蒂悬吊系统改为扭力杆，发动机与车轴呈 90 度角的安装方式给予乘员较大的活动空间，移动了空气滤清器的位置以降低发动机舱的高度，加上新的 5 段变速箱。头两辆原型车安装 85 毫米 D-5T 炮，第三辆则改用 122 毫米 D-25-44 炮。在测试过程中发现 122 毫米炮不适合使用在这种吨位的坦克上，因此生产型决定使用 85 毫米坦克炮。经过测试之后，T-44 于 1944 年底开始进入量产，不过在大战结束前并未进入苏军服役，主要原因是陆军不希望在战争时期另外接收新的坦克，造成训练以及后勤上的压力。

2. 实战表现

1946 年，苏联开始引入 T-54 坦克，T-44 的生产则在 1947 年终止，不过仍旧在苏军中服役。基于冷战时期保密的需要，T-44 坦克的存在被刻意地隐藏，从未出现在任何公开游行的场合中。除了文字描述以外，没有照片显示苏联曾经将 T-44 派驻在民主德国，或者是参加 1956 年入侵匈牙利的行动。此外，T-44 也没有外销到其他国家，因此很少被其他国家知道这一款坦克的实际状况。

（二十）苏联 KV-1 重型坦克

KV-1 坦克是苏联 KV 系列重型坦克的第一种型号，以苏联国防委员会委员克里门特·伏罗希洛夫元帅的名字命名。该坦克以装甲厚重而闻名，是苏军在二战初期的重要装备。

1. 研发历史

KV-1 重型坦克于 1939 年 2 月开始研发。同年 4 月，苏联国防委员会批准了该坦克的样车定型。1940 年 2 月，位于列宁格勒的基洛夫工厂开始批量生产 KV-1 坦克，当年生产了 243 辆。同年，苏军一个装备 KV-1 坦克的坦克排参加了突破芬兰主要阵地的战斗，在战斗中，没有一辆 KV-1 坦克被击穿。在 1941 年苏德战争爆发前，苏联的 22000 辆坦克中约有 500 辆 KV-1 坦克服役。苏德战争初期，德军使用的反坦克炮、坦克炮都无法击毁 KV-1 坦克 90 毫米厚的炮塔前部装甲（后期厚度还提升至 120 毫米），对德军震慑力较强。

随着 KV-1 坦克在战场上屡建奇功，苏联相继研发了它的改良版：KV-2、KV-85 和诸多衍生型。1941 年 9 月，迫于前线形势，基洛夫工厂迁往位于乌拉尔山脉的车里雅宾斯克，与当地的拖拉机厂等工厂合并为一个规模宏大的坦克制造厂，人们称为"坦克城"。在整个苏德战争期间，"坦克城"一共生产了 13500 辆 KV 系列坦克和自行火炮。到了二战后期，由于装甲的强化，重量过大也成为 KV 系列坦克的主要缺点。由于机动性较差，火炮威力也显得不足，KV 系列坦克在战争后期逐渐被 IS 系列坦克所取代。

2. 性能解析

KV-1 重型坦克的早期型号装备 76 毫米 L-11 火炮，装甲厚达 75 毫米。车身前面原本没有架设机枪，仅有手枪口，但在生产型上加装了 3 挺 DT 重机枪。后期型号的主炮改为 76 毫米 F-32 坦克炮，装甲提升至 90 毫米，炮塔更换为新型炮塔，炮塔前部还设计了使敌军跳弹的外形。该坦克使用 12 汽缸 V-2 柴油发动机，最大速度可达 35 千米/小时。由于装甲的强化，重量过大成为 KV-1 坦克的主要缺点。虽然不断更换离合器、新型的炮塔、较长的炮管，并将部分焊接装甲改成铸造式，但它的可靠性还是不如 T-34 中型坦克。苏联因此开始开发新型的重型坦克——IS-1 坦克，用以取代 KV 系列。

（二十一）苏联 KV-2 重型坦克

KV-2 是苏联在二战中的主力重型坦克 KV 系列的第二型坦克，搭载 152 毫米榴弹炮，拥有强大的火力。

1. 研发历史

1939 年，苏联与芬兰之间爆发了冬季战争，苏军在突破曼纳海姆防线的行动上吃尽了苦头，对坦克协助作战的需求越来越大。因此，以 KV-1 坦克为主体、搭载 152 毫米 M-10 榴弹炮和新式旋转炮塔的 KV-2 坦克就被开发了出来，用来进行阵地突破。1939 年 12 月提出开发需求，1940 年 1 月末完成了试制车，到了 2 月又增加了 2 辆试制车，立刻被送往战线。2 月 11 日，在曼纳海姆防线的苏姆玛地区首次投入实战。

2. 性能解析

KV-2 坦克虽然有强大的火力和装甲，但车体重量过高造成机动力低下、底盘容易发生故障、重型炮塔也使得在车身倾斜时无法旋转，两名装填手装填分离式弹药造成火炮射击速度也慢，使得军方生产 KV-2 坦克数量不多。二战中期，苏军改以使用"喀秋莎"火箭炮为主力，不但射程远、机动性强、火力猛，更没有 KV-2 的种种缺点。因此，对坦克的开发关注被转移至自行火炮上，如 ISU-152、SU-152 等，至于像 KV-2 这种重型装甲和旋转炮塔的阵地突破用坦克则不再生产。

3. 实战表现

1941 年 6 月，德军进攻苏联，此时 KV-2 坦克（包括试制车）的数量都增加了不少，其重装甲和巨大体积给德军坦克部队造成的震撼较大。1941 年 6 月 23 日，装备 LT-35 轻型坦克的德国第 6 装甲师在位于立陶宛的多比萨河与拥有 KV-2 的苏联第 2 装甲师遭遇，LT-35 的 37 毫米主炮完全无效（此役之后，由于其火力仅对 KV-2 和 T-34 的装甲产生如敲门般的声响，37 毫米主炮被戏称为"敲门炮"），因此蒙受巨大损失。

（二十二）苏联 KV-85 重型坦克

KV-85 坦克是苏联在二战中的主力重型坦克 KV 系列的第三型，产量较低。

1. 研发历史

KV-1 坦克在苏德战争爆发时，装甲和火力都领先于世界。但进入 1943 年后，德国的"虎"式坦克、"豹"式坦克在各个方面都开始压倒 KV-1 库尔斯克战役中，苏军的 T-34-76 和 KV-1 面对德军新型坦克，几乎没有对抗之力。"虎"式和"豹"式的坦克炮在 1000 米外就可以击穿 KV-1/1942 年型 110 毫米的装甲，装甲弱化的 KV-1S 则更无抵挡之力。而 KV-1 坦克的 76 毫米炮在 100 米距离也无法正面击穿"虎"式和"豹"式坦克。因此，安装更大威力的火炮，成为苏联新型坦克的急迫任务。1943 年 8 月，安装新型 D-5 坦克炮的 KV-85 开始生产。这种坦克仅生产了 2 个月，产量为 143 辆。KV-85 坦克作为 IS 系列坦克投产前的过渡产品，在技术积累上做出了贡献。

2. 性能解析

KV-85 坦克沿用 KV-1S 坦克的底盘，配备了专为 85 毫米坦克炮设计的新型铸造炮塔，该炮塔前装甲达 100 毫米，而且容积较大，拥有车长指挥塔，有利于提高作战效率。不过，在 KV-85 的炮塔上安装 85 毫米火炮影响了炮塔的结构，需要增大炮塔尺寸，才能避免乘员工作空间急剧缩小和作战效能降低。但是这样一来，也造成了KV-85的重量增加。个别的KV-85还改装了122毫米火炮，虽然火炮威力巨大，但产量寥寥无几。

（二十三） 苏联 IS-2 重型坦克

IS-2坦克是苏联IS系列坦克中最著名的型号，以苏联武装力量最高统帅约瑟夫·斯大林的名字命名。该坦克和T-34/85中型坦克构成了二战后期苏联坦克的中坚力量。

1. 研发历史

二战后期，苏联获悉德国新型"虎"式坦克的存在后，在KV-85重型坦克的设计经验的基础上，由SKB-2设计局（当时位于车里雅宾斯克基洛夫工厂）开发出一种拥有强大火力和厚重装甲的新式重型坦克。战

IS-2 重型坦克

争期间共发展了3个型号：IS-1、IS-2、IS-3。1943年秋，第一批IS-1重型坦克样车出厂。同年10月31日，换装122毫米炮的改进型被批准定型，并命名为IS-2重型坦克。

IS-2坦克是IS家族中最享有盛名的型号，在苏德战争中立下了汗马功劳。IS-2坦克的重量和德国"豹"式中型坦克（44吨）是一个级别，但是整体性能却和更重的"虎"式相当，火力更凌驾于"虎"式之上。为了对付苏军这种重型坦克，德国于1944年又研制出火力更猛、装甲防护力更强也更难以维护的"虎王"重型坦克。

2. 性能解析

IS-2重型坦克的炮塔和车体分别采用整体铸造和轧钢焊接结构，车内由前至后分为驾驶部分、战斗部分和动力-传动部分。该车配有4名乘员，驾驶员位于车体前部中央，其前方的上装甲板上开有观察孔。有的车上设有开关驾驶窗，但只能供驾驶员观察，不能由此出入。驾驶员上下车时必须经过炮塔门或车底安全门。车长和炮长位于炮塔内左侧，炮长在车长前下方，可使车长获得更好的视界。车长指

挥塔为固定式，呈圆柱形，周围有 6 具观察镜，顶部有 1 扇舱门。装填手在炮塔内右侧，有 1 具潜望镜和单独的舱门。

IS-2 坦克的 122 毫米主炮身管长为 43 倍口径，装有双气室炮口制退器，采用立楔式炮闩、液压式驻退机和液气复进机。火炮方向射界为 360 度，高低射界为-3度~+20 度。该炮可发射曳光穿甲弹，弹丸重 25 千克，初速 781 米/秒。根据战后美国的测试，在 100 米距离上穿甲厚度为 201 毫米，在 500 米距离上可以击穿 183毫米厚的装甲。该坦克的辅助武器为 4 挺机枪：1 挺并列机枪、1 挺安装在车首的航向机枪、1 挺安装在炮塔后部的机枪和 1 挺安装在车长指挥塔上的 DShK 机枪。

IS-2 坦克的车体和炮塔的装甲板厚度分别为：车体前上部装甲板倾角 70 度，厚 120 毫米，侧面装甲板厚 89~90 毫米，后部装甲厚 22~64 毫米，底部装甲板厚19 毫米，顶部装甲板厚 25 毫米。炮塔装甲板厚 30~102 毫米。炮塔内安装有四氯化碳手提式灭火器。

IS-2 坦克的发动机为 V-2-IS 型 V 形 12 缸水冷柴油机，在转速 2000 转/分时功率为 377 千瓦。传动装置由机械式手操纵变速箱、二级行星转向机构及侧减速器等组成。变速箱为横轴式，有高、低速挡位。每个挡位又各有 4 个前进挡和 1 个倒挡，因而该变速箱共有 8 个前进挡和 2 个倒挡，有较大的变速范围，从而有利于提高坦克的平均行驶速度。

3. 实战表现

IS-2 坦克最傲人的战绩是在 1944 年 8 月 13 日的战斗中，近卫第 52 坦克旅的乌达洛夫中尉驾驶编号 98 的 IS-2 坦克单独伏击七辆"虎王"坦克并击毁三辆。

（二十四）苏联 T-35 重型坦克

T-35 重型坦克是苏联在两次世界大战期间设计，在苏德战争初期使用的多炮塔重型坦克。

1. 研发历史

T-35 重型坦克是苏联以伏罗希洛夫元帅的名字命名的 N174 机器制造厂设计的。该坦克 1933 年由哈尔科夫蒸汽机车制造厂批量生产，1936 年开始在苏军中列装，1939 年停产，前后只生产了 60 余辆。

2. 性能解析

T-35 坦克的乘员多达 11 人，有 5 个独立的炮塔（含机枪塔）。不过，这 5 个炮塔是分两层排列的。主炮塔是中央炮塔，在最顶层，装 1 门 16.5 倍口径的 76 毫米榴弹炮（后改为 24 倍），携弹 90 发，另有 1 挺 7.62 毫米机枪。下面一层有 4 个炮塔和机枪塔：2 个小炮塔位于主炮塔的右前方和左后方，2 个机枪塔位于左前方和右后方。这样布置的好处是火力配系和重量分布比较均衡。不过，除了主炮塔可以 360 度旋转外，其余 4 个炮塔都只有 165 度~235 度的方向射界。也就是说，由于总体布局上的限制，不可能将 5 个炮塔的火力全部集中到一个方向上。

T-35 坦克的动力装置为一台 368 千瓦的航空水冷汽油机。传动装置为机械式，行动装置采用平衡式悬挂装置和小节距履带，每侧有 8 个小直径负重轮。值得一提的是，每一台 T-35 坦克都有一些小小的改变，因此每台 T-35 坦克都是独一无二的。虽然从外观上看来 T-35 的体型巨大，但内部极为狭窄且多隔间。

3. 实战表现

T-35 坦克是世界上唯一量产的五炮塔重型坦克，也是当时世界上最大的坦克。然而，多炮塔坦克的机动力低下和不可靠在实战中充分体现出来。所有的 T-35 坦克都在德国入侵苏联的"巴巴罗萨"行动初期被击毁或者俘获。大部分损失的 T-35 坦克并非是被德军击毁，而是因为机械故障。

（二十五）英国"玛蒂尔达"步兵坦克

"玛蒂尔达"步兵坦克（Matilda tank）是世界上唯一以女人名字命名的坦克，有两个优秀的型号，即"玛蒂尔达"Ⅰ 和"玛蒂尔达"Ⅱ，其在二战中都有着不错的表现。

1. 研发历史

1936 年，维基公司需要设计一种不高于 6000 镑的步兵支援型坦克，结果设计出来的模型在火力与速度上都显得很差，不过装甲倒是很厚。第一个版本（即"玛蒂尔达"Ⅰ）有许多不足，只能搭乘 2 人，只有一挺机枪，一个很糟糕的齿轮箱，只能提供 13 千米/小时的速度。于是该公司开始改进正在测试中的新坦克，为了使之更有效地对付敌人的步兵师团、炮兵与其他坦克。A12 或"玛蒂尔达"Ⅱ型最后增加了一门 2 吨重的反坦克加农炮，三人的炮塔和两个柴油发动机，正面的装甲也被加强。

2. 性能解析

"马蒂尔达"的主要武器为 QF 型 2 磅火炮，口径为 40 毫米，身管长为 52 倍口径。尽管口径不大，但这种车载火炮是二战前夕英军中有一定威力的坦克炮。它既可以发射穿甲弹，也可以发射榴弹。弹药基数为 93 发。不过，由于火炮口径的限制，在二战中后期，它已不能击穿德军坦克的主装甲。

（二十六）英国"谢尔曼萤火虫"中型坦克

"谢尔曼萤火虫"坦克（Sherman Firefly）是二战时唯一可以在正常作战距离击毁"豹"式坦克和"虎"式坦克的英军坦克。

1. 研发历史

1943年初，英军在北非突尼斯境内首次与德军"虎"式坦克交手，虽然取得了胜利，但也暴露出英军乃至所有同盟国坦克装备的火炮无法与德国坦克正面对抗的弱点。对缴获的"虎"式坦克进行的火炮射击实验和在西西里岛的战争经验证明英国陆军装备的76.2毫米反坦克炮是最有效的反坦克武器。根据这一理念，英国最终设计出了"谢尔曼萤火虫"中型坦克。

2. 性能解析

"谢尔曼萤火虫"的主要武器是QF76.2毫米反坦克炮，这是英国在战时火力最强的坦克炮，也是所有国家中最有威力的坦克炮之一，其穿甲能力优于"虎"式坦克的88毫米坦克炮、"豹"式坦克的75毫米炮或M26"潘兴"的M3 90毫米炮。

当使用标准的钝头被帽穿甲弹（APCBC），入射角度为30度时，"谢尔曼萤火虫"的主炮可以在500米远击穿140毫米厚的装甲，在1000米远击穿131毫米厚的装甲。若用脱壳穿甲弹（APDS），入射角度同样为30度时，在500米远可击穿209毫米厚的装甲，在1000米远则可以击穿192毫米厚的装甲。

（二十七）英国A34"彗星"巡航坦克

A34"彗星"巡航坦克（Comet tank，A34）是英国最后一种巡洋坦克，也是一款性能不错而但能在战争中大显身手的坦克。

1. 研发历史

二战中期，英军装备的巡航坦克在北非沙漠作战中始终处于劣势，引起了盟军的重视。为此，英国国防部决定在"克伦威尔"巡航坦克的基础上，研制出火力更强大的巡航坦克，这就是"彗星"坦克的由来。

2. 性能解析

"彗星"巡航坦克战斗力大致上和德军"豹"式坦克差不多，主要武器为1门77毫米火炮，备弹61发。次要武器为2挺7.92毫米贝莎机枪，备弹5175发。该

坦克的动力装置为劳斯莱斯"流星"Mk3 V12水冷式汽油引擎，功率441千瓦，悬挂系统为梅里特-布朗Z5型。最厚达102毫米的装甲使它能抵挡德国大部分反坦克武器的攻击。

（二十八）英国"丘吉尔"步兵坦克

"丘吉尔"（Churchill）是英国在二战中开发的步兵坦克，以当时英国首相温斯顿·丘吉尔命名，以厚重装甲以及众多衍生车种在战场上担任英军主要坦克的重责，其开发起源并非二战产物，而是从一战之作战哲学持续发展出来的产品步兵坦克。

1. 研发历史

1939年9月，为取代"马蒂尔达"步兵坦克，代号为A20的新型步兵坦克由哈兰德和沃尔夫公司开始设计，次年6月制造出4辆A20样车。此时正值英法军队在西欧大陆全面溃败，面对德军以坦克集群为主力的"闪电战"，A20已难以胜任对抗德军新型坦克的任务。为此，当年7月沃尔斯豪尔公司接受了研制A22步兵坦克的合同，并被要求一年内投入生产。1941年6月，首批生产型A22坦克共14辆交付英军，随即开始大批量生产，并被命名为"丘吉尔"步兵坦克。

2. 性能解析

"丘吉尔"坦克的装甲防护能力非常好，Ⅰ~Ⅵ型的最大装甲厚度（炮塔正面）达到了102毫米，Ⅶ型和Ⅷ型的最大装甲厚度更增加到了152毫米。和所有的英国步兵坦克一样，"丘吉尔"坦克最大的弱点就是火力不足，依旧无法和"虎"式、"豹"式正面对抗。

（二十九）英国"克伦威尔"巡航坦克

"克伦威尔"坦克（CromweⅡ）是英国在二战中研制的巡航坦克，是英国在二战中使用的性能最好的巡航坦克系列之一，也是后来的"彗星"巡航坦克的设计原型。

1. 研发历史

20世纪40年代初，英国参谋本部制订了"重型巡航战车"计划。根据1941年的战术、技术要求，拟开发重25吨，前装甲厚70毫米、能发射6磅炮弹的重型坦克。1942年1月，伯明翰铁路公司研发出第一辆试验车，首批生产型坦克直到

1943 年 1 月才制造出来。这是一种采用航空引擎并把功率调低的坦克，被命名为"克伦威尔"巡航坦克。

2. 性能解析

"克伦威尔"坦克的车体和炮塔多为焊接结构，有的为铆接结构，装甲厚度为 8~76 毫米。Ⅰ、Ⅱ、Ⅲ型坦克的战斗全重约 28 吨，乘员 5 人。主要武器是 1 门 57 毫米火炮，辅助武器有 1 挺 7.92 毫米并列机枪和 1 挺 7.92 毫米前机枪。发动机为 V-12 水冷汽油机，功率 441 千瓦。传动装置有 4 个前进挡和 1 个倒挡，行动装置采用"克里斯蒂"悬挂装置。

（三十）意大利 M11/39 中型坦克

M11/39 是意大利于二战初期使用的一种中型坦克，其坦克的命名方式"M"是指"Medio"，即意大利语的中型坦克之意，而"11"是指该车的车重——11 吨，"39"则是采用年份——1939 年。

1. 研发历史

M11/39 中型坦克的作战设计理念为：以主炮对付敌人的重型坦克，而用炮塔上的武器防御其他的全面威胁。此类布局类似于美国的 M3"格兰特"坦克，虽然该坦克在 1939 年还尚未出现。起初 M11/39 中型坦克的设计要装备大威力的武器于炮塔，但后来发现空间不足而作罢。

2. 性能解析

除了极为贫弱的火力外，M11/39 还有许多缺点：它的耐力与性能都很差，速度相当慢，机械可靠性差和它最厚才 30 毫米的铆接式装甲钢板仅能抵挡 20 毫米炮的火力，英军的 2 磅炮在即使是对 M11/39 主炮有利的射距内，也能击毁该车。

（三十一）意大利 M13/40 中型坦克

M13/40 坦克是二战中意大利使用最广泛的中型坦克，尽管是以中型坦克的理念来设计，但其装甲与火力的标准较接近轻型坦克。

1. 研发历史

虽然 M11/39 中型坦克在二战中开始装备意大利军队，但其性能正如前文所说，存在许多不足，无法与盟军坦克对抗。所以意大利军方将 M11/39 重新设计，把主炮成功置于炮塔，最终发展为后来的意军主力坦克——M13/40 坦克。

2. 性能解析

M13/40 坦克的主要武器为一门 47 毫米口径火炮，共载有 104 发穿甲弹与高爆弹，能够在 500 米距离贯穿 45 毫米的装甲板，能有效对付英军的轻型与巡航坦克，但仍无法对付较重型的步兵坦克。M13/40 坦克还装有 3~4 挺机枪：一座主炮同轴机枪和 2 座前方机枪，置于球形炮座。第 4 座机枪则弹性装设于炮塔顶，作为防空机枪。该坦克还有 2 座潜望镜分别给车长和炮手使用，还有无线电作为标准配备。

（三十二） 意大利 M14/41 中型坦克

M14/41 坦克是意大利于 1941 年开始使用的一款 4 人座坦克。虽然意大利军方将其划为中型坦克，但与其他同期坦克强国——苏联的 T-34 坦克（31 吨以上）、德国的四号坦克（25 吨）、美国的 M3 坦克（近 30 吨）相比，该坦克仅 14 吨的车重只维持在轻型坦克的级别。

1. 研发历史

与 M11/39 坦克和 M13/40 坦克一样，M14/41 坦克虽然是以中型坦克的理念来设计，但其装甲与火力的标准较接近轻型坦克。该坦克于 1941 年至 1942 年期间生产，共生产了 800 辆左右。M14/41 坦克的命名方式为："M" 是指 "Medio"（意大利语：中型坦克）之意，"14" 是指该车车重——14 吨，"41" 则是被批准的年份——1941 年。

2. 性能解析

M14/41 坦克的主要武器是一门 47 毫米口径火炮，辅助武器为两挺 8 毫米 Modello 38 机枪，其中一挺为同轴机枪，另一挺作为防空机枪。该坦克的装甲厚度从 6 毫米到 42 毫米不等，防护能力较差。M14/41 坦克的动力装置为 SPA 15-TM-408 汽缸汽油引擎，输出功率为 114.84 千瓦。

（三十三） 意大利 P-26/40 重型坦克

P-40 坦克（又名 P-26）为二战中由意大利所研发的一款重型坦克，装备口径 75 毫米的主炮和 8 毫米的布瑞达机枪，另外还有专用防空机枪可装备。

1. 研发历史

P-40 的起源是来自意大利军方面对即将爆发的战争，要求开发新式的重型坦克而来。虽然在 1940 年已完成了设计，第一辆原型车却是到 1942 年才被制造出

来。最初的计划是设计为 26 吨坦克，并配备口径 75 毫米的主炮，命名为 P-26。

2. 性能解析

P-40 坦克的设计最初类似于 M11/39 坦克，但拥有更强的火力与装甲。意军在东线遭遇苏联 T-34 坦克后，设计思想发生了较大变化。P-40 坦克采用避弹性佳的斜面装甲，并加强了火炮，即换装 75 毫米 34 倍口径火炮。

该炮仅有 65 发弹药，而 T-34 和 M4A1 "谢尔曼" 坦克则各有 77 发和 90 发。P-40 坦克的机枪也与 M 系列坦克不同，数量大幅减少。P-40 最初设计要搭载 3 挺机枪，但一挺前部机枪被移除，变成在双炮塔上架设。机枪备弹量仅有 600 发，低于 M 系列坦克的 3000 发和二战时期的大多数坦克。

（三十四）德国 "虎" 式重型坦克

"虎" 式（Tiger）坦克是二战期间德国制造的一种重型坦克，它于 1942 年开始进入德国陆军服役，直到 1945 年德国战败才结束。

1. 研发历史

"虎" Ⅰ坦克于 1937 年春季开始研发，开发过程几经周折。1941 年，亨舍尔和其他三家竞争对手（保时捷、MAN 和戴姆勒·奔驰）分别提交了一款 35 吨左右、配备 75 毫米火炮的坦克设计方案。然而，苏联 T-34 中型坦克的诞生宣告了这些设计的过时。于是，"虎" 式坦克的定制标准立刻提高，包括车重增加到 45 吨，并配备一款 88 毫米火炮。

2. 性能解析

"虎" 式坦克的主要武器是一门 88 毫米 KwK 36 L/56 火炮，为电动击发，准确度较高，是二战时期杀伤力最高的几款坦克炮之一。该炮可装载三种型号弹药：PzGr. 39 弹道穿甲爆破弹、PzGr. 40 亚口径钨芯穿甲弹和 HI. Gr. 39 型高爆弹。"虎" 式坦克所发射的炮弹能在 1000 米距离上轻易贯穿 130 毫米装甲。除了主炮，"虎" 式坦克还装有 2 挺 7.92 毫米 MG34 机枪。

（三十五）德国 "豹" 式中型坦克

"豹" 式中型坦克又叫五号坦克，陆军编号为 Sd. Kfz. 171，它是德国在二战中最为出色的坦克，与苏联的 T-34/85 齐名，主要于 1943 年中期至 1945 年的欧洲战场服役。

1. 研发历史

与"虎"式重型坦克相同，"豹"式也是为了对抗T-34而制造出来的。在T-34性能远超德军所有坦克的情况下，德国古德林将军极力要求最高统帅部派出一支部队到东线战场，针对T-34坦克做出评估。在了解到T-34的斜面装甲及其他优势之后，DB公司（戴姆勒-奔驰公司）和MAN公司被授命设计新型的30~35吨位的坦克，指定开发编号为VK3002，两个公司刚好赶在1942年4月希特勒生日上各自展示设计图。

"豹"式中型坦克

2. 性能解析

"豹"式坦克的主要武器为莱茵金属生产的75毫米半自动KwK42L70火炮，通常备弹79发（G型为82发），可发射APCBC—HE、HE和APCR等炮弹。该炮的炮管较长，推动力强大，可提供高速发炮能力。此外，"豹"式坦克的瞄准器敏感度较强，击中敌人更容易。因此，尽管"豹"式坦克的火炮口径并不大，但却是二战中最具威力的火炮之一，其贯穿能力甚至比88毫米KwK36L56火炮还高。

步兵用装甲车

虽然二战的机械化程度已经较高，但是步兵用的装甲车辆依然远不及现代普及。二战著名的步兵用装甲车主要有德国Sd. Kfz. 250半履带轻型装甲车和美国M2半履带车、M8装甲车等。

（一）德国 Sd. Kfz. 250 半履带式装甲车

Sd. Kfz. 250是一种半履带式装甲输送车，在二战期间被德军大量使用。

1. 研发历史

Sd. Kfz. 250半履带轻型装甲车于1940—1945年在德军中服役，包括各种变型车在内一共生产了约7500辆。该车配备2名乘员，即驾驶员和车长，除此之外还能够容纳4名载员。

2. 性能解析

Sd. Kfz. 250 配备的发动机为迈巴赫（Maybach）公司的 HL42TRKM 型 6 缸直列水冷汽油机，置于车体前部。传动装置为机械式，采用"瓦罗莱科斯"（Valorex）半自动变速箱，这种变速箱有 7 个前进挡和 3 个倒挡。

该车的行动部分前部为轮式，后部为履带。其履带部分占到全车长的约 3/4，在车体每侧拥有 4 个负重轮。主动轮在前，诱导轮在后，负重轮交错排列。履带为金属制造，每条履带由 38 块带橡胶垫的履带板组成，带宽 240 毫米。

（二）美国 M2 半履带车

M2 半履带车是美国在二战时期研发并投入使用的一种装甲车，其产量高达 13500 辆。

1. 研发历史

M2 半履带车是在雪铁龙 K é gresse 半履带车和 M3 侦察车的基础上研发而成，最开始时怀特汽车公司将 4 轮的 M3 侦察车改用 Timpken 半履带底盘，并将其命名为 T7 半履带车。但该车使用的发动机无法为半履带驱动系统提供充足的动力，当时的 T7 被美国陆军用作火炮牵引车，后来，该车换装了动力更为强劲的发动机，并命名为 T14。

1940 年，美国陆军正式采用这种车辆，并将其改名为 M2 半履带车，主要作为火炮牵引车和侦察车辆使用。1942—1943 年期间，由于战场形势的需求，美军又把 M2 和 M3 半履带车进行了大规模改进。

2. 性能解析

M2 半履带车最早于 1941 年投入战场，其使用范围包括北非、太平洋地区以及欧洲的美国陆军和美国海军陆战队。此外，还有约 800 辆 M2 和 M9 通过"租借法案"被送往苏联等其他同盟国，由于 M2 系列半履带车的通用性很高，所以在二战结束后还被不断的升级和改良，以延长服役寿命。

（三）美国 M8 装甲车

M8 轻型装甲又名灰狗（Greyhound），是美国福特公司在二战期间为美军研发的一种 6×6 装甲车，该装甲车在一些第三世界国家一直装备到 21 世纪。

1. 研发历史

1941 年 7 月，美国军械署打算开发新型的驱逐战车以取代在 3/4 吨卡车加装 M337 毫米炮而成的 M6 驱逐战车，他们要求在这种新型驱逐战车的炮塔上配备 37 毫米火炮和同轴机枪、车顶防空机枪的 6 轮车辆。后来，有三家公司提交了其研制的样车，他们分别为 Studebaker 的 T21、福特汽车的 T22 以及克莱斯勒汽车公司的 T23。1942 年 4 月，美国军方决定采用福特的 T22 改良型 T22E2 作为新型驱逐战车，并将其命名为 M8 装甲车。

2. 性能解析

M8 装甲车的主武器为 M6 型 37 毫米火炮，并配有 M70D 望远式瞄准镜，副武器为一挺 7.62 毫米同轴机枪和一挺安装在开放式炮塔上的 M2 防空机枪。该车的车组成员为 4 名，包括车长、炮手兼装填手、无线电通迅员及驾驶员，其中驾驶员和无线电通迅员的座位在车体前端，并能够打开装甲板直接观察路面环境，车长则位于炮塔的右方，炮手在炮塔的正中间位置。

（四）日本九五式装甲车

九五式装甲车是由日本三菱重工于 1934 年生产，它是日本的轻型坦克中性能最好的一款，其主要任务为支援步兵并伴随车辆快速前进。

1. 研发历史

日本于 1932 年研制成功 92 式装甲车，该装甲车用于装备日本的"骑兵战车队"，主要执行侦察作战任务。92 式装甲车的主要武器仅为 2 挺 6.5 毫米口径机枪，火力较弱。而 1929 年研制的 89 式中型坦克又有机动性差的缺点，所以，日本军方决定研发一种兼有 92 式装甲车的机动性和 89 式中型坦克的火力的轻型坦克，这就是九五式装甲车。

2. 性能解析

九五式装甲车采用了中等直径的负重轮，每侧拥有 4 个，前面为主动轮，后面为诱导轮。平衡式悬挂装置，每两个负重轮为一组，并通过平衡臂使水平螺旋弹簧拉伸或压缩。在装甲车的每侧拥有 2 个托带轮，履带是钢制的，其节距较短。九五式装甲车的最大行驶速度达到了 40 千米/小时，这在 20 世纪 30 年代中期处于较高的水平。

（五） 苏联 D-8 轻型装甲车

D-8 装甲车是苏联早期最有代表性的轻型轮式装甲车系列，在 20 世纪 30 年代应用广泛，并衍生出二战时的 BA 系列装甲车。D-8 于 1931 年由德连科夫设计，重量较轻，没有炮塔。该设计利用福特轿车的底盘，2 挺机关枪装在车体侧面，火力覆盖面较窄。D-8 有 2 名机枪队员，背靠背坐着，后面的人可操作后置机枪。1932 年，D-8 升级成小炮塔及安装 DT 机枪，减少了原有的缺点。二战爆发后，D-8 在更好的装甲车生产装备后很快就被淘汰。

（六） D-12 轻型装甲车

D-12 装甲车是 D-8 装甲车的一种后续车型，该车比 D-8 略重，其他性能参数相差无几。D-12 产量很小，但在 20 世纪 30 年代初期多次参加红场阅兵，苏德战争爆发时部分在远东服役，甚至参加了 1945 年胜利阅兵。D-12 舱顶设计为可敞开式，加装 1 挺全向射击的机枪甚至高射机枪。

（七） 苏联 FAI 轻型装甲车

FAI 装甲车是苏联历史上产量最大的装甲车之一。1931—1932 年，根据苏军机械化与摩托化委员会的命令，伊兹奥罗斯基（Izhorskiy）工厂设计局研发了一种新型的装甲汽车，被称为 "Ford—A Izhorskiy" 或简称为 "FAI"，于 1933 年开始量产。FAI 车体后部的旋转炮塔可以手动旋转，上面装有 1 挺 7.62 毫米 DT 机枪，在炮塔静止的情况下，机枪的球形装置可以水平 ±10 度旋转。在苏德战争爆发之前，FAI 是苏军中使用最广泛的装甲汽车，参加了从 1930—1943 年间几乎所有的军事冲突。

（八） 苏联 BA-20 轻型装甲车

20 世纪 20~30 年代，苏军为提高机械化部队的机动性，在 GAZ—M1 四轮越野卡车底盘的基础上，制造出了诸如 BA-20 在内的多种四轮轻型多用途装甲战车，作为伴随机械化部队的侦察先锋。BA-20 是苏军轻型装甲汽车典范，它在 FAI—M

基础上重新设计了炮塔，火力虽弱，但配有烟雾发射器，足够侦察之用。该车标准装备清单中还有地雷，完成侦察任务后还可以布雷。BA-20 乘员为 2~3 人，装甲厚度为 4~6 毫米，装有 1 挺 7.62 毫米 TD TMG 机枪。BA-20 一共生产了 2056 辆，一直用到苏德战争爆发。

（九）苏联 BA-30 轻型装甲车

BA-30 装甲车是苏联在 1937 年研发的一种半履带式装甲车，生产数量不多，多用于试验，也有少量参加了冬季战争。BA-30 是基于 NATI-3 半履带运输车的底盘改进而成。与以前的 BA 系列装甲车相比，BA-30 的越野性能有所改善，使用 4 个小轮和 2 个大轮，外部装甲类似 BA-20。

（十）BA-64 轻型装甲车

BA-64 是苏联第一种采用四轮驱动的装甲车，主要作为部队的轻型侦察车使用。驾驶员位于车辆前部，车长位于驾驶员之后。该车能爬 30 度的斜坡，涉水 0.9 米，能在沙石路面上行驶，在冬季行驶时还可以装上滑雪橇。与此前苏联的装甲车相比，BA-64 最重要的改进来自发动机，经过改进的发动机在极端情况下即使使用低标号的燃料仍旧可以发动。

尽管 BA-64 的装甲防护非常薄弱，但它在执行侦察及支援步兵的任务时表现非常出色。基于车上 DT 机枪的高仰角优势，在车辆高速度和优良的操纵性的配合下，BA-64 可以在巷战中有效地打击躲藏在高大建筑物中的敌方步兵。此外，BA-64 也可以攻击敌人的飞机。虽然 BA-64 的火力并不能有效地摧毁空中目标，但是它的出现可以大大制约敌机的飞行自由，从而有助于减少友军在轰炸中的损失。

BA-64 和 BA-64B 主要被投入到东线，苏军在战争中总共接收了 8174 辆 BA-64 和 BA-64B，其中的 3390 辆装备有无线电装置，其余的被送到了内务部队和其他盟军部队手中。战争结束后，BA-64 作为训练车辆一直在苏军中服役到 1953 年，其他的一些华约国家使用它们的年代更久一些。

（十一） 苏联 BA-27 重型装甲车

BA-27 装甲车是苏军在 20 世纪 30 年代初装备的一种十轮多用途轮式装甲车，其特点是采用了苏联第一种量产的 T-18 坦克的炮塔。改进型的 BA-27M 为 6×4 驱动型，是苏军在内战后装备的第一种装甲车，共生产了 300 多辆。苏联军方把它看作是"用于伴随坦克作战的、有薄装甲的机动武器"。

（十二） 苏联 BA-1 重型装甲车

BA-1 是苏联于 20 世纪 30 年代研制的一种三轴装甲车。乘员的出入舱口位于车体的两侧和尾部。圆柱形焊接炮塔装有 1 门标准的 37 毫米坦克炮（备弹 34 发）和 1 挺安装在一个分开的球形装置上的 DT 机枪，另一挺 DT 机枪被安置在车体前部也就是驾驶员位置的右侧。由于炮塔底部的装甲板的位置低于驾驶室顶部的高度，使得整车的高度被降低。车体两侧安装了一对可升降的车轮，公路行驶时升起，越野行驶时降下，它可以防止汽车陷入壕沟并帮助汽车通过战壕和沟渠。

（十三） 苏联 BA-3 重型装甲车

BA-3 装甲车由 BA-1 装甲车改进而来，最主要的革新是炮塔和武器装备。BA-3 安装了来自 T-26 轻型坦克的炮塔，炮塔装甲被减至 8 毫米，安装有 1 门 20K 型 1932/38 型 45 毫米炮（备弹 60 发）和 1 挺 DT 机枪。部分弹药放置在炮塔，其余的则被放置在车体内部。

1943 年 6 月，BA-3 在莫斯科附近的实验场中进行了测试。在测试期间，5.82 吨的汽车在铺设的道路上达到了 70 千米/小时的时速，不过在干燥泥土路面上时速没有超过 35 千米/小时。在行驶过程中发动机过热，因此被建议对冷却系统进行相关改进。此外，车辆的前部悬挂也进行了加强。除此之外，车辆在测试中没有其他问题被发现，仅仅建议对内部仪器设备的布局做了一些小的改进。在写给委员会的报告中提道："BA-3 装甲车被证明是一种很有战场价值的车辆，它应该在苏军中服役"。

（十四） 苏联 BA-6 重型装甲车

BA-6 装甲车是苏联在 20 世纪 30 年代早期研制的装甲车，外形接近 BA-3，但 BA-6 取消了右后方一扇车门。BA-3 装甲过于笨重，而 BA-6 装甲较薄（10 毫米）且性能更好。BA-6 最后被更佳的 BA-10 取代。在 20 世纪 30 年代早期，BA-6 等装甲车可轻易击毁大部分同期装甲车，但其薄薄的装甲也容易被小口径炮击穿。BA-6 参加了早期东线的战斗，由于装甲不足以应付德军火力，所以其侦察角色被 T-60 坦克及 T-70 坦克等取代。

（十五） 苏联 BA-10 重型装甲车

BA-10 装甲车是苏联在 BA-6 装甲车的基础上改进而来，堪称苏联 20 世纪 30 年代技术最完善、性能最出众的重型装甲汽车，一问世就成为苏军的主力装备。该车采用实心防弹橡胶轮胎，两对后轮也可随时加装履带，履带平时就固定在车身后部的挡泥板上。由于其机动性太差，导致早早地被淘汰。在诺门坎战役中，BA-10 首次投入实战。二战期间，BA-10 参加了东线的部分战斗。

四、步兵重武器

重武器通常指各种需要机械动力支持或者需要多人搬运的武器，主要作战用途为摧毁敌人重要军事设施、摧毁敌人的武器、大面积杀伤敌人有生力量等。二战中重武器发挥的作用巨大，在战争中起着决定胜负的关键作用。

机枪

机枪是步兵最重要的伴随火力，机枪的好坏往往直接影响到一线士兵的战斗力。在二战中使用的机枪有德国 MG42 通用机枪和美国 M2 重机枪等。

（一） 美国 M1917 重机枪

M1917 是美国枪械设计师勃朗宁研发的水冷式 7.62 毫米口径重机枪，1917 年成为美军的制式武器。其原型最早于 1900 年研发，并获得专利。

1. 研发历史

M1917 重机枪的研制最早可以追溯到 1900 年，著名的枪械设计师勃朗宁成功设计了一种枪管短后坐式原理的重机枪，并获得了专利权。在此基础上做出较大改进后，勃朗宁于 1910 年制造出水冷式重机枪的样枪。1917 年，该枪被美军作为制式武器命名为 M1917 式 .30—06 勃

M1917 重机枪

朗宁重机枪，并获得了 1 万挺的订单。在一战结束时，M1917 式机枪已经生产了多达 56608 挺。

2. 性能解析

M1917 重机枪的瞄准装置为立框式表尺和可横向调整的片状准星，枪管使用水冷方式冷却，在枪管外套上有一个可以容纳 3.3 升水的套筒。机枪全长为 0.968 米，枪管长 607 毫米，机枪重 15 千克，另外有一副重达 30.5 千克的枪架。该枪体积不算太大，但是算上脚架却有超过 45 千克的重量，显得非常笨重。

（二）美国 M1919 A4 重机枪

M1919 A4 是 M1917 重机枪的改进型，是美国陆军在二战期间最主要的连级机枪。

1. 研发历史

一战期间，美国军械局意识到水冷式重机枪在坦克中占据太大的空间，而且对步兵来说太重了。一战后，美国军械局计划开发一种气冷式机枪给步兵使用，用于步兵火力支援，最终在 M1917 重机枪的基础上改进研制出了 M1919 A4 重机枪。

2. 性能解析

M1919 A4 重机枪由 M1917 重机枪的水冷方式改进为气冷，全枪重量大为减轻，既可车载又可用于步兵携行作战。其外观上明显的特征是枪管外部有一散热筒，筒

上有散热孔，散热筒前有助退器。

二战时美军研制了可以同时携带枪身和三脚架的专用携行具，但由于单个士兵本身负重所限，想要迅速地转移机枪和所必备的弹药很困难。在实战中，很多情况下士兵只能依靠 M1919 A4 的枪身来进行概略射击，其作战效率大打折扣。

（三）美国勃朗宁 M2 重机枪

勃朗宁 M2（M2 Machine Gun）是由约翰·勃朗宁在一战后设计的重机枪，从1921 年服役至今。

1. 研发历史

勃朗宁 M2 的 .50 BMG 弹药由美国温彻斯特开发，主要对抗一战时期德国的 13 毫米反坦克步枪弹药，勃朗宁 M2 其实是勃朗宁 M1917 的口径放大重制版本，美军把当时的 M2 命名为 M1921，并用于 20 世纪 20 年代的防空及反装甲用途。

1932 年，改进版本正式被美军命名为 M2，当时部分 M2 装有水冷散热装置，其他因枪管容易过热而改用重枪管并命名为 M2HB，后来更推出了可快速更换枪管的 M2QCB（quick change barreI）及轻量化版本，这些版本一直沿用至今。

2. 性能解析

M2 重机枪采用的大口径 .50 BMG 弹药有高火力、弹道平稳、极远射程的优点，每分钟 450~550 发（二战时空用版本为每分钟 600~1200 发）的射速及后坐作用系统令其在全自动发射时十分稳定，命中率较高，但低射速也令其支援火力降低。

（四）美国 M1941 轻机枪

M1941 轻机枪是由美国梅尔文·约翰逊上尉于二战期间所设计的，由于具有质量轻、枪管容易拆卸、携行方便等特点，被美国海军陆战队选作制式兵器，装备伞兵部队。

1. 研发历史

美军在装备 M1941 "约翰逊" 步枪后，梅尔文·约翰逊上尉并没有停止对该枪的进一步研究，或者说是改良。M1941 "约翰逊" 步枪有着较好的可靠性、射击精准度以及易保养等特点，但也存在诸多的缺点，如弹容量小，不便于冲锋突进等。为了进一步加强 M1941 "约翰逊" 步枪的威力，约翰逊上尉在 1941 年年末对其进行了几度改进，最终形成了 M1941 轻机枪。

2. 性能解析

美军在太平洋战争中装备了 M1941 轻机枪，但在使用中发现，该枪无法适应沙尘和泥水的环境，虽然后来又经过改良（改良版为 M1944）但还是没能解决核心问题，于是 1944 年该枪停产。二战结束后，美国有不少的枪械设计都使用了 M1941 轻机枪的设计概念，例如 AR-10 自动步枪和 AR-15 自动步枪。

（五）德国 MG42 通用机枪

MG42 是德国于 20 世纪 30 年代研制的通用机枪，是二战中最著名的机枪之一。

1. 研发历史

MG34 通用机枪装备德军后，在实战中表现出较好的可靠性和射击性能，很快得到了德国军方的肯定，从此成为德国步兵的火力支柱。然而，MG34 有一个比较严重的缺点，即结构复杂，而复杂的结构直接导致制造工艺的复杂——耗费更多的工时和材料，但战争中需要的是可以大量制造和装备部队的机枪，按照 MG34 的生产能力，即使德国所有工厂全部开足马力也无法满足前线的需要。有鉴于此，德国金属冲压专家格鲁诺夫博士对 MG34 进行了多项重要的改进，发展出了 MG42 通用机枪。

2. 性能解析

MG42 通用机枪的枪管更换装置结构特殊且更换迅速，该装置由盖环和卡榫组成，它们位于枪管套筒后侧，打开卡榫和盖环，盖环便迅速地将枪管托出。该枪采用机械瞄准具，瞄准具由弧形表尺和准星组成，准星与照门均可折叠。

（六）德国 MG34 通用机枪

MG34 通用机枪是 20 世纪 30 年代德军步兵的主要机枪，也是其坦克及装甲车辆的主要防空武器。

1. 研发历史

MG34 通用机枪由毛瑟公司的海因里希·沃尔默设计，以莱茵金属推出的 MG30 轻机枪改良而成，将原有的弹匣供弹改为弹链供弹，并加入枪管套，射速提高到 800~900 发/分。MG34 综合了许多老式机枪的特点，同时也有不少独特的改进。它是世界上第一种大批量生产的现代通用机枪，既可作为轻机枪使用，也可作为重机枪使用。二战时，德国还生产了许多 MG34 的改良型机枪，如 MG34S 和 MG34/41 等。

MG34 通用机枪在推出后立即成为德军的主要步兵武器。虽然 MG34 的出现是为了替代 MG13 和 MG15 等老式机枪，但因为德军战线太多，直至二战结束都未能完全取代，而后来的 MG42 同样没能取代 MG34。

2. 性能解析

MG34 通用机枪可用弹链直接供弹，作轻机枪使用时的弹链容弹量为 50 发，作重机枪使用时用 50 发弹链彼此连接，容弹量为 250 发。该枪还可用 50 发弹链装入的单室弹鼓或 75 发非弹链的双室弹鼓挂于机匣左面供弹，但改装成 75 发双室弹鼓后无法直接改回弹链供弹。MG34 使用的弹药和毛瑟步枪相同，为 7.92×57 毫米子弹。

（七）德国 MG13 轻机枪

MG13 是由德莱赛 M1918 水冷式轻机枪改造而成的气冷式轻机枪，是德军在 20 世纪 30 年代装备的主要武器之一，并在二战中使用。

1. 研发历史

一战结束后，因水冷式重机枪在战争中表现出极大的杀伤力，所以在《凡尔赛条约》中明确规定了战败的德国不得制造和装备水冷式重机枪。20 世纪 30 年代，为了增强德军的作战能力，德国军工部门开始将大量的德莱赛 M1918 水冷式轻机枪改造成气冷式轻机枪（气冷设计主要来源于德国 MG30 轻机枪），最终形成了外形和供弹系统都有较大变化的 MG13 轻机枪。

2. 性能解析

MG13 轻机枪的气冷式枪管可迅速更换，发射机构可进行连发射击，也可单发射击。该枪设有空仓挂机，即最后一发子弹射出后，使枪机停留在弹仓后方。MG13 轻机枪使用 25 发弧形弹匣供弹，也可使用 75 发弹鼓，所用弹药为德国毛瑟 98 式 7.92 毫米枪弹，弹壳为无底缘瓶颈式。另外，该枪使用机械瞄准具，配有弧形表尺，折叠式片状准星和 U 形缺口式照门。

（八）苏联捷格加廖夫 DP/DPM 轻机枪

DP 轻机枪是由苏联工兵中将瓦西里·捷格加廖夫主持设计的，1928 年装备苏

联红军，DPM 轻机枪是 1944 年研制的改进型。该系列轻机枪是苏联在二战中装备的主要轻机枪。

1. 研发历史

一战后，风靡了半个世纪之久的马克沁重机枪由于质量过重，移动能力太差，无法有效发挥机枪的威力，于是人们逐渐重视起机枪的机动性，轻型机枪随之产生。各国相继研发了很多种结构不同、性能各异的轻机枪。捷格加廖夫于 1923 年开始了轻机枪的设计。1927 年 12 月 21 日，他的轻机枪经过摄氏零下 30 摄氏度寒区的试验后，定为苏联红军的正式装备，并命名为 DP 轻机枪。在使用过程中，苏军发现 DP 轻机枪连续射击后，枪管会发热致使枪管下方的复进簧受热而改变性能，影响武器的正常工作。随后，苏军将复进簧改放在枪尾内，于 1944 年重新定型，改名为 DPM 轻机枪。

2. 性能解析

DP 轻机枪结构比较简单，一共只有 65 个零件，制造工艺要求不高，适合大量生产，这也是它被苏军广泛采用的原因之一。圆状弹盘是该枪最大的特征，它平放在枪身的上方，由上下两盘合拢构成，上盘靠弹簧使其回转，不断将弹药送至进弹口。发射机构只能进行连发射击，有手动保险。枪管与机匣采用固定式连接，不能随时更换。枪管外有护筒，下方有活塞筒，内装活塞和复进簧。枪身的前下方装有两脚架。

（九）苏联 RPD 轻机枪

RPD 轻机枪是苏联于二战末期所研发的，由于性能优越，至今仍有包括俄罗斯在内的许多国家军队中服役。

1. 研发历史

苏联红军机械化建设日新月异，过去只适合静态阵地战的重机枪，并不适用运动作战，虽然苏联红军装备有一些轻机枪，但重量仍然让步兵们感到携带吃力。鉴于此，二战末期，捷格加廖夫设计出一种结构独特的轻机枪——RPD 轻机枪。

2. 性能解析

RPD 轻机枪采用导气式工作原理，闭锁机构基本由 DP 轻机枪改进而成，属中间零件型闭锁卡铁撑开式，借助枪机框击铁的闭锁斜面撞开闭锁片实现闭锁。该枪采用弹链供弹，供弹机构由大、小杠杆，拨弹滑板，拨弹机，阻弹板和受弹器座等组成，弹链装在弹链盒内，弹链盒挂在机枪的下方。该枪击发机构属平移击锤式，机框复进到位时由击铁撞击击针。

该枪的瞄准装置由圆柱形准星和弧形表尺组成。准星可上下左右调整，两侧有护翼。表尺有 U 形缺口照门，表尺板上刻有 10 个分划，每个分划代表 100 米距离。另外，该枪还设有横表尺用以修正方向，转动移动螺杆可使照门左右移动。

（十）苏联 SG-43 重机枪

SG-43 是古尔约诺夫在二战期间研发成功的重机枪，用以取代 M1910 式马克沁重机枪，增强 DP/DPM 轻机枪的火力，在二战期间发挥了很大作用。

1. 研发历史

20 世纪 40 年代初期，苏联红军还在使用早就过时的马克沁水冷式重机枪，这无法与装备精良的敌军抗衡，于是苏军委托枪械设计师古尔约诺夫帮助研发一款"高科技"重机枪。两年后，古尔约诺夫不负苏军所望，带来了他的新产品——SG-43 重机枪。

2. 性能解析

虽然 SG-43 重机枪有结构简单、动作可靠、威力大、精度好等优点，但也存在重量较大、携行不便的弊端，所以无法适应低强度条件的军事行动。该枪采用导气式工作原理，闭锁机构为枪机偏转式，机框上的靴形击铁与枪机上的靴形槽相互作用，使枪机偏转，进行闭锁。该枪瞄准装置由圆柱形准星和立框式表尺组成，照门为方形缺口式，上有横表尺，可进行风偏修正。表尺框左边刻度为发射重弹用的分划，右边刻度为发射轻弹用的分划。

（十一）日本九六式轻机枪

九六式机枪是日本在昭和十一年，也就是公元 1936 年研发的一款轻型机枪，因当年为日本神武纪元 2596 年，所以该机枪被命名为"九六式"。

1. 研发历史

1931 年，战争中的经验使日本军队确信了一个事实，那就是机枪可以为前进的步兵提供火力掩护。虽然日军早期装备的有十一式轻机枪，可以很方便地由步兵带入作战，但是该枪开放式供弹设计，让沙土和污垢容易进入枪身，因此在环境恶劣的情况下容易卡弹。此时日本军队要求重新设计一款适应战争需求的机枪。随后，日本陆军小仓兵工厂借鉴前捷克 ZB-26 轻机枪，设计出了一款新型的轻机枪，1936

年这款新型机枪被定型，并正式命名为九六式轻机枪。

2. 性能解析

九六式的瞄准装置为机械式瞄准具，由刀锋状前准星和叶片形后准星组成，可以对风偏进行修正。而且该枪还可以在机匣上方安装瞄准镜。枪管末端有一个提把，枪托为鱼尾形，拉机柄在枪机左侧，在上方有退壳装置。此外，该枪还可以在活塞筒前面安装刺刀。

虽然九六式采用的是和"捷克式"相同的上方供弹，但是九六式的弹匣容量为30发，而"捷克式"的供弹弹匣容量为20发，所以在火力持续性上，九六式更胜一筹。而且该枪相比"歪把子"而言在重量上要轻1.1千克，大大地提高了机枪的机动性。但是，由于该枪的口径仅为6.5毫米，所以在杀伤力和侵彻力上有所不足。

（十二）英国马克沁重机枪

马克沁重机枪是由海勒姆·史蒂文斯·马克沁于1883年研发的，并在同年进行了原理性试验，之后，于1884年获得专利。

1. 研发历史

1884年，马克沁利用枪械射击时，子弹喷发的火药气体使枪完成开锁、退壳、送弹、重新闭锁等一系列动作的原理，设计出了世界上第一支能够自动连续射击的机枪，即马克沁重机枪。该枪射速达每分钟600发以上，由于枪管连续的高速发射子弹，会导致发热，为了解决这一问题，马克沁采用水冷方式帮助枪管冷却。

2. 性能解析

让马克沁重机枪光芒四射是一战，当时德军装备了马克沁MG08重机枪，在索姆河战斗中，一天的工夫就打死数万名英军。从那以后，各国军队相继装备马克沁重机枪，马克沁重机枪由此成为闻名的"杀人利器"。

在二战中，马克沁重机枪已经落伍了，但仍然有许多国家的军队在使用。虽然德军一线部队开发了MG34通用机枪和MG42通用机枪，但德军二线部队仍在使用马克沁MG08重机枪。

（十三）英国布伦式轻机枪

布伦式轻机枪是英国在二战中装备的主要轻机枪之一，也是二战中最好的轻机枪之一。

1. 研发历史

1933年，英国军方选中了前捷克斯洛伐克的ZB-26轻机枪，并在该枪的基础上研发出了布伦轻机枪。1938年，英国正式投产布伦轻机枪，英军方简称"布伦"或"布伦枪"，其名字来源于生产商布尔诺（Brno）公司和恩菲尔德兵工厂（Enfield），用Brno的Br和Enfield的En字母组合而成。

2. 性能解析

布伦机枪的枪管口装有喇叭状消焰器，在导气管前端有气体调节器，并设有4个调节挡，每一挡对应不同直径的通气孔，可以调整枪弹发射时进入导气装置的火药气体量。其拉机柄可折叠，并在拉机柄/供弹口、抛壳口等机匣开口处设有防尘盖。

布伦式轻机不但装备英军，也被保加利亚、印度、尼泊尔、荷兰、波兰、斯里兰卡、印度尼西亚、希腊等国大量采用。

自1938年装备英军以来，布伦式轻机枪在世界多场战争和武装冲突中亮相，其中包括二战、第一次中东战争、第二次中东战争和印巴战争等。

（十四）英国刘易斯轻机枪

一战时期，除了英国军队装备刘易斯轻机枪之外，还有许多国家也装备了该机枪，如澳大利亚、法国、挪威、俄国、加拿大和敌对的德国等。

1. 研发历史

早在20世纪初期，美国枪械设计师艾萨克·牛顿·刘易斯就研发出了刘易斯轻机枪，并向美国军方推销，但被美国军方拒绝采用。随后刘易斯来到比利时，在一家兵工厂工作。一年后，一战爆发了，比利时兵工厂的员工们都纷纷逃亡英国，同时带走了大量的武器设计方案和设备。逃亡到英国的比利时武器家，开始关注刘易斯设计的轻机枪，并且在英国的伯明翰轻武器公司的工厂里生产。

刘易斯轻机枪

2. 性能解析

刘易斯轻机枪散热设计非常独特，枪管外包有又粗又大的圆柱形散热套管，里面装有铝制的散热薄片。射击时，火药燃气向前高速喷出，在枪口处形成低压区，使空气从后方进入套管，并沿套管内散热薄片形成的沟槽前进，带走热量。这种独创的抽风式冷却系统，比当时机枪普遍采用的水冷装置更为轻便实用。

1938 年，英军用布伦式轻机枪取代了刘易斯轻机枪，但是敦刻尔克撤退后，英国面临着火力不足的尴尬局面，"走投无路"的英国军队，不得不把已经"下岗"的刘易斯轻机枪再次搬出来。

（十五）前捷克斯洛伐克 ZB-26 轻机枪

ZB-26 轻机枪是前捷克斯洛伐克 ZB 公司的哈力克兄弟于 1924 年主持研发的，是二战中最著名的轻机枪之一。

1. 研发历史

1923 年，捷克国防部征集轻机枪以供捷克陆军使用。哈力克以 Praga ⅡA 参加测试，在测试后 Praga ⅡA 被捷克国防部选中，成为捷克陆军制式武器。但后来布拉格军械厂濒临破产，已无力生产 Praga ⅡA 轻机枪，哈力克及大部分技术人员选择了离职。

1925 年 11 月，布拉格军械厂与捷克国营兵工厂签署了生产合约，哈力克随后加入了捷克国营兵工厂，协助完成 Praga ⅡA 轻机枪的生产。1926 年，由克布拉格军械厂和捷克国营兵工厂合力生产的 Praga ⅡA 轻机枪被定名为布尔诺-国营兵工厂 26 型轻机枪，即 Zbrojovka Brnovzor 26，简称 ZB-26.

2. 性能解析

ZB-26 的工作方式为活塞长行程导气式，闭锁方式为枪机偏转式，即靠枪机尾端上拾卡入机匣顶部的闭锁卡槽实现闭锁。该枪枪管外部加工有圆环形的散热槽，枪口装有喇叭状消焰器，膛口装置上四周钻有小孔，因没有气体调节器，所以不能进行火药气体能量调节。枪托后部有托肩板和托底套，内有缓冲簧以减少后坐力，两脚架可根据要求伸缩。枪管上靠近枪中部有提把，方便携带和快速更换枪管。

（十六）瑞士富雷尔 M25 轻机枪

富雷尔 M25 轻机枪是二战期间瑞士军队的制式武器，以高射击精准度著称，即使在今天，它射击精准度的结构设计仍值得设计者借鉴。

1. 研发历史

瑞士轻武器工厂的负责人阿道夫·富雷尔对武器颇有研究，他认为设计轻机枪必须要利用后坐缓冲装置来提高射击精准度。另一方面，瑞士是个多山的国家，研发一种既能持续射击，又能保持射击精准度的武器是非常必要的。随后，阿道夫·富雷尔带着这样的设计理念，最终设计出了一款适合瑞士本土作战的新型轻机枪——富雷尔 M25 轻机枪。

2. 性能解析

富雷尔 M25 轻机枪采用枪管短后坐式自动方式，而没有像当时的很多机枪那样采用导气式自动方式，因此降低了机件间的猛烈碰撞，使得抵肩射击变得容易控制，从而提高了射击精度。单发射击时，富雷尔 M25 轻机枪的射击精准度相当于狙击步枪。

由于该枪的生产成本非常高，加上瑞士中立国的国策，不允许武器出口，导致了该枪的生产数量极少，让其他对该轻机枪有兴趣的国家也不能够进一步了解。

（十七）日本大正十一式轻机枪

大正十一式轻机枪是日本在二战中使用较多的一种机枪。为便于贴腮瞄准，该枪枪托向右弯曲，故在中国俗称"歪把子"机枪。

1. 研发历史

一战结束以后，世界各国，特别是一些军事大国，出现了新一轮军备竞赛和军事思想变革的风潮。日本为了增强一线步兵的火力，也效仿欧美国家军队的做法，开始为步兵班设计一款只需要 1 到 2 人操作的轻机枪。围绕军方的要求，日本兵工厂打造出了十一式轻机枪。

2. 性能解析

十一式轻机枪是世界上"个性鲜明"的轻机枪，供弹方式是该机枪的最大特色。此外，该枪在结构设计上还有着两个非常突出的特点，第一，最大限度地遵从并且创造性地实现军方对武器性能的要求；第二，最大限度地吸收并且创造性地运用当时世界上先进的枪械原理。

虽然十一式轻机枪在使用中暴露出了很多的问题，并且在 1936 年被九六式轻机枪替代，但是由于日本持续扩军的原因，十一式轻机枪并没有就此退役，而是转用于各个扩编师团。

（十八）芬兰 M26 轻机枪

M26 轻机枪是芬兰军队的老牌枪械，于 1927 年正式投产，曾参与过冬季战争、二战等。

1. 研发历史

M26 轻机枪是由芬兰枪械设计师提拉和沙勒仑共同设计的。1926 年，该枪与勃朗宁、柯尔特和哈奇开斯等多个世界知名机枪，共同参加了芬兰陆军新型轻机枪的竞争项目。最终 M26 轻机枪以其高射击精准度和枪管可以快速更换等优势拿下了冠军，成为芬兰陆军新一代的制式轻机枪。

2. 性能解析

M26 轻机枪与日军的十一式轻机枪一样，常常在战场上被当作精准射击武器来使用。芬兰战场上，该枪向世人证明了，无论是单发还是连发，它的精准度比当时芬兰战场上的任何机枪都要高。

不过，该枪容易受到灰尘和沙子的侵入，导致枪械故障频繁，另外，当时芬兰陆军从苏联红军手上购入了 8000 挺 DP 轻机枪，所以 M26 轻机枪只生产了极少的数量。

（十九）丹麦麦德森机枪

麦德森机枪是世界上第一种大规模生产的实用的轻机枪，从 1905-1950 年间，有不少于 36 个国家装备过，并在世界各地的武装冲突中被广泛使用，直到 21 世纪，仍然可以看到其身影。

1. 研发历史

1890 年，一位丹麦陆军中尉让·特奥多·斯考博以马蒂尼·亨利步枪为原形设计出了一款半自动步枪，当时被人们称为骑兵半自动步枪。1896 年，这种半自动步枪被丹麦海军陆战队看中，并打算采用。之后，由麦德森上尉组建了一家步枪制造厂，专门生产和改进这种步枪，改进后的步枪更名为麦德森自动步枪。

2. 性能解析

在战场上，军方一般会选择能大批量生产的机枪，显然麦德森轻机枪不具备量产特性，因为该枪零部件公差要求小、结构复杂，导致生产成本较高。该枪之所以在当时备受欢迎，是因为它射击精度高、性能可靠和重量轻（当然这只是相对当时而言）。

便携式反坦克武器

二战时期，参战各国的装甲力量飞速发展。与之相对，各种反装甲武器也随着战争的进程不断涌现，包括火箭筒、反坦克枪、反坦克榴弹和反坦克地雷等，这些"四两拨千斤"的武器在战争中起到了极大的作用。

（一）美国"巴祖卡"火箭筒

"巴祖卡"是二战时美军使用的单兵肩扛式火箭发射器的绰号，也称 Stovepipe，因其管状外形类似于一种名叫巴祖卡的喇叭状乐器而得名，它是第一代实战用的单兵反坦克装备。

1. 研发历史

二战期间，美国陆军上校斯克纳和中尉厄尔一起，用了不到一年时间研制成功一种肩射式火箭筒，即"巴祖卡"。1942 年春在美国阿伯丁试验场，斯克纳和厄尔用其设计的火箭筒向运动中的坦克靶车连续发射火箭弹，全部命中，引起了负责美国地面部队武器装备发展工作的陆军少将巴尼斯的重视，当即决定投入小批量生产。

2. 性能解析

"巴祖卡"火箭筒配合破甲火箭弹，破甲弹由战斗部、机械触发引信、火箭发动机、电点火具、运输保险、后向折叠式尾翼等组成。战斗部由风帽、弹体、药型罩、空心装药、起爆药柱等组成。风帽、弹体用薄钢板制成，装有梯恩梯和黑索金混合炸药 288g。发动机燃烧室、喷管用钢材制成，装药结构为 5 根单孔双基药柱，电点火具位于中间，部分主动段裸于筒外。

（二）德国 Panzerschreck 反坦克火箭发射器

Panzerschreck 是德国在二战中研制的一种可重复使用的 88 毫米口径反坦克火箭发射器。

1. 研发历史

当德军部队在非洲缴获了美军的"巴祖卡"火箭发射器，他们发现自己一直以来所使用的反坦克枪有着众多的缺点，便迅速将其送回本土进行研究。"巴祖卡"

几乎就是简单的一支铁管，容易大量生产，并且可以迅速装填。德国工程师对其进行了重新设计，于是便诞生了 Panzerschreck，与"巴祖卡"不同，它的火箭弹在飞离发射管以后会继续燃烧喷射，所以有着更强大的穿透力和高达 150 米的射程。

2. 性能解析

Panzerschreck 在 1943 年开始投放部队使用，被用来增强步兵的反坦克能力。虽然它有更强的威力和更远的射程，却比后期诞生的另一种划时代轻型反坦克武器"装甲拳"（Panzefaust）的生产量要小很多。据统计，各种型号的 Panzerschreck 共生产了 289151 门。

（三）德国 Panzerfaust 3 反坦克榴弹发射器

Panzerfaust 3（"装甲拳" 3 或 "铁拳" 3）是二战中德国制造的一种廉价的火药推进无后坐力反坦克榴弹发射器。

1. 研发历史

1960 年，根据德军需求，狄那米特–诺贝尔炸药公司设计了一款用于取代"巴祖卡"的武器——"铁拳" 2 反坦克榴弹发射器。之后，随着战争模式的不断改变，德军对火箭筒有了新的要求，其内容有：能有效击毁所有已知的坦克型号；使用安全，容易操作；降低训练成本；尽可能地可在室内环境中射击。围绕这一要求，20 世纪 70 年代，狄那米特–诺贝尔炸药公司在"铁拳" 2 的基础上做了改进，推出了"铁拳" 3 反坦克榴弹发射器。

2. 性能解析

"铁拳" 3 反坦克榴弹发射器发射管的后方填充了大量的塑料颗粒，在发射时通过无后坐力的平衡质量原理将塑料颗粒从武器后方喷出。这些塑料颗粒能够减少发射以后明亮的喷焰和扬起的尘土。使得"铁拳" 3 反坦克榴弹发射器能够安全地在一个狭小、封闭的空间发射。"铁拳" 3 主要缺点是，它只能够单发射击，而且士兵往往需要很危险地接近打击目标。许多士兵都觉得它非常沉重和烦琐，其发射机构和发射管容易受损和卡弹。

（四）德国 HHL 磁性吸附雷

HHL（德语 Hafthohlladung 的缩写，意为"附着承装定量炸药"）磁性吸附雷是二战时，德国国防军的单兵标准配备反坦克武器，在"飞拳"地对空火箭筒出现

后，HHL 不再生产，但仍作为后备军需。

性能解析

HHL 的结构相当于一般成型装药高爆弹与手榴弹的结合体；漏斗状的弹体内部结构为铜罩杯（杯口朝向目标）与杯底的高爆炸药。炸药后方（漏斗嘴的部分）就是引信；这个结构与 M24 手榴弹相同，都是一个内部表面粗糙的铁管盛装引信，单兵只要抽拉引信，内部表面粗糙的部分就会跟引信形成强烈摩擦而引燃，然后在单位时间内迅速升温到引爆炸药为止。

（五）苏联 PTRS-41 反坦克枪

PTRS-41 是苏联在二战期间研制的反坦克枪，其用途非常广泛，除了坦克和装甲车辆之外，迫击炮和机枪阵地也常常成为它们的目标。

1. 研发历史

1938 年，苏联便已开始研制反坦克枪，但由于军方高层的否定态度，进展极其缓慢。1941 年苏德战争爆发，苏军急需大量反坦克武器对付德军的装甲部队，但已研制成功的反坦克枪并不适合大量投产。著名工程师瓦西里·捷格加廖夫临危受命，在很短的时间内拿出了 PTRS-41 反坦克枪。

PTRS-41 反坦克枪

2. 性能解析

PTRS-41 的主要缺点是经常卡壳，且不适用于寒冷天气，因为极度寒冷的条件下，无法自动装弹。此外，枪管中的排气孔也经常堵塞。不过，PTRS-41 仍然被苏军认为是一款难得的好枪，并被德军缴获后投入使用。

（六）苏联 PTRD-41 反坦克枪

PTRD-41 是苏联在二战时期研制的另一种反坦克枪，它被苏军广泛用于各种不同的场合，甚至可以用来射击低空飞行的战斗机。

1. 研发历史

1941年，苏德战争爆发时，苏军出于一定的原因没有给所有的小队配发火箭筒，仅仅配发了"托莫洛夫"燃烧瓶以方便苏军士兵消灭坦克，但这种燃烧瓶只对装甲车辆和步兵运输车有一些用处，对德军的四号坦克和黑豹坦克来说便显得力不从心。为了加强苏军士兵的反坦克火力，苏联研制了两种反坦克枪：PTRD-41和PTRS-41。其中，PTRD-41是由捷格加廖夫设计，因此也被称为"捷格加廖夫"反坦克枪。

2. 性能解析

PTRD-41是枪管长后坐式武器，发射后枪管后坐，然后枪机开锁，之后手动拉枪机换下一发弹。该枪的零部件极少，身管长达两米，枪口装有一个大方孔枪口制退器和准星，枪尾上有一个很小的枪托，击发手柄和夹板位于机匣后端，提把固定在身管上，紧靠提把的前方固定有一个双脚架。枪托内装有一根弹簧，用于吸收后坐力。为了防止机械装置伤害射手，枪管左侧有一块平板，用于保护射手的面部。

PTRD-41反坦克枪威力巨大，穿甲性能在当时名列前茅，可以击穿突击炮和坦克歼击车的装甲，对人则一击致命。不过，该枪的后坐力过大，单兵往往很难在不展开两脚架的情况下进行射击。

（七）英国步兵反坦克发射器 I 型

步兵反坦克发射器 I 型是英国在二战期间研制的反坦克武器，通常简称为PIAT。

1. 研发历史

二战初期，英军装备的反坦克武器主要是"波伊斯"反坦克枪和68号反坦克手榴弹，这两者都有所不足，前者穿甲能力有限；而后者的投掷距离太近，给使用者带来很大危险。为了扭转这一局面，英国国防部开始派人研制一种便携式超口径发射器，取名为"婴儿"。1941年6月，"婴儿"开始接受皇家兵器部的测试，几经改进之后终于被军方接受，并在1942年8月31日正式定型生产，被命名为步兵反坦克发射器 I 型，简称PIAT。

2. 性能解析

在1943年7月的西西里战役中，加拿大军队首次使用了PIAT。但是由于引信设计上的缺陷，破甲弹只有在垂直命中目标时才会爆炸。英国军械局不得不对引信进行紧急修改。诺曼底战役时，英联邦军队均换装了使用新型引信的 PIAT 破甲弹。当时，英国和加拿大军队的每个步兵排中都装备有一支 PIAT。

在"市场花园"行动中，孤军奋战的英国伞兵就是用这种武器击退了德军坦克的多次进攻，他们甚至还组成小分队携带 PIAT 主动出击，摧毁了数辆"虎"式坦克。

（八）日本九七式反坦克枪

九七式反坦克枪是日本在二战期间主要的反坦克武器之一，其口径已经达到了步兵能够携带的身管武器的极限。

1. 研发历史

从 1935 年 6 月起，日本陆军技术部开始着手研制新型反坦克枪。1936 年 3 月，第一支样枪完成，但新武器的技术指标一直拖到 1937 年 7 月才最终确定，在此期间，对初始设计进行了多次修改和反复检验。

最终，新枪被要求在日本陆军步兵学校和骑兵学校进行实用性试验，并经申报定为临时制式武器。1938 年 2 月，实用性试验完成，该枪被认为适合实用的产品，并要求尽早配备。由于完成研制的时间是 1937 年，按日本纪年法是神武天皇纪元 2597 年，因此该枪的型号被定为九七式。

2. 性能解析

九七式反坦克枪使用专门设计的 20×124 毫米弹药，常用的有九七式穿甲曳光弹、九八式高爆曳光榴弹、一零零式穿甲曳光弹、一零零式高爆自炸曳光榴弹以及空包弹、训练用惰性弹等辅助弹种。其中九七式穿甲曳光弹和九八式高爆曳光榴弹是早期弹种，前者主要用于射击装甲和有防护目标，后者主要对付软目标。

步兵用火炮

火炮是二战中各国陆军的重要组成部分，是主要的火力突击力量。步兵使用的火炮大多比较轻便，主要包括轻型迫击炮、步兵炮和无后坐力炮等。

（一）美国 M2 迫击炮

M2 迫击炮为美国于 20 世纪 40 年代制造的 60 毫米滑膛前装式迫击炮。

1. 研发历史

20 世纪 20 年代，美国开始进行迫击炮规格审查，主要目的是进行新式步兵轻型支援武器测试。在经过各种迫击炮的测试后，美国决定购买法国兵器工程师布兰德设计的 60 毫米轻型迫击炮。1940 年 1 月，第一批 1500 门迫击炮交付美军服役。由于这是美国陆军采用的第二种迫击炮，因此正式代号为 M2 迫击炮。

2. 性能解析

M2 迫击炮曾大量应用于二战，美军标准编制为一个步兵团下辖 27 门 M2 迫击炮，使用单位除了团直属迫击炮连之外，各步兵排也有直属迫击炮班，配发 3 门 M2 迫击炮提供火力支援。战后，被 M19 迫击炮取代。

（二）美国 M59 "长脚汤姆"加农炮

M59 是美国在二战期间制造的加农炮，旧名（M1/M2/M2A2）155 毫米野战炮，昵称为"长脚汤姆"。

1. 研发历史

一战结束后，美国陆军于 1920 年向威斯特费尔特理事会授命其研发新型火炮，两年后制造出 M1920 和 M1920M1 这两款共通炮架火炮，这两种设计在性能上虽然符合需求，但由于美国政府缺乏经费因此计划遭到冻结。1927 年，美国政府获得了足够的经费，该计划再次进行，并成功设计出了 155 毫米 M59 "长脚汤姆"加农炮。

2. 性能解析

二战中，M59 一共部署了 49 个野战炮营，其中 40 个营在欧洲，7 个营在太平洋。M59 第一次参加战役是在北非战场，由 34 野战炮营使用，该炮凭借其长射程以及精确的炮击精度获得美军的信赖。除了美军以外，英国和法国借由"租借法案"也获得了少量的 M59（英国 184 门，法国 25 门）。

服役初期，M59 的拖曳是运用麦克货车所制造的 6 轮驱动型 7.5 吨载重车，后期使用履带驱动的 M4 高速牵引车进行拖曳。二战后，除了美军重炮兵部队以外，美国海外盟邦也接收了部分 M59，直到 20 世纪 70 年代才被 M198 榴弹炮以及 FH-70 榴弹炮取代。

（三）美国 T34 希神多管火箭炮

T34 希神多管火箭炮是二战时期美军装在 M4 "谢尔曼"坦克上的多管火箭炮，

美军在 1943 年开始装备，1944 年 8 月，法国战场上的美军第 2 装甲师也曾装备。

T34 的火箭口径为 153 毫米，有 36 至 60 支炮管，主要有三种型号。

·T34 希神

153 毫米火箭，36 管在炮架顶部，12 管在炮架底部。

·T34E1 希神

与 T34 相同，但炮架底部由 1 2 管改为 14 管。

·T34E2 希神

在 1944—1945 年出现，改为 240 毫米火箭，增至 60 管。

（四） 美国 M6 反坦克炮

M6 反坦克炮是美国在二战期间装备的一种小口径反坦克炮。该炮于 1942 年 2 月开始标准化生产，成本约 4265 美元。

1942 年底和 1943 年初，在突尼斯作战的美国部队（第 601 和第 701 反坦克营），非常喜欢这种反坦克炮。但是因为它缺少装甲和大威力的反坦克炮弹，在很大程度上，对这一时期的德国坦克构不成太大的威胁。1943 年和 1944 年，在太平洋战区的使用有限。

（五） 美国 M7 "牧师" 自行火炮

M7 是美国在二战时研发的一款自行榴弹炮。当英国经 "租借法案" 从美国引进这种火炮后，因为它有一个很像教坛的机枪手位置，以及沿袭英军 "主教式" 自行火炮的名字，英国人便给它起了 "牧师" （Priest） 的称号。

1. 研发历史

一战的经验表明，用一种火力强大的自行火炮来掩护步兵作战是非常有必要的。美国军方曾尝试将 75 毫米榴弹炮安装到轻型坦克上，但收效不大。1941 年 6 月，美国开始将 105 毫米野战榴弹炮装到 M3 中型坦克上，以期制成一种自行火炮。最初制成的 2 辆样车，称为 T32 式 105 毫米榴弹炮运载车。试验表明，这种自行火炮的性能很好，主要缺点是缺乏高射武器。

为了弥补这一缺陷，军方又在车顶右上角安装了一个环形枪架，用以安装 12.7 毫米高射机枪。1942 年 4 月，T32 正式定名为 M7 自行火炮，并于美国机车车辆公司开始生产。

M7 "牧师" 自行火炮

2. 性能解析

M7 自行火炮最初以美国 M3 中型坦克为底盘，后来改用美国 M4 坦克为底盘，称为 M7B1 自行榴弹炮。其战斗全重近 23 吨，乘员 7 人，主要武器是 1 门 M2 型 105 毫米榴弹炮，最大射程约 11 千米；辅助武器是 1 挺 12.7 毫米机枪。

（六）美国 M8 自行火炮

M8 自行火炮是美国在二战时研发的一种自行榴弹炮。它使用 M5 轻型坦克的底盘，并以顶部开放型炮塔取代 M5 轻型坦克的炮塔。该自行火炮在 1942 年 4 月投入生产，从 1942 年 9 月至 1944 年 1 月共生产 1778 辆。

（七）美国 M12 自行火炮

M12 是美国在二战期间开发的自行火炮。它以 M3 坦克的底盘为基础，加装 155 毫米 M1917 榴弹炮。

M12 有一个装甲驾驶室，但炮手在一个开放的区域，位于车身后部。M12 只生产了 100 辆，60 辆于 1942 年完成生产，另有 40 辆在 1943 年完成生产。

（八）美国 M10 自行火炮

M10 自行火炮是美军在二战期间所使用的一款装甲战斗车辆，其官方名称为

3in GMCM10s。英国借由"租借法案"也装备了大量的 M10，被称为"狼獾"（Wolve rine）。

1. 研发历史

二战初期，美军为了打击敌军的坦克部队，专门组建了一支用于反坦克的军事单位，但他们所装备的武器仅仅是一些装配了 37 毫米反坦克炮的卡车，或是一些使用 75 毫米野战炮的 M3 半履带车。很明显，这些"衣着简陋"战车无法与敌军"身穿正装"的坦克相抗衡，为此，美军特意为这支军事单位打造了 M10 自行火炮。

2. 性能解析

M10 自行火炮使用了 M4 中型坦克的底盘，再配上开放式炮塔及一支勃朗宁 M2 重机枪，以加强支援步兵攻击的效果。此外，M10 自行火炮的主炮为 M1918 火炮，它比起同期 M4 中型坦克的 75 毫米主炮更具打击威力。之后，美军还为其配备了 M93 高初速穿甲弹，使 M10 自行火炮的威力更胜德国四号坦克。

（九） 美国 M18 自行火炮

M18 是美国陆军在二战期间开发的一款坦克歼击车，是美军在二战时所有履带装甲战斗车辆中行进速度最快的一款，故有"地狱猫"（Hellcat）的称号。

1. 研发历史

二战中，陆战头号杀手非坦克莫属，因此各参战国开始研发反坦克武器。在反坦克火箭或反坦克导弹尚未开发的时候，面对重装甲的坦克仅能依靠大口径反坦克炮进行摧毁，但是拖曳式反坦克炮的机动性太差，因此武器工程师设法将大口径反坦克炮搬上装甲车辆上使得反坦克炮也可以跟随机械化部队执行机动作战。虽然美军当时已有 M10，但其性能不算太好，因此美军在 M10 的基础上设计出了 M18。

2. 性能解析

装甲及火力上的失衡，就是 M18 追求高速的代价。M18 只安装了一层薄弱的装甲，而主炮威力也稍显不足。薄弱的装甲使车身及乘员们很容易受到伤害，主炮在远距离无法打穿德国"虎"式及"豹"式坦克的装甲。后来，美军采用高速穿甲弹（HVAP），使 M18 的主炮得到更大的贯穿力，但是，这种炮弹无法大量补给。

（十） 苏联 1900/02P 式 76 毫米加农炮

苏德战争初期，苏联红军装备的大多数火炮都十分落后，这些火炮大部分直接来自沙俄军队，其中装备较多的就是 1900/02P 式 76 毫米加农炮。这种火炮由位于列宁格勒的普提洛夫工厂生产，至 1941 年，苏军还有相当部分的连队装备这种火炮。除此之外，当时的芬兰和罗马尼亚军队也装备有 1900/02P 式加农炮。立陶宛军队在 1939 年时还以 1900/02P 式加农炮为主力。波兰于 1926 年从苏联购买了生产许可证，在国内自行生产 75 毫米口径的 1902/26 式加农炮，至 1939 年，波兰陆军还装备有 446 门。这些火炮被德军缴获后，德军将其稍事修理就装备了德国陆军，其中，1900/02P 式加农炮在德军中的编号为 IeFK294（r），1902/26 式加农炮在德军中的编号为 FK02/26（r）。

（十一）苏联 1936 年式 76 毫米榴弹炮

苏德战争初期，在苏联境内的德军遭遇了装备 1936 年式 76 毫米榴弹炮（76mm divisional gun M1936）的苏联红军炮兵师。该炮又称为 F-22 榴弹炮，炮口初速达到了 706 米/秒，发射普通榴弹炮时射程可以达到 13600 米，是苏联红军手中当时同等口径榴弹炮中射程最远的火炮，而同样装备苏联红军炮兵师的 1927 年式 76 毫米口径榴弹炮由于是以 1902 年式榴弹炮为基础研制的，所以和 1936 年式相比，性能差距较大。

苏联 1936 年式 76 毫米榴弹炮

（十二）苏联 1939 年式 76 毫米榴弹炮

在 1936 年式榴弹炮基础上，苏联又发展了 1939 年式 76 毫米榴弹炮（76mmdivisional gun M1939），又称为 F-22 USV 榴弹炮。为了加快研发进度，该炮采用 1936 年式榴弹炮上 50% 的零部件，针对后者炮架过重，严重影响机动性的缺点，1939 年式榴弹炮对炮架进行了简化，重量大大减轻，同时还增强了行军过程中对不良地形的适应性。

1939 年式榴弹炮对 1936 年式榴弹炮进行了大规模改进，但从一线部队使用的情况来看，苏军士兵还是嫌这种火炮过于笨重，使用过于复杂，而且成本过高，不能大规模生产。虽然这种火炮投入使用的时间不长，不过在 1941 年底，德国陆军就已经缴获了相当数量的 1939 年式榴弹炮，德军为其分配编号为 FK297（r）。

（十三）苏联 1942 年式 76 毫米加农炮

20 世纪 30 年代后期，苏联武装力量开始了新一轮的军事改革。当时苏军步兵师仍然大量装备着沙俄时代设计的 1902/30 型 76.2 毫米加农炮，而这种老旧火炮已远远不能适应当时的战场需求。针对这种情况，著名的格拉宾火炮设计局（即以火炮设计师格拉宾的名字命名的高尔基市第 92 厂设计局）在 1936—1939 年间先后设计了 F-22 加农炮和 F-22USV 加农炮，虽然在性能上有了一定提高，但总体设计仍不理想。与此同时，苏联还认为德国在发展防护力强大的重型坦克。为此，格拉宾于 1941 年初设计了 ZiS-2 型 57 毫米反坦克炮。后来，格拉宾又将 F-22USV 的炮身装在 ZiS-2 的炮架上，从而得到了 ZiS-3 这种优秀的师属加农炮，又称为 1942 年式 76 毫米加农炮（76mmdivisional gun M1942）。

ZiS-3 安装了炮口制退器以减少部分后坐力，半自动立楔式炮闩，使用液压驻退机进行制退。Zis-3 射速快、精确而可靠，受到苏联炮兵的欢迎。由于重量相对较轻，苏联红军的各式卡车乃至吉普车都可以用来牵引，紧急情况下也可由牲畜和炮兵拖拽前进。德军也俘获了很多的 Zis-3 并重新赋予 FK288r 的编号加以使用。德国士兵给它起了"咻碰炮"的昵称，形容它炮弹速度极快，"咻"地一声发射出去后便能听到撞击在目标上的"碰"声。

（十四）苏联 1909 年式 76 毫米山地炮

1909 年式 76 毫米山地炮（76mm mountain gun M1909）是沙俄时代研发的山地炮，苏军在二战期间仍有使用。山地炮是炮兵装备的一种，设计来进行山地战和其他难以运进重武器的地方战斗。它们在设计上和步兵炮比较类似，并且容易拆成比较小的部件来运输人力、骡马和拖拉机。

（十五） 苏联 1938 年式 76 毫米山地炮

1938 年式 76 毫米山地炮（76 mm mountain gun M1938）是苏联在二战时期使用的两款主要山地炮之一，于 1938 年设计定型。与 1909 年式 76 毫米山地炮一样，1938 年式 76 毫米山地炮也能方便地拆卸开来，可以装载在驴子或者马匹等背上运到交通不发达的山岭地区作战。

（十六） 苏联 1927 年式 76 毫米步兵炮

1927 年式 76 毫米步兵炮（76mm regimental gun M1927）是苏联在 1928—1943 年期间生产的步兵炮，总产量达 16482 门，曾在二战中广泛使用。

（十七） 苏联 1943 年式 76 毫米步兵炮

1943 年式 76 毫米步兵炮（76mm regimental gun M1943）是苏联在 1943～1945 年期间生产的步兵炮，又称为 OB-25 步兵炮。该炮被来取代 1927 年式 76 毫米步兵炮，总产量为 5122 门。

（十八） 苏联 1937 年式 45 毫米反坦克炮

1937 年式 45 毫米反坦克炮（45mm anti-tank gun M1937）是苏联于 20 世纪 30 年代研制的轻型半自动反坦克炮，又称为 53-K 反坦克炮。这种反坦克炮被装备在步兵营的反坦克排（2 门）或步兵师的反坦克营（12 门），同时也被分散配备在反坦克团中。在苏德战争初期，苏军曾广泛使用 53-K 反坦克炮。不过，它的能力决定它只能对德军的轻型坦克和装甲车进行成功打击。53-K 反坦克炮能对付早期型号的德军三号、四号坦克，但必须在近距离内进行，而这样炮兵也会遇到极大危险。之后，53-K 反坦克炮逐渐被其他新式反坦克炮所取代。

（十九） 苏联 1939 年式 85 毫米高射炮

1939 年式 85 毫米高射炮（85mm air defense gun M1939）是苏联于 20 世纪 30

年代后期研制的牵引式高射炮，也称为 52-K 高射炮。该炮在二战前装备苏联陆军，主要用于射击空中目标，以后还被选作 SU-85 自行反坦克炮和 T-34 坦克的坦克炮。52-K 高射炮在二战期间曾广泛使用，战后还曾在多场局部战争中出现。该炮身管最初使用被筒，后改为单筒，采用半自动立楔式炮闩和多侧孔炮口制退器。

（二十） 苏联 1944 年式 100 毫米反坦克炮

二战后期，苏联设计师将 100 毫米海军驱逐舰炮改进为另一种重型反坦克武器，命名为 1944 年式 100 毫米反坦克炮（100mm anti-tank gun M1944），也称 BS-3 反坦克炮。1944 年，苏军开始使用 BS-3 反坦克炮来代替旧式 76 毫米反坦克炮，可惜 BS-3 没有成功完全代替它们。直到战争结束，苏联只制造了 591 门 BS-3 反坦克炮，其中只有 185 门在 1945 年 1 月投入服役。

BS-3 反坦克炮可以在很远的距离上击穿德军坦克的前装甲。它的穿甲弹可以在 2000 米的距离上垂直击穿 125 毫米的装甲，1000 米的距离上它几乎可以将所有型号的德军坦克和装甲车辆摧毁。这种火炮的射速为每分钟 10 发。著名的 SU—100 自行反坦克炮就是使用它为主炮。

（二十一） 苏联 1909/30 式 152 毫米榴弹炮

1909/30 式 152 毫米榴弹炮（152mm howitzer M1909/30）是沙俄时代研制的牵引式榴弹炮。由于性能落后，所以二战期间只在部队中作为训练器材使用或只少量装备二线作战部队。不过，德军也曾俘获过这些火炮，编号为 SFH445。

（二十二） 苏联 1910/30 式 152 毫米野战炮

1910/30 式 152 毫米野战炮（152ram gun M1910/30）是由法国在 20 世纪初为沙俄军队设计，1930 年开始进行现代化改进，苏联红军炮兵部队在 1941 年时还有使用。这种加农炮有两种型号，分别由马匹牵引和机动车辆牵引，德军缴获了大量的这种火炮，分配编号 K438。

（二十三） 苏联 1910/30 式 122 毫米榴弹炮

1910/30 式 122 毫米榴弹炮（122mm howitzer M1910/30）是苏联红军早期使用

的较为广泛的中型火炮。在 20 世纪 30 年代初期，苏军前线部队中曾大量装备该种火炮。德军入侵苏联早期缴获的这些火炮数量相当可观，经修复后，分配编号 LeFH388，有部分火炮还流落到芬兰陆军手中。

（二十四）苏联 1931 年式 122 毫米榴弹炮

1931 年式 122 毫米榴弹炮（122mm gun M1931）是苏联于 20 世纪 30 年代研发的重型野战榴弹炮，又称为 A–19 榴弹炮。在苏芬战争中，苏军曾使用 A–19 成功地摧毁敌方的炮兵连与野战防御，并瓦解了指挥部和补给线，阻止对方动员援兵至前线支持。苏德战争初期，A–19 以其优秀的反坦克能力而知名。1943 年，苏军没有任何可击退德军新式重型坦克的反坦克炮。威力强大的反坦克火炮需要时间生产，所以 A–19 成为唯一立即可用来对抗新型"虎"式与"象"式战车的武器。A–19 在扮演反坦克的角色上非常成功，它的改进型也被安装在苏联坦克与自行火炮单位，当时对柏林首先开火的武器也是 A–19 榴弹炮。

（二十五）苏联 1931/37 式 122 毫米榴弹炮

1937 年，1931/37 式 122 毫米榴弹炮开始服役，这种火炮其实是一种拼凑出来的临时产品，采用 1931 年式 122 毫米榴弹炮炮管和 1937 年式 152 毫米榴弹炮炮架，由皮特洛夫设计。但这种火炮的生命力却出奇地长，整个战争期间，在各个战场都可以发现这种火炮的身影，而苏联红军击毁的德军第一辆坦克的战果就是由这种火炮取得。

（二十六）苏联 1937 年式 152 毫米榴弹炮

1937 年式 152 毫米榴弹炮（152mm howitzer–gun M1937）的研发工作由苏联高级工程师皮特洛夫领导，布尔纳舍夫、基尔岩科等人参加了设计工作，又称为 ML–20 榴弹炮。该炮采用了 122 毫米榴弹炮的炮架，重量较轻，能够发射各种类型的炮弹，结合了加农炮和榴弹炮的特点。为了使用方便，该炮同样发展了两种型号，可以分别用马匹和机动车辆牵引。1937 年式 152 毫米榴弹炮是二战时期苏军几种核心火炮之一，其生产也贯穿了整个苏德战争。

（二十七）苏联 1938 年式 122 毫米榴弹炮

1938 年式 122 毫米榴弹炮（122mm howitzer M1938）也称为 M-30 榴弹炮，也是出自高级工程师皮特洛夫之手，1938 年在彼尔姆完工，随即在斯维尔德洛夫斯克的第 9 火炮兵工厂、位于彼尔姆的第 172 火炮兵工厂和位于斯大林格勒的第 221 火炮兵工厂大规模生产。该炮是苏联二战火炮的杰作之一。二战结束后的三十余年时间里，许多国家还装备有很大数量的 M-30 榴弹炮，足见其性能优

苏联 1938 年式 122 毫米榴弹炮

良。二战中德军缴获该炮后，也对其性能赞叹不已，为其分配编号为 K390。

在直射时，M-30 榴弹炮能够在 1000 米距离垂直击穿 140 毫米厚的均质装甲钢板。该炮的炮身有铆接和铸造两种类型，便于大量制造，炮身坚固，能够装上雪橇，方便在苏联冰天雪地的环境中转移机动。M-30 榴弹炮除了能够发射杀伤榴弹外，还能发射破甲弹、烟雾弹、照明弹等各种类型的炮弹。其中，杀伤榴弹 OF-462 的有效杀伤面积为 60~20 米，爆炸产生的弹坑直径为 2 米，深 40 厘米。照明弹 S-462 在 500 米上空爆炸，能够照亮直径 1 千米的区域，而 S-462 则在 400 米上空爆炸，能够照亮直径 800 米的区域。通常情况下，这些炮弹的下降速率为 8~9 米/秒。

（二十八）苏联 1938 年式 152 毫米榴弹炮

1938 年式 152 毫米榴弹炮（152 mm howitzer M1938）又称为 M-10 榴弹炮。虽然其具有较远的射程，但重量过大，牵引速度不超过 35 千米/小时，所以生产数量不是很大，仅有 1522 门。这种火炮在苏军撤退时成为遗弃的重点目标，所以德军装备了大量的 1938 年式 152 毫米榴弹炮，编号为 SHF443。

（二十九）苏联 1943 年式 152 毫米榴弹炮

1943 年式 152 毫米榴弹炮（152mm howitzer M1943）是苏联于 1943 年研制定型

的 152 毫米牵引榴弹炮，是苏军从二战后期至 20 世纪 70 年代中期以前的师级支援火炮，又称为 D-1 榴弹炮。这种火炮主要装备摩托化步兵师炮兵团的重型榴弹炮营，每营 18 门。

（三十）苏联 1931 年式 203 毫米榴弹炮

1931 年式 203 毫米榴弹炮（203mm howitzer M1931）由位于列宁格勒的波尔舍维克兵工厂制造，又称为 B-4 榴弹炮。虽然这种火炮笨重无比，但在对付混凝土加固的重型碉堡时能发挥至关重要的作用，所以在哈尔科夫、柴科斯基、柯尼斯堡以及进攻柏林的途中，苏军一直都装备着这种火炮。1944 年 6 月 5 日列宁格勒战场，由维德门德科少校率领的两个 203 毫米榴弹炮连摧毁了用钢筋混凝土加固的躲在地下深达 3 个楼层的一个重型碉堡。

1931 年式 203 毫米榴弹炮采用弹丸和药包分离的方式，炮架左侧装有一个小型起重机用于调运弹药。一门 203 毫米榴弹炮需要 15 名士兵操纵，在运输时，能够拆卸成两部分（炮架和炮管），方便装卸。由于重量较大，所以在炮架上改用履带，一般采用拖拉机牵引，牵引速度大约为 15 千米/小时。由于苏联冬天大部分地区都在冰天雪地中，而且冰雪融化后经常是泥泞异常，这对重型火炮机动是非常不利的，对于 1931 年式 203 毫米榴弹炮来说，加装履带后机动性的提升是相当明显的。

（三十一）苏联 1939 年式 210 毫米加农炮

1939 年式 210 毫米加农炮（210mm gun M1939）于 1939 年开始服役，又称为 BR-17 加农炮。该炮采用了和 1931 年式 203 毫米榴弹炮同样的炮架和履带，射程达到了 29.4 千米，其炮弹重量达 133 千克，威力相当可观，炮口初速 800 米/秒，最大牵引速度 25~30 千米/小时。1939 年式 210 毫米加农炮采用组合式炮管，在必要时能够将内部炮管拆卸。德军在 1941 年 6 月至 12 月的半年时间里，共缴获了 72 门 1939 年式 210 毫米加农炮。

（三十二）苏联 1939 年式 280 毫米迫击炮

1939 年式 280 毫米迫击炮（280mm mortar M1939）是二战时期苏军的大威力火炮之一，虽然射程只有 10650 米，但该炮发射的炮弹重达 246 千克，威力惊人。该炮的水平射界为左右 8 度，高低射界为 0 度~60 度，战斗重量达 18400 千克，在运输时能够拆卸成三个部分。

（三十三） 苏联 1939 年式 305 毫米榴弹炮

1939 年式 305 毫米榴弹炮（305mm howitzer M1939）是苏联红军最具威慑力的武器，又称为 BR-18 榴弹炮，其炮弹重达 330 千克，能在 1000 米距离以 60 度角穿透 2~2.5 米厚的混凝土。该炮的战斗重量达 45700 千克，行军重量更达到了 54000 千克。运输时拆卸成三个部分，即炮管、炮架上部分和炮架下部分。BR-18 式 305 毫米榴弹炮同样采用组合式炮管，由于极其笨重，所以从行军状态转至战斗状态需要将近 3 小时的时间。该炮在 1944 年列宁格勒地区的反击战中曾使用过。

（三十四） 苏联 SU-5 自行火炮

SU-5 是苏联于 20 世纪 30 年代研制的自行火炮，是 T-26 轻型坦克的众多变体之一。

1. 研发历史

20 世纪 30 年代后期，苏联的坦克生产进入了高速发展时期。列宁格勒的红十月工厂在获取了许可证以后，开始积极仿造英国维克斯坦克，生产 T-26 轻型坦克。而与此同时，苏联军队的大炮兵思想逐渐体现出来，为了给步兵、骑兵和坦克兵提供火力支持，很多苏联设计师在卡车、拖拉机甚至是类似 T-28 这样的中型坦克上加装各种榴弹炮，口径从 76.2 毫米到 152 毫米不等，但是这些设计多少有些防护或者机动上的缺陷。

1935 年，红十月工厂应苏联军方的要求，在 T-26 轻型坦克的基础上开发新的自行火炮。同年，该厂设计出三种样车，即 SU-5-1 型、SU-5-2 型和 SU-5-3 型。由于存在不少缺点，SU-5 系列自行火炮仅仅生产了 30 余辆，在二战中起到的作用非常有限。

2. 性能解析

SU-5-1 型自行火炮装 1 门 M1903 型 76.2 毫米 30 倍口径火炮（该火炮为师级火炮），SU-5-2 型自行火炮装 1 门 122 毫米榴弹炮，SU-5-3 型自行火炮则装 1 门 152 毫米迫击炮。因为 T-26 的基础发动机有 66 千瓦，所以 SU-5 的最大速度达到了每小时 30 千米，在采用 74 千瓦的 T26M 型发动机和 96 千瓦的 T26F 型发动机后，

这个速度还可以更快。而且，因为改造了自行火炮发动机的位置，所以和基础的T-26坦克安装在尾部不同，动力舱改为中置。

尽管SU-5系列火炮的设计考虑到了自行火炮应该具有和装甲部队相同或者近似的机动能力，但是防护上仅有前方和两侧15毫米的装甲厚度，后方只有13毫米，随着时代的进步，这些就显得非常不足。苏联红军的大炮兵主义也更希望获得带有炮塔的大口径稳定的自行火炮。于是，后来苏军就采用了T-70轻坦克的底盘，甚至是T-34底盘来设计符合要求的大口径火炮。因此，在1939年德国入侵波兰之后，SU-5的研制工作就被叫停，苏军从而开始新的自行火炮之路。

（三十五）ZIS-30自行反坦克炮

ZIS-30是苏联于1941年开始生产的自行反坦克炮，在苏德战争初期起到了重要作用。

1. 研发历史

苏德战争开始时，苏军没有生产坦克歼击车和自行火炮。虽然战前有几个项目正在发展，有些还造出了样车，但这些项目由于种种原因而被取消。1941年7月1日，苏联军方要求生产一种37毫米自行高射炮、一种85毫米自行高射炮和一种57毫米自行反坦克炮，所有的项目应在1942年7月15日之前完成。57毫米自行反坦克炮的发展项目交由第92厂完成。

为了完成这个任务，第92厂设计局召集了一个专门的工程师组，新的自行反坦克炮很快就设计出来并造出了一辆样车。有记载称，曾经造出两辆不同的样车：ZiS-30和ZiS-31。ZiS-30是一种由"共青团员"卡车发展而来的轻型自行反坦克炮。它安装了1门57毫米ZiS-2反坦克炮，而防护仅是1块不大的火炮防盾。为了获得更好的稳定性，它还安装了2个可以伸缩的助锄。ZiS-31也有同样的武器，只不过是由GAZ—AAA装甲卡车发展而来。1942年7月到8月间，对这两辆样车都进行了测试。实验结果表明，ZiS-31的射击结果较佳，而ZiS-30在粗糙或者松软的路况下具有更好的可操作性，因此被选中服役。

2. 性能解析

ZiS-30装备的57毫米ZiS-2反坦克炮是强力而有效的反坦克炮，测试中可在500米的距离击穿约90~140毫米的垂直装甲，具体视乎其采用的弹药种类。实际上，ZiS-30的确可以应付当时德军的任何一款坦克及其他车辆。不过，由于ZiS-30的装甲不全面且非常薄弱，难以在前线的炮火中幸存。绝大部分的ZiS-30被毁灭，极少在战争中幸存下来。ZiS-30在1941~1942年莫斯科战役期间，主要装备苏联坦克旅的反坦克营，应付大量德军装甲部队的入侵。

（三十六）苏联 SU-76 自行突击炮

SU-76 是苏联于 20 世纪 40 年代研制的自行突击炮，总产量超过 1.4 万辆，在二战中发挥了重大作用。

1. 研发历史

1942 年 10 月 19 日，苏联最高国防委员会（GKO）发布了第 2429 号文件，命令高尔基汽车厂和第 38 号工厂发展一种轻型自行火炮，装备 76.2 毫米的 ZIS-3 型火炮。新车的底盘和发动机将基于 T-70 坦克，增加整车的长度和负重轮。

1942 年 11 月，两个工厂拿出了他们的设计车型，都装备了 ZIS-3Sh 火炮。高尔基汽车厂的设计车型定名为 GAZ-71，而第 38 号工厂的则定名为 SU-12。1942 年 12 月 9 日，经过比较测试，GAZ-71 被认为不适合当时的战争状况，性能不可靠，所以被取消了。而 SU—12 方案则被接受，并正式定名为"SU-76 自行突击炮"，1943 年 1 月日开始批量生产。1943 年 1 月底，苏军以 SU-76 自行火炮建立了 2 个自行火炮团并投入战斗。

由于平行安置的发动机导致的技术故障，1943 年 3 月 21 日，SU-76 在生产了 350 辆之后被迫停产。因为 1943 年苏军夏季的攻势即将来临，最高国防委员会给了很严格的研制时间去修正 SU-76 的缺点。1943 年 5 月 17 日。改进过的 SU-76M 进入测试阶段，并于同年 6 月开始制造。至 1945 年 6 月，SU-76 系列共生产了 14292 辆，其中，战争期间生产了 60%。

2. 性能解析

SU-76 自行火炮的 2 台 GAZ-202 发动机被平行安置，取代了 T-70 的直线型，并加上了厚度为 10~35 毫米的封闭装甲板。驾驶舱前置在 2 台发动机中间，76.2 毫米 .ZIS-3Sh 火炮则安装在上部结构。整个上部结构后置，乘员为 3 人。SU-76M 改进了发动机和传动系统，保留了原来的车体，但是发动机系统的故障并没有彻底排除。由于 SU-76 系列自行火炮的一些不可靠性，导致它在苏军前线乘员中口碑并不好，一些乘员昵称 SU-76 为"荡妇"。

3. 实战表现

一开始，SU-76 被编入混合的自行火炮团，任务是对步兵的近距离火力支援，而反坦克任务则是那些大威力自行火炮的事情。1944 年底，SU-76 被编入轻型自行炮兵，每组 16 辆，隶属于标准的步兵师。SU-76 携带的 60 发炮弹里面有一部分是穿甲弹，它的优点是低轮廓，高机动性，很低的地面压力使其能行驶在沼泽以及

森林等不良地形，协同步兵可以直接用火力摧毁碉堡和敌军加固的建筑物。战争后期，该车也被大量使用在巷战中，但是其开放的上部结构往往一个手榴弹就可以杀死所有的乘员。到战争结束，苏联红军一共有119个轻自行火炮团和7个自行火炮旅装备了SU-76。另外，波兰陆军也装备了130辆SU-76M。苏军一直到20世纪50年代初还在使用SU-76。

（三十七）苏联SU-122自行反坦克炮

SU-122是苏联在苏德战争初期研制的自行反坦克炮，采用T-34中型坦克的底盘，主炮为122毫米榴弹炮。

1. 研发历史

1942年4月，苏联命令一些设计局开发一种装备122毫米或者更大口径的突击炮。这项工作交由苏联坦克工业部负责。每个设计局都拿出了自己的设计方案。其中，乌拉尔马许工厂首先拿出了U-35设计样车，第592号工厂则设计出SG-122（A）自行火炮。U-35装备122毫米的M-30型榴弹炮，底盘采用了T-34坦克的底盘。而SG-122装备了相同的火炮，不过底盘却是基于缴获的德国StuG Ⅲ突击炮。

1942年7月，SG-122设计被通过，准备进入生产，但是很快又被认为不便于维护而废弃了这个方案，重新采用U-35方案。1942年12月，U-35通过了所有的测试后，被命名为SU-35并开始批量生产。不久之后，SU-35又被改名为SU-122。

2. 性能解析

SU-122作为突击炮被用于提供火力支援，尤其是为步兵部队。强大的122毫米榴弹炮对堡垒、步兵阵地和轻装甲目标有良好效果。此外，SU-122也曾用于反坦克作战。采用1943年装备部队的BP-460A高爆反坦克弹时，理论上可以击穿200毫米装甲。采用122毫米榴弹炮能有效打击德军装甲车辆，甚至是装甲厚重的"虎"式坦克。

SU-122的不足之处在于122毫米榴弹装填时间较长，且装甲并不算太厚，前线部队损失较大。而全车只有一个可供乘员进出的舱门，给乘员逃生带来不便。针对SU-122实际应用中遇到的问题，苏联设计局于1943年5月开始在SU-122的基础上进行新型自行反坦克炮的设计，这就是后来的SU-85。

（三十八） SU-85 自行反坦克炮

SU-85 是苏联在二战中研制的一种自行反坦克炮，其车体以著名的 T-34 中型坦克为底盘。SU-85 的 SU 代表俄语：Samokhodnaya Ustanovka，意为自行火炮载具，而 85 则表示它的武器为 85 毫米 D-5T 火炮。

1. 研发历史

二战初期，苏联坦克诸如 T-34 和 KV-1 都有足够的火力去摧毁德军坦克。然而，在 1942 年秋天，苏军遭遇了德国新式的"虎"式坦克，这种坦克的装甲若非在极近的距离下被苏联 T-34 和 KV-1 的 76.2 毫米坦克炮击中，否则很难被击毁。到了 1943 年春季，苏联又收到了德国另一款新式坦克（"豹"式坦克）的情报。这些新一代的德军坦克促使苏军必须拥有更具威力的反坦克武器才行。

1943 年 5 月，苏联开始进行设计新型反坦克炮和重新设计 SU-122 武装的工作。开发时，设计人员尝试将重型的 85 毫米防空炮作为反坦克用途，经过测试后认为其非常适合用来对付"虎"式坦克。换装了火炮的 SU-122 被命名为 SU-85，随后开始批量生产。

2. 性能解析

SU-85 可携带 48 发炮弹，还有 1500 发乘员使用的冲锋枪子弹、24 枚 F-1 型手榴弹以及 5 枚反坦克手榴弹。其发动机、传动装置以及大量其他部件都是和 T-34/76 坦克通用的，这对乘员掌握新车使用很方便。最初的 SU-85 安装有车长的装甲舱盖，后来改成了一个标准的车长指挥塔。后期的型号还改进了观测装置，乘员可以全方位观测。

3. 实战表现

1943 年 9 月，苏军在强渡第聂伯河战役中首次使用了 SU-85，良好的性能使其在苏军中十分受欢迎。1944 年夏季攻势中，苏军装备 SU-85 的第 1021 自行火炮团摧毁了 100 多辆德军坦克。近卫第 1 坦克集团军的一名指挥官在报告中说："新的自行反坦克炮在整个战役中对我们的装甲部队进攻起到了关键性的作用，对敌军坦克构成了巨大的威胁。它们拥有良好的装甲防护，装备的火炮可以远距离杀伤目标。同时，新的自行反坦克炮在防御中也表现出色。"

（三十九） 苏联 SU-100 自行反坦克炮

SU-100 是苏联在二战中后期研发的自行反坦克炮，在战争后期被苏军大量使用。

1. 研发历史

1943 年 12 月 28 日，苏联坦克工业部要求乌拉尔马许（Uralmash）工厂设计一种基于 T-34 坦克、装备 100 毫米 S-34 火炮的新型自行反坦克炮。根据这道命令，将 T-34 改变焊接和装配结构，并使用扭杆悬挂装置，由于扩大了内舱，导致全重增加了 3.5 吨。尽管如此，火炮设计中心仍然坚持应装备 S-34 炮。之后，乌拉尔马许工厂设计了一种新型的 100 毫米坦克炮，基本型号定名为 D-10，坦克型的为 D-10T 而自行火炮型的为 D-10S，这两种型号仅有很小的区别。D-10 要比 S-34 轻而且不需要很大的改动就安装在外部车体上。

1944 年 3 月 3 日，装备 D-10 的新型自行反坦克炮通过了工厂的一系列测试（包括 30 次试射以及 150 千米的行程）。之后，又经过政府检验，从 1944 年 3 月 9 日至 27 日，进行了 1040 次射击试验以及 864 千米的行程测试，新车被定型为 SU-100 并被指定大量生产。然而火炮设计中心依然坚持安装 S-34 炮，最后在 S-34 火炮结构上稍做改动的一种型号被称为 SU-100-2 型。这两种试验型在 1944 年 6 月 24 日至 28 日进行了比较测试，结果 SU-100 被认为更成功。1944 年 12 月，SU-100 取代了 SU-85M 进入批量生产。

2. 性能解析

SU-100 的车体取自 SU-85，它的前装甲从 45 毫米增加到 75 毫米，因为这个原因，它的第一对诱导轮超载，所以弹簧的直径增加到了 30~34 毫米。新的车长指挥塔安装在车顶，还装有 MK-IV 观测仪，另外还安装了一对通风器便于排出车内浑浊气体。总的来说，SU-100 的 72% 的部件和 T-34 通用，4% 的部件取自 SU-122，7.5% 的部件和 SU-85 通用，只有 16.5% 的部件是新的。

由于 SU-100 强大的火力以及良好的机动性，它可以在很远的距离击穿德军坦克的前装甲。它的穿甲弹可以在 2000 米的距离上垂直击穿 125 毫米的装甲，1000 米的距离上它几乎可以将所有型号的德军坦克和装甲车辆摧毁。这种火炮的射速为每分钟 5~6 发。SU-100 具有一个经典的设计，前部有 1 个安装有 D-10S 炮的战斗隔室，发动机和传动系统则在后部有 1 个专门的隔室。传动室内有 2 个油箱和 1 对空气过滤器。坦克控制、火力、弹药、无线电以及前部油箱都被安置在战斗室内，驾驶装置完全取自 T-34。

3. 实战表现

1944 年 12 月，一些苏军的自行火炮团和旅开始装备 SU-100。每个团装备 4 组，每组 5 辆，其中 1 辆 SU-100/T-34 为指挥车。而 1 个自行火炮旅则装备有 65 辆 SU-100。1945 年 1 月 8 日，SU-100 首次在匈牙利参加战斗。1945 年 3 月，在德军臭名昭著的巴拉顿湖反击中，SU-100被苏军大量使用。SU-100在苏军中一直服役到20世纪70年代，华约组织以及亚洲、非洲和拉丁美洲的很多国家的军队都装备过SU-100。二战后，SU-100在中东战争、安哥拉冲突中都被使用过。

（四十）苏联BM-13自行火箭炮

BM-13火箭炮是苏联于20世纪30年代研制的自行火箭炮，昵称"喀秋莎"（Katyusha）。这是二战中最为著名的火箭炮，在苏德战争中发挥了巨大作用。

1. 研发历史

1933年，苏联成立火箭研究所，研制陆军和空军使用的火箭弹。1938年，苏军的歼击机、强击机、轰炸机装备了82毫米和132毫米航空火箭弹。1938年，火箭研究所改为苏联弹药人民委员会第3研究所，除航空火箭弹和多管火箭炮外，也研制喷气发动机、海军火箭、防空火箭等。但一直到苏德战争爆发，由于技术队伍有限，试验和生产基础薄弱，仅仅成功研制了航空火箭，其余武器项目均未取得结果。

1937—1938年，第3研究所多位领导因故入狱，苏军高层对火箭武器也缺乏长远规划。1938年，BM-13火箭炮在第3研究所的劳动竞赛背景下，由科技人员提出方案并研发成功。1939年12月，BM-13火箭炮通过了靶场实弹试验，但由于苏军高层的意见分歧，BM-13火箭炮未能服役。直到苏德战争爆发后，BM-13火箭炮才逐渐被苏军采用。由于当时火箭炮这种新型武器是严格保密的，苏军士兵也不知道它的正式名称，就根据发射架上的出厂标记"K"将其称为"喀秋莎"（苏联女性的爱称），德军则称之为"斯大林的管风琴"。

2. 性能解析

BM-13火箭炮是一种多轨道的自行火箭炮，由汽车部分和发射部分组成。发射部分由滑轨床、炮架、回转盘、底架、瞄准装置、发射装置等组成。在发射前，火箭弹是用定向钮嵌在滑轨槽的定向沟内。火箭弹的战斗部分的弹体内是梯恩梯（TNT）炸药。药筒部分是由七根管状发射药筒组成，汽车驾驶室内装有发射装置的发火转轮。

BM-13火箭炮的滑轨床共有8条发射滑轨，每条滑轨上下各悬挂一枚火箭弹，可发射口径为132毫米的火箭弹16发，既可单射，也可部分连射，或者一次齐射。火箭弹的战斗部分的弹体内是TNT炸药，由于在发射时所承受的过载和应力远低于身管火炮，所以火箭弹的炸药装填系数高于普通炮弹，因而1枚132毫米火箭弹的爆炸威力和1枚152毫米榴弹相当。

相较于其他的火炮，BM-13 火箭炮能迅速地将大量的炸药倾泻于目标地，但其准确度较低且装弹时间较长。装填一次齐射的弹药约需 5~10 分钟，一次齐射仅需 7~10 秒。BM—13 火箭炮射击火力凶猛，杀伤范围大，是一种大面积消灭敌人密集部队、压制敌人火力配系和摧毁敌人防御工事的有效武器。此外，BM-13 火箭炮价格低廉、易于生产，也是它被广泛使用的重要原因。

（四十一）苏联 SU-152 自行突击炮

SU-152 是苏联于 1943 年生产的重型自行突击炮，主要用于提供直接火力支援或远程炮兵支援。

1. 研发历史

与 KV-2 重型坦克一样，SU-152 的原本设计目的是为前线部队提供强大火力支援，对付敌方堡垒等防御工事。1942 年 11 月，国防委员会下令发展安装 152 毫米 ML-20 榴弹炮的重型自行火炮。1942 年 12 月，有设计师提出初步设计，计划在 KV-1S 坦克的底盘上安装此型榴弹炮。此设计使用与 KV-1 坦克相同的发动机和变速器，可以大大简化生产并降低成本。整个开发项目被命名为"KV-14"，1943 年 1 月产出原型车，然后进行国家测试。1943 年 2 月 14 日，国防委员会接受了新研发的 SU-152，指令马上投入量产，量产时对原设计进行了一些小修改。1943 年底，因为 KV 系列坦克及其底盘停产，SU-152 停止生产。当时已生产出约 710 辆SU-152。

2. 性能解析

SU-152 采用跟其他苏联自行火炮（如 SU-122、SU-85）相似的设计，乘员作战舱被装甲板包覆，前装甲倾斜以增强防护。驾驶员坐在车身左方，其前方的装甲上开有窥视孔，但由于炮盾太大而影响视野。全车有 3 个可供乘员进出的舱门，位于车顶。152 毫米 ML-20 榴弹炮安装在车身中间偏右方，可水平移动 12 度。

SU-152 作为突击炮被用于提供直接火力支援或远程炮兵支援，152 毫米 ML-20 榴弹炮对堡垒、步兵阵地和装甲目标有良好效果。虽然原本并非用作反坦克作战，但后期也活跃于反坦克作战中，通常采取埋伏战术，以免遭受德军精准炮火射击。152 毫米 ML-20 榴弹炮可发射穿甲弹、高爆弹及高爆反坦克弹。除了直接贯穿装甲，杀伤敌方装甲外，大威力的高爆弹可以震伤敌方装甲兵，并使坦克内部零件松动。

3. 实战表现

SU—152 首次参加的作战是库尔斯克战役。SU—152 成功击毁德军的"虎"式

坦克、"豹"式坦克，甚至"象"式坦克歼击车（因高爆弹并没有贯穿，被击毁的大部分"象"式被回收并修好）。因此，SU-152被苏联媒体宣传为"动物猎人"。不过，媒体宣传与实际战果出入较大。实际上，SU-152的榴弹由于弹头与装药分离，而两者都非常重，所以装填时间很长。乘员作战舱被装甲板包覆，通风装置效能一般，车内空气混浊。SU-152装甲不能抵御"虎"式及"豹"式坦克的火炮，近战时前线部队损失较大。后来，更可靠、装甲更厚的ISU-152取代了SU-152的位置，但在战争中幸存的SU-152一直服役到二战结束。

（四十二）苏联ISU-152自行突击炮

ISU-152是二战期间苏联在IS系列重型坦克基础上改进而来的自行突击炮，二战后还出口到多个国家。

1. 研发历史

二战中后期，为了在战役中摧毁德军的坚固防御工事和新式重型坦克，苏军决定发展威力强大的自行火炮。SU-152的成功使苏联坦克设计师们决定再设计一种基于新型IS坦克底盘的自行突击炮，这个设计方案被命名为"241项目"。新的自行突击炮看上去和它的前辈SU-152很相似，尽管新车具有更高的隔舱，其内部容量却和SU-152没有区别，所以它们都只能装备20发炮弹。两种突击炮都安装了相同的火炮，即152毫米ML-20S榴弹炮。1943年夏季，"241项目"正式上报苏联最高国防委员会，很快被批准生产并装备苏军部队，并命名为ISU-152自行突击炮。

2. 性能解析

ISU-152共由5名乘员操作，但减少一名装填手，该车辆也能正常工作。相比SU-152来说，ISU-152的悬挂装置更低，前装甲更厚，并且加装了1个重型双片炮盾。其速度可达37千米/小时。虽然其主炮射速较低，但是可以在任意距离上摧毁德军的"虎"式坦克。

3. 实战表现

苏军通常会将ISU-152分配给独立自行火炮团使用，其任务是攻击德军的重火力点和装甲车辆为第一梯队提供火力支援。另外，ISU-152还能为步兵提供火力支援和反坦克支援。1943年底，ISU-152已经完全取代了先前的SU-152。因为在作战中的表现，很快就获得了"'虎'式杀手"的称号。例如，1944年夏季，德军的第502重战车营被击毁的12辆"虎"式坦克就有一半是由ISU-152及其衍生型ISU-122击毁的。二战最后一年，苏军曾经将大量的ISU-152当作移动火力点来使用。二战后，ISU-152 继续留在苏军中服役，其生产一直持续到了 1955 年。直到 20 世纪 70 年代，苏军的 ISU-152 才全数退役。苏军还曾经以 ISU-152 为蓝本，制造了数款衍生型车辆。

（四十三）苏联 ISU-122 自行突击炮

ISU-122 是苏联在 ISU-152 基础上换装主炮改进而成的自行突击炮，具有出色的作战能力。

1. 研发历史

在 ISU-152 开始批量生产后不久，苏军就遇到了一个问题——因为苏联火炮工厂的生产力问题，无法为车里雅宾斯克制造厂提供足够的供 ISU-152 使用的 152 毫米火炮。有鉴于此，苏军要求中央设计局的两个设计组研究是否能将 ISU-152 的 152 毫米火炮更换为长身管型的 122 毫米 A-19 火炮。经过测试以后，设计组认为这完全可行。因为 152 毫米 ML-20 火炮和 122 毫米 A-19 火炮的炮架完全相同，在 ISU-152 上安装 122 毫米火炮基本上不需要进行大的改造。这种安装 122 毫米主炮的 ISU-152 自行突击炮被称作 ISU-122。

1943 年 12 月，第一辆 ISU-122 交付部队使用。1944 年，苏军还为 ISU-122 换装上了火力更强的 122 毫米 D-25S 式火炮，同时，还换装了新的炮盾，并扩大了乘员舱。苏军将安装 D-25S 式火炮的 ISU-122 坦克称为 ISU-122-2。

2. 性能解析

相比 ISU—152 来说，ISU-122 的反坦克能力要好得多，这使它成为苏军中一款很受欢迎的自行突击炮。ISU-152 安装的 152 毫米 ML-20 火炮因为炮弹太重，造成了炮口初速度低，使得其反坦克能力相比 ISU-122 所安装的 122 毫米长身管型火炮较为平庸。ML-20 火炮可以在 1000 米的距离外击穿 120 毫米的装甲，而 122 毫米长身管型火炮则可以在同样的距离外击穿 160 毫米的装甲。

（四十四）苏联 ZSU-37 自行防空炮

ZSU-37 是苏联在二战后期研发的自行防空炮，战争期间的生产数量较少，因此也没有突出的战果。

1. 研发历史

在苏德战争初期，德国空军为苏联带来史无前例的损失，因此苏军一直很重视防空炮的发展。按照苏联武装力量的统计，大约有68%的敌机是被25~37毫米小口径高射炮所击落的，因而，二战后期苏军提出要研制一种37毫米的自行防空炮。新的自行防空炮必须能在敌军轰炸机空袭时掩护己方的装甲单位，并尽可能地减少敌军轰炸机为己方装甲单位的损失。

1945年，以SU-76M自行火炮的车体为基础研制出ZSU-37自行防空炮，仅仅是简单地将L/63 M1939式37毫米高射炮安装在装甲战车上。ZSU是Zenitnaya Samokhodnaya Ustanovka的缩写，意为自行防空炮。ZSU-37自1944年开始生产，到战争结束时，一共生产了70辆ZSU-37，因此它的战果并不多。ZSU-37的生产直到1948年才结束，在战后所生产的ZSU-37比战争时还要多，总共生产了340辆。

2. 性能解析

相对于苏军装备的数万辆坦克，ZSU-37无论是装备数量还是战斗性能，都不能令人满意。ZSU-37使用两台嘎斯202汽油发动机，最高越野时速只有30千米/小时，最大越野行程只有230千米。ZSU-37配备了带有体视测距功能的一体化光学瞄准镜，能够自动测距并实现半自动装表，理论射速120~130发/分钟，实际战斗射速只有50~60发/分钟，最大射高6500米。这种层次的性能对二战时期的低速螺旋桨飞机尚能发挥一定作用，但在高速喷气式战斗机已经开始大规模服役的20世纪40年代末，就有些力不从心了。

（四十五） 苏联 T-90 自行防空炮

二战初期，苏联缺少自行防空火炮，到1942年才采用T-60侦察坦克的底盘、配备双联装12.7毫米DshK重机枪和光学瞄准装置，制造了一种简易的自行防空武器，即T-90自行防空炮（T-90 self-propelled anti—aircraft gun）。与此同时，苏军认为现役的轻型坦克装甲薄弱、火力很弱、越野能力也较差，已经很不适合当时的战局，不能像T-34中型坦克那样发挥巨大的作用。但是轻型坦克制造简单，不需要很复杂的大型设备，而当时苏军的T-60轻型坦克有很多缺点，T-50轻型坦克又过于昂贵、复杂，于是又研制了T-70轻型坦克。后来因为T-70轻型坦克的投产，T-90自行防空炮就换装了T-70轻型坦克的底盘。

当时，苏联军方更倾向于ZSU-37自行防空炮，这种自行防空炮采用了SU-76的底盘，而SU-76的底盘也是用T-70轻型坦克底盘改造的。另外，ZSU-37采用了37毫米M1939 61K防空炮改造的火炮，比T-90的双联装DshK重机枪更有威力，所以T-90自行防空炮的计划就被终止了。

（四十六）德国 sIG33 步兵炮

sIG33 是德国在二战时期的近战步兵支援火炮之一，实际口径 149.1 毫米，发射标准德军步兵重炮弹。该系列步兵炮产量较大，从 1933—1945 年一直不间断地生产。

1. 研发历史

sIG33 步兵炮最早开始研发于1927 年，1933 年正式投产，以后不断改进，衍生了 150 毫米sIG33/1、sIG33/2 两种重要的自行火炮型号。在实际作战中，sIG33 的巨大重量限制了它对德军步兵的支援和发挥，所以自行化改装也很快进行。德国工程师迅速在德国已经生产的一系列坦克

sIG33 步兵炮

底盘上加装该炮，这样机动性的问题才得以解决。

2. 性能解析

sIG33 的主要问题是重量太重，高达 2 吨，作为德军步兵团的直瞄火炮，机动性欠佳。sIG33 最初并没有配置反坦克的穿甲炮弹，直到 1941—1942 年间德国新的穿甲弹技术出台，为了强化反坦克能力，sIG33 在炮口安装了炮口制推器，而且为了容纳大的发射装药量，炮室也进行了强化，其反坦克穿甲弹的发射药重量为 30千克。

（四十七）德国 le. IGl8 步兵炮

le. IGl8 步兵炮是二战期间德国国防军所使用的步兵炮。它于 1927 年开始设计，1939 年开始制造，研制公司为德国莱茵金属公司。

Ie. IG18 步兵炮配有装甲保护盾牌，重量 74.9 千克。它能够被分解成 4×140 千克负荷，机动 Ie. IGl8 没有装甲保护盾牌。还有一种 75 毫米 lnfanteriegesch ü tz L/13步兵炮是作为 Ie. IGl8 的更换设计。虽然原型进行了测试，但德国军队认为，它即使不改善现有的设计，也足以保持技术领先。

le. lG18 是德国国防军装备的标准步兵炮，主要用于直瞄支援步兵作战。二战后期使用空芯装药穿甲炮弹还具有一定的反坦克能力。德军通常为每个山地营配备两门 le. IGl8 步兵炮。1939 年 9 月，二战爆发时，有 3000 门 le. IG18 步兵炮进入德国国防军中服役，二战中后期被更大口径的步兵炮所取代。直到 1945 年 3 月，还有 2549 门在德军中服役。

（四十八） 德国 sPzB4l 反坦克炮

sPzB41（schwere Panzerbü chse 41）是德国于二战初期研制的反坦克炮，采用了锥膛炮设计。

1. 研发历史

1903 年，德国设计师卡尔获得锥膛炮的设计专利，这种新型火炮发射的弹丸的穿甲厚度大大提高。20 世纪 30 年代，另一位德国工程师格利希，进行了 7 毫米实验型锥形口径反坦克炮的研制，实验型的初速 1800 米/秒，在当时极为惊人。1939—1940 年，在这些实验产品的基础上，德国毛瑟公司制定了研制 28 毫米反坦克武器计划。

1939 年 6 月至 1940 年 7 月，毛瑟公司实验了 94 批次，最终完成设计。1941 年，这种锥膛炮被命名为 sPzB41，并开始大规模生产。1943 年，由于制造弹药的钨原料极度缺乏，sPzB41 停止了生产。

2. 性能解析

sPzB41 的尺寸较小，战斗全重仅有 229 千克，以这种小尺寸发挥出较佳的性能，殊为不易。但严格说来，sPzB41 的穿甲威力只比已经过时的 35/36 式 37 毫米反坦克炮略好一点，而在穿甲性能方面存在的缺陷并不能由所节省的重量加以补偿。

（四十九） 德国 Pak36 反坦克炮

Pak36 是二战时期德军使用的反坦克炮，由莱茵金属公司研制，该炮第一次使用是在西班牙内战时期。

1. 作战历史

二战爆发时，德国使用的反坦克武器与其敌对国十分相似。德军主要装备的就是 Pak36 反坦克炮，以及一种大量发给步兵部队使用的反坦克枪。在步兵营的辖属内，唯一的反坦克武器就是反坦克枪，每个步兵连配备 3 支这种枪。Pak36 反坦克炮装备在专门的反坦克连内，每个步兵团辖属一个反坦克连。

2. 性能解析

Pak36 反坦克炮的效能主要在于它的机动能力。它是一种轻型火炮，战斗全重仅为 432 千克，火炮放在两个装有气压轮胎的大型车轮上运行，依靠炮手班人力操作火炮并不费力。它可由汽车或某些类似的轻型车辆牵引，并且将它放在卡车车厢上或铁路车上也非常容易。对于德国空军新组建的空降部队以及山地作战部队，它也具有明显的吸引力。它能发射穿甲弹，又能发射榴弹，所以可执行多种任务，而不局限于打击装甲车辆的单一任务。

（五十）德国 Pak43 无后坐力炮

Pak43 是二战时期德国开发的威力最强大的无后坐力炮，1943 年开始在国防军中大量服役，主要用于北非战场。

1. 作战历史

在北非战场上，德国非洲军团装备的 Pak43 得以大显神威，对盟军装甲车辆造成较大杀伤。德军喜欢将 Pak43 改装在缴获的美军吉普车上，在装甲运动战中实施机动防御。尤其在突尼斯战役和卡塞林山口战役中，Pak43 被德军大量使用，效果不错，是一种有效的反坦克利器。

2. 性能解析

在苏德战场，德军由于坦克数量处于劣势，故而十分重视反坦克武器的使用。Pak43 无后坐力炮一般装备德军的山地步兵师，它和另外一种小规模量产的 PAW43 无后坐力炮配合使用，来应付苏联潮水般的装甲攻势。为了适应东线恶劣的地形和天气，德军的 Pak43 普遍在炮架上安装了滑雪板，以方便在雪天的复杂地形机动。

尽管 Pak43 性能不错，但总产量不高，加之德军认为其射程太小，不愿意装备，所以未能发挥大的作用。

火焰喷射器

　　现代意义上的火焰喷射器由德国人理查德·费德勒发明，并在一战中大显身手。二战期间，许多参战国都大量装备并使用了火焰喷射器，特别是德国和美国。

（一） 美国 M2 火焰喷射器

M2 火焰喷射器（M2 flamethrower）是美国研制的单兵携带及背负式焰喷射器，并首次于二战之中使用。

性能解析

M2 火焰喷射器和其前代的 M1 火焰喷射器一样，分为两个部分：一是由士兵背在背部的三个罐子——其中两个大小相等的罐子装载着作为燃料的柴油和汽油，另一个较小的则装载着作为推进剂的氧气。氮气罐位于两个燃料罐之间和较顶端的位置。三个罐子安装在一个支架上，并且大量使用帆布包覆，帆布也是背带的材料，射手在休息时仍然可以背在背部；二是火焰喷射器的握把及喷嘴，通过后端的一条软管连接到罐子。

（二） 日本 100 式火焰喷射器

100 式火焰喷射器是日本在二战期间使用的两种便携式火焰喷射器之一，另一种是 93 式火焰喷射器，100 式火焰喷射器便是在其基础上改进而来。两种火焰喷射器分别于 1933 年和 1940 年装备部队。

性能解析

100 式火焰喷射器的主要部件包括三个部分：燃料罐组、导油软管以及喷火枪。燃料罐组包括两个燃料罐和一个压力罐，每个燃料罐的直径为 152 毫米、高度为 821 毫米，底部呈半球形，两个燃料罐通过罐体底部的管道连接在一起，使得两个燃料罐中的燃料能均匀流动，压力均匀传递，从而通过一个控制装置同时控制两个燃料罐。压力罐位于两个燃料罐后面中间的位置，其形状与燃料罐相同，只是外形更加小巧，用于储存高压气体（一般是氧气），其作用是将燃料从燃料罐推进喷火枪。

（三） 苏联 ROKS-3 火焰喷射器

二战中，苏联使用的火焰喷射器主要有 ROKS-2 型和 ROKS-3 型两种，ROKS-3 型是在 ROKS-2 型的基础上改进而来。

1. 研发历史

1939 年，苏联对沙俄时期生产的 T 型火焰喷射器进行了改进，生产出 ROKS-1 型火焰喷射器。由于 ROKS-1 型存在点火器不完善、减压阀作用力小、射击协调差等缺点，因此又在其基础上改进出 ROKS-2 型火焰喷射器。ROKS-2 型装备时间不到两年，便于 1942 年被改进型 ROKS-3 所取代。

ROKS-3 火焰喷射器

ROKS-3 型将 ROKS-2 型的扁平形油瓶改成圆柱形，并改进了击发机构。ROKS-3 型火焰喷射器在二战中发挥了很大作用，服役时间也较长，一直到 20 世纪 50 年代末尚在一些国家服役。

2. 性能解析

ROKS-3 型火焰喷射器的结构由油瓶、压缩空气瓶、减压阀、输油管、喷枪和背具组成，其中喷枪类似于步枪，枪体较长并有枪托。ROKS-3 型的油瓶和压力瓶改成圆柱形，压力瓶较小。连接油瓶和喷枪的输油软管有时会破裂，是火焰喷射器的薄弱环节。

（四）德国 Flammenwerfer 35 火焰喷射器

Flammenwerfer 35 火焰喷射器是德国在一战后研发并广泛使用的单兵火焰喷射器。在一战结束后的一段时间内，德国被禁止拥有火焰喷射器，不过从 1933 年开始，德国重新展开了对火焰喷射器的研制工作。

Flammenwerfer 35 火焰喷射器在设计上借鉴了一战时期的经验，全重约 38 千克，储罐装有 11.8 升十九号燃烧剂和压缩氮气，其有效喷射距离为 25 米，最大喷射距离 30 米。既可以一次喷射完所有的存油，也可以进行十五次短点射。

（五）德国 Flammenwerfer40/41 火焰喷射器

Flammenwerfer40 是 Flammenwerfer35 火焰喷射器的后继型号，重量仅为 21.8 千克，燃烧剂存储量为 7.5 升，能点射 8 次，有效射程 20~30 米。由于没有设计定

型，所有该型火焰喷射器的产量很少。

Flammenwerfer41 火焰喷射器是在 Flammenwerfer 40 型火焰喷射器的基础上研制而成的，全重仅为 22 千克，燃剂罐和喷射剂罐采用分体双缸设计，配有背架和储罐固定架。可携带 7 升燃烧剂，喷射剂采用液氢，喷射剂罐容积 3 升，内容液氢0.45 升，可进行 8 次短点射，射程为 20~30 米。

（六）德国 Einstossflammenwerfer 46 冲锋火焰喷射器

Einstossflammenwerfer46 冲锋火焰喷射器是一种为空降兵和进攻部队研制的火焰喷射器，绰号 Flammfaust（火拳）。

Einstossflammenwerfer46 进攻火焰喷射器重约 3.6 千克，射程为 30 米，产量约为 30000 具，为一次性使用，外形酷似爆破筒，长度为 0.5 米，直径约 7 厘米。其管状燃剂罐可存储 1.7 升燃烧剂。在燃剂罐的前部有一个 10 厘米长的喷管，与燃剂罐的接口平时用橡皮塞塞住，喷管下方有一个喷射剂腔。

Einstossflammenwerfer46 冲锋火焰喷射器采用摩擦点火器点火，在按下摩擦点火器的断裂杠杆后，喷射剂腔即会破裂，燃剂被喷出，点火器同时点火。

五、单兵轻武器

单兵轻武器通常指枪械及其他各种由单兵或班组携行战斗的武器，主要装备对象是步兵，也广泛装备于其他军种和兵种。其主要作战用途是杀伤有生力量（例如步枪、冲锋枪等），毁伤轻型装甲车辆（例如手榴弹等），破坏其他武器装备和军事设施（如机枪等）。

本章的内容主要是来自一战结束后，并在二战战场上成为各国主力或者有着特别优势（例如德国的 Kar98k 步枪、苏联的莫辛-纳甘步枪，可以它们说创造了无数个狙击神话）的单兵轻武器。

> **步枪**
>
> 　　步枪以其良好的射击精准度，优美的枪身外形，特有的射击节奏，散发着独特的魅力。二战中，虽然有着各种大威力、能速射，并且操作简单的单兵武器，如美国 M 1917 重机枪、英国布伦式轻机枪和苏联捷格加廖夫 DP/DPM 轻机枪等，但是这些武器携带不便、射击精准度低，无法对稍远距离的人员进行精准打击，所以在这种情况下步枪仍是二战主力武器之一。

（一）美国 M1903 "斯普林菲尔德" 步枪

　　M1903 "斯普林菲尔德" 步枪（Springfield rifle），也称为春田步枪，它是美军在一战时期装备的一种制式步枪，到二战时期仍然广泛使用。直到其服役 100 年之后的现代，依然有部分 M1903 步枪在训练和检阅中使用。

　　1. 研发历史

　　M1903 步枪由斯普林菲尔德兵工厂研制，经德国毛瑟兵工厂特许生产。M1903 步枪的旋转后拉式枪机仿自德国 98 系列毛瑟步枪，可以认为是毛瑟步枪的变形枪。M1903 步枪加工工艺精良，在各种恶劣环境下，精度和动作可靠性均能保持良好。早期的 M1903 步枪还配有杆式刺刀，中等力度的撞击下容易损坏，后改用了匕首式刺刀。

　　2. 性能解析

　　1938 年，M1903 步枪逐渐被 M1 "加兰德" 步枪取代，但由于 M1 式步枪的产量不足，所以 M1903 步枪仍然是美国军队装备的主要步枪。在二战中，一些 M1903 步枪还被赋予了新的使命，包括狙击步枪用途，1943 年正式命名为 "M 1903A4，0.30 英寸狙击步枪"，也称为 "斯普林菲尔德狙击步枪"。该枪在 M1903A3 的基础上改进，加装 2.5 倍光学瞄准镜，具有精度上的优势，瞄准镜座装在机匣正上方，为了不妨碍瞄准镜的使用，拆除了机械瞄具。

（二）美国 M1 "加兰德" 步枪

　　M1 "加兰德" 步枪（United States Rifle, Caliber.30, M1）是美军在二战时期装备的一种制式半自动步枪，也是二战中最好的步枪之一。

　　1. 研发历史

1920 年，加兰德在斯普林菲尔德兵工厂开始设计半自动步枪。1929 年，样枪送交阿伯丁试验场参加美国军方新式步枪选型试验。1932 年，加兰德设计的自动装填步枪被选中。其间，美国军械委员会指令更改样枪的口径为 7 毫米，中选后又遭到军方否决，仍然被要求采用 7.62 毫米口径。经过进一步改进，1936 年正式定型命名为 7.62 毫米 M1 步枪。

2. 性能解析

相对于同时代的非自动步枪，M1 "加兰德" 步枪的射击速度有了质的提高。在战场上其火力优势可以有效压制非自动步枪。

M1 "加兰德" 步枪投产之后，最初生产和装备军队的速度都十分缓慢，随着美国于 1941 年参加二战，M1 "加兰德" 步枪产量猛增，除了斯普林菲尔德兵工厂外，1940 年，美国政府增加了温彻斯特公司作为 M1 "加兰德" 步枪的生产承包商。1945 年 8 月 M1 步枪停产时，两家公司共生产了超过 400 万支 M1 "加兰德" 步枪。

（三）美国 M1941 "约翰逊" 步枪

M1941 "约翰逊" 步枪（M1941 Johnson rifle）是美军二战期间所使用的一款半自动步枪，在战争期间曾是美国海军陆战队装备的制式步枪。

1. 研发历史

1936 年，美国海军陆战队的预备役上尉梅尔文·约翰逊开始试制与 M1 "加兰德" 步枪竞争的半自动步枪。该枪设计采用枪管短后坐原理的自动方式，枪机回转式闭锁机构。

约翰逊在完成该枪的基本设计工作后，于 1938 年辞去了海军火器公司的工

M1941 "约翰逊" 步枪

作，并在马萨诸塞州的波士顿设立公司，以进一步设计该型步枪。他的观点是设计发展型半自动步枪，并同时试制可选择半自动、全自动射击发射模式的步枪。到 1937 年后期，约翰逊设计的半自动步枪和自动步枪都成功进行了测试。

2. 性能解析

1940 年 12 月，美陆军对约翰逊试制的半自动步枪进行了试验，并得出了相比 M1 "加兰德" 步枪更差的结论。然而，美国海军陆战队却对 "约翰逊" 半自动步枪产生了足够的兴趣。因为当时 M1 "加兰德" 步枪尚未大批量生产，而且优先配发美国陆军，而当时美国海军陆战队在太平洋战争爆发后还大量装备 M1903 式步枪，自动火力严重不足。于是，"约翰逊" 步枪受到了海军陆战队的青睐。

（四）美国 M1918 "勃朗宁" 步枪

M1918 "勃朗宁"（Browning Automatic Rifle，简称 BAR）是美国著名轻武器设计师约翰·摩西·勃朗宁设计的一种能够半自动或全自动射击的步枪。

1. 研发历史

在一战期间，美军发现在欧洲大陆环境恶劣的堑壕战中，缺乏密集的步兵火力。1917 年，由著名武器设计师约翰·摩西·勃朗宁设计的一种可半自动或全自动射击步枪的方案被美国军方选为制式武器，命名为 "M1918 式勃朗宁自动步枪"，并优先生产。

2. 性能解析

M1918 勃朗宁自动步枪采用导气式原理，能够实施半自动和全自动射击。其工作原理为：在枪弹击发之后，一部分火药燃气经导气孔进入活塞筒，推动活塞、活塞连杆及枪机框后退，枪闩离开闭锁槽，整个机体后退，以实现枪机开锁。

开锁后的枪机框带动枪机后退，并压缩复进簧，而拉壳钩将空弹壳从弹膛内抽出，弹壳底部碰撞退壳板而将弹壳抛出，直到枪机框与缓冲器相撞后退完全停止。在扣住扳机不放时，该枪的复进簧带动枪机框和枪机前进，枪机的推弹凸笋从弹匣内推出一发枪弹进入弹膛，而枪机复进到位，枪机框继续前进，枪机后部上抬进入机匣内的闭锁槽完成闭锁。在闭锁时，枪机框继续前进而撞击击针击发。如果继续扣住扳机，那么又会开始下一次循环。

（五）美国 M1 卡宾枪

M1 卡宾枪（M1 Carbine）是美国在二战时期装备的一种短管半自动步枪，是美军在二战中使用最为广泛的武器之一。

1. 研发历史

M1 卡宾枪原本是美国陆军为二线部队提供的一种用于替代制式手枪的自卫武器，该要求最早于 1938 年提出，其设想的是研制一种类似于卡宾枪的肩射武器，它将使用中等威力的弹药，并拥有比手枪更远的有效射程，且比 M1 "加兰德" 步枪更方便携带和使用。该枪在 1941 年 10 月正式定型，被命名为 "M1 0.30 英寸卡宾枪"。

2. 性能解析

早期 M1 卡宾枪上的保险是横推式的开关，但在持续射击时保险按钮很快会变得过热，从而影响更换弹匣，因此后来改为回转式的杠杆开关；早期 M1 卡宾枪采用翻转式 L 形表尺，照门的大觇孔射程设定在 137 米，小觇孔为 274 米。

之后表尺改为滑动式，距离从 100~300 米内可调，并可以调整风偏；早期 M1 卡宾枪上并不能配刺刀，后来根据部队提出的要求，在 1943 年 10 月开始试验 M1 卡宾枪的刺刀，最后在 1944 年 5 月选定了 T8 试制型刺刀，并正式命名为 M4 刺刀，同时在枪管下方增加了方形的刺刀座。

（六）德国 Gew98 步枪

Gew98 全称 Gewehr 98，是 7.92 毫米口径 1898 年式毛瑟步枪，于 1898 年正式成为德国陆军的制式步枪。

1. 研发历史

1886 年，法国率先采用了以无烟发射药为推进药的勒贝尔（Lebel）1886 步枪，无烟发射药使步枪弹头的初速和有效射程都大大提高，世界各国对无烟发射药技术都趋之若鹜，德国也需要尽快换装无烟发射药步枪，于是就在 1888 年通过一个军事委员会把无烟发射药和曼利夏式弹仓和其他国家的步枪上的先进技术都糅合在一起，从而诞生了众所周知的 88 式 "委员会步枪"（1888CommiSSiOn Rifle），这种步枪发射的步枪弹被命名为 "8×57 J"。之后，保罗·毛瑟在此基础上推出了 Gewehr 1898（1898 型步兵武器），通常缩写为 Gew98 或 G98。

2. 性能解析

Gew98 步枪具有性能可靠和射击准确的优点，主要特征是固定式双排弹仓和旋转后拉式枪机。弹仓为双排、固定式，其底板可以拆卸。

Gew98 步枪除了标准型外，还有一种很短的卡宾枪型，被德国军队命名为 Karbiner 1898（1898 型卡宾枪），缩写成 Kar.98 或 K98。Gew.98 步枪直到二战结束前都是德国军队步兵的制式步枪，而 Kar.98 式卡宾枪主要装备炮兵部队和骑兵部队。

（七）德国 Kar98k 步枪

Kar98k 的全称是 Karabiner 98k，也简称为 K98k，它是从 Gew98 步枪改进而成，是在二战时期德国装备的制式步枪。

1. 研发历史

由于德军装备的 Gew98 步枪在堑壕战中使用显得太长，使用与携行都不方便，于是考虑研制卡宾枪型。之后德军推出了 Kar.98b（Karabiner 德文意为卡宾枪）。20 世纪 30 年代．德国重整军备。于 1935 年在 Kar.98b 的基础上结合标准型毛瑟步枪加以改进，改进的步枪被命名为 Karabiner 98k，简称 Kar.98k 或者 98k，这里的 k 为 "Kurz" 的缩写，德文的意思是 "短"。

2. 性能解析

Kar98k 沿用了毛瑟 98 系列步枪经典的旋转后拉式枪机，这是一种简单而又坚固的整体式枪机，能使步枪获得更好的精确度。枪机有两个闭锁齿，都位于枪机顶部。枪机拉柄与枪机本身连接，Kar98k 将 Gew98 的直形拉柄改成了下弯式，便于携行和安装瞄准镜。枪机尾部是保险装置。

德军在二战期间广泛地装备毛瑟 Kar98k，在所有德军参战的战区如欧洲、北非、苏联、芬兰及挪威皆可见其踪影，当时德军士兵昵称为 "Kars"。

（八）德国 Gew 43 步枪

Gew 43 步枪是二战期间由德国沃尔特公司设计生产的一款半自动步枪，是二战中德国军队使用的主力步枪之一。

1. 研发历史

1941 年，根据德国军方要求，沃尔特公司推出了 Gewehr 41 步枪。但由于 Gew41 步枪比较笨重，而且装填子弹也不太方便，所以不太受军队欢迎，于是，沃尔特公司对 Gew 41 步枪进行改进。在借鉴了 SVT-40 步枪的导气式工作原理后，1943 年，沃尔特公司推出了带有 10 发下装弹匣的 Kar 43 步枪，其在德国陆军武器局的名称为 Gew 43。

2. 性能解析

Gew 43 步枪的闭锁系统的可靠性很高，一名有经验的士兵在使用它时可达到 50~60 发/分。从枪支内部设计上看，Gew 43 步枪在技术上并不输给 M1 "加兰德"

步枪。而且 Gew 43 步枪采用了大量冲焊熔铸工艺的零部件，非常适于机械加工厂的大规模生产。

（九）德国 StG44 突击步枪

StG44（Sturmgewehr 44）是德国在二战期间研制的突击步枪，也是第一种使用中间型威力枪弹并大规模装备的自动步枪。

1. 研发历史

20 世纪 30 年代末期，许多国家展开了对于突击武器的研究。他们希望能够生产出一种结合步枪和冲锋枪特点的，能够代替现有步枪、冲锋枪，甚至轻机枪的一种武器。之后，黑内尔公司按照德国军方要求，推出了 StG44 突击步枪。

2. 性能解析

StG44 突击步枪是德军在 MP40 冲锋枪和 MG42 通用机枪之后的又一款划时代的经典之作。其使用的中间型威力枪弹和突击步枪的概念，对轻武器的发展有着非常重要的影响。自该枪诞生之后，许多自动步枪都开始使用短药筒弹药，并逐渐取代老式步枪。StG44 突击步枪在二战中没有发挥多大作用，到二战结束之后，StG44 突击步枪由于自身性能的局限，很快就退出了历史舞台。

（十）德国 FG42 步枪

FG42（FallschirmjägerGewehr 42）是二战时期德国航空部专门为伞兵设计的一种兼顾半自动步枪功能和机枪功能的步枪。

1. 研发历史

在二战爆发后的空降作战中，德国空降部队认为装备的轻武器不能满足空降作战的要求，特别是在 1941 年的克里特岛空降战役后，这种情况越发突出。由于德国伞兵一直装备与步兵单位一样的轻武器，而空降作战经验表明，这些武器不适合空降作战的特殊要求。之后，莱茵公司为德国空降部队设计了一款步枪，该枪在通过测试后，于 1942 年定型命名为 FallschirmjagerGewehr 42，其意为 42 型伞兵步枪。

2. 性能解析

FG42 步枪采用的是导气式自动原理，弹药在击发后火药气体由枪管下方导气管进入活塞筒，并带动 2 个闭锁突笋的旋转闭锁式枪机。它的击发装置单发射击时处于闭膛状态，这样能够让射击更为精确，在连发射击时，会处于开膛状态，以便

冷却枪管。

该枪采用 10 发或 20 发弹匣供弹，弹匣由左侧水平插入机匣，弹壳从右侧抛出。由钢板冷锻成的中空的直型枪托里容纳了枪机的尾部、后坐缓冲器及复进簧。它的直线型的枪托结构和侧装弹匣的组合使得重心基本位于枪膛的中心线上，这为处于全自动状态下发射步枪弹提供了稳定的发射状态。

（十一）德国 StG45 步枪

StG45（Sturmgewehr 45）是德国毛瑟公司在二战末期生产的一款突击步枪，属于试验型，并没有量产。

1. 研发历史

德军于 1945 年计划以 StG45 突击步枪替换 StG44 突击步枪，因为前者 45 马克的成本比后者的 70 马克成本低了超过 50%。而且其所需的生产时间和原材料都更少，非常适合当时资源严重缺乏的德国，但是该枪最终直至德国战败也仅仅制造了30 支，也没有正式装备德国军队。

2. 性能解析

StG45 突击步枪使用的是和 StG44 突击步枪相同的弹药，即 7.92 x 33 毫米（Kurz）步枪弹，而且也可以配用 stG44 突击步枪 30 发弹匣，此外，还能够使用为了便于俯伏射姿时的装配的 10 发弹匣。

为了节省弹药和提高步枪的连发精准度，StG45 从 StG44 的 500~600 发/分的射速降至 350~450 发。该枪虽然没有正式服役，但是该枪中采用的毛瑟设计的滚轴延迟反冲式技术却被后来的步枪和冲锋枪采用。

（十二）苏联莫辛-纳甘 1891/30 步枪

莫辛-纳甘 1891/30 步枪是苏联在二战时期使用的步枪之一，曾被当作狙击步枪使用。

1. 研发历史

1891/30 步枪的原型枪为 1891 式步兵步枪，这是一种标准型长步枪，曾是俄国军队以及苏联红军在 1891—1930 年间的主要步枪。1922 年，由于 1891 式步兵步枪显得太长，苏联选定龙骑兵步枪为基础着手改进新步枪，1930 年正式定型命名为"1891/30 型步枪"，用于替换 1891 式步兵步枪。1930 年，1891/30 步枪在图拉与伊热夫斯克兵工厂投产，分别在 1942 年和 1944 年停产。1930—1945 年间，1891/30 步枪是苏联步兵的主要制式步枪，也是莫辛-纳甘系列步枪产量最大的版本。

2. 性能解析

1891/30 步枪长度与龙骑兵步枪相同。由于 1891 式步兵步枪还有大量部件剩余，最初 1891/30 步枪仍采用旧的剖面呈六角形的机匣，称为第 1 型。1938 年后生产的 1891/30 步枪全部采用圆形剖面机匣，称为第 2 型。第 2 型安装了新的改用米制单位的表尺，准星增加护圈，新的刺刀用弹簧固定在步枪上。

二战期间，苏联还为 1891/30 步枪加装 PU 瞄准镜并发放士兵作为狙击步枪，又称 "PU M1891/30" 或 "莫辛-纳甘 PU"，1891/30 步枪的直式拉机柄改为下弯式设计，以避免运作时被瞄准镜阻碍。此外，还有简化生产工序的版本被命名为 PEM 瞄准镜。

（十三） 苏联托卡列夫 SVT-40 步枪

SVT-40（Samozaryadnaya Vintovka Tokareva 40）是由苏联著名轻武器设计师费德洛·托卡列夫设计的半自动步枪，是二战期间苏联步兵的制式装备。

1. 研发历史

当大多数国家仍旧使用手动装填步枪时，只有美国和苏联率先装备了半自动步枪，美军装备的是著名的 M1 "加兰德" 步枪，而苏联装备的则是 SVT 半自动步枪。最先提交苏联军队服役的是 SVT-38 半自动步枪。"38" 表示该枪在 1938 年定型。1939 年，托卡列夫的设计最终获胜，但军方对全面装备 SVT-38 仍有疑虑，直到改进一些缺点后才于 1939 年 10 月正式开始批量生产。1940 年 4 月，SVT-38 停止生产，准备生产该枪的改进型 SVT-40。

2. 性能解析

SVT-40 步枪是一种采用导气式工作原理、弹匣供弹的自动装填步枪。短行程导气活塞位于枪管上方，后坐行程约 36 毫米。导气室连同准星座、刺刀卡榫和枪口制退器，构成一个完整的枪口延长段。这样的设计简化了枪管，但枪口延长段颇为复杂。导气室前面凸出的是一个五角形的气体调节器，有 5 个不同的位置，分别标记为 1.1、1.2、1.3、1.5 和 1.7，可根据天气条件、弹药状况或污垢的积聚程度选择合适的导气量。枪口制退器两侧各有 6 个泄气孔，使部分火药燃气导向侧后方，从而起到降低后坐力和枪口消焰的作用。

（十四）英国李·恩菲尔德步枪

李·恩菲尔德步枪（Lee Enfield）是英国军队在 1895—1956 年的制式手动步枪，并有大量衍生型号。

1. 研发历史

1888 年，英国军队采用了发射药为黑火药的 .303 口径李·梅特福弹匣式步枪（Magazine Lee Metford），李·恩菲尔德步枪是该步枪的改进型，它发射 .303 British 口径弹药（7.7×56 毫米），在 .303 口径枪弹改成无烟发射药后，恩菲尔德兵工厂改进了枪管膛线，并于 1895 年将其命名为李·恩菲尔德弹匣式步枪（Magazine Lee-Enfield），简称 MLE 步枪。

2. 性能解析

李·恩菲尔德步枪采用了詹姆斯·帕里斯·李（James Paris Lee）发明的旋转后拉式枪机和盒形的可卸式弹匣，这种后端闭锁的旋转后拉式枪机的子弹装填速度相对较快；其盒型弹匣可装 10 发子弹，不过，弹匣虽然可拆卸，但为了维护或损坏更换方便，在使用中弹匣通常不拆卸，子弹主要通过机匣顶部的抛壳口进行填装。

李·恩菲尔德步枪的火力持续性较强，是实战中射速最快的旋转后拉式枪机步枪之一，而且具有枪机行程短、可靠性高、操作方便等优点。

（十五）日本三八式步枪

三八式步枪是日本在二战期间使用的主力步枪之一，是根据日本三十式步枪和三五式海军步枪研制而成的。

1. 研发历史

三八式步枪是从三十式步枪改进来，虽烈正式的制式化生产于 1907 年开始，但其命名仍然以明治年号第三十八年（1905 年）命名，并于 1908 年开始逐渐成为部队的标准装备，1910 年全面取代三十式步枪。

1914 年 4 月，三八式步枪原本枪身机匣上象征皇室传统的菊花纹章刻印宣布废除，之后的三八式步枪不再有菊花刻印纹。1921 年 4 月时，三八式步枪又进行了一次防锈蚀的改进，并将右旋膛线从 6 条缩减改为 4 条。

2. 性能解析

三八式步枪最大的特点就是它的长度，再加上刺刀后，其长度可达 1665 毫米，有人认为这是基于日军传统上强调所谓的"白刃战精神"的训练，是基于肉搏战所设计的步枪。不过，与它同时代的主流步枪相比较并不奇怪。

三八式步枪枪机组件的设计较为出色，极大简化，其部件数量比毛瑟枪还少 3 个零件，仅有 5

三八式步枪

个零件，是当时旋转后拉式枪机步枪中结构最简单的，不过零件的外形复杂也增加了加工的难度。

冲锋枪

冲锋枪诞生于一战，但是一直到二战开始之前，它的发展并未被人们重视，型号也不多，再加上产品存在的一些问题，使其使用范围受到限制。而到二战，冲锋枪开始辉煌，除日本外的各参战国都大量装备了多种冲锋枪，并在战争中发挥了重要作用。

（一）美国汤普森冲锋枪

汤普森冲锋枪是美国在二战中最著名的冲锋枪，尽管它的重量及后坐力相对较大、瞄准也较难，但仍然是当时威力最大、最可靠的冲锋枪之一。

1. 研发历史

1916 年，汤普森和汤姆斯·F. 莱恩合伙创办了一家自动军械公司，汤普森冲锋枪是该公司成立后研发的最著名的武器之一。该枪刚面世时性能并不完善，随后汤普森对其进行了一系列的改良，最终于 1918 年推出了最终版汤普森冲锋枪。

正当准备将其运到欧洲战场时，战争已结束。因此汤普森冲锋枪并没有真正意义上得到运用，虽然可以销往于民间，但其昂贵的价格使得购买者为数不多。1944 年，诺曼底登陆将汤普森冲锋枪带进了欧洲战场，自此，汤普森冲锋枪和 PPSh-41 冲锋枪在二战欧洲战场上并肩作战。

2. 性能解析

汤普森冲锋枪使用开放式枪机，即枪机和相关工作部件都被卡在后方。当扣动扳机后枪机被放开前进，将子弹由弹匣推上膛并且将子弹发射出去，再将枪机后推，弹出空弹壳，循环操作准备射击下一颗子弹。

该枪采用鼓式弹夹，虽然这种弹夹能够提供持续射击的能力，但它太过于笨重，不便于携带。该枪射速最高可达1200发/分，此外，接触雨水、灰尘或泥后的表现比同时代其他冲锋枪要优秀。

（二）美国M3冲锋枪

M3冲锋枪是由美国兵器设计师乔治·海德和弗里德里克·桑普森总工程师根据1941年美国军工总署技术部轻武器研究发展局提出的指标共同研发设计，于1942年开始大批量生产，并交付美军使用。

1. 研发历史

美军兵器委员会有感于西欧战场上的冲锋枪效能突出，尤其是德国的MP40冲锋枪和英国的斯登冲锋枪，所以也于1942年10月开始研究发展相当于斯登冲锋枪的美国冲锋枪。当时对新冲锋枪有这几点要求：全金属枪身，可在只转换少数零件后使用11.43毫米口径的自动手枪子弹或是9毫米鲁格弹，容易使用，拥有斯登冲锋枪一样的功能且廉价。之后，通用汽车公司按照美军军方要求，推出了M3冲锋枪。

2. 性能解析

M3冲锋枪由金属片冲压、点焊与焊接制造，以缩短装配工时。只有枪管枪机与发射组件需要精密加工。该枪的机匣是由两片冲压后的半圆筒状金属片焊接成一圆筒，其前端是一个有凸边的盖环固定枪管，枪管有四条右旋的膛线，量产之后又设计了可加在枪管上的防火帽。可伸缩的金属杆枪托附于枪身的后方。该枪的瞄准装置采用的是固定觇孔式照门和刀片式准星，其设定目标为91米。

（三）英国斯登冲锋枪

斯登（STEN）冲锋枪是英国在二战时期大量制造及装备的9毫米口径冲锋枪，英军一直采用至20世纪60年代。该枪是一种低成本、易于生产的武器，仅20世纪40年代就制造了400万支以上。

1. 研发历史

二战初期，英国还没有制式冲锋枪，只能装备从美国援助入口的"汤普森"冲锋枪。昂贵的代价使得英国计划设计一把能使用9毫米口径子弹（包括从德国军队手中缴获的弹药）、轻巧又便宜的冲锋枪，斯登冲锋枪因此诞生。

2. 性能解析

斯登冲锋枪发射9×19毫米手枪子弹，采用简单的内部设计，横置式弹匣、开放式枪机、后坐作用原理，弹匣装上后可充当前握把。由于外形紧致、重量较轻，斯登冲锋枪在室内与壕沟战可以发挥持久火力，且灵活性强。另外，斯登冲锋枪的后坐力较低，在战场中移动攻击时非常有利。

斯登冲锋枪在近战中是一把优秀的武器，它是战争中许多突击队员的选择。另外，该枪在法国抵抗组织及其他地下部队中也十分流行。斯登冲锋枪的消声型版本还是英国皇家特种空勤团（SAS）在二战期间用来渗透敌方时所装备的特种武器。

（四）苏联 PPSh-41 冲锋枪

PPSh-41 是苏联在二战期间研发的冲锋枪，是苏联在战争期间生产数量最多的武器，也是苏联红军在二战中的标志性装备之一。

1. 研发历史

根据苏芬战争中取得的经验教训，苏联意识到冲锋枪在城市或丛林中进行近战时极为有效。为了替换造价高昂且工艺复杂的 PPD-40 冲锋枪与 PPD-1938 冲锋枪，苏联在大量参考芬兰索米冲锋枪的工艺与结构之后，研制出造价较低的 PPSh-41 冲锋枪。

2. 性能解析

PPSh-41 冲锋枪的设计以适合大规模生产与结实耐用为首要目标，对成本则未提出过高要求，因此 PPSh-41 出现了木制枪托枪身。沉重的木质枪托和枪身使 PPSh-41 的重心后移，从而保证枪身的平衡性，而且可以像步枪一样用于格斗，同时还特别适合在高寒环境下握持。

PPSh-41 冲锋枪具有一个铰链式机匣以便不完全分解和清洁武器。枪管和膛室内侧均进行了镀铬防锈处理，这一在当时绝无仅有的设计赋予了 PPSh-41 惊人的耐用性与可靠性，该枪可以承受腐蚀性弹药、在各种恶劣环境下使用，以及延长其清洁间隔时间。由于较短的自动机行程，加上较好的精度，三发短点射基本能命中同一点。

（五）德国 MPl8 冲锋枪

MPl8 全称为 Maschinenpistole 18，是历史上第一支实用的冲锋枪，由德国在一战时期研发，该枪性能优秀，于 1918—1945 年间在德国服役。

1. 研发历史

MPl8 冲锋枪由德国著名军械设计师施迈瑟在一战时期设计，是世界上第一种实用型冲锋枪，该枪虽然精度不高，而且射程较近，但是却拥有凶猛的火力，非常适合突击队使用。

MPl8 冲锋枪原本采用的是长条形弹匣，不过因德国军方的要求，之后换用了蜗牛型弹鼓。为此，该枪的弹匣插槽还做了一些修改。后来，由于蜗牛形弹鼓在实战中较为笨拙，制作更为复杂，而且还影响美观性，所以在一战结束后又改用了长条形弹匣。在 MPl8 冲锋枪的基础上，还开发出了 MP28 冲锋枪，该枪拥有 MPl8 所没有的单发/连发切换功能。

2. 性能解析

MPl8 冲锋枪采用自由枪机原理。为能有效散热采用开膛待机方式，枪机通过机匣右侧的拉机柄，拉到后方位置卡在拉机柄槽尾端的卡槽内实现保险，这种保险方式并不安全，因为如果意外受到某种震动时拉机柄会从卡槽中脱出，导致枪机向前运动击发枪弹发生走火。

（六）德国 MP40 冲锋枪

MP40 全称为 Maschinenpistole 40，也被称为施迈瑟冲锋枪，是一种为便于大量生产而设计的一种和传统枪械制造观念不同的冲锋枪，也是德国在二战期间使用最为广泛的冲锋枪。

1. 研发历史

1938 年，埃尔马兵工厂对 MP36 冲锋枪进行改进，形成了 MP38 冲锋枪。该枪首次采用折叠枪托，零部件均用钢和塑料制成，它是具有冲锋枪特点的第一种冲锋枪。但是 MP38 冲锋枪的保险装置不太可靠，在受到较大震动时容易走火，于是又针对保险机构进行了修改，修改后的冲锋枪被命名为 MP40。

2. 性能解析

MP40 冲锋枪大量采用冲压、焊接工艺的零件，生产时零件在各工厂分头生产，然后在总装厂进行统一装配，这种模式非常利于大规模生产。

MP40冲锋枪结构简单，设计精良，采用开放式枪机原理，机匣为圆管状，握把和护目采用塑料制作而成，枪托为钢管制成。该枪采用直型弹匣供弹，发射9毫米鲁格弹，有效射程约100米。

（七）前捷克斯洛伐克ZK 383冲锋枪

ZK 383冲锋枪是由前捷克斯洛伐克的约瑟夫和弗兰蒂斯克·库凯设计，1933年获得专利，并由前捷克斯洛伐克国营兵工厂生产，1948年停止生产。二战期间，ZK 383冲锋枪不仅供前捷克斯洛伐克、德国军队使用，而且是比利时的制式冲锋枪，委内瑞拉、巴西等南美国家的军队也曾装备。

德国吞并前捷克斯洛伐克之前，ZK 383冲锋枪的出口对象主要是比利时陆军。1939年，德国完全占领前捷克斯洛伐克后，将该国的国营兵工厂置于自己的监管之下，并将其称为布尔诺兵工厂。进入德军装备后，该枪被改称为MP383，主要提供给东线的武装党卫军使用，其他地区则很少见到。

性能解析

ZK 383冲锋枪可快速更换枪管。枪管通过其尾端的两个凸缘固定在机匣上，只要拉动准星座后方的枪管固定卡笋，并将准星转动90°，即可从机匣内抽出枪管。该枪具有两种射速，枪机上有一个调节枪机质量件，带调节件的枪机重量为700克，不带调节件的枪机重量为530克，从而可使枪的射速从500发/分增加到700发/分。该枪有ZK 383P和ZK 383H两种变形枪。前者为警用型，其主要不同是取消了两脚架，采用较简单的L形翻转式表尺。后者是在ZK 383的基础上进行了一些结构改进。

（八）芬兰M1931"索米"冲锋枪

M1931"索米"是芬兰在二战前设计的冲锋枪，又称为索米KP/-31（KP即Konepistooli，芬兰语"自动手枪"之意）、索米KP或索米M/31。由于"索米"（Suomi）在芬兰语中意为"芬兰"，M1931还被称为芬兰冲锋枪。

1. 研发历史

M1931是芬兰枪械设计大师埃莫·拉赫蒂在M/22原型枪和KP/-26量产型的基础上改进而成。1931年，M1931正式投入量产，大部分为芬兰国防军所购买。

1941 年，厂商还生产了 500 支左右的碉堡型 M1931，该型号的护木较薄，没有枪托，握把也换成了手枪式的，以方便从狭窄的射击口向外射击之用。此外，还有一种更罕见的型号被装置在"维克斯"轻型坦克上作为第二武器，因此称作坦克型。由于苏芬战争的爆发，坦克型的订单被取消，一共只生产了数十支。

2. 性能解析

M1931 由于枪管较长，做工精良，所以其射程和射击精准度比大批量生产的 PPSh-41 高出很多，而射速和装弹量则与 PPSh-41 一样。它最大的弊端在于过高的生产成本，所采用的材料是瑞典的优质铬镍钢，并以狙击枪的标准生产，费工费时。

M1931 冲锋枪问世后，先后在玻利维亚和巴拉圭的局部战争（1932—1935 年）、西班牙内战（1936—1939 年）中投入使用，但当时的表现并不出色。直到苏芬战争（1939—1940 年）爆发后，M1931 冲锋枪才得到世人的瞩目。苏芬战争开始时，芬兰国防军已经装备了大约 4000 支 M1931 冲锋枪，约每 44 名士兵装备 1 支。

手　枪

手枪虽然威力小，但携带方便的特性，使其在战场上仍有着举足轻重的地位。二战中，各国的主力、或者说具有代表性的手枪不是特别多，但绝对都是该类武器中的经典，例如德国的鲁格 P08 手枪、毛瑟 C96 手枪和美国柯尔特 M1911 手枪等。这些手枪，不仅是士兵的防卫利器，更是高阶军官身份的象征。

（一）德国鲁格 P08 手枪

鲁格 P08 手枪是两次世界大战里德军最具有代表性的手枪之一，其停产以后，军队也不再装备，现在只有警察中还有人使用，由于该枪的知名度颇高，至今仍是世界著名手枪之一。

1. 研发历史

1893 年，美籍德国人雨果·博尔夏特发明了世界上第一种自动手枪——7.65 毫米 C93 式博尔夏特手枪，该枪外形笨拙不实用。后来，和他同一个工厂的乔治·鲁格对这种手枪的结构进行了改进设计，并于 1899 年定型。1900 年，该枪被瑞士选为制式手枪，口径为 7.65x23 毫米，或称为 30Luger。此后，鲁格继续进行改良。

1904 年，几经改良的鲁格手枪和9x19毫米子弹一起被德国海军采用，1908 年又被陆军采用并命名为 P08，作为制式自卫武器，在德军服役达 30 年之久。

2. 性能解析

鲁格 P08 最大的特色是其肘节式闭锁机，它参考了马克沁重机枪及温彻斯特贡杆式步枪的工作原理。该枪有多种变形枪，其中，P08 炮兵型是该系列手枪中的佼佼者，射击精度较高，能够命中 200 米处的人像靶，由德国 DWM 公司于 1914—1918 年生产，仅 20000 支。

（二）德国瓦尔特 P38 手枪

瓦尔特 P38 是二战中德军使用最广泛的手枪之一，具有外形美观、性能稳定、工艺先进等特点。

1. 研发历史

1938 年，瓦尔特公司设计的军用手枪被德国陆军定为制式手枪，命名为 P38式，次年大量交付使用。二战中，P38 的产量超过 100 万支，成为德军使用的主要手枪。另外，瑞典、法国、前东德和苏联在二战后也曾使用过 P38 式手枪。

2. 性能解析

P-38 的自动方式为枪管短后坐式，击发后，火药气体将闭锁在一起的枪管和套筒后推，经过自由行程后，弹膛下方凸耳内的顶杆抵在套筒座上，并向前撞击闭锁卡铁后端斜面迫使卡铁向下旋转，使上突榫离开套筒上的闭锁槽，实现开锁。该手枪还有一个安全可靠的双动系统，这样，即使膛内有弹也不会发生意外。

（三）德国瓦尔特 PP/PPK 手枪

瓦尔特 PP 是由德国卡尔·瓦尔特运动枪有限公司制造的半自动手枪。瓦尔特 PPK 是瓦尔特 PP 的派生型，尺寸略小。虽然两者都已经诞生 80 多个年头了，但仍是小型手枪的经典之作，至今仍在瓦尔特公司和其他武器制造厂生产。

1. 研发历史

一战结束后，作为战败国，德国受到了很多限制，其中一条就是枪械的口径不得超过 8 毫米，枪管长度不得超过 100 毫米。鉴于此，瓦尔特公司于 1929 年开发了一种具有划时代意义的自动手枪——瓦尔特 PP。1930 年，为了满足高级军官、特工、刑事侦探人员的需求，瓦尔特公司又在 PP 手枪的基础上推出了 PPK 手枪。

2. 性能解析

瓦尔特 PP/PPK 采用自由枪机式工作原理，枪管固定，结构简单，动作可靠；采用外露式击锤，配有机械瞄准具；套筒左右都有保险机柄，套筒座两侧加有塑料制握把护板；弹匣下部有一塑料延伸体，能让射手握得更牢固；两者都使用 7.65 毫米柯尔特自动手枪弹。此外，作为自动手枪，PP 系列首次使用了双动发射机构，对后来自动手枪的发展有着深远影响。

（四）德国毛瑟 HSC 手枪

毛瑟 HSC 手枪是德国毛瑟公司在 20 世纪 30 年代末研发的一种军警用手枪，该枪在二战期间曾被德国军警大量装备。

1. 研发历史

1934 年，为了促进销售，毛瑟公司对 M1910 袖珍手枪进行了改进，但结果并不令人满意——它竞争不过新式的瓦尔特双动系列手枪。于是，毛瑟公司又研制出双动的 HSC 手枪，1940 年开始生产。二战期间，德国军队和警方曾大量装备这种手枪。尽管精加工受当时条件的限制，但它仍不失为一种设计合理、操作良好的手枪。

2. 性能解析

HSC 手枪从口袋中快速出枪时不会发生勾挂现象，它的握把手感极佳，扳机力适中。巧妙的设计是毛瑟手枪的长项，既可保证武器具有最少量的零件，而且不降低其功能。HSC 手枪充分地体现了这一点，它的很多活动件都具备两个或两个以上功能，例如无弹匣保险也可起到空仓挂机和抛壳挺的作用。另一个巧妙的设计是保险，当关上保险时，保险机将击针尾部上抬而锁定于套筒内。

（五）德国毛瑟 C96 手枪

毛瑟 C96 手枪是德国毛瑟公司在 1896 年推出的一款全自动手枪，是德军在两次世界大战期间使用的手枪之一。

1. 研发历史

毛瑟 C96 是毛瑟兵工厂的科研设计人员菲德勒三兄弟利用工作空闲时间设计而来。1895 年 12 月 11 日，毛瑟兵工厂的老板为该枪申请了专利，次年正式生产，到 1939 年停产，前后一共生产了约 100 万把毛瑟 C96，其他国家也仿制了数百万把。

在大量生产的 40 年历史中，毛瑟 C96 少有改进，这并不是说毛瑟兵工厂不重视，而是因为原始设计已经很完美。毛瑟 C96 是丑得可爱的标准典型，而"丑"的背后是让人惊叹的神奇——整支枪没有使用一个螺丝或插销，却做到了所有零件严丝合缝，其构造让现代手枪也为之汗颜。

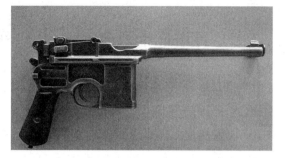

毛瑟 C96 手枪

2. 性能解析

毛瑟 C96 在击发时，后坐力使得枪管兼滑套及枪机向后运动，此时枪膛仍然是在闭锁状态。由于闭锁榫前方是钩在主弹簧上，因此有一小段自由行程。由于闭锁机组上方的凹槽，迫使得闭锁榫向后运动时，只能顺时针向下倾斜，因此脱出了枪机凹槽。

（六）意大利伯莱塔 M1934 手枪

伯莱塔 M1934 手枪是意大利伯莱塔公司于 20 世纪 30 年代研发的一种半自动手枪，并在二战期间被意大利军队广泛使用。

1. 研发历史

20 世纪初，柯尔特、FN 和瓦尔特等公司在半自动手枪方面取得了重大成果，这让很多枪械制造厂羡慕不已，伯莱塔公司就是其中之一。一战爆发后，意大利陆军以利森蒂 M1910 自动手枪为制式手枪，但装备数量不足。在这样的背景下，伯莱塔公司决定打入半自动手枪领域，于是就出现了 M1934 手枪。

2. 性能解析

M1934 手枪具有结构简单、坚固、动作可靠和制造成本低等特点，1934 年装备意大利军队，其后欧洲各国均有使用。其扳机为单动式，扳机连杆兼作解脱子，发射机构为半自动式，击锤为外露式。与德国同时期的 PP/PPK 手枪相比，M1934 在外部形态和保险机构上有很大不同。它的套筒座左侧设有手动保险，该保险兼作套筒止动器，置于前方"S"位置为保险状态，置于后方的"F"位置为射击状态，保险打开时仅锁住扳机，不涉及阻铁与击针。

（七）苏联托卡列夫 TT-30/33 手枪

TT-30/33 手枪是苏联研制的半自动手枪，该枪是主要用来替换纳甘 M1895 左轮手枪，于 1930 年定型。

1. 研发历史

1920 年，苏联使用的手枪绝大部分是从德国购入的毛瑟 C96 手枪，这种手枪因采用火力强大的 7.63×25 毫米枪弹而深受苏联红军青睐。为了提升士兵士气，打压"崇洋媚外"的心态，1930 年，苏联革命议会要求设计本土的新型手枪。1931 年，托卡列夫设计了一款新型手枪，也就是 TT-30 手枪。此枪一出，便赢得了众多士兵的喜爱，于是被选中并成为苏军制式手枪。TT-30 在开始投产后简化了一些设计，如枪管、扳机释放钮、扳机及底把等，以便更易于生产，这种改进型名为 TT-33。

2. 性能解析

TT-30 手枪使用 7.62×25 毫米口径手枪子弹，在外观和内部机械结构方面，与 FN M1903 有异曲同工之妙，不过不同的是 TT-30 手枪发射子弹时枪机后坐距离较短。1954 年，苏联停止了 TT-33 生产后，便把设备卖给多个友好国家，并允许他们进行仿制，有些国家至今仍在生产及采用仿制品。

（八）美国柯尔特 M1911 手枪

M1911 是美国柯尔特公司于 20 世纪初研制的半自动手枪，1911 年开始在美军服役。它曾经是美军在战场上非常常见的武器，经历了两次世界大战和之后的多次局部战争。

1. 研发历史

M1911 的研制计划可以追溯到 19 世纪末，美军在菲律宾和当地人发生的武装冲突，当时美军装备的柯尔特 9 毫米口径左轮手枪，但该枪性能不够理想，所以美军便决定研制一种新型手枪来装备其军队。1907 年，美国正式招标 11.43 毫米口径手枪作为新一代的军用制式手枪，在对该手枪项目竞标中，柯尔特公司和萨维奇公司的手枪被美国军方选中，最终是柯尔特公司获胜。1911 年 3 月 29 日，柯尔特公司的手枪正式成为美国陆军的制式手枪，定型为 M1911。

2. 性能解析

M1911 手枪使用起来非常安全，不容易出现走火等事故。它采用了双重保险设计，其中包括手动保险和握把式保险。手动保险在枪身左侧，处于保险状态时击锤和阻铁都会被锁紧，套筒不能复进。握把式保险则需要用掌心保持按压力度才能保持战斗状态，松开保险后手枪就无法射击。

（九）日本南部 14 式手枪

日本南部 14 式手枪是从原南部式手枪的改进而来，由日本名古屋兵工厂制造，从 1925 年开始列为日本陆军制式武器，在二战期间主要装备于将校级军官。该枪俗称"王八盒子"。

性能解析

南部 14 式手枪充分考虑了手枪射击时的指向性这一重要人机工程学问题。手枪的握把和枪管轴线之间的夹角设计为 120°，在紧迫局面进行仓促的出枪射击时，可有效提高手枪的战斗反应时间和射击精度。

南部 14 式手枪采用枪管短后坐自动方式，闭锁卡铁后端下落开锁，闭锁十分安全有效，其特征如德国毛瑟 M1896 半自动手枪以及瓦尔特 P38 半自动手枪的闭锁结构。

其保险机构类似勃朗宁手枪的那种空枪保险机构。当卸下弹匣之后，即使弹膛内仍顶着一发枪弹，并且没有装定手动保险的情况下，也不会发生"走火"事故。据说在当时的日军中，手枪发生走火的主要原因，多是由于误以为取出弹匣、枪就"安全"了的错觉。南部十四式手枪的空枪保险机构，就是针对日本军人多有上述错觉，常常误操作"走火"而设置的。空枪保险机构的特点是，当弹匣向下抽出一点后，扣动扳机也无法击发。

手榴弹

手榴弹是一种小型手投弹药，有体积小、威力大的特点，是步兵的重要装备之一。二战时期著名的手榴弹有德国的 24 型柄式手榴弹和美国 Mk2 手榴弹等。

（一）德国 24 型柄式手榴弹

24 型柄式手榴弹（Stielhandgranate 24）在二战中被广泛使用，且衍生出了烟幕弹版本。此外，由于部分 24 型柄式手榴弹受寒冷环境影响出现不爆炸的现象，所以一些 24 型柄式手榴弹被填入特殊炸药，以适应寒冷环境。

1. 研发历史

1915 年德国首次推出柄式手榴弹，这种手榴弹采用了其他国家手榴弹中非常少见的摩擦点燃装置，不过这在德制手榴弹却相当常见。该手榴弹从爆炸头内部的引爆器垂出一条拉绳，从中空的握把通过，在末端有一颗小陶瓷球，并用一个可旋除的底盖固定。在使用手榴弹时，首先旋下握把底部的盖子，使球与拉绳掉出，然后拉动拉绳，使一支表面粗糙的铁杆穿过引爆器，以点燃可燃烧 5 秒的引信，再将手榴弹掷出，引信燃烧完毕后引爆手榴弹内的高爆炸药。这一类手榴弹中，就包括闻名于二战的 24 型柄式手榴弹。

2. 性能解析

24 型柄式手榴弹是进攻型手榴弹，它是在薄壁钢管中填入高爆炸药，依靠爆炸威力杀伤敌人，而非防御型手榴弹的破片式杀伤。1942 年，又设计了一种有凹沟的破片套，它可套在手榴弹的爆炸头外，使手榴弹在爆炸时产生大量破片，以增强对人员的杀伤力。

在投掷距离上，由于柄状手榴弹的握柄提供了力臂，所以比圆形手榴弹投掷得更远。24 型柄式手榴弹的投掷距离约为 27.4～36.58 米。

（二）德国 39 型柄式手榴弹

39 型柄式手榴弹是在 20 世界 30 年代末开始装备德军的制式手榴弹，是二战期间德军装备和使用的标准手榴弹之一。

1. 研发历史

39 型柄式手榴弹是在 24 型柄式手榴弹基础上研发而成的一种手榴弹，全弹由弹体、拉发火件、木柄、瓷球和弹性盖等零部件组成。弹体由圆柱形铸铁壳体（内装炸药）、雷管、雷管套和木柄连接座组成。弹体中心是雷管套，雷管放在雷管套内之后，再在上面装木柄连接座，连接座与壳体之间用螺钉连接，涂沥青油防潮。拉发火件装在中空木柄内，是一个独立的部件，由拉火绳、小铜套、摩擦拉毛铜丝、拉毛铜丝底盘、铅管、延期药、钢管、黄铜套管和底盖等零件组成。

2. 性能解析

该手榴弹比较安全，使用时瓷球从木柄内掉出来时不会将拉毛铜丝拉出引起发火，通常可以用拉线将手榴弹挂在树上或其他地方，作为挂雷使用。除用作杀伤手榴弹之外，在战场上还可以将几个手榴弹弹体绑在一起，用一个拉发火件发火，作

反坦克雷使用。

（三）德国 43 型柄式手榴弹

43 型柄式手榴弹是二战期间德国继 24、39 型柄式手榴弹之后的另一款新型手榴弹。

1. 研发历史

随着战争进程的推进，德国手榴弹的消耗非常惊人，其生产几乎赶不上消耗。这主要是因为其他柄式手榴弹生产过程过于复杂，产量偏低。而生产简便的 39 型卵状手榴弹因为威力和投掷距离都不如 24 型柄式手榴弹，因此不受普通野战部队欢迎。因此，德国军方在 1943 年责成生产厂家研制一种全新的长柄手榴弹，要求性能与 24 型柄式手榴弹相近，但必须大幅简化生产工艺，这就是 43 型柄式手榴弹。

2. 性能解析

43 型柄式手榴弹分早期型和晚期型，早期型有一个带坡度延伸的圆柱型弹体，这样的弹体使 43 型柄式手榴弹易于捆绑使用和运输。晚期型将弹体改回像 24 型那样的常规圆柱形，这样能使木柄更加牢固的固定在弹体上，并且能够降低生产成本和缩短生产时间。与 24 型一样，大战中 43 型柄式手榴弹使用过各种替代材料来生产。

（四）美国 Mk 2 手榴弹

Mk 2 手榴弹是美军在二战中所装备的破片手榴弹，由于外形与菠萝相似又名"菠萝"手榴弹。该手榴弹持续使用到 20 世纪 50 年代，后被 M61 及 M67 手榴弹取代。

1. 研发历史

MK 2 手榴弹是美国研发成功的第一种手榴弹。研发工作始于 1917 年，并于 20 世纪 30 年代初装备美军。该弹仿照英国"米尔斯"手榴弹设计，引信结构一样，但弹体形状和主装药有所不同，采用椭圆形铸铁弹体，外侧刻有宽而深的纵横交错的沟槽，被友军称为"菠萝雷"，弹体有小平底。

2. 性能解析

Mk 2 手榴弹的杀伤半径是 5～9 米。由于公认的投掷距离多为 32～37 米，所以

要求士兵在投弹后卧倒或找掩体隐蔽直至手榴弹爆炸。除普通弹外，MK 2还有强装药弹、发烟弹、训练弹等弹种，外形和普通弹是一样的，靠不同的涂装区别——如强装药弹弹体橙色、发烟弹弹颈涂黄色带、训练弹弹体蓝色等。

Mk 2 手榴弹

（五）苏联 F-1 手榴弹

F-1 手榴弹是苏联在二战中使用的一种著名破片手榴弹，绰号"柠檬"主要用于摧毁有生力量。其设计基于英国的"米尔斯"手榴弹。

F-1 破片手榴弹使用的是 UZRGM 引信，UZRGM 引信一般会在 3.5~4 秒内引爆手榴弹。F-1 的投掷距离可达 30~45 米，杀伤范围可达 30 米，威力颇强。装药为约 60 克 TNT 高爆炸药，连同引信总共重 600 克。

在苏德战争爆发后，苏联仍有不少 F-1 破片手榴弹在各个战场中被相当广泛地使用。不过在战争期间出现了不少性能更好的手榴弹，所以 F-1 手榴弹逐渐被淘汰。

（六）苏联 RGD-33 手榴弹

RGD-33 手榴弹是苏联在二战中所使用的一种著名的木柄手榴弹，于 1933 年开始研制，主要用于取代一战时期装备的 1914 型手榴弹。

RGD-33 柄式手榴弹是一种很有效的人员杀伤武器，内含的高爆炸药将外壳的金属变为致命的高速飞行破片，可有效清除掩体内的步兵人员。RGD-33 柄式手榴弹的装药为 200 克 TNT 高爆炸药，并有一个手柄，总体长度达到约 200 毫米。引信燃烧时间为 3.5~4 秒，投掷距离约 35~40 米，杀伤范围约 15 米。

（七）英国"米尔斯"手榴弹

"米尔斯"（Mills）是英国工程师米尔斯于 1915 年开发的一种手榴弹并被英国军队使用。其设计为炸弹中央弹簧式点火针和一针弹簧加载杆锁定。其引信燃烧时间约 4 秒, 爆炸后手榴弹的金属外壳瞬间产生大量的金属碎片。

六、导弹及炸弹

二战中, 德国开创了导弹时代, 在二战末期, 其先后研发了数款导弹, 其中包括 BV246 "冰雹" 反辐射导弹、×-7 "小红帽" 反坦克导弹和 HS-117 "蝴蝶" 地对空导弹等。

虽然当时德国拥有如此先进的武器, 但是这些武器的设计并不完善, 贴切的说是 "不实用", 而且这些武器被研发出来时德国已经是强弩之末了, 所以没能利用这些武器来取得胜利。另外, 美国在二战使用的 "高尖端" 炸弹——原子弹, 开辟了核武器时代。

(一) 德国 V2 火箭

V2 火箭 (V-2rocket) 是德国在二战中研发的一种中程弹道导弹, 也是世界上最早投入实战使用的弹道导弹。

1. 研发历史

德军研制 V2 火箭的主要目的之一是为了从欧洲大陆 (欧洲大陆又称为欧洲本土或简称大陆, 是欧洲的主体大陆, 不包括岛屿) 直接攻击英国境内目标, 从 1944 年 6 月至 1945 年 3 月, 德军共发射了数千枚 V2 火箭, 造成英国 31000 人丧生。V2 火箭的出现, 拉开了新式作战的序幕, 意味着各种新兴弹道导弹的战略、战术运用。V2 火箭的诞生历程并不是一马平川, 而是历经了许多坎坷的道路。

2. 性能解析

V2 是单级液体火箭, 采用当时较先进的程序和陀螺双重控制系统, 推力方向由耐高温石墨舵片操纵执行。V2 在工程技术上实现了宇航先驱的技术设想, 对现代大型火箭的发展起了承上启下的作用, 是航天发展史上一个重要的里程碑。

(二) 德国 BV246 "冰雹" 反辐射导弹

在二战中, 德国的武器不仅性能好, 外形优美霸气, 而且有的还超越了当时所有参战国的科学技术, 如 Me-262 喷气式战斗机、V2 火箭以及 BV246 "冰雹"

（Hailstone）反辐射导弹等。

1. 研发历史

1942年，以理查德·沃格特博士为主的德国科研小组试图研制一种名为 BV246 "冰雹"的滑翔炸弹，使其能够在敌方防空火力之外投放，这样既能做到神不知鬼不觉的袭击敌方阵营，又能保证己方人员的安全，最重要的是能够给敌方士兵造成严重的心理阴影，因为看不见的，才是最可怕的。

"冰雹"初期采用无线电指令控制，但随着英国开始掌握干扰技术，计划不得不在1944年月12月26日放弃。1945年初"冰雹"计划再次复苏，在加装了被动雷达引导头后，其成为最理想的反雷达武器。在10次试验中，有8次失败，有两次准确无误击中目标，误差在2米以内。随后，德国一共生产了1000枚"冰雹"，但由于临近德国投降，所以它没有来得及装备部队。

2. 性能解析

"冰雹"外形十分的简洁，雪茄形的机身，修长的双翼，正常布局的尾翼。让人诧异的是，它的两片长长主翼是用钢筋混凝土浇筑而成，当然这样做也是有原因的，其目的是在投放时使炸弹和载机的分离干净利索，避免相互干扰引起危险。"冰雹"滑翔性能很好，滑翔比为1：25，即在7000米高空投放，可打击175千米外的目标。如载机投放高度更高，最大攻击距离可达200千米。

（三）德国 X-7"小红帽"反坦克导弹

X-7"小红帽"（Red Riding Hood）是世界上第一种反坦克导弹，是火箭和穿甲弹的结合，还配有制导装置。

1. 研发历史

坦克，号称"陆战之王"，纵横战场，所向披靡，例如美国 M4"谢尔曼"中型坦克、苏联 KV-1 重型坦克和"丘吉尔"步兵坦克等。这些集防护与火力于一体，并且数量巨大的超级武器，让德军不得不研发相关的武器来对付，如"灰熊"式自行火炮、"铁拳"3 火箭筒以及 HHL 地雷等。但是，这些反坦克武器多多少少都会有局限性，要么射程太短，要么杀伤力略小，所以德军急需研发一种能够大面积重创甚至摧毁盟军坦克的武器。X-7"小红帽"反坦克导弹正是在这样一个背景下，催生而出的。

2. 性能解析

"小红帽"反坦克导弹的导弹弹体短而粗，呈流线型：鼻锥部为空心装药战斗部，内装炸药2.5千克，配有 DA 触发引信，穿甲厚度最大可达200毫米；弹上装有陀螺仪和双推力发动机。弹体两侧各有一翼，翼的后缘有襟翼，这样在导弹飞行中可产生每秒两转的转速，以保持飞行稳定性。翼梢装有线管，线管外有整流罩，线管上绕有漆包线以传递指令。

（四）德国"瀑布"地对空导弹

"瀑布"（Waterfall）是德国于二战时期所研发的一款地对空导弹，其前身是V2火箭，不过多处设计并不同于V2。另外，"瀑布"还是地对空导弹的先驱者。

1. 研发历史

二战中，德军虽拥有"高科技"武器，但数量有限，无法抵挡如决堤之水的盟军攻击。尤其是在空战方面，面对盟军成千上万战斗机的轰炸，德军的高性能战斗机和大威力机关炮，起到的作用有限。所以，德国当务之急是找到有效抗击盟军轰炸机的办法，另一方面，V2火箭的成功，使得德军武器工程师看到了希望，于是在该火箭的基础上，研发出了"瀑布"地对空导弹。

在1943年3月，德军对"瀑布"进行了首次试验，之后由于总设计师沃尔特·希尔被盟军炸死，所以"瀑布"的后续计划搁浅。直到1944年，德军才开始继续"瀑布"新技术的研发和对之前的改进，并取得了成功。一开始德军对"瀑布"地对空导弹抱有极大的希望，想以此来重创盟军，但是1945年2月，苏军已逼近佩内明德，致使德军的战争计划成为南柯一梦。

2. 性能解析

"瀑布"地对空导弹的发射初期，其飞行速度慢，可由地面操纵手目视操纵，控制导弹的概略射向。飞行一段时间后，"瀑布"开始启动两台RheinIand雷达，分别用于照射目标和导弹，并使用计算机解算方位差，再向导弹发出无线电波指令，使导弹沿目标照射雷达波束飞行。在"瀑布"地对空导弹抵达目标后，操作人员用无线电近炸引信和红外引导头控制导弹。

（五）德国"火百合"地对空导弹

"火百合"（Feuerlile）是德军于二战时期所研发的一款用于试验的地对空导弹，为其后同类武器的研发，累积了诸多先进技术和众多实用经验。

1. 研发历史

二战初期，德国赫尔曼·戈林的航空研究机构开始设计代号为"火百合"的地

对空导弹，其目的是以此为基础，通过众多试验来获得对未来导弹有用的数据。"火百合"共有两种型号，即跨音速的 F25 和超音速的 F55。

2. 性能解析

F25 安装一台 Rheimetall 109—505 固体燃料火箭发动机，可工作 6 秒，发出 500 千克的推力。由一台装倾斜滑轨的发射架或挂在飞机机腹下发射，1943 年 4 月在佩内明德附近发射成功。

F55 由液体火箭发动机推动，总推力 6350 千克，工作时间 7 秒，还用 4 枚 109—505 火箭发动机助推，1944 年 5 月进行首发试验，达到了 1.25 马赫的速度，取得了试验的成功。

（六）德国"莱茵女儿"地对空导弹

"莱茵女儿"（Rheintocher）是德国于二战期间研发的一款地对空导弹，有 R1 和 R3 两种型号，二战后，美、苏、英等国在其技术成果的基础上，研制出了第一代实用地对空导弹。

1. 研发历史

自"火百合"地对空导弹诞生，并取得了预期的效果之后，德军开始以此为根本，研发真正实用的地对空导弹，而其成果便是"莱茵女儿"地对空导弹。"莱茵女儿"从 1943 年开始进行了 82 次试射，到 1945 年，德国战败成了定局，该导弹的计划不得不在当年 2 月被终止，其最终也没能装备部队。

2. 性能解析

"莱茵女儿"地对空导弹 R1 型的动力是两级固体燃料，R3 则是液体燃料带固体助推器。其弹体最下端有四片尾翼，并安装有助推火箭发动机；中部有六片稳定翼（R3 没有）；头部有四片操纵翼；最上部装巡航发动机。

（七）德国 HS-117 "蝴蝶" 地对空导弹

HS-117 "蝴蝶"（Schmetterlig）是德国二战时期所研发的一款地对空导弹，是当时最接近实用阶段的地对空导弹，使用无线电指令、雷达跟踪的制导方式，除主发动机外，加装两枚固体燃料助推火箭，已进行过大量试验，未来得及装备部队。

1. 研发历史

早在 1941 年以赫伯特·A. 瓦格纳为首的德国研究团队就成功研制出了 HS-

117 "蝴蝶" 地对空导弹，并向帝国航空部（二战期间德国管理其空军的政府机关，位于首都柏林）提交了设计成果，但遭到军方拒绝，原因是当时的德军已经装备了大量防空武器，而对于这种还不算成熟的地对空导弹并不感兴趣。然而，1943年，由于盟军对德国的大规模轰炸使帝国航空部改变主意，提议采用 HS-117 "蝴蝶" 地对空导弹。

2. 性能解析

1944 年 5 月 23 日，HS-117 "蝴蝶" 地对空导弹试验成功，1944 年 12 月开始部署，1945 年 3 月开始批量生产。它的初级助推系统采用固体燃料，1750 千克的推力使导弹四秒钟内达到 1100 千米/小时的时速，次级主推系统采用液体燃料，发动机采用的是宝马 BMW 109—558 或者 Walter109—729.

（八）德国 HS-293 空对舰导弹

HS-293 是德国于二战时期所研发的一款空对舰导弹，是世界上第一种投入实战的空对舰导弹，它的出现，在制导武器发展史上有着划时代的意义。

1. 研发历史

赫伯特·A. 瓦格纳为首的德国研发团队在二战初期成功研制了 HS-117 "蝴蝶" 地对空导弹，不过在这之前，这个团队还展开了另一项空对舰导弹的研制。1939 年，瓦格纳将 SC-500 型普通航空炸弹装上轻质合金的弹翼和尾翼，制成了 HS-293V2 滑翔炸弹，之后，在这一基础上，瓦格纳最终于 1943 年成功研制出了 HS-293 空对舰导弹。

2. 性能解析

HS-293 空对舰导弹使用 SC-500 型普通航空炸弹弹体，内含 294.84 千克 Trialen 105 炸药（15% RDX，70%TNT，15%铝粉），配用撞击引信。弹体下方加装了沃尔特 HwK-109—507B 型火箭助推器，火箭燃料为 T—Stoff（过氧化氢）和 Z—Stoff（高锰酸钙或高锰酸钾溶液），使用压缩空气将燃料注入燃烧室。其制导系统包括 FuG—230b/E230 "斯特拉斯堡" 型无线信号接收器，在 48~50 兆赫间有 18 个预置频率可使用。

（九）德国 HS-298 空对空导弹

HS-298 是世界上第一种空对空导弹，采用无线电指令控制（也曾发展过一种有线控制的改型），装 25 千克的战斗部，进行过 300 余次发射试验，但未进入批量生产。

1. 研发历史

1943 年，德国遭到来自盟军空中部队的猛烈轰炸，使得德军士兵整日惴惴不安，提心吊胆，整个军队的士气一降再降。为了能打击盟军的空中部队，同时也为了提高军队士气，德军开始研制新型的防空武器，当时，除了"瀑布"地对空导弹之外，还有 HS-298 空对空导弹。后者虽然在设计上非常成功，但基于其他各方面的原因没投入量产，并且被 X-4 空对空导弹取代。

2. 性能解析

HS-298 空对空导弹弹体中端设计有后掠的机翼，以提高飞行速度和打击精准度，在其尾部有一个水平尾翼与双垂直尾翼，以保持导弹航向平衡、稳定和操纵。该导弹通常需要机载，并需要两名机组人员操纵，一人使用反射式瞄准镜瞄准目标，另一人使用操纵杆和其他相关按钮来操控导弹飞行轨迹。

（十）德国 R4M 火箭炮

R4M 火箭炮（Rakete 4Kilogamm Minenkopf）是德国空军于二战后期研发的一款空对空武器，因其发射时会发出独特的烟雾轨迹，所以也称其为"飓风"（Orkan）。

1. 研发历史

二战后期，德国已经处于强弩之末的境地，可是仍抱有胜利的幻想，为了能力挽狂澜，扭转局势，其甚至不惜一切代价研发各种"高尖端"武器，其中就包括本书所写的 Me－262 喷气式战斗机，该战斗机一问世，其各方面性能得到德国军方的肯定。之后，为了进一步提高该战斗机的作战能力，德国空军为其打造了 R4M 火箭炮。

2. 性能解析

R4M 火箭炮使用了一个 55 毫米的弹头，内含黑索金（Hexogen，一种军用高能炸药，化学名环三亚甲基三硝胺）520 克，几乎保证能一击杀死。每个 R4M 火箭炮重达 3.2 千克，内含充足燃料，使战机能在距离敌方 1000 米的范围外就开火，即能在敌方轰炸机的防御机枪射程外发射。R4M 火箭炮的火箭主体由一个简单的钢管所组成，钢管有一些翻转出来的稳定翼，使其能自旋稳定。

（十一）德国 X-4 空对空导弹

X-4 是德国二战期间所研发的一款空对空导弹，是世界上第一种有实用价值的空对空导弹，拉开人类空战导弹化的序幕。

1. 研发历史

正如前文所说，二战中，德军针对盟军空中部队研制了 HS-298 空对空导弹，其设计理念虽然不错，但有着许多客观因素制约着它参与实战，最主要的问题就是生产成本过高，不利于量产。

另外，德军当时研发的此类"尖端"武器几乎都有一个通病：实用性不强。所以在 1943 年，克莱默博士根据当时战争局势，并结合当时较为先进的技术和成熟经验，开始研制实战型的导弹：X-4 空对空导弹。1944 年 8 月，225 枚×-4 的原型出厂，8 月 11 日由一架 Fw190 战斗机携带进行试验，试验一直持续到次年 2 月。1945 年，生产 X-4 的厂房被盟军轰炸毁坏，致使它没能在战场上大显身手。

2. 性能解析

X-4 空对空导弹结构很简单，易于大量生产，其后的设计中还将铝合金弹翼改为木胶合板制作，以进一步节省开支。

X-4 空对空导弹有一个尖细的头部和雪茄状的弹体，有四片弹翼和四片更小的尾翼。在两片相对的弹翼顶端有两个控制导线的放线筒，另两片弹翼顶端则有两个曳光管，以便操纵者观察航迹。尾部有一个能操纵导弹俯仰、偏航的操纵机构。

（十二）德国 Torpedo Fish 空对舰导弹

Torpedo Fish（雷鱼）是德国二战时期所研发的一款空对舰导弹，具有超音速飞行的能力。

1. 研发历史

一战结束后，《凡尔赛条约》限制了德国海上武器的发展，所以，进入二战后，德军没有航空母舰、战列舰等大型的海上作战武器，而盟军的海上实力对德军构成了不小的威胁，所以德军急需一种能够与之抗衡的武器。另一方面，二战期间，德军的数款地对空导弹（如"瀑布"地对空导弹、"莱茵女儿"地对空导弹和"火百合"地对空导弹等）的设计技术较为完善，因此，德军以这些地对空导弹为基础，研发出了 Torpedo Fish 空对舰导弹，想以此来重创盟军海上实力。

2. 性能解析

Torpedo Fish 空对舰导弹是世界上第一种超音速空对舰导弹，有一副三角短翼，安装两台固体燃料火箭发动机，未投产。

（十三） 美国"小男孩"原子弹

"小男孩"（Little Boy）原子弹是二战期间美国研发的一款炸弹，是人类历史上首次在战争中使用核武器（美军原计划有三枚可用的原子弹，分别命名为"瘦子"（Thin Man）、胖子（Fat Man）和小男孩（Little Boy），不过由于"瘦子"太长，没办法用当时的轰炸机携带，所以它最终被取消了。

1. 作战经历

1945 年 8 月 6 日，保罗·提贝兹驾驶 B-29"超级堡垒"轰炸机（美国波音飞机公司设计生产的四发动机重型螺旋桨轰炸机）在日本广岛上空 9000 米投下"小男孩"，这是原子弹首次应用于军事行动。"小男孩"爆炸后，造成了巨大的人员伤亡，广岛遭受极大的破坏。

2. 性能解析

"小男孩"原子弹使用枪式设计，将一块低于临界质量的铀-235 以炸药射向三个同样处于低临界的环形铀-235，造成整块超临界质量的铀，引发核子连锁反应。"小男孩"装有 60 千克的铀-235，其中只有约 1 千克在爆炸中进行了核裂变，释放的能量约相等于 13000 吨的 TNT 烈性炸药。

（十四） 美国"胖子"原子弹

"胖子"（Fat Man）原子弹是人类历史上在战争中第二次使用的核武器，也是迄今为止最后一次在战争中使用的核武器。

1. 作战经历

1945 年 8 月 6 日，在美军向日本广岛投放"小男孩"原子弹后，同年 8 月 9 日，查尔斯·斯威尼驾驶 B-29"超级堡垒"轰炸机在长崎上空 9000 米投下另一颗原子弹，即"胖子"原子弹。相比广岛而言，长崎地势多山，所以"胖子"爆炸所造成的损伤比"小男孩"低。

2. 性能解析

"胖子"原子弹是内爆式钚弹。处于低临界的球形钚，被放置在空心的球状炸药内。周围接上了 32 枚同时起爆的雷管。雷管接通起爆后，产生强大的内推压力，挤压球形钚。当钚的密度增加至超临界状况，引发起核子连锁反应，造成核爆。"胖子"不能使用"小男孩"铀弹一类的"枪式"起爆，因为钚的自发中子比铀多很多，如果像枪式铀弹一样将数块钚结合，连锁反应会在裂变物料刚刚到达超临界时立即开始，产生的能量会把其余大量尚未进行裂变的材料炸开，造成释放能量大为下降的"提前起爆"。

七、秘密武器

第二次世界大战爆发后，法西斯国家四处侵略，世界从此陷入战争与动乱，再没有安宁。在吃尽侵略者的苦头以后，世界上各大国家如英国、法国、美国、苏联等国家纷纷联合起来，举万国之力，抗击法西斯国家。

在对抗军事强大的敌人的时候，各国不得不致力于武器开发。于是，在第二次世界大战的几年之间，世界上涌现出五花八门的武器。其花样之多，让当今的人们不禁瞠目结舌！

（一）红色雷神——"喀秋莎"火箭炮

1941 年的 7 月 14 日，侵略苏联的德军中央集团军的先头部队攻占了苏联的战略重镇——奥尔沙。

当天，奥尔沙火车站处于一片杂乱无章的局面。当时，气势汹汹的侵略军占领了火车站。大批德军坦克、装甲车辆在车站附近稍事休整。坦克手从闷得透不过气的"乌龟壳"中钻出来。各种车辆在路旁检修、加油。士兵们卸下沉重的武器装备，三五成群地在树荫下用餐、休息。同一时间，德国人利用缴获的为数不多的苏联宽轨列车，抓紧时间将后方的大量战争补给物资运往这个靠近前线的供应站。

当日下午两点三十分，一阵突如其来的炮声响起，紧接着的是一阵迅猛密集的炮火。炮火威力强大，把车站附近的德军和他们的物资列车全部炸毁。坦克的炮塔被炸得飞向空中。弹药车中弹后燃起熊熊大火，连锁反应般地炸毁了四周的车辆和装备。正在忙碌的德军全被吓呆了，很多德国士兵还来不及有所反应，就被纷飞的炮火夺去了生命。

幸存的德军感到迷惑不解，德军指挥部闻讯也大为震惊。究竟是什么火炮有如此大的威力，能够在这样短的时间内发射出如此多的弹药呢？关于苏军使用新式火炮的报告被迅速上报，德军高层对此同样感到迷惑不解。直到苏德莫斯科会战期间，德军在战场上首次缴获了一种架在卡车上的火箭发射器后，德军才了解到苏联的新式秘密武器——"喀秋莎"火箭炮。

"正当梨花开遍天涯，河上飘落柔曼轻纱；喀秋莎站在峻峭的岸上，歌声好像明媚的春光……"优美动人的苏联歌曲告诉我们，"喀秋莎"本是一位美丽温柔的女性的名字，可是，第二次世界大战中威猛无比的火箭炮为什么也叫"喀秋莎"呢？

据说，第二次世界大战中苏联的火箭炮之所以被称为"喀秋莎"，有着两个说法。一个传说告诉人们：喀秋莎本是一位美丽的苏联女性，在第二次世界大战德国入侵苏联的战争中，她毅然参加了保卫国家、与德国法西斯做坚决斗争的战斗。后来，喀秋莎在战场上英勇牺牲。为了纪念她，人们把苏联红军最厉害的武器火箭炮称为"喀秋莎"。另一个说法是：在火箭炮刚刚研制出来的时候，为了保密起见，人们就给它取了一个与武器完全无关的代号——"喀秋莎"，因为，这是很多苏联女性都喜欢取的名字。

无论原因究竟如何，不可否认的是，这样一个美丽的女性名字，命名的却是当时世界上最强大、最野蛮的武器之一。无可否认，苏联的火箭武器研究，一直走在世界的前列。

其实，早在沙俄时代，俄国人就开始了自己的火箭武器的研制历程。第一次世界大战爆发以后，由于当时飞机装备的武器威力不足，沙俄军方就想在飞机上安装一种威力强大的航空武器。毕竟，大口径机枪和机炮的重量和后坐力太大，实在难以在简单的战斗机上安装。当时，在航空和火箭领域，大批具有开拓精神的俄国科学家和航空工作者做出许多先驱性的尝试。然而，由于政治环境的影响，他们的工作受到种种限制和阻碍。俄国工程师提出开发航空火箭的提议，也由于俄国高层不信任自己的技术，而没有允许工厂开发航空火箭弹。

十月革命胜利以后，苏联开始在航空火箭方面投入精力。在苏联政府的支持下，杰出的火箭学家尼古拉·伊万诺维奇·迪秋米洛夫与其他科学家一起，组成了气体力学研究小组（简称GDI）。这是苏联火箭研究和开发事业真正的开端。一九二〇年，苏联科学家 V. A. 阿尔特米耶夫完成了固体燃料火箭的设计、组装和试射，不过遗憾的是，新生的苏维埃政权面临内有叛乱，外有他国势力武装干涉的严峻形势，火箭事业再次陷入停顿。

1921年，苏联成立第二中央特别设计局，专门负责研制火箭。不过，那时候他们的首要任务是研制出合格的固体火箭燃料和发动机。本来，苏联试图在炮弹发射药的基础上研制火箭发动机，不过他们很快就发现这样行不通，因此他们开始把主要的精力集中在研制专门的固体燃料上面。

于是，经过不懈努力，苏联研制出了可以稳定飞行四百米的固体火箭；一九二五年，迪秋米洛夫开发组才又集中力量开始研究以固体燃料为动力的火箭弹课题。经过三年奋斗，开发组终于完成了供炮兵使用的以无烟火药为动力、射程一千三百米的火箭炮。此后，又研发成功了 PC-82 82毫米和 PC-132 132毫米航空火箭弹。苏联飞行员曾使用 PC-82 火箭弹在哈拉哈河狠狠地教训了骄横的日军。而炮兵用的火箭弹实际上就是根据以上这两种火箭弹发展而来的。

1930 年的 4 月，迪秋米洛夫不幸逝世，刚刚起步的苏联火箭工业因此遭受了沉重打击。群龙无首的 GDI 研究所差点解散。在苏联高层著名将领图哈契夫斯基元帅的庇护下，研发工作才得以顺利进行。1933 年末，RS-82 型八十二毫米火箭弹和 RS-132 型 130毫米火箭弹研制成功。两种火箭弹既可车载发射，又可机载，射程可达五公里以上。

1938 年 10 月，火箭炮车载实验正式开始。这次实验以载重卡车作为实验平台。实验车的定向器非常有特色，为了尽可能多地搭载火箭弹，火箭炮共设有二十四条工字型发射轨，上下两排交错排列，每排十二条，看上去像两排篱笆。更有意思的是，发射轨的指向竟与车头方向垂直，且只能做高、低调整。也就是说，开火的时候，必须将车身与目标保持九十度角，发射方向调整只能经由车辆转向来实现。不言而喻，这种调整方式导致射角的精度极差，调整速度也是十分缓慢的。然而，这次试验也证明，采用道轨式发射装置完全可靠，火箭弹的飞行过程也让人满意。

经过这次不太成熟却有革命性意义的实验，1939 年 3 月，沃罗涅日的"共产国际"工厂试制成功具有八根导轨的 BM.13-16，它的发射架也是工字型的，每个导轨可挂载两枚火箭弹。这样 BM-13 总共可以携带十六枚 M-13（PC-132 的改良型）一百三十二毫米火箭弹，发射架拥有左右各九十度的方向射界。苏联军方随即对其进行了各项严格的测试。测试结果表明，BM-13 特别适合打击暴露的、敌有生力量密集的集结地、野战工事及集群坦克火炮。由于 BM-13 是自行式的，因此适合打击突然出现的敌军以及与对方进行炮战。不过，南于火箭炮发射时烟尘火光特别明显，且完全没有防护。因此它不适合在敌炮火威胁比较大的地域里作战。

1939 年 5 月 9 日，在外蒙古边境的哈拉哈河战役（日方称为诺门坎事件）中，苏联红军把使用延时引信的火箭弹投入了空战。根据参战的苏联王牌战斗机飞行员波罗杰伊金在战后所著的《战斗机》一书中记载，在他参加的八十五次战斗中，共使用火箭弹击落了十架日军轰炸机。

1940 年，BM-13 试生产了六门。最初，"喀秋莎"的诸多优点在试用过程中得到充分的肯定，但是，正是它的卓越性能反而给自己的发展带来了阻碍。1940 年，当时的苏联中央炮兵局局长库利克元帅给"喀秋莎"的生产工作制造了重重的障碍。其原因竟然是担心这种新式火箭炮的使用会导致原有的火炮品种被淘汰！因此，从"喀秋莎"试用开始，一直到 1941 年 4 月，苏联最高国防委员会（GKO）正式为"喀秋莎"定下军用编号——BM-13-16。

1941 年，苏联军方订购了四十门"喀秋莎"。到了 6 月份，军方又订购了十七门。1941 年 6 月 17 日。BM-13 进行了成功的发射表演。6 月 21 日，苏、德战争爆发的前夜，在 BM-13 的定性测试尚未全部完成时，苏联政府做出决定。全力生产 BM-13 火箭炮及 M-13 火箭弹。1941 年 6 月 22 日，苏、德战争爆发。当天，莫斯科科布雷萨工厂接到军方指示，要求立即开始大批量生产 BM-13-16。首批七辆 BM-13-16 发射车和三千发 RS-132 火箭弹将配属莫斯科军区。

1941 年 6 月 30 日，由于战争的需要，沃罗涅日的"共产国际"工厂开始批量生产 BM-13 火箭炮。7 月 23 日，首批批量生产的火箭炮顺利地通过了测试。从此，"喀秋莎"开始大规模生产并迅速装备部队。

"喀秋莎"底盘的后部，有两个手动的千斤顶。发射的时候，炮手要把它放下，以保证发射平台的稳定。发射装置位于驾驶室中，由炮长操作，可以通过电线连接，由连长统一发射。

初期的 BM-13 一般编为独立追击炮营或连，主要用于对抗敌方的猛烈攻击。后来，苏军在实战中发现，BM-13 在泥泞路况下的越野机动性不够，便希望开发一种履带式的火箭炮，但是，在当时，能够搭载 132 毫米火箭发射架的履带底盘只有 T-34 和 KB 两种型号。在当时急需坦克的战况下，炮兵毫无疑问是绝不可能获得这些底盘的。因此，他们只好选择了过时的 T-40 水陆坦克底盘，安装 BM-8-24 二十四联火箭炮发射器。BM-8 火箭弹则是由 PC-82 82 毫米航空火箭弹改进而来。不过，T-40 在 1941 年秋已经停产，车况和数量都远远不能满足要求，所以定型生产的 BM-8-24 是以新型 T-60 轻型坦克为底盘的。正是这些原因，BM-8-16 的威力比 BM-13 小，射程也近些，不过它的机动性好，火力密集度高，适合打击近距离的敌有生力量和轻型野战工事。此外．还有一些安装在斯大林 CT3-5 拖拉机上的 BM-13 和 BM-8-24 火箭炮。因为拖拉机的行驶速度实在太慢，这样缓慢的速度在机动作战中根本无法跟上部队，因此它们同样没有定型批量生产。这些因素都迫使当时苏联军方要不惜一切代价寻找一种可以用的底盘。在 1941 到 1942 年间，苏联还开发了一种 SN-24 火箭炮。由于 M-24 240 毫米火箭弹是新开发的，不像 M-8 和 M-13 是经过长期测试才研制成功的，因此 M-24 存在相当多短时间内难以克服的技术问题，也没有定型生产。因为 M-13 的威力已经足够，因此苏联就没有接着发展大口径火箭弹，而是把全部精力用在提升现有火箭炮的产量上。

1942 年，美国正式参战，大批美援物资源源不断运抵苏联，其中包含有各种运输车辆。美国的通用 GMC6x6 卡车的性能比苏联自己的 3HC-6 卡车好得多，因此，1943 年以后生产的火箭炮几乎都是以通用 GMC 卡车为底盘，这种型号的火箭炮改称 BM-13H。不过，由于绝大部分的 BM-13 都是以通用 GMC 为底盘，所以后来 5M-13H 就统称为 BM-13。苏军还在美国卡车底盘上安装了 BM-8-36 三十六联装、BM-848 四十八联装和 BM-8-72 七十二联装火箭炮。

在第二次世界大战中，苏联的"喀秋莎"火箭炮总共有四大系列，他们分别是 82 毫米 M8 系列，132 毫米 M13 系列，300 毫米 M30 系列，310 毫米 M31 系列。在整个第二次世界大战期间，苏联军队总共装备了二千四百门 BM-8，六千八百门 BM-13，一千八百门 BM-31 "喀秋莎"。以嘎斯卡车底盘总共生产了三千三百七十四辆火箭发射车（不包括美国援助的吉普车改装的"喀秋莎"）。

"喀秋莎"对第二次世界大战中的苏联贡献巨大。在德军入侵苏联以后，苏联方面就开始考虑利用这种新式武器对抗敌人。1941 年的 6 月 28 日，苏军决定组建一个 BM-13 特别独立火箭炮连。6 月 30 日夜，头两门火箭炮开到了驻地。第二天，炮兵连正式成立。当时，这个连队只有七辆试生产型的 BM—13、三千发火箭弹，连长是三十六岁的伊万·安德烈耶维奇·费列洛夫大尉。

经过一个多星期的紧急训练以后，特别独立火箭炮连全连已经熟练地掌握了火箭炮的操作方法。七月上旬，独立炮兵连被编入苏联西方面军，来到了斯摩棱斯克前线。七月十四日，为了打击对岸德军占领的火车站，隔着奥尔沙河，七门"喀秋莎"发射出一百一十二枚火箭弹。这就是"喀秋莎"火箭炮的首次投入实战。当时，为了避免遭到德军炮火袭击，费列洛夫连没有再次装填，匆匆撤出了阵地。

不过，仅仅这样一次袭击，就给德国人留下了深刻的印象。当时担任苏联西方面军司令叶廖缅科在回忆录中记述说："四辆喀秋莎一起发射，获得了极大的战果。我军的一些官兵在未接到通知而目睹了那巨大的威力以后，甚至退了回来。"德军方面也有类似的报告。德国的第 9 军第 12 装甲师报告说："我们遭到不明型号火炮的攻击，损失惨重。"这次攻击给德国人留下"深刻印象"，称"喀秋莎"为"魔鬼火炮"。

其实，对于德军来说，这还只是个开始。在此之后，费列洛夫连躲过了德军的空中侦察和炮兵观测队，在斯摩棱斯克、叶尔尼亚等地区，毫不留情地教训了法西斯侵略者。当时，德军上层命令，要求前线的德军将士不惜一代价找到苏联火箭炮的发射阵地，最好能俘虏他们，不行就全歼他们。但是，德军的每次行动都徒劳无功。

1941 年 10 月初，德军发起了进攻莫斯科的"台风"战役。十月七日夜，在斯摩棱斯克附近的布嘎特伊村，正在行军的费列洛夫连与德军的先头部队正面遭遇。炮兵连大敌当前，却沉着应战。在炮手们迅速架起火箭炮的同时，其他人员奋力挡住德军的冲锋，为火箭炮的发射争取时间。由于发射火箭弹和销毁火箭炮耽误了时间，炮兵连被包围。

在突围过程中，包括连长费列洛夫大尉在内的绝大部分苏军官兵壮烈牺牲。在所有的火箭弹被打光以后，为了不让这种新式武器落到敌人手里，炮兵连彻底销毁了七门火箭炮。苏军的第一个火箭炮连就这样结束了战斗历程。后来，费列洛夫被追授一级卫国战争勋章，他的家乡佩斯特和奥尔沙的几条大街被命名为费列洛夫街。1995 年 6 月 21 日，根据俄罗斯总统叶利钦签署的第六一九号总统令，费列洛夫被追授"俄罗斯联邦英雄"称号。

在 1943 年 2 月，苏军取得了斯大林格勒保卫战的伟大胜利。这次战争是第二次世界大战的转折点。在战斗中，为了对付德军的坚固火力点，苏军投入了刚刚研制成功的 M-31-4 火箭炮。这是一种架在地上发射的火箭炮，发射 M-30 300 毫米火箭弹。M-30 是一种超口径火箭弹，战斗部的口径是 300 毫米，后部发动机的直径只有 152 毫米。这样就相当于减少了火箭弹发射药的药量，导致 M-30 的射程只有两千八百米。不过 M-30 火箭弹战斗部装药达 28.9 公斤，比 203 毫米榴弹的威力还大。可以摧毁战争后期德军的坚固火力点。可以说，在当时，一千五百三十一门"喀秋莎"发挥了巨大的作用。

第二次世界大战结束以后，在"喀秋莎"系列火箭炮的影响下，苏联火箭炮进入了大发展时期。它们的口径不断增大，发射装置也有了相当大的改良，管式和方筒式取代了轨道式，射程甚至可以达到一百公里。

值得一提的是 BM-21 火箭炮（也称"冰雹"），在 20 世纪 60 年代，这种火箭炮被用来装备苏军摩托化步兵师和坦克师，还大量装备东南亚及前华约各国，甚至中国也对它进行了仿造。毫不夸张地说，这种火箭炮对世界各国火箭炮的发展产生了深刻影响。

除此之外，BM-21 火箭炮——苏联在战后研制的 122 毫米四十管自行火箭炮，因性能先进而名扬天下，先后生产了两千多门，畅销五十多个国家。从 1964 年起，BM-21 型装备苏军最主要的前线火炮，各甲种摩托化步兵师装备一个营，每营十八门。早期的 BM-21 火箭炮采用乌拉尔一三七五型载重车为底盘，最大时速七十公里，以后改用 4×4 轮式越野车，最大时速达到 85 公里。BM-21 火箭炮可在十八秒内发射四十枚火箭弹，全营齐射能发射七百二十枚火箭弹或化学弹，总重量四十八吨，超过美国陆军师全部身管火炮一次齐射量。到目前为止，这种火箭炮仍然是世界上许多国家炮兵的标准装备。

继 BM-21 火箭炮之后，苏联研制出了 BM-22 火箭炮（又称"飓风"），并从一九八七年开始装备部队，主要装备师级以上炮兵部队。口径为 300 毫米，采用苏联火箭炮的传统布局，十二支定向管排列成Ⅱ型，左右各四管，上面一排有四管。每支定向管长达八米，底盘为 MA3—543 型 8×8 卡车，拥有较高的机动性。整个作战系统全重四十三吨，共有四名乘员。"飓风"安装有自动装填机，发射完火箭弹时，装填手可利用机械式装填系统从 MA3-7313 型弹药补给车上快速将十二枚火箭弹装到定向管内。最大射程达七十公里，是当时世界上射程最远的火箭炮。车上装有自动化火控系统，包括弹道计算机，无线电传输系统和自动定位系统。每个火箭炮连还配有一辆射击指挥车。接到目标数据后，定位系统自动测出相对位置，火控计算机计算偏差，数据送至发射控制系统。火箭弹在飞行初段使用简易惯导技术，能自动修正飞行。"飓风"使用高爆子母弹，长 7.5 米，重 800 公斤，内装 72 枚 75 毫米子弹头。一门火箭炮一次齐射可发射 864 枚子弹头，覆盖六十万平方米地域。

熟悉世界军事的人们都知道，长期以来，苏联的火箭炮一直影响着全世界火箭炮的发展方向。第二次世界大战时期，受苏联火箭炮的影响，英、美、德等国也相继开发出了自己的火箭炮。德国有 150 毫米、280 毫米等口径的火箭弹，发展出了 sdkfz4 型伴履带式 42 毫米自行火炮；英、美两国则在 M-4A1 中型坦克上加装火箭发射架，使之成为复合型武器，他们甚至在水陆吉普上也装上了火箭发射器。战后，火箭炮仍然是各国军队的宠儿，如：美国的 M-270、德国的拉尔斯等。甚至工业不发达的朝鲜都有自己的金策火箭炮。可以说，苏联火箭武器在世界战争中的辉煌战绩不可磨灭，而苏联有此成就，跟"喀秋莎"火箭炮密不可分。

（二）冰山航空母舰

1942 年，第二次世界大战进入了第 3 个年头。这个时候，欧洲战场上打得不可开交。而大西洋上的盟国运输船队总是遭到德国潜艇的攻击，损失极其惨重。单单在 1942 年的 11 月，盟国就有 134 艘商船葬身海底。而最糟糕的是，在大西洋航线上，盟军缺少可以供护航战斗机起落的基地，因此，一时之间，盟军对德国潜艇的猖獗活动无可奈何。针对这种情况，英国一名叫作杰弗里·帕克的间谍经过长期思索，发现了一个解决盟军困境的好办法。在 1942 年 10 月，杰弗里·帕克将自己的想法写成一篇文章，寄给了英国海军上将蒙巴顿。他建议盟军在北极海域挑选巨大的冰块，经过处理后，冰块将被拖到大西洋作为飞机的基地。蒙巴顿将军看到这个想法以后，认为值得尝试。于是，蒙巴顿很快去拜访了英国首相丘吉尔，并将杰弗里·帕克这个看似荒谬的大胆设想告诉了丘吉尔。同时，为了说服丘吉尔，蒙巴顿亲自带着从北极挑选的冰块样品到丘吉尔的浴室做试验。在看到冰块稳定性及融化速度的测试后，丘吉尔也对这个看似荒谬的计划产生了浓厚的兴趣，他立刻指示海军尽快对该计划进行论证。

经过连续几周的努力工作后，英国海军部终于拿出了"航空母舰"的设计蓝图：这艘奇特的"航空母舰"全部用冰制成，由二十六台发动机驱动，可以经受住鱼雷的袭击。"冰山航空母舰"全长一千米，完全能够供重型轰炸机起降。为了防止冰块融化，舰身还安装上冷冻管，不断输送冷气。

可是，就在英国海军部兴致勃勃地实施自己计划的时候，一个致命的问题出现了。人们很快发现，由于"冰山航空母舰"表面的冰太过脆弱，所以它根本经不起鱼雷等武器的攻击。难道这个计划注定是痴人说梦吗？在危急之中，有人为蒙巴顿将军推荐了一位澳大利亚籍的天才物理学家马克斯·佩鲁茨。

于是，在英国海军部的热情邀请之下，马克斯·佩鲁茨加入了"冰山航空母舰"的建造工作当中。他和助手们孜孜不倦地工作着，想要寻找合适的冰船材料。为了配合他的工作，英国政府秘密征用了伦敦附近的一家冷冻仓库。于是，在摄氏零下十五度的环境里，佩鲁茨及助手穿着厚厚的防冻衣，进行了艰苦的实验。后来，佩鲁茨将棉花和木浆注入水中，然后再将混合物冷冻，制成一块块巨型的坚固冰块。接着，他们拿这种冰块做了射击试验，结果发现加入混合物的冰块的坚硬程度丝毫不亚于水泥，效果出奇的好。

在1943年8月，英国首相丘吉尔和美国总统罗斯福一起观看了这种"冰块水泥"的强度试验。随后，两人立刻决定投资制造一艘"冰山航空母舰"。按照修改后的计划，这艘冰制航空母舰长610米，宽61米，厚4.6米，排水量22万吨，将成为人类历史上最大的军舰。而且，这艘庞大的舰船可以搭载两百架战斗机、一百架轰炸机及一百门高射炮。舰上还有强力制冷设备，随时可以冰冻舰体。这样，即使是在热带海域航行，冰山航空母舰也不会融化。

尽管如此，为了保险，技术人员还是先建造出一艘排水量达一千吨，长二十米，宽九米的模型进行试验。在摄氏十五度的水面上，这个模型试航效果非常不错，甚至在盛夏炎热的天气里也没有融化，这样的结果使海军内部那些持有不同意见的将领们大感惊讶。军方根据试验结果，对"冰山航空母舰"的前景信心十足。他们认为，"冰山航空母舰"能运输重型武器，它将使登陆行动变得非常容易。"冰山航空母舰"还有一个优点是，当它被鱼雷攻击以后，只需在受伤处注入冰水进行冷冻，很快就能修复，因此，"冰山航空母舰"是不会轻易沉没的。当然，它也是有缺陷的。它最大的缺点是航速较慢，时速还不到十公里。

战后，佩鲁茨回忆说，当时，帕克对自己想出的妙计感到十分得意，帕克甚至认为，只要建造出几十艘"冰山航空母舰"，就可以大举进攻日本。"冰山航空母舰"甚至可以帮助盟军在日本登陆。虽然"冰山航空母舰"的呼声很高，然而，在建造过程中，"冰山航空母舰"还是不断地遭受到各种质疑。反对者们认为，建造这样的航空母舰是不合时宜的，除了造价过于昂贵，一艘"冰山航空母舰"的造价高达八千万美元。更为重要的是建造的时间太过漫长。

很快，关于"冰山航空母舰"的坏消息一个又一个地传来。从1943年开始，随着整个世界战争格局的逐渐变化，盟国在大西洋上的被动局面慢慢开始扭转，于是，建造"冰山航空母舰"的需求在不断地下降；紧接着，"冰山航空母舰"的坚定支持者蒙巴顿将军被调到缅甸。于是，在英国海军部内，反对建造"冰山航空母舰"的呼声逐渐占了上风。

到了1943年10月，英国人在亚速尔群岛新建了一个空军基地，美国方面又生产了大量护航航空母舰，担负起商船队的护航任务，在这样的情况下，"冰山航空母舰"已没有存在的意义。

1943年12月，从各方面考虑以后，英国首相丘吉尔不得不宣布中止制造"冰山航空母舰"的计划，就这样，人类历史上最大的军舰计划胎死腹中。

（三）天上的霸王

1934年7月，美国海军"休斯敦"号巡洋舰正在全速驶向夏威夷。与以往的航行不同的是，由于总统罗斯福也在舰上，舰上的人员个个神情紧张，神经绷到了极点。

"休斯敦"号巡洋舰已经离开美国海岸2250公里的时候，舰上的对空观察军官发现远处的天空中，突然出现了两个奇怪的黑点。他立即拿起望远镜，瞭望天空。"飞机！战斗机！"他大声叫了起来。在望远镜中，两架飞机越来越近，他已经隐约能够看清楚机腹下挂着的一枚大炸弹。这时候，几个沉不住气的舰员已经扣动了扳机。突然，两架飞机不约而同地拉起了高度，但方向并没有改变，机头仍一直指向"休斯敦"号巡洋舰。这时候，巡洋舰上的人顿时一片慌乱。总统随员们更是紧紧地把罗斯福围在中间。

很快地，飞机真的开始俯冲了！顿时，军舰上枪声大作起来。突然，观察军官看到了机身侧面的徽标，这个徽标出现在几个月前军方新编发的辨识手册中，是一个新成立的"梅肯"飞行中队的标志。对大多数美国军人来说，这还是一个不是很熟悉的标志。很快地，观察军官看清了机尾上的"美国海军"字样。"真的是自己人！这帮混蛋到底想干什么？"观察军官感到困惑不解。同一时间，巡洋舰上所有的人都看清楚了飞机上的标志。大家都呆呆地仰头盯着天空。

忽然，飞机上突然扔下一件物品。在众人瞩目中，投掷物准确地落在了甲板上。这是一个包裹，里面有一份报纸和几张纪念首日封，还有一张字条，上面写着："梅肯"中队特向总统阁下邮递《旧金山日报》，并奉上"梅肯"号首发纪念封，希望阁下能喜欢。

罗斯福看了看纸条，又拿起了纪念封。上面画着一艘巨大的飞艇，左上方印着"好运伴随你！"的字样。紧接着，随行的海军高级官员向罗斯福解释了"梅肯"中队的飞机为什么能飞这么远。罗斯福听后，露出了会心的微笑："打起仗来，这可是个秘密武器！"

"梅肯"中队的飞机之所以能够飞行得如此远，乃是它背后的"飞艇航空母舰"。20 世纪二三十年代正是世界经济处于大萧条的时期。然而，即使是在这个时候，美国还是投入了高达六百万美元的巨资，造出了当时世界上最大的两艘空中巨无霸——"阿克伦"号和"梅肯"号飞艇。美国花如此多的钱来制造"飞艇航空母舰"，目的是为了防范来自日本的威胁。当时，日本的军事力量越来越强大，日本海军的实力已上升到世界第三位。日本此时野心勃勃，与纳粹德国、意大利联合起来，组成邪恶的轴心国，四处侵略。美国与日本的关系因为太平洋地区的利益冲突而日益紧张起来。

这两艘飞艇长两百多米，直径四十米，容积达十八万立方米，总重量超过一百吨，被称为"飞艇航空母舰"。这种新型的飞艇之所以被称作飞艇航空母舰，是因为在它的下面还挂着五架"雀鹰"双翼单座战斗侦察机。这些战斗侦察机凭借时速140 公里、滞空能力超强的空中母舰，轮流值勤，为美国的太平洋沿岸筑起了一道坚不可摧的空中长城。

为了能够造出"空中航空母舰"，美国人决定发展第一次世界大战中德国人发明的齐柏林飞艇技术。在第一次世界大战中，德国的飞艇不仅有很强的侦察能力，还有着很好的实战成绩。它们曾空袭英国 51 次，投弹 6000 枚，炸死、炸伤大约两千人。在那个时代，这确实算得上是一件强大的空中武器。

但是，第一次世界大战中的德国飞艇因为装置有内装氢气，曾发生过惨烈的爆炸。于是，在开发空中飞艇的时候，美国人尤其注意这个问题。美国制造商洛克希德·马丁公司的工程师经过试验，改用了不易发生爆炸的氦气。这些氦气被分别填在十二个大隔间中，并以坚固的铝合金为骨架。不仅如此，飞艇上还装备了八台560 马力的活塞发动机，以覆盖五层明胶的厚棉布为蒙皮，力求坚固、耐用。此外，美国人还创造了钩钩技术来连接飞机与母舰。技术熟练的美国飞行员控制着飞机，让飞机的速度与母舰努力保持一致，把自己飞机上的固定"着舰钩"套进一个吊钩，最后完成飞机的回收。

经过长期的研究开发，"阿克伦"号和"梅肯"号分别于1928年和1931年先后问世。这两艘空中航空母舰不仅航程远，而且有效载荷大，非常适合进行远程轰炸和侦察。另外，它们的结构和气体十分安全可靠，所以被称作"划时代的高科技奇迹"。

虽然这一研究被称为"划时代的高科技奇迹"，但是，"阿克伦"号面世后，美国的飞艇航空母舰计划就频频出现意外。它们面临一个在着陆前后都需要紧紧系牢的问题。有一天，一群美国的国会议员在试乘飞艇的时候就碰上了这样的麻烦。当时，一阵时速为80公里的狂风吹来，把缓冲缆绳吹断，三名地勤人员被强风拉到了空中，其中两人被摔死，飞艇也受到严重的破坏。

1933年4月，一个傍晚，"阿克伦"号再一次遭遇厄运。当时，它正在进行常规训练，突然，一股强烈的下降气流将它强行带到了海面。飞艇的头部朝上，尾部却掉进了海中。随后，在强大的外力作用下，飞艇迅速断裂。艇上本来有将近一百人，最后只有三人得以生还，美国飞艇计划的鼓吹者海军将军威廉·莫菲特也在艇中，不幸遇难。

不仅是"阿克伦"号遭遇无情的命运，"阿克伦"号的姐妹艇"梅肯"号也遇到了同样的厄运。1935年2月，"梅肯"号正在加利福尼亚海岸外进行训练的时候，忽然遭遇到一股猛烈的阵风，风突然从艇首右舷方向吹来，艇身被大风吹动，产生了剧烈的摇摆，接着，飞艇尾部的垂直安定面断裂，断裂产生的碎片和铝架断口刺破了三个氦气气囊。于是，"梅肯"号失去了控制。意外发生以后，飞艇的乘员们迅速向艇外抛下各种重物以减重。最后，飞艇终于重新恢复了平衡，但是，"梅肯"号却已经开始坠落。幸运的是，由于飞艇体型巨大，下落速度非常缓慢，而这次"梅肯"号的指挥官海军少校威利正是"阿克伦"号的幸存者，所以他临危不乱，指挥训练有素，81人获救，2人不幸遇难。

仅仅是两次大风就带来如此严重的悲剧，这样的结果让人难以接受，于是，美国投入巨大人力物力研究的"空中航空母舰"计划受到了多方怀疑，美国总统罗斯福决定暂停相关的项目。到了1937年5月，在美国新泽西，德国飞艇"兴登堡"号突然起火，烧死了五人。这一意外事件导致美国全国上下对"空中航空母舰"的质疑达到新的高潮。最后，美国政府不得不放弃了这一研究项目。

在美国人忙着制造飞艇的同时，苏联也在进行他们的"空中航空母舰"计划。与美国人的"飞艇航空母舰"不同的是，苏联是以大型轰炸机作为母舰，将小型战斗机架在母舰上，或者挂在母舰下，形成一个空中战斗组合体。这个新鲜的战术被苏联人称作"连环计划",或"寄生战斗机计划"。这一战术是在 1931 年 6 月由苏联空军科学研究院的瓦赫密史洛夫提出。

此后,苏联开始了长达十年的艰难研究。最开始,苏联的工程师们将两架战斗机安装在一架双发全金属轰炸机机翼上,如此一来,整个系统的起飞重量超过了一万公斤。试验中,通过一个管状的三脚架,战斗机起落架滑轮固定在轰炸机的机翼上,艉翼则固定在一个可折叠的三脚架上。

1931 年 12 月,苏联的两架战斗机在三千米高空同时脱离母机成功,使战斗机的航程由三百四十一英里增加至三百七十二英里,至此,"空中航空母舰"计划取得了初步成功。

在这次试验的基础上,苏联又使用更好的战斗机和轰炸机进行了七种以上的不同组合试验。试验中,轰炸机母机携带的战斗机数量也从最初的两架增加到五架。其中,最有意思的一个设计方案是以一架母机携带着五架战斗机,再以几个这样的"空中航空母舰"组成机群,进行五到六小时的远程巡航,形成了一个强大的空中力量。但是,最后,从实用的角度考虑,苏联人采用了研究者们在 1934 年 8 月提出的用一架远程轰炸机母机携带两架先进高速小战斗机的方案。1937 年,这一试验完全获得了成功,于是,苏联开始批量制造这种"空中航空母舰"。此时,苏联也完全掌握了在空中以飞机回收飞机的先进技术。

与美国"空中航空母舰"中途夭折的悲惨命运大不相同,苏联的空中航空母舰计划不但顺利实施,还在对德战争中大显神威。在苏、德战争中,苏联开发的六架"空中航空母舰"被配备到苏联的黑海舰队海军航空兵中。1941 年 7 月,这六架空中航空母舰投入了战斗。在此后短短一个月左右的时间里,飞机航空母舰多次成功地袭击了德军占领下的罗马尼亚康斯坦萨油田,以及这一地区为数众多的炼油厂和储油罐。在火力强大的德国空军的奋力拦截下,苏联方面除了两架小飞机被击落以外,没有任何损伤。

在 1941 年 8 月 13 日,苏联空中航空母舰的远程和高速以及它们的战斗力对德军的破坏达到顶峰。当天,苏联攻击的目标是德国占领的一个横跨多瑙河的输油管和一座大桥。在空中航空母舰执行此次攻击任务之前,苏联的轰炸机曾对这座桥进行过多次攻击。但是,由于这座大桥具有极其重要的战略意义,因此,德国人非常重视大桥的安全,他们在大桥的周围密布了高射炮火。因此,在此前的多次行动中,苏联付出了沉重的代价,却没有占到什么便宜。但是,苏联对此攻击目标乃是势在必得。于是,在多次攻击仍然没有得手的情况下。苏联军队派出了最后的"杀手"——空中航空母舰。当天的凌晨三点钟,接到任务的三架空中航空母舰从克里米亚机场起飞,飞往目的地。到达目的地的上空以后,六架小飞机被释放,直扑大桥。结果，在德军的高射炮火还来不及做出反应之前，五枚 450 公斤重的炸弹就直接炸毁了大桥，并进而摧毁了邻近的输油管道。回航的途中，这六架小飞机还顺便袭击了一支德军的地面部队。此次行动大获全胜。由于立了大功，领队的舒比科夫大尉还被苏联军方授予了"列宁勋章"。

此后，苏、德战场形势越来越恶化。为此，苏军不得不增加飞机航空母舰的攻击次数。虽然它们的战果十分显著，但是，因为过于频繁的行动，苏军的新型武器也被德军盯上了。很快地，德国将整整三个大队的战斗机派往克里米亚地区。于是，在数量众多的敌方战斗机面前，飞机航空母舰的数量劣势立刻暴露出来。那时候，苏联方面并不知道德军已经盯上了自己的飞机航空母舰，敌情已经发生了重大变化。10 月 23 日，苏联方面派出了仅有的几架以飞机航空母舰为核心的机群前去轰炸德军的炮兵阵地，突然，它们遭到大量德国战斗机的疯狂围攻。在战斗中，体积庞大笨重的母机被敌机直接攻击，子机也被打的四处逃散，结果，任务没有完成，却几乎全军覆没。此后，苏军再也无力大量地制造"空中航空母舰"，也就再也没有什么办法发动空中航空母舰攻击了。

随着战争的结束，"空中航空母舰"永远地退出了历史舞台！

（四）蝙蝠轰炸机

1941 年的 12 月 7 日，日本偷袭了美国珍珠港。当时，一位美国口腔外科医生莱特尔·亚当斯正在休假。

与其他被珍珠港事件震惊的数百万美国人一样，亚当斯开始积极地寻找一种适当的反击方法。这时候，他想到了用蝙蝠来轰炸日本东京。

原来，亚当斯在美国西南部度假，刚刚去参观过卡尔斯巴德洞窟国家公园。在那里，他见到了许多蝙蝠。第二次世界大战结束后，亚当斯告诉人们说："我当时对这些蝙蝠成群飞过的场景极度震惊，我想，为什么不能为数百万只蝙蝠装上燃烧弹，从飞机上释放它们呢？"

因此，就在珍珠港事件爆发的这一年即 1941 年，亚当斯重新来到卡尔斯巴德洞窟国家公园。这一次，他抓了几只蝙蝠进行试验。紧接着，亚当斯开始查阅所有能找到的哺乳类翼手目动物的数据。通过对大量资料的阅读，亚当斯了解到，世界上的蝙蝠种类有将近一千种，平均寿命大约为 30 年。在北美地区，最普通的一种蝙蝠是侏儒皱唇蝠，它在一夜之间能捕捉一千多只白蛉或其他蚊子大小的昆虫。每只蝙蝠虽然只重九克，却能携带三倍于己的重物。

进行了大量的调查以后，1942 年 1 月 12 日，亚当斯向白宫提出了他的设想，建议投入资金研究把蝙蝠用作"动物轰炸机"的可行性。其实，一位口腔外科医生向罗斯福总统和美国政府提出这样的建议并没有什么奇怪的，在第二次世界大战期间，美国公民为了抗击敌人，纷纷向当局提出五花八门千奇百怪的方法，但大部分建议都是不成熟不现实的。但是，这一次，亚当斯医生的建议却受到了空前的重视，并通过了美国最高层专家的鉴定，成为少数被开了绿灯的项目之一。

过了没多久，美军就开始秘密从事这一项目的研究。这个项目由美国陆军化学战勤务局负责，并与空军合作，专门从事蝙蝠轰炸机的研究。该项研究的宣传者亚当斯与美国陆军部指派给他的生物学家们一起，寻访蝙蝠大量聚集的地点，主要是洞穴。当然，也有不少翼手目动物喜欢在阁楼、茅屋、垃圾场或其他地方栖息。

亚当斯回忆说："当时，我们四处奔走，大约查看了一千处洞穴，三千口矿井。我们白天晚上都在匆忙走路。累了大家就睡在车上，彼此轮流开车。"

他们发现，在找到的蝙蝠中，最大的是尖耳蝷面蝠。这种蝙蝠翼展达到五十公分，从理论上来说，可以携带450克的高能炸药，但是，在北美地区，这种蝙蝠数量太少。在美国及其邻近国家，最多的是苍白洞蝠。这种蝙蝠只能携带85克炸药，但是，到了后来，研究人员还是认定苍白洞蝠也不合适。最后，与亚当斯最初预料的一样，研究组选择了能携带28克炸药的肥尾皱唇蝠。

与其他蝙蝠相比，肥尾皱唇蝠这种翼手目动物有着较大的优势：数量比较多，仅在美国的得克萨斯州奈伊洞穴就发现有二千万到三千万只之多。蝙蝠的数量太多，以至于成群结队地全部飞离洞穴就需要大约五个小时。不过，最初，研究组并没有用网大量捕捉这些蝙蝠。他们只抓了数百只放到带篷冷藏车内。这样的做法能够强迫它们过冬，进入休眠状态。另外，实验组又带上几只来到华盛顿，现场向军方展示了如何让它们携带炸弹。

在美国空军司令部代表参与的情况下，1943年3月，陆军研究小组进行了"散射燃烧弹方法试验"，以此确定使用蝙蝠运送小型燃烧弹到敌方目标上空的可行性。实验中，为蝙蝠设计微型燃烧弹由南菲舍尔博士负责。他一共研制了两种大小和重量各不相同的试验样品。这种样品由硝化纤维制成，呈长方形，里面装满煤油。两种炸弹一种重17克，燃烧时间达4分钟，火焰25公分；另一种炸弹重28克，燃烧时间6分钟，火焰.30公分。由于使用机械点火器会延迟点燃，因此实验使用了二氯化物介质来侵蚀钢丝导线和撞针。此外，他们又借助手术夹和某种结实的细绳，把炸弹固定在蝙蝠腹部。准备就绪以后，实验者们把这些"动物轰炸机"放到一种特制的投掷箱里，由飞机运送到目标上空，再使用降落伞投掷。箱子内的温度会在降落过程中慢慢升高，蝙蝠会逐渐苏醒，随后便展翅飞行，释放炸药。

在进行第一次正式试验的时候，共有180只携带炸弹模型的蝙蝠参加。蝙蝠炸

弹箱从飞机上投掷下来以后，在大约三百米的空中自动打开，苏醒的蝙蝠开始携带着肚子上的炸弹飞行。一切都像预想的那样成功了。

第一次试验成功以后，为了进行新一轮试验，项目组成员在卡尔斯巴德洞窟又捕捉了3500只蝙蝠。1943年5月21日，第二次试验进行。固定了炸弹模型的蝙蝠被分别装进五个箱子，由B-25轰炸机带至1500米空中投掷。但是，这一次试验没有能成功，大部分蝙蝠没有从冬眠中苏醒过来，飞离箱子，所以被直接摔死了。试验结束后，大家进行了探讨，得出了失败的原因很多，主要的原因包括投掷箱未能发挥应有的功能，手术夹弄伤了蝙蝠柔嫩的皮肤等。

1943年5月29日，陆军试验结束。在秘密试验报告中，卡尔上校写道："用于试验的蝙蝠平均重9克，携带11克重物没有任何问题，18克还算满意，但22克就力不能及了。"

在最后进行的一次试验中，实验者们大约使用了6000只蝙蝠炸弹。经过这次实验，美国陆军开始明白，要让蝙蝠炸弹这种秘密武器面世，需要使用能在空中延时开箱的新型降落伞，试验出新的炸弹固定方法，研制出更简单的点火器等。

但是，在1943年6月8日，卡尔在秘密报告中简短汇报说："在大部分试验材料被大火烧毁后，试验结束了。"原来，在最后一次试验过程中，模拟日本人村庄的房屋被彻底烧毁了。当时，由于工作人员粗心大意，致使房门大开。一些携带真正燃烧弹的蝙蝠飞走，落在了试验基地的车库中，车库连同里面的一辆将军坐的汽车全部被烧毁。

美军高层指挥官对这一事故的反应不太清楚。1943年8月，陆军把此项目移交给海军，后者更名为"x光项目"，继续试验。在1943年10月。美国海军陆战队守住了四个蝙蝠洞穴，准备在需要时进行捕捉。据说，一夜之间就能抓住上百万只。

根据美国历史学家罗伯特·谢罗德的事后查证。美国海军的"蝙蝠轰炸机"首次试验开始于1943年12月。海军部一共完成了大约30次的实弹燃烧试验，其中四次规模较大，甚至请求了职业消防队员帮忙灭火。

数据显示，海军原计划的最大规模的蝙蝠炸弹试验本定于1944年8月进行。不过，美国海军高层欧内斯特·金将军很快明白，无论此次结果如何，在1945年年中以前，蝙蝠炸弹都不可能参加战斗，因此无法对战局产生积极的影响。于是，欧内斯特·金将军迅速下令，停止了当时已耗资两百万美元的试验工作。

对于这一命令．一直参与"x光项目"的亚当斯医生感到非常伤心，他认为，蝙蝠轰炸机的攻击威力巨大，可能会超过1945年8月美国投向日本广岛和长崎的原子弹的威力。无论如何，这种被美国政府寄予厚望的"秘密武器"还是遭到了夭折的命运！

（五）潜水坦克

近几年，韩国开发出最新的 XK2 主战坦克。很多媒体纷纷报道说这是世界上第一种水下坦克。其实，媒体的报道是不符合事实的。实际上，在第二次世界大战时期，德国曾经秘密开发和装备了一种潜水坦克。

德国不仅开发了世界上第一种潜水坦克，而且他们当时开发出的坦克的潜渡水深远远超过当今世界上任何一个国家现役坦克的潜渡水深。当今世界上，西方国家的主战坦克只能潜渡最长 4.5 米的水深。即使是在比较重视潜渡装备的俄罗斯，其现役坦克也只能潜渡五米的江河。大家都知道，坦克渡河有着浮渡、潜渡两种方式。浮渡主要有两栖式浮渡和围幕式浮渡；而潜渡主要是适用于重型坦克的渡河方式，不过这种方式还是和河床的地理环境有关，如果淤泥太多的话恐怕还是有问题，并且还受通气管长度的限制，准备时间较长。所以，所谓潜水坦克也就是可以潜渡在水中的坦克。

德国之所以开发潜水坦克，是为了配合拟定在 1940 年中期实施的进攻英国本土的"海狮"计划。为此，德国特意秘密研制和装备了 3 号潜水坦克。

当时，德国开发的潜水坦克乃是以原来的 3 号轻型坦克的 F 型和 G 型、H 型为基础进行的设计改装，一共制造了 168 辆。这些坦克后来隶属于德国的第 3、第 18 装甲师。德国开发潜水坦克之所以不为世人知晓，是因为后来德国进攻英国的"海狮"计划被取消，所以这种潜水坦克不但没有在预想的战场上发挥作用，而且还在 1940 年 10 月后中止了生产。最后，它们只是在苏、德战场初期的袭击布雷斯特要塞的战斗中，潜渡了布格河，稍稍地露了一手，随后再无用武之地。

德国对 3 号坦克的改装是将其发动机进口密封，再加上保护盖，其他可能发生渗漏的地方和机枪射击口、观察窗等都用防水材料密封。车身各部分的舱口、炮塔、装甲部分都安装上橡胶密封垫和防水顶盖等。从外观上来看，与普通的 3 号坦克相比，潜水坦克除了多出来的固定通气管和管道的支撑架以外，区别不是很大。不过，最重要的是，设计者们在坦克中安装了通气管和水下导航的陀螺罗盘。通气管里装有密封盖，排气管里则装有单向排气装置。在坦克潜水时，通过通气管，可以将空气引入舱内。通气设备则由一段长十八米的通气软管和它前端的浮标构成。在通气设备的浮标上，还安装了吸气口和无线电天线。输进坦克车舱的空气就是从浮标处进入的。当然，如果浮在水面上的浮标进水的话，那么坦克舱里也会流入大量的水。所以，它被称为潜水坦克的生命线。

潜水坦克在水中前进时，其浮标浮在水面上，通过浮标口来供应车内的空气。

不过，在水中前进时，人们只能通过炮塔上方的窗户观察外部，视野非常有限。所以，设计者们又在车内配备了陀螺罗盘和无线电，它们共同协作，以完成导航任务。即使做到了这些，潜水坦克的前进方向仍然是只能按照地图的指示。如果坦克在前方碰到大的障碍物的话，它要绕过去就很困难，几乎很难完成。如果最终不能穿过而被迫停在原地的话，那么潜水坦克就会成为极度危险的自杀武器了！

这种德国潜水坦克的最大潜渡水深可以达到 15 米，能够在水下连续前进 20 分钟。如果超过这个时间，车舱内的一氧化碳浓度就会过高，有可能会让坦克内的士兵中毒致死。因此，在水中前进时，潜水坦克的装填手需要不断测定舱内一氧化碳的浓度，一旦超过规定数值就要迅速浮出水面。当然，从十五米深的水下浮出来也不是一件很简单的事情。

在使用潜水坦克前，坦克必须由驳船运到近岸海域后，在离目标海岸不远的地方（当然水深不能超过 15 米，要不就真的成为"潜水艇"了，而且是再也浮不起来的那种），再自行下海在水中前进直至海滩登陆。其实，如果"海狮计划"付诸实施的话，当英军看到那些突然从海里钻出来的坦克时，一定会被惊呆吧！不过，这样戏剧性的一幕并没有在历史上真正上演。

事实上，这种潜水坦克的战术价值不是很大。因为采用了大量的密封材料进行防水，结果使得坦克上的武器都不能在登陆后立即使用，还需要花上一段时间，拆除这些潜水设备后，坦克才可以发挥真正的战斗力。当然，如果用这种坦克突袭防守薄弱的守军，或者利用其战术进行突然袭击的话效果应该还是很不错的。不管怎么样，德国人可以在第二次世界大战中开发出这种性能的潜水坦克，可见其战术思想的超前和技术的先进和严谨。毫无疑问，无论是在第一次世界大战还是第二次世界大战，即使是战败者，德国人的军事力量还是不容轻视的！

（六）"追我的查理"的克星——电动刮胡刀

1943 年 8 月 27 日，盟军一艘名为"白鹭"号的军舰与另外一艘军舰在大西洋上的比斯开湾护航时，遭到了德国空军的猛烈攻击。当时，两架德国的"道尼尔"DO-17 轰炸机向它们发射了四枚制导炸弹，其中一枚准确地落在"白鹭"号的甲板上。

炸弹产生的剧烈爆炸使舰上 225 名盟国水兵全部魂归大海，而军舰也沉落海底。让"白鹭"号舰毁人亡的正是德军的秘密武器——编号为 HS-293 的制导炸弹。

从 1943 年下半年开始，德国人在他们的轰炸机上都装备了这种有五百公斤重

的新式空投武器。它装有无线电接收装置，并在尾部安装了助推器，能在无线电指令的控制下自动调整飞行方向。从理论上讲，HS-293 能在轰炸机飞行员的遥控下，准确地击中任何目标。HS-293 的准确性之高，凡是目睹过 HS-293 攻击的盟军官兵都给它取了个形象的绰号——"追我的查理"。

在"白鹭"号遭到袭击之后，比斯开湾的盟军船只不断出现被"查理""追赶"的情景，盟军损失惨重。面对"查理"越来越疯狂的进攻，为了阻止"查理"的"追赶"，盟军必须尽快找出对付这种秘密武器的方法。因此，英国皇家海军决定使用一招"苦肉计"：他们派出一支搭载着科学家的小型舰队进入比斯开湾，引诱德国人使用 HS-293 攻击。这样做是为了给科学家们创造一次实地考察的机会，以便他们能在第一现场研究出干扰飞机和炸弹之间制导信号的方法，而"诱饵"舰队的任务落在了英国皇家海军的第二支援舰队头上。

德国人的反应出奇的快，第二支援舰队刚刚进入比斯开湾，就遭到了他们连续十二次的攻击。随行的科学家们对满天乱窜的"追我的查理"根本束手无策，他们把带来的仪器弄了半天，也没能找出干扰其制导信号的办法。幸运的是，舰队指挥官沃克很有实战经验，在这样的紧要关头仍临危不乱，每次都指挥军舰灵巧地躲开德国人的攻击。

到了第三天，盟军的机会来了。德国轰炸机向第二支援舰队中的"野鹅"号护卫舰接连发射了两枚 HS-293。原本"野鹅"号已经无处可躲，两枚炸弹却突然跌跌跄跄着偏离了原定的正确方向，远远地落入水中！

科学家们对这一幕大感兴趣，他们要求军官们立即去调查炸弹扔下来时舰队的水兵们是不是在使用什么电子仪器。事情很快弄清楚了：德国人的炸弹扔下来时，舰队另一艘护卫舰"燕八哥"号上有位军官正在使用电动刮胡刀刮胡子。得知这一消息后，科学家们立刻兴奋起来。他们意识到，可能是工作中的电动刮胡刀影响了德国人的制导炸弹！

为了验证这个猜测，沃克指挥舰队驶向离海岸更近一点儿的地方，以吸引更多的德国轰炸机和"追我的查理"。果然，在舰队行驶了没多久，整整一个中队的德国轰炸机就带着"追我的查理"蜂拥而至。沃克也早有准备，在德国轰炸机接近舰队的同时，他下令将舰队中仅有的四把电动刮胡刀集中在一起，在德国轰炸机发射"追我的查理"的一刹那，把它们全部打开。这一冒险的试验竟然成功了。小小的刮胡刀竟然让德国人发射的 HS-293 全部失灵，像密集的雨点一样纷纷落入海中！

这究竟是什么原因呢？经过科学家们的仔细研究，大家发现原来电动刮胡刀转动的时候会产生微弱的电磁波，这些电磁波的波长恰好与制导 HS-293 炸弹的无线电波波长相似，因而对 HS-293 的遥控指令产生了影响。这就好像现在我们看电视或听广播的时候，如果有人在附近使用电动刮胡刀，也有可能出现这样的现象：电视屏幕上布满雪花、广播里会充满"沙沙"的声音。这说明电视或广播信号也受到了电动刮胡刀电磁波的影响。

无意之间，一个小小的电动刮胡刀居然让德国人的秘密武器失去了准头。科学家们的发现给盟军带来了意外惊喜。德国人无论如何也不会想到，电动刮胡刀竟然会成为"追我的查理"的克星。

（七）食物也疯狂

在第二次世界大战中，面对严峻的形势，面对不是你死、就是我亡的战斗，各国开发出众多武器，可以说是无奇不有，甚至连不起眼的食物也成了神秘的武器。

不久之前，英国伦敦著名的史宾客（spink）拍卖行拍卖了第二次世界大战时期英国特工留下的两颗用于传递情报的李子干。谁也不会想到，在第二次世界大战时期，这两颗普普通通的李子干竟是特工用的一种秘密武器！

其实，在第二次世界大战中，盟军特工常常在一种特殊的李子干里填满地图或其他秘密文件，偷偷携带给关押在集中营中的囚犯，为他们提供越狱后的回家路线图。这次用于拍卖的李子干是第二次世界大战时期英国著名女间谍多琳·穆洛所收藏的第二次世界大战纪念收藏品的一部分。目前，她的侄孙理查德·马歇尔将它们送拍，并期望卖出超过一千英镑的价钱。

据了解，穆洛曾经是英国特别行动委员会（Special OpemtionsExecutiVe）的一名成员。她是英国人，在第二次世界大战爆发前嫁给了一名法国人并随后移居法国。1940年，她发现丈夫有外遇后返回了英国。她在伦敦继续与法军一起对抗占领法国的德军，并且加入了特别行动委员会（SOE）。特别行动委员会是第二次世界大战时期由丘吉尔和休斯·道尔顿组织建立的；之所以要建立这一组织，是希望在敌人的后方实施非军事交战的秘密抗敌行动。在福尔摩斯系列侦探小说问世后，特别行动委员会有时也被称作"贝克街小分队"（福尔摩斯小说中的特工组织）。

第二次世界大战结束的时候，穆洛退休。从那时起，她就开始收集与战争有关的物品。在她的收藏品中，还包括伪造的德国官方橡皮图章和伪造的在集中营中可供囚犯当作钱币使用的金属板。此外，还有那些被制作成类似日记本、食谱、健康手册和小字典的反德国法西斯宣传册，里面记录了对敌军实施破坏活动的详细说明。

穆洛的侄孙马歇尔向美联社记者透露说，他的姑祖母曾经住在伦敦北部的一所大房子里。在那所房子里，有一间浴室专门供特工制作特殊的李子干。在这里，特

工们将坚硬的李子干用水泡软后，仔细取出果核，再小心翼翼地将用蜡纸包裹好的秘密纸条卷好，放进果子里，最后再将李子晒干，并装入食品袋中送给狱中的囚犯，帮助他们越狱后找到回家的路。马歇尔说，藏在李子干里的地图上详细地绘制着欧洲铁路线。他还说："我的姑祖母向我叙述了她和一名同事在浴缸旁边制作李子干的过程。她说：'当李子干被水泡胀后，就小心取出果核。一定要小心，不能破坏李子干的外观。此后，塞入蜡纸文件，再将李子烘干，最后装入红十字会的小包里，把这些李子干送给狱中的盟军战士。李子干是一种独创的秘密武器，不是你所见的常规战争武器。'"

据马歇尔透露，姑祖母"保留了这两颗李子干做纪念"，但它们从没在秘密行动中使用过。史宾客拍卖行发言人埃米莉·约翰斯顿介绍说："它们（即将拍卖的两颗李子干）非常坚硬，它们被保存到现在真让人惊讶。"

（八）死亡引信

许多军事历史学者都认为，盟军之所以能够战胜纳粹法西斯，取得第二次世界大战的胜利，很大程度上要归功于三项关键性军事技术。到了今天，雷达、原子弹这两种曾经的秘密武器已经家喻户晓了，但是，排名第三的近炸（变时）引信可就不那么出名了。

在第二次世界大战爆发之前，世界上各种类型的炮弹使用的引信只有定时、触发（炸）引信两种。但是，到了后来，面对性能迅速提升的航空器，上述两种引信的对抗效能已经大打折扣。美、英等国很快意识到，在战争中，特别是在海洋环境下，军舰要想抵挡住敌方战斗机的凌厉攻势，没有反应更灵敏的新式引信是根本不可能的。

雷达是英文 Radar 的音译，意思是"无线电探测和测距"。它是利用电磁波对障碍物的反射特性发现目标的一种电子装备。通常由收发天线、发射机、接收机和显示器组成。雷达能在黑暗和烟雾中发现远距离的目标，为己方提供情报，并在能见度很差的情况下，控制火力射击。曾有人做过统计，在第二次世界大战初期，高炮击落一架飞机要消耗五千发炮弹。到第二次世界大战末期，尽管飞机性能已大为提高，但用雷达控制高射炮进行射击，击落一架飞机平均只需五十发炮弹。

与雷达的发明一样，近炸引信的研制成功同样被专家认为在很大程度上改变了20世纪战争的进程。近炸引信在接近目标时，靠对目标的感应引爆传爆系统使弹药起爆，它同样借用了雷达的原理。美国人设计制造的第一个装有小型雷达装置的雷达近炸引信，被用来对付入侵英国领空的德国飞机，取得了不菲的战果。

其实，最先着手研制"近炸引信"的是英国人。从 1939 年起，英国的科学家们就致力于这方面的研究。但是，虽然经过多次试验，他们一直未能取得成功。到了 1940 年初，美国约翰·霍普金斯大学应用物理实验室 T 处的默林·A·图文博士接手这项工作。这个时候，英、美两国的研究人员在近炸引信的设计原理上已经基本达成一致意见，他们认为："近炸引信"的核心配件是装在引信中的微型收发器，该设备接收目标信号回波达到一定频率的时候（离目标距离最近时），内置的电路就会自行点火，引爆炮弹。

1941 年 10 月底，大名鼎鼎的美国克莱斯勒公司意外地接到了美军弹药署寄来的一份标有"顶级优先"和"绝密"字样的合同。公司副总裁路易斯·M·克莱蒙特认为，克莱斯勒公司之所以会被弹药署选中，主要是因为公司拥有生产大批电子组件的经验。一个月后，克莱斯勒公司又接到美国海军的紧急要求，他们要首先为海军提供五百枚变时引信，交货时间定得很急，被限制在该年的 12 月。从不久之后发生的珍珠港事件来看，这件发明真是来得相当及时。

最初，这项技术只是应用到海军的防空系统中，而这么做的唯一理由就是为了防止哑弹被敌人获得。一旦敌人也掌握了这门技术，那么盟军的空中优势将很快化为乌有。

从 1942 年 9 月起，克莱斯勒公司开始大批量生产变时引信，每天的产量高达一万六千枚。在 1943 年 5 月发生的瓜达喀尔纳尔岛争夺战中，美军轻巡洋舰"海伦纳"号两个舰炮齐射，当即击落日军一架俯冲轰炸机，这也是近炸引信的首创战绩。

此后，近炸引信屡建奇功。1944 年 10 月—1945 年 1 月是日军"神风"自杀式攻击最疯狂的时期。当时，使用近炸引信的一百二十七毫米速射炮（盟军海军主战高射炮）击落一架敌机仅需要三百一十发炮弹。而使用普通引信的高炮至少需要一千一百六十二发炮弹。据军事历史学家拉尔夫·鲍迪温在《死亡引信：第二次世界大战秘密武器》中的统计，从 1944 年 10 月到战争结束，美军防空炮火击落二百七十八架敌机，其中，由普通引信炮弹击落的仅四十六架。对这一战绩，美国海军部长詹姆斯·v·福莱斯特不无得意地说："近炸引信帮助我们一路杀向日本。"

英国首相丘吉尔则评论说："这些美国制造的所谓近炸引信，在对付 1944 年德国人的 V-1 无人飞行器中表现极为出色。"至于挥师向东猛攻的铁血将军巴顿则不无诙谐地说："这种有趣.的小引信简直可以说为我们赢得了'突出部战役'（阿登战役）。我觉得，哪天我们所有的部队都有了这种炮弹，那我们就不得不重新考虑打仗的方法了。"

二战武器

（九）"玉碎"计划

在日本"八一五"投降纪念日即将来临的时候，两名东京学者拿出的最新研究成果让美国人感到心惊胆战。

数据显示：在日本宣布投降以后，从中国东北秘密撤回国内的日本七三一部队石井四郎中将手书密令，要所属部队官兵用鼠疫等生物武器突袭即将大规模进驻日本列岛的美军作战部队，炮制"细菌战珍珠港"事件！发现七三一部队石井四郎中将阴谋手令的是两名日本人，即常驻美国的日本记者青木蕗子和神奈川大学著名的教授常石庆一。

青木蕗子从当年石井四郎的文职随员那里获得了这份密令的复印件，经常石庆一教授研究后，他们断定这确实是石井四郎亲笔所书。这份写在一个大笔记本上的手令详细描述了日本天皇宣读投降诏书后的第二天——8月16日起至27日期间，七三一部队的详细行动。这份文件的内容让一直从事七三一部队历史和生物武器研究的常石庆一教授吃惊地发现，七三一部队不但在日本投降之前秘密制订了对美军实施"自杀式"细菌战的计划，更在天皇宣布投降后，密谋对登陆日本的美军发动"细菌战珍珠港"：他们计划以七三一部队数千名官兵的"玉碎"来换取数十万美军的性命！这主要依靠三种手段的实施：中国"圆木"、满洲"跳蚤"与"日本美女"。

文件显示，石井四郎中将曾下令："尽可能多地将'圆木'和满洲'跳蚤'从满洲抢运回国，民用船只也可以动员起来运送武器与装备。由于美军将于8月25日由东京附近的相模湾登陆，所以我们要抢在他们之前将细菌战武器分布在日本全国，伺机对进驻日本的美军发动全面细菌战争。"

中国"圆木"指的是携带细菌的中国受害者。根据日本关东军第一五三九号命令，"石井部队"曾把中国平房地区一百二十平方公里划为特别军事区。七三一部队在活体试验中心——"四方楼"中央秘密建有"特设监狱"。他们将被实验者称为"马鲁他"，即"圆木"的意思。七三一部队主要采用"特别移送"获得"圆木"，就是由各宪兵队不经过审判，将在各地抓获的中外人士秘密押送到七三一部队监狱。七三一部队成立之初，也曾到大街上任意抓获普通老百姓当作"圆木"。据《前日本陆军军人因准备和使用细菌武器被控案审判数据》中七三一部队原队员供述，仅在1939年至1945年之间，七三一部队就将至少三千名中外人士直接杀害在各种活体试验中。七三一部队原队员还供称，1945年8月，在溃退前，七三一部队杀死了所有的"马鲁他"，没有一名幸存者，但现在看来，七三一部队的供词并不完全真实。他们极有可能秘密运送了部分"圆木"回日本。现在我们之所以没有这方面的证据，极有可能是因为日本的阴谋破产后，这些"圆木"在日本被杀害了。

满洲"跳蚤"指的是沾染了细菌的跳蚤。这一武器由七三一部队第四部提供（第四部是"大型生产细菌战武器的制造厂"，一次性可以培养近八吨各种细菌营养液，可培育出四万万亿微生物，一个月内就可生产鼠疫细菌三百公斤、伤寒症细菌九百公斤、炭疽热病菌六百公斤、霍乱病菌一千公斤，其中，第四部每三四个月生产四十五公斤跳蚤，相当于一亿四千五百万只！）。

"日本美女"则是一个比较疯狂且不成熟的设想，军方打算由甘当"自愿者"的日本女性充当携菌人。然后与美军的高阶层军官进行"亲密接触"，以此达到"奇袭"的效果。其实，这也并非是石井四郎的"突发奇想"。事实上，在此之前，日本就出现过战争史上最肮脏的"金马计划"。金马是日本一名著名人体病毒学博士，日本军国主义的疯狂追随者。1942 年春，他带着自己的科研成果向日本军部提出了一个无耻的建议：原来，太平洋岛屿的土著居民性格粗犷豪放，此地的天气也很炎热，因此女性也多袒胸露腹，甚至有不着裙裤者。在这里，性关系比较混乱。而众所周知的是，在太平洋作战的美军士兵性行为一向不检点，他们在接触土著妇女的时候，面对衣着极少的女性，极易做出荒唐事。因此，金马建议，在日军撤出这些太平洋岛屿前，可先通过一些辅助手段，让岛上的妇女感染上性病病毒，以期在美军士兵中迅速传播，削弱其战斗力，皇军则可不战而胜。为了挽回败局，在1943 年春天，丧心病狂的日本军部采纳了"金马计划"。为获得大量性病病毒，金马带着助手们日夜奋战，在他的实验室里培养了各种病毒，除一般淋病、梅毒外，还有一种俗称"雅司病"的热带性病病毒，感染后生殖器会腐烂流脓，并且绝无医治的特效药。患者一旦感染，很快就会毙命。金马的性病病毒既有针剂注射的，也有口服片。在 1944 年，金马的各种性病病毒已经准备就绪。他率领一支由医生、护士和检疫人员组成的"特种作战部队"，从日本本土搭乘一艘大型潜艇，携带一大批这种世界上最无耻的"武器"，开赴太平洋马里亚纳群岛，想要给土著妇女们接种病毒。不过，这一阴险卑鄙的计划并没有能够实施。

这一次，石井四郎的计划被日本军方自己阻止。8 月 26 日，在驻日美军先头部队登陆日本前两天，日军最高层给七三一部队连续下达了多道措辞严厉的命令："不得做无谓的牺牲！""伺机等候未来的时机！"这些指令来自日本帝国陆军总参谋长与副总参谋长。

日本帝国陆军最高层为什么会叫停七三一部队的疯狂举动呢？

常石庆一教授认为，这其中有很大一部分原因是因为可操作性差的问题。由于

二战通史

当时日本已经投降，要再想从中国东北运"圆木"到日本的可能性几乎为零。另外，有其他的学者认为，帝国陆军最担心，同时也是叫停七三一部队疯狂阴谋的根本原因，是为了保住日本人自己的性命，甚至要避免"绝种"的风险。

说到"绝种"并非耸人听闻。尽管七三一部队握有细菌武器的部分"解药"，但是，由于多年的战争，日本国内的防疫系统和药品生产能力已经全部被摧毁，一旦细菌武器在日本列岛发挥作用，日本民族可能会被它自己制造的武器毁灭。

此外，还有可能是因为日本高层担心美军的报复。1945 年，广岛、长崎的原子弹经历已经完全摧毁了日本军人的意志。一旦七三一部队的计划得手的话，美军在细菌武器下必然伤亡惨重，这不会排除美军对日本再度动用原子弹实施报复的可能性。一旦美国再次动用原子弹，也会让大和民族"绝种"。

专家们认为，正是从上述原因考虑，帝国陆军最高层叫停了七三一部队的疯狂。不过，考虑到人们得到的石井四郎中将手书指令并不完整，而在美军抵达前，日本帝国陆军又销毁了大量的绝密数据，所以究竟是什么原因让帝国陆军叫停七三一部队的疯狂，石井四郎中将怎样反应等内幕已经无从得知。

（十）超级大炮

1942 年的夏天，在苏、德战场的南部地区，希特勒调集了共二百三十七个师的兵力，发动大规模的进攻，妄图一举歼灭部署在顿河东岸的苏军，进而攻占著名的高加索石油区。德国人对这一地区觊觎已久。

为了抵抗德国军队的进攻，苏联军队在塞瓦斯托波尔战略要地修建起坚固的防御工事和地下弹药库，决心进行持久的防御。

一天上午，苏联的阵地上突然传来轰隆隆的巨响。紧张的苏联人立刻四处查看，才发现一座秘密弹药库发生了意外爆炸。当时，人们感到很疑惑，要知道，这座弹药库是动员数千军民经过长期的苦战建造起来的。为了防御敌机猛烈轰炸或强大的炮火袭击，弹药库被建造在地下三十米的深处，上面覆盖有厚厚的钢筋混凝土。在弹药库里面，贮藏了大量的武器弹药。那么，究竟什么原因引起这次爆炸？长期以来，由于一直没有确切的证据，众说纷纭。有的人分析说是德国的斯图卡轰炸机扔下了巨型炸弹，有的说是德国派遣间谍破坏的。一直到战争结束后很长一段时间，美国的一个军事刊物才披露出真相，据说在清理废墟的时候，人们发现一个直径特别大的弹坑。从这个弹坑推断，德军应该是使用了超重型火炮发射的巨型炮弹击中了弹药库，引起连锁反应般的弹药爆炸，才毁灭了这座坚固无比的地下建筑物。

是什么样的巨型炮才拥有这么大的威力呢？

在仔细翻阅资料之后，人们发现了真相。原来，希特勒上台后不久，就开始处心积虑地研究征服世界的策略。为了突破法国人构筑的马其诺防线，他下令秘密研制超重型火炮。陆军兵工署的武器专家们经过多番试验考证，提出这种重炮的射程应在32公里以上，炮弹的威力要能穿透一米厚的钢板或2.5米厚的钢筋混凝土墙。于是，研究这样的武器的任务交给了克虏伯兵工厂。接受任务后，他们对当时所有的野战火炮、铁道炮、要塞炮进行研究，得出的结论是现有的武器无法达到要求，因为，要摧毁号称是固若金汤的马其诺防线，至少需要用700毫米口径的巨型火炮才能达到。在1936年的3月，希特勒亲自视察了兵工厂，决定试制800毫米的火炮。

一直到1942年初，德国人才制成了一门超重型巨炮，这门巨炮乃是用克虏伯家族的"古斯塔夫"的前缀命名。希特勒本人和军需部长斯佩尔出席了武器的验收仪式，军方以七百万马克的高价购买了它，并以设计者的妻子的名字命名为"多拉"。

"多拉"炮的炮管长达32米，在战斗状态的时候，火炮全长会达到53米，高12米，全重1488吨。在进行装配、运输和射击试验的时候，这样的庞然大物遇到了极大的困难。在试验弹道性能时，装弹机还不完善，人们只好用一台起重机把重达四吨的炮弹吊送到炮身尾部，再用一辆轻型坦克把它猛地推撞到炮膛里面。而为了把火炮运送到试验场，工程师们又特地设计了三辆构造特别的巨型运输列车。在运输的时候，问题又出现了。当时，沿途很多桥梁无法承受这样大的重量，列车只好绕过很长的弯路行驶。到达阵地后，又得先用两台巨型起重机吊装底座，然后安装炮架、炮管和装弹机构。全部工作由一名少将指挥了1400多名士兵经过三个星期的奋战方才完成。高矗起来的巨炮固然十分雄伟壮观，却也目标明显。因此，为了预防苏军的飞机轰炸，德国人在阵地四方都部署了高炮部队和警戒飞机，大量步兵、巡警和警犬则在周围十公里内的范围里面日夜巡逻。一旦发现敌机轰炸，立即由化学兵施放烟幕掩护。据统计，参加"多拉"炮的指挥、操作、警卫的总人数达到四千人以上，它的炮弹也是骇人听闻的，每一枚穿甲弹重7.1吨，一枚高爆弹重4.8吨，推进燃料在1.8吨到2吨。

巨炮是用来攻击马其诺防线，可是，这时候法国已经向德国投降，而东面的苏、德战场上迫切需要重型火炮，于是，"多拉"炮就被运到了遥远的黑海之滨。"多拉"炮的第一个任务就是袭击塞瓦斯托波尔的地下工事。

到了8月中旬，它又被运往伏尔加格勒。但是，德国在此战中还没用上"多拉"炮，就已经惨败。9月，为了避免被俘，"多拉"炮又被匆匆从苏联运回德国。

因此，大家一直不知晓"多拉"炮这种秘密武器。

1944年，"多拉"列车炮又汇同"卡尔""洛奇"和"迪沃"等巨型臼炮参与了对华沙起义的镇压行动。在苏联重兵压境、自身难保的情况下，为镇压波兰人民的反抗，德国不顾弹药吃紧的情况，极其残酷地有组织和分步骤地对华沙城进行了炮轰和爆破，华沙全城几乎被夷为平地。

1945年4月，德国战败的命运已经注定。德国工程师为免被缴获，拆除了"多拉"炮。盟国军队只缴获了这门巨炮的一些配件，此外，德国的希尔雷本靶场还发现过一根炮管和几发炮弹。

（十一）长眼睛的水雷

1942年，在辽阔的大西洋海域，一场秘密而又惨烈的海底战争正打得如火如荼。对峙的双方一方是德国的潜艇部队，另一方则是美、英的同盟国海军。为了打赢这场重要的海洋战争，双方军队斗智斗勇。祭出了一件又一件新式的武器。

1942年，各国都已经装备有雷达、声呐这些新型的侦察探测装备，因此，在大西洋海战最初，战争双方都是用（雷达）射线相互搜索，靠计算尺和图表来盲目地摸索着对方的方位，然后发动攻击。刚开始，依靠航空母舰和众多的舰载机，美、英海军占据着水面优势，不断对水下的德军潜艇发射出深水炸弹。盟国的水兵们有的转动标度盘，透过凝霜的玻璃舷窗极力搜索；有的坐在（声呐）测听器前，细心侦听着水下那单调的"砰砰"的水中回声。如果此时海面上出现了油污的痕迹，盟军舰船上的仪器便会赶紧收集取样化验，以便分析德军潜艇是否受了致命伤。如果水下出现了"咕咕"的冒泡声，那一定是德国潜艇临终前发出的哀鸣，随后。必然就是上浮的德国潜艇残骸和艇员的残肢。

为了对抗盟军的海面封锁，德国兵器专家不得不拼命开动脑筋，努力寻找解决方案。但是，舰船航行的时候不可能没有声响，究竟该怎么办呢？后来，德国的武器专家从舰船音响联想到电话，他们竟然反其道而行之，利用舰船发出的声响作为引爆水雷的条件，发明了音响引信，制造出音响鱼雷。

这种"闻声而炸"的秘密武器就像一只寻嗅兔子气味的狗，仔细地搜寻着舰船发出的声音。无论船转到什么方向，它总能准确无误地跟踪攻击。德军潜艇总会朝着盟军航空母舰所在的大概方向发射音响鱼雷，而盟军航空母舰推进器发出的全部宽广音域就像真空吸尘器一样。吸引着鱼雷。

一天清晨，大家吃过早饭后，盟军的旗舰"希科克斯"号航空母舰正在大西洋上缓慢航行。突然，水下发出一声沉闷的巨响，舰体立刻被撕开一个大洞，舰上那些准备起飞的飞机也起火燃烧；接着，第二颗音响鱼雷又击中了舰尾，鱼雷穿透两层甲板，在第三层甲板靠近军官住舱的地方爆炸。巨大的爆炸震动全舰。烈火大作，冲起三十多米高。烟柱直冲云层之上。此后，爆炸声接二连三，大火和浓烟立刻笼罩了"希科克斯"号庞大的身影。当时，甲板上的飞机加满了燃油，挂满了炸弹。大火引爆了炸弹和火箭，在航空母舰上引起了可怕的连锁反应。弹片和火箭四处横飞。大火迅速蔓延开来，不断引起新的爆炸和燃烧。两部升降机均被破坏。几十架飞机被炸成碎片。爆炸导致数百名水兵直接丧生。全舰陷入一片混乱。

过了没多久，"希科克斯"号开始慢慢向水中倾斜。爆炸和大火仍在持续。爆炸波及至机舱。"希科克斯"号早已被自身的连锁爆炸和大火折磨得面目全非。九点三十分，"希科克斯"号的锅炉正式停止工作，巨大的螺旋桨沉默了。此时，该舰的右倾情况更加严重，甲板几乎已经触及了海面。盟军航空母舰编队内的其他舰船赶紧围上来抢救。"匹兹堡"号（CA-72）巡洋舰在"希科克斯"号舰首拉上布缆阻止它继续倾斜。在大家的齐心协力之下，"希科克斯"号终于停止了倾斜。"圣菲"号再次靠近它的左侧，以前主炮做支点，用粗大的钢缆系住"希科克斯"号，开足马力向后拉，竭力矫正巨大的航空母舰歪斜的躯体，并防止其再次倾斜。而盖尔斯舰长自救的决心和全舰官兵的全力抢救也渐渐地发挥了作用。尽管零星的爆炸还在发生，火势仍然很猛，浓烟甚至冲上云空达两千米高，但"希科克斯"号航空母舰总算避免了倾覆的命运。

此次，盟军的航空母舰遭受了极其严重的创伤，这一切，就是德军那循声而至的秘密武器——音响鱼雷造成。那么，为什么德军的音响鱼雷会像长了眼睛一样地盯上盟军的旗舰呢？原来，这种音响鱼雷还有能在船队中挑选最大攻击目标的本领。当一条小船在一个大些的目标旁边行驶时，鱼雷会甩开小船，扑向噪音更大的船。

为了对付这种音响水雷，在短时间内，同盟国的武器专家们集思广益，竟然提出了十四条对策。他们的总策略是"在己方军舰不在之处，制造超过军舰所在处噪音的更大噪音，以扰乱视听"。于是，盟军制造出了噪音制造器，在海洋中，当投放出这种噪音制造器后，可诱使音响水雷经过一个又一个噪音制造器，直至脱离目标区。依靠这种方式，盟军终于改变了被动挨打的局面。德国的秘密武器失去了本有的价值！

（十二）"回天"也无力

熟悉第二次世界大战史的人都知道，在第二次世界大战末期，日本帝国主义为了挽救自己失败的命运，专门研制生产了一种代号为"神风"的自杀飞机。并组建了为数众多的"神风特攻队"，广泛地投入到太平洋战场上，试图用一种鱼死网破自杀性攻击来遏制美军的进攻。但是，也许很少有人知道，早在"神风"自杀飞机之前。日本就研究生产了一种名为"回天"的自杀鱼雷艇，并组建了数支同样性质的"水下神风特攻队"。在停战前三个月里，这些鱼雷艇频频袭击盟军的舰艇及运输船队，并准备用来保卫日本本土和被其占领的台湾地区。

1944年7月，美军攻占了塞班岛。紧接着，美军火力强大的B-29轰炸机进驻塞班岛，此后，美国的轰炸机开始频繁地对日本本土进行轰炸。于是，日本在太平洋上苦心构筑的防线面临着崩溃的局面。

在这样严峻的局势下，日本海军加快速度，秘密研制出了一种自杀式攻击武器——"回天"式人控鱼雷，准备以这种"肉雷"去撞击美军的钢铁巨舰，以挽回败局。

"回天"式人控鱼雷是用普通鱼雷改装而成的。在普通鱼雷上装上乘员舱和操纵装置就制成了这种自杀武器。它的排水量为8.5吨，长14米，航速30节，航程40海里，装550公斤炸药。这种鱼雷由一名敢死队员驾驶，队员可以操纵鱼雷驶向目标，两者冲撞后就能引爆炸药，与敌舰同归于尽。

1944年11月，日本的首批"回天"式人控鱼雷以潜艇载运到了作战海区，准备去攻击美国船队。然而。美国船队的反潜力量十分强大，日本的潜艇还来不及放出"回天"式人控鱼雷，大部分潜艇就遭到毁灭性打击，只有少数几枚"回天"式人控鱼雷得以冲向美国军舰。可是，强大的美国军舰早已用凶猛的炮火加以阻击。"回天"式人控鱼雷纷纷被击中自爆。经此一役，只有一艘在该地停泊的美军油船被"回天"式人控鱼雷击沉。

在1945年2月的硫磺岛战役中，日本海军又派出三艘装载有"回天"式人控鱼雷的潜艇参战。其中两艘潜艇很快被美国军舰击沉，另一艘日本潜艇在美国军舰的猛烈攻击下，不得不狼狈地逃窜而去，结果，"回天"式人控鱼雷一发也没有能发射出去。

同年4月，在冲绳战役中，贼心不死的日本人再一次想要使用"回天"式人控鱼雷。两艘日本潜艇载着"回天"式人控鱼雷再次出击。结果，它们分别被美国的航空母舰"巴坦"号和"安济欧"号上的飞机发现，立刻遭到飞机的狂轰滥炸，结果两艘潜艇连同它们装载的"回天"式人控鱼雷一起葬身海底。

冲绳战役后，美国舰队开始逼近日本的本土。疯狂的日本海军不甘心就此失败，狗急跳墙，决定采用各种"自杀艇"来进行最后的海上特攻战，以达到抗击强大的美国舰队的目的。当时，除了"回天"式人控鱼雷外，还出现了"蛟龙"式特攻艇和一种带翼的袖珍潜艇"海龙"艇。"蛟龙"艇长24米，排水量900吨，航速六节，艇的两舷各载有一枚鱼雷，由两名敢死队员操纵；"海龙"艇长7米，排水量19吨，艇身两侧各装一枚鱼雷发射管，艇头部装有炸药，当它逼近敌艇时，即发射鱼雷，并撞击敌艇，引爆炸药与敌艇同归于尽。

在此后，日本海军的这三种"自杀艇"加紧准备战斗，不断地进行着特攻战演习。他们叫嚣要让美国人付出一艘换一艘的沉重代价。但是，因为日本法西斯主义的迅速崩溃，日本海军这一罪恶的计划没能够实现。

（十三）德国人的 UFO

当代社会，很少有人不知道 UFO 究竟是什么。在《中国大百科全书》中，有这样一段关于 UFO 的解释，全文如下：不明飞行物（unidentified Flying Object）——未经查明来历的空中飞行物。国际上统称 UFO，俗称飞碟。据目击者报告，其外形多呈圆盘状（碟状）、球状和雪茄状，在空中高速或缓慢移动。

在 20 世纪以前较完整的目击报告有 300 件以上。飞碟热首次出现在 1878 年 1 月，当时，在美国的得克萨斯州，一位名叫 J·马丁的农民宣称看到空中有一个圆形物体。美国 150 家报纸登载了这则新闻，把这种物体称作"飞碟"。此后，世界多次掀起飞碟热的狂潮。于是，关于外星人的传闻更是传得神乎其神。如果现在告诉你，飞碟其实是人类制造的飞行器！这种最为平常的解释可能最让人感到诧异。近年来，根据一些解密的资料显示，早在第二次世界大战期间，纳粹德国就已经在秘密研制碟形飞行器，并且已经制作出能够飞行的样机。但随着战争的进程，这种"旷古绝今"的狂想还未来得及公开便因纳粹的覆灭而突然消失，留给后人一团迷雾。

据说，UFO 第一次出现在第二次世界大战战场的时间是在 1943 年 9 月。当时，美国第八空军集团军集结了七百架重型轰炸机，前去轰炸位于德国史瓦因福特地区的欧洲最大的轴承厂。为轰炸机群护航的是英、美两国的共 1300 架火力强劲的战斗机。

当轰炸机群飞到轴承厂上空的时候，空中突然出现了一些闪闪发光的大型圆盘飞行物。它们以惊人的速度从盟军的飞机面前掠过。这时候，诡异的事情发生了，盟军的飞机引擎突然熄火，无线电也开始失灵，此后，很多飞机失去控制，坠毁落地，伤亡极其惨重。此次战斗中，盟军损失的轰炸机有 60 架，战斗机有 111 架。在当时分秒必争的生死拼杀中，容不得盟军的飞行员再去判断这些圆盘是什么。他们返回基地做的第一件事，就是马上向指挥部报告了此次神秘事件。指挥部收到报告，立刻下令，要求侦察部门对此做出详细的调查。调查结果不得而知，不过，在英国侦察部门的报告中首次使用了"UFO"一词。

此后，盟军的飞行员多次发现在德军飞机编队一侧远处，有种形状奇特的飞机，那东西呈圆状的碟形，没有机翼，但速度很快，飞行性能优异，能够灵敏地转向和爬升俯冲，部分飞行员甚至还报告说自己清楚地看到不明飞行物上带有铁十字符号——这种符号恰恰是第三帝国的标志。尽管盟军司令部接到不少目击报告，但这些报告中从未有过关于神秘飞行器对盟军发起攻击的报告，它们只是急速地掠过，或静静地悬停。

很大一部分人相信，在第二次世界大战期间，纳粹德国一直致力于各种武器的绝密研究。对此，盟军早已经有所耳闻。为了了解德国这一方面的情况，盟军曾派出大量的情报人员跟随部队深入敌境，专门负责收集那些关于德军秘密武器的科研情报。结果，情报人员们发现在战争中德国人所表现出的创造力实在是让人觉得匪夷所思。在看到情报人员收集来的德国 V-2 火箭、超级战车、远程火炮、喷气式战机的数据后，盟军一位高级将领说道："经过对纳粹德国科研机构的占领，我们不得不承认这样一个事实，在许多研究领域中，我们已经远远落后于他们……"

在德军遗留的诸多技术资料中，盟军发现了一架形状奇特的飞机照片，不同于德军以往的任何飞机，这是一架机翼呈圆形的螺旋桨飞机。情报人员是在一座废弃的仓库中发现它的，闻讯而来的盟军只找到了它的残骸——它已经被溃败的德军破坏了，这显然是一种用来试验圆形飞行器的操纵性和空气动力学特征的验证机。

为什么会采用圆形呢？科学家们认为，圆形飞行器有很多优势，首先是它的质心规则，特别适用于垂直起降技术；其次在雷达波的照射下，圆形飞行器具有一定的隐身效果。如果解决了动力和操纵方面的难题，那么这种形状的飞行器就会具有十分灵活的机动性。在加装武器后，这将是一种非常可怕的空战利器。

其实，纳粹德国确实很早就展开了对圆形飞行器的研究。当时，狂热的纳粹分子试图找到一种强大的能源，用以制造时间机器，来和远古的神灵进行交流。根据保留下来的零星记载，希特勒本人对古代的文明有着特殊的偏好，他曾命令党卫队总监希姆莱组建探险队到世界各地探索古代文明的秘密。后来，探险队来到了印度。印度是一个充满神秘传说和悠久文明的古国。在印度一座历史久远的古庙里，德国的探险队发现了一些让他们感到不可思议的东西。那就是"雷火战车"的传说。

在古印度的传说中，"雷火战车"是一种威力无比的战争武器。史诗《罗摩衍那》中描述说，这种战车横越天空时，会发出令敌军魂飞魄散的恐怖的呼啸，它的最高时速可以达到5820公里，它所携带的杀伤性武器能将大地翻个底朝天！

史诗中所说的可能过于夸张，但也有很大一部分来自现实生活，因此值得我们借鉴。在古代印度的历史上，曾经发生过很多次灾变。在印度的上恒河流域下游，考古人员曾经发掘出很多远古时期的人类的遗骸，这些遗骸中，都存在不同程度的放射性，似乎他们都死于核武器。史诗和史书也都曾经记载过发生在远古的战争，从书中关于战争的描述可以看出，这完全是现代武器大比拼。不只是有"雷火战车"，还有大规模的杀伤性武器、航空飞行器和核爆炸……

在远古时期，难道真存在过如此高级的文明吗？现代一部分考古学家都持有这样一种观点：自诞生之日起，人类经历过历次的变更。文明发展到鼎盛时期时就会走入一个极端，这就好像一种恶性循环。无论是印度的古代战争，还是发生在 20世纪 40 年代的浩劫，都可以窥视到史前文明的蛛丝马迹。所以，我们无法否认，也许史前文明真的存在。

传说德国人的探险队在印度古庙里不但见到了传说中的战车，而且还在庙里保存的古籍中查阅到战车的制造方法！我们无法得知德国人是否造出了那样威力巨大的战车，但是，各种数据都显示，在此后的许多年中，纳粹德国一直都对这种飞行器进行了大量的研究，有的人甚至认为他们已经在飞碟的动力系统研究上取得了突破性进展。

1952 年，一位名叫斯彻里沃的德国空军上尉、航空专家宣称自己曾在布拉格附近为一个碟形飞行器绘制过蓝图。该蓝图的试验模型完成于 1944 年，并可望于1945 年试飞。但苏联军队的迅速挺进使这一切都变成了泡影。在第三帝国崩溃前夕，设计蓝图等数据都散失殆尽，于是，这架设计时速 2600 公里的神话般的飞行器也就无从查考了。

斯彻里沃去世后，在他的遗物中，人们发现了关于飞碟的设计草图！这又给这种飞行器蒙上了一层神秘色彩。

关于纳粹飞碟的传说四处流传，有的数据显示纳粹的飞碟似乎胎死腹中，但也有数据表面这种飞碟曾经面世。1943 年的圆形飞行器的档案至今保存在英、美等国的文件中。此外，还有人声称曾亲眼看见了这架奇异飞行器的试飞。据说该机性能奇佳，三分钟内便可爬升约 9000 米，速度达每小时数百公里。这位目击者名叫乔治·克雷恩，他的陈述中有些东西耐人寻味，他说有些研究工作被安排在佩内明德基地，那正是纳粹研究飞弹等绝密武器的顶尖航空科研机构，此外，他还证实通过采用自旋方式，飞碟获得了良好的稳定性。另外，他说飞碟是在哈尔茨山脉地区试飞，而这正是多位飞碟目击者所报告的目击地点！

纳粹飞碟的故事太多，让人无所适从。但是，盟军缴获过一些关于这种神秘飞行器的设计蓝图和草稿。通过这些数据，盟国一直确信早在 1934 年纳粹德国就制造出了第一款碟形飞行器 RFC-1。在当年年底，改进了推进系统的 RFC-2 也已经推出，其能源为空气和水，但具体的技术细节始终无人知晓。

盟军方面认为，在 1938 年，德国党卫军介入了"飞碟"研究，并开始将喷气发动机引入其中。此外，为了检验碟形飞行器的空气动力学特性，德国人还专门制造了螺旋桨动力的圆形飞行器，并从中累积了大量的研究测量资料。还有些秘密记录表明，在 1939 年，纳粹德国就建成直径达近 20 米的 HANNE-BU-1，并于当年 9 月首次试飞成功。到了 1940 年底，该机开始用于侦察；此后，盟军方面频频收到目击 HANNEBU-1 的报告。据目击者说，它的直径有 36 米，机高 9~11 米！

从 1942 年起，德国人又开始尝试为这种飞行器加装武器，但是，这项工作阻碍重重——高速自旋的飞行器给飞碟武器系统的控制带来很大的困难。最后，在 1943 年初，HANNE-BU-3 才基本具备了可靠性和战斗力。也许这点正可以解释为什么许多盟军飞行员看到的飞碟都是空战中彻头彻尾的旁观者。但是，为何飞碟出现的地方，敌人战机会失去控制，却是没人能够回答清楚的问题。

德国的"爆破手研究室"成立于 1940 年末，其任务就是专门负责研究、制造秘密飞行器。它的活动代号为"乌兰努斯行动"。后来，经过几年的飞碟研究，在德国军方的协助下，纳粹终于制造出一种非常先进的碟形飞行器——"别隆采圆盘"。

据了解，"别隆采圆盘"采用了奥地利发明家维克托·舒博格研制的"无烟无焰发动机"。这种发动机的工作原理是"爆炸"，在运转的时候，只需要水和空气。在飞行器的周围，共装置了十二台这种发动机。它喷出的气流不仅给飞行器提供了巨大的反作用力，而且还可以用来冷却发动机。由于发动机不断大量地吸入空气，因此在飞行器上空造成了真空区，因而为飞行器提供了巨大的升力。"别隆采圆盘"不愧是纳粹飞碟研究的重要成果，在短短的三分钟之内，它就可以上升到一万五千米的高空，平飞速度高达 2200 公里/小时。同时，它还可以悬停在空中。无须转弯就可以任意向前或向后飞行……盟军甚至从占领的德国仓库中发现了从未见过的制服徽章，有人怀疑这可能就是为即将建立的飞碟部队所准备的！

尽管德国人在飞碟方面的研究已经卓有成效，但是，战后人们得到的这方面的数据并不多。人们分析说，纳粹在灭亡以前，曾将部分绝密的研究设备和资料转移了出去——如部分未提炼的铀燃料就曾经被秘密运往日本，以帮助日本尽快完成原子弹的研制。但是，运送铀燃料的潜艇却被美军俘获。那么，关于碟形飞行器的技术数据很有可能也被转移了。

在 1945 年，德国战败，德国海军投降的时候，盟军发现有三十艘潜艇既未投降，也未战沉，却莫名其妙地失踪了。直到几个月后，它们才出现在波罗的海沿岸。经过检查，大家发现．这些潜艇都被加装了特殊的通气管装置，能够让潜艇在不浮出水面的情况下，保证发动机的正常工作，这样，潜艇的水下航行时间就可以延长到数星期之久。这些潜艇是否在秘密运送某些绝密的研究成果，如果是，它们又去了哪里？这些让美国人大伤脑筋。

除了这种设想，有些大胆的猜测者还认为纳粹在北极建立起了秘密的飞碟研究基地。这种想法并非是空穴来风。因为早在 1938 年，纳粹就组织过北极考察队，他们还宣称北极是第三帝国的领土。在考察中，纳粹德国详尽地记录了北极大陆的地理和水文等数据，谁也不能保证纳粹此举没有什么不可告人的军事目的。

1947 年，美军曾经调动了一支强大的军队，在北极地区展开了一次名为"跳高行动"的军事"演习"，这次行动规模很大。在一艘战列舰和数艘驱逐舰、补给舰的伴随下，一艘航空母舰载运着四千名陆战队员在北极地区登陆，后来，因为北极地区恶劣气候的干扰，本次军事行动只能草草收场。但是，这次演习的真正目的是什么？美国人是不是在寻找北极的纳粹基地？美国人一直对此讳莫如深。

不仅如此，纳粹留下关于碟形飞行器的零散资料为美国提供了不少借鉴，在第二次世界大战结束以后，美国人陆续制造出多种碟形飞行器，比较著名的有 V—173 螺旋桨动力飞行器，其外形简直和传说中纳粹德国的那架飞碟如出一辙；另外，还有采用涡轮发动机作为动力的 AVROCAR，据说这架飞行器中有纳粹德国的某些专家参与设计，但样机试飞表明其只能低空飞行，速度不高且稳定性差，军方对此种飞行器的热情随之骤减。

美国人做过多次尝试之后，仍然无法造出那种传说中的神奇飞行器。这种奇异的"飞碟"究竟到哪儿去了？这一切仅是纳粹的构想？是人们的幻觉还是确实发生过的事实呢？没有人能够说出确切的答案！

（十四） 电子武器显神威

随着电子技术的迅猛发展及在军事领域的广泛应用，电子战已经演变为现代战争的一种重要作战模式。打赢电子战成为掌握信息控制权、战场主动权和战争制胜权的前提。

其实，早在 20 世纪初，电子技术已经被应用在了战争中。20 世纪初，日、俄战争爆发。在 1905 年的 5 月，日本的联合舰队与沙皇俄国的第二太平洋舰队就进行了一场大规模的海上作战。

在这次战争中，为了掌握俄军的军事动向，日军首次使用了电子侦察技术。日本军方不但监听俄军舰队的无线电通信，而且还大量使用民用船对俄军进行全方位的侦察，以详细掌握俄国第二太平洋舰队的具体航行路线。收集到这些重要信息以后，日本人就将自己的联合舰队的主力配置在既定海域。结果，不出所料，在没有防备并完全处于劣势的情况下，俄军钻进了日军舰队设置的天罗地网之中。俄国一艘主力舰被击沉，旗舰苏沃洛夫号也受到重创。紧接着，日本海军又利用电子干扰来破坏俄军的无线电通信，使得俄军舰队陷入群龙无首、四散溃逃的混乱之中。

通过电子干扰，日军尝到了甜头。此后，他们又成功地监听了俄军溃散军舰的无线电通信联络信号，并再次设下埋伏。当俄军把残存的军舰集结起来，准备驶往军港的时候，早已准备好的日军舰队群起围攻，于是，俄军被打了个措手不及。在这次海战中，有十九艘俄国战舰被击沉，七艘被俘，一万一千余名官兵或死或伤；而日军方面，仅损失了三艘小型舰艇，伤亡七百余人。

日、俄海战是世界上第一次运用现代电子通信技术进行电子对抗的战争。这次战争后，电子通信技术在侦听、组织协同、作战指挥等领域发挥出来的重大作用，标志着人类战争已经进入了一个新的时代。不过，这一时期的电子战最多只能称为电子通信战，包括此后著名的俄、德坦南堡战役，和英、德日德兰海战中的电子战。因为，在战争中，他们所使用的电子设备仅仅局限于电话、电报等。

第二次世界大战爆发以后，电子战得到了进一步的发展。到了第二次世界大战的中后期，雷达、导航和兵器控制系统等相继问世，电子战由单一的通信对抗发展成为导弹对抗、雷达对抗等各种类型的对抗，电子战也开始应用于空军，并研制出了侦察飞机、电子干扰飞机以及金属箔条干扰投放设备等专用电子战武器。在第二次世界大战中，很多国家还组建了电子战专业部队，电子战的地位和作用都有了明显的提升。尤其是在不列颠空战前后，电子战几乎成了战场制胜的关键。

1940年7月10日，为了实现入侵英国的"海狮计划"，希特勒下令德国空军出动大批轰炸机，对英国本土进行大规模空袭，企图借此一举消灭英国空军，以夺取大不列颠上空的制空权。

在空战初期，英国的通信侦察部门利用己方的超级解码机破译了德军的电报，因而掌握了德国空军的不少作战计划，这其中包括德国人试图引诱英国战机大部升空后，再将其速歼的计划。得知这一消息后，英军指挥官发出命令，只让少数战机前去迎击，保留了一支精锐预备队，德军的企图彻底破产。

一计不成，德军又生一计。这一次，他们打算再施鹰击计划。但是，在德国军方的命令下达还不到一小时的时候，这个命令就被破译并送到了英国首相丘吉尔的手中。结果，这次德军大规模的空袭损失更为惨重，鹰击计划不得不停止。

到了不列颠空战的中期，损失巨大的德军决定以夜间空袭为主。这时候，为了提高夜间行动的轰炸精度，德军研制出了一系列先进的导航系统，而英军则竭力以无线电假信号干扰来破坏德军的导航系统。如此一来，在英、德两国之间，以导航与反导航为主的波束战愈演愈烈。

首先，在比较简单的洛兰兹导航系统的基础上，德国人研制出一种性能更好的屈腿导航系统。于是，英国本土遭受了巨大的损失。英国人甚至把它称为头疼系统。紧接着，不甘落后的英军也研制出一种专治头疼系统的欺骗性干扰系统——阿司匹林系统，它让德军此后的空袭计划几乎失去了任何意义。紧接着，不甘心就此失手的德国又相继研制出 X 导航仪、Y 导航仪、广播导航系统等先进导航设备，但是，这些设备并没有威风多久，就依次成了英军密康电子干扰系统、多诺米综合性对抗系统和溴化物对抗系统的手下败将。

德军在不列颠上空电子战方面的失利，直接导致了德国在欧洲的制空权和战场主动权的丧失。英军借助电子战所创造出来的有利契机，完成了由被动到主动、由防守到进攻的战场态势的转变，在兵力、装备、数量上均处于绝对劣势的情况下，他们得以挫败德军，取得了不列颠空战的胜利，不仅挽救了英国。也对第二次世界大战的进程产生了积极的影响。可以说，电子设备成为英国人获胜的大功臣！

到了 1943 年 11 月，第二次世界大战的战争形势发生重大变化。当时，苏、美、英三国首脑经过商议，决定在法国海岸，由英、美联军进行登陆作战，开辟对德作战的第二战场，代号为霸王行动。

为了隐蔽盟军的真实作战意图，把德军的主要注意力和优势兵力都吸引到假的登陆地域，盟军经过周密的计划，精心组织了一场大规模的欺骗行动，代号为保镖。在保镖行动中，欺骗术众多，不过，电子设备仍然在里面充当了主要的角色。在霸王行动展开之前，盟军专门派出一个通信营，进驻苏格兰。通信营利用频繁的假通信，瞒住了狡猾的德国人，让他们以为此处拥有三十八万之众的第 4 集团军，并成功地牵制住驻扎在挪威的德军。同一时间，盟军还在多佛地区设立了以巴顿为司令的第 1 集团军的假司令部。尽管巴顿并没有当好这个对外号称拥有五十个师、一百多万人，实际却无一兵一卒的军队的光棍司令，但是，仅仅依靠这位铁血将军的名声，就足以使德国人相信盟军将在加来地区登陆。不仅如此，为了彻底地欺骗敌人，盟军司令部的无线电通信内容都会通过有线传到多佛的假司令部，此后再拍发出去。与此同时，盟军还有意向德军无线电侦收部队发去假情报。为了防止敌人的电子干扰，在登陆前一周，盟军又派出两千架轰炸机，炸毁了德军百分之八十以上的雷达站、干扰站和通信枢纽。

于是，在 1944 年 6 月 5 日的晚上，成千上万的盟军同时行动，从空中和海上直奔诺曼底，所有登陆部队保持着严格的无线电静默和雷达静默。

到了 6 日凌晨，盟军准备好的载有反射气球和回答式干扰机的小船，在投放箔条的轰炸机的掩护下，迅速驶向加来地区，模拟出大批军舰进攻加来的假象。凌晨二时整，盟军派出的二十架干扰飞机和为登陆护航的两百多艘舰船上的干扰机，对诺曼底登陆正面的德军残存雷达发出了强烈的干扰，使它们根本无法发现铺天盖地而来的盟军登陆部队。

习惯于深夜工作白天睡觉的希特勒和往常一样，在6日下午三时从梦中醒来。这时候，盟国已经成功地在诺曼底占领了滩头阵地。然而，直到这时，希特勒还被蒙在鼓里，还在担心英、美联军会对加来地区实施更大规模的登陆作战。

其实，在这些行动中，得胜的一方之所以能够在电子战中取得胜利，乃是因为他们开发出来的众多强大的电子武器。科技是第一生产力，科技也决定着战争的成败！

（十五）"利"式探照灯

第二次世界大战时期，早期英国的战斗机使用的 ASVMk.Ⅱ型雷达有一个缺陷，那就是它的最小作用距离太大。为了实施有效的攻击，飞行员必须能够目视到潜艇。虽然说在夜间，这一点可以释放信号弹达到目的，但是这样做的同时也为德国潜艇提供了敌人来袭的警告。

1940年9月，在英国岸防航空兵司令的支持下，一位空军中校提出了反潜搜索装置的设计方案。设计这个装置的目的是为了协助飞机对已被ASV雷达发现的处于水面航行状态下的德国潜艇实施夜间攻击。这位中校的设计构思是使用一部二十四英寸十点五千瓦的海军探照灯，其作用距离为五千码。这种探照灯将被装在"惠灵

"利"式探照灯

顿"式轰炸机机腹下的一个可伸缩的装置中，这一装置在水平和垂直平面上将转动二十度，用液压装置进行升降，用火炮上的控制装置进行控制，并由副驾驶员在飞机头部的倾斜位置上操纵。

这个设计方案很快得到了军方的支持，并迅速投入研究。在 1941 年 3 月，在"惠灵顿"式轰炸机上，"利"式探照灯（它的设计者乃是一位叫作"利"的空军中校）进行了首次试验。1941 年 5 月 4 日凌晨，空军中校利亲自登机试验了他的探照灯。试验效果令人感到非常满意，当时，"利"式探照灯成功地发现了处于水面航行状态下的英国皇家海军 H-31 号潜艇。

尽管试验很成功，但是，一直到 1942 年夏天，英国皇家空军才装备了这种探照灯。原来，当时空军部对另外一种用来协助截击轰炸机的探照灯更感兴趣。万幸的是，最后"利"式探照灯还是得到了大量应用，而且派生出很多改良型。后来，人们又研制出一种吊舱型的"利"式探照灯。供"解放者"式和"卡塔林纳"式轰炸机使用，后来海军航空兵的一些"剑鱼"式飞机也使用了这种探照灯。

1942 年 6 月，英国皇家空军开始装备 ASV 雷达，同时携带"利"式探照灯在比斯开湾上空执行巡逻任务，驻德文郡奇弗诺的第一七二中队的"惠灵顿"式轰炸机也开始使用"利"式探照灯。六月四日，一架"惠灵顿"轰炸机上的雷达员通过 ASV II 型雷达在约六英里的距离上，发现了敌人的潜艇。于是，飞机下降到了二百五十米，在一英里的距离上，"利"式探照灯被打开。但是，此次没能照到目标，飞机立刻进行转向，进行第二次袭击。此时，潜艇仍然停留在水面上。在四分之三英里距离上，飞机发现了这艘意大利潜艇——"卢吉托腊利"号（这是波尔多基地属邓尼茨指挥的意大利潜艇中的一艘）。飞机遂下降至五十米高度并交叉投放了四个两百五十磅的新式深水炸弹。

此后，在六七月份之间，第一七二中队的飞机曾十次发现了潜艇，六次进行了攻击。而在这一年的最初几个月里，英国飞行员在比斯开湾上空的巡逻完全是徒劳无功的。他们在这一海域不仅没有击沉任何一艘德国潜艇，反而还损失了六架飞机。

7 月 5 日，一名在英国空军服役的美国飞行员击沉了德国海军 U-502 号潜艇，获得了第一次用"利"式探照灯击沉潜艇的荣誉。9 月，第一七九中队的"惠灵顿"式轰炸机也开始装备了"利"式探照灯。

1942 年 12 月，"利"式探照灯和吊舱装置的详细数据移交给了美国。进行多次试验后，美国海军研制出了美国型号的"利"式探照灯，即 L-7。以后 L-7 又被采用较小的十八英寸光源的 L-18 代替。

自从大量使用"利"式探照灯之后，盟国岸防航空兵便能对水面的潜艇实施夜间攻击。当雷达获得接触信号后，机组人员进入战位，飞机同时转向对准目标。飞机接近目标时，其高度要从一千英尺逐渐下降，下降过程中还要不断调整航向，以适应潜艇的航向、航速及飞机本身的偏航。当飞机高度达到二百五十英尺，距离在三、四至一海里之间时，就可以打开"利"式探照灯。一旦照射到目标，飞机就能进行目视攻击。

此后，由于潜艇的损失开始加大，德国元帅邓尼茨命令：从7月16日起，所有的德国潜艇都要在夜间航行，通过比斯开湾。换句话说，德国潜艇要在白天上浮充电，结果，这直接导致盟军发现潜艇的次数大为增加。由于新的十厘米波长雷达与"利"式探照灯的密切配合，盟军终于夺得在夜间和低能见度下的战场主动权，并组成了一支能真正有效地限制德国潜艇行动的反潜部队。

八、核武器

众所周知，人类历史上真正将核武器用于战争只有一次，那就是第二次世界大战末期美国对日本进行的原子弹轰炸。

1945年8月7日早晨，一颗挂在降落伞下的"炸弹"在日本广岛上空爆炸，这座城市顷刻间被夷为平地，死伤三十万六千五百四十五人，三天之后，同样的命运降临长崎，死伤十三万八千九百零五人。造成这场空前浩劫的，是一种叫"原子弹"的新式武器。威力巨大的原子弹加速了日本法西斯的最后灭亡，同时也宣告了人类核时代的到来。

（一）曼哈顿计划

人类进入20世纪以后，伟大的德国犹太科学家爱因斯坦提出了物质能量公式，公式揭示出人类可以将物质的部分质量直接转换为巨大的，并能被人类直接利用的能量。对于人类社会来说，爱因斯坦的理论具有划时代的意义。

后来，科学家们如丹麦的波尔、意大利的费米和德国的哈恩等人论证出核能可以释放出的惊人力量。通常情况下，一般化学炸药如TNT爆炸时释放的能量，来自化合物的分解反应。在这些化学反应里，碳、氢、氧、氮等原子核都没有变化，只是各个原子之间的组合状态有了变化。核反应与化学反应则不一样。在核裂变或核聚变反应里，参与反应的原子核都转变成其他原子核，原子也发生了变化。不过，直至20世纪30年代末，核科学研究仍只限于极少数科学家在实验室里的工作，外界并不大关注。

科学家们发现，核武器爆炸时释放的能量比只装化学炸药的常规武器要大得多。例如说一千公克铀全部发生裂变，发生的质量亏损还不到一克，它们释放的能量相当于两万吨 TNT 炸药释放出的能量。所以，核能若应用于武器，产生爆炸的话，不仅释放的能量巨大，而且核反应过程非常迅速，仅在微秒级的时间内即可完成。因此，在核武器爆炸周围不大的范围内能够形成极高的温度，加热并压缩周围空气使之急速膨胀，产生高压冲击波。地面和空中核爆炸，还会在周围空气中形成火球，发出很强的光辐射。核反应还产生各种射线和放射性物质碎片；向外辐射的强脉冲射线与周围物质相互作用，造成电流的增长和消失过程，其结果又产生电磁脉冲。这些不同于化学炸药爆炸的特征，使核武器具备特有的强冲击波、光辐射、早期核辐射、放射性污染和核电磁脉冲等杀伤破坏作用。

最早注意到核裂变的巨大军事价值的是德国科学家，一直以来，他们在核裂变研究中也处于世界领先地位。1939 年初，德国化学家 O·哈恩和物理化学家 F·斯特拉斯曼发表了铀原子核裂变现象的论文。几个星期内，许多国家的科学家都验证了这一发现，并进一步提出有可能创造这种裂变反应的条件，因而开辟了利用这一新能源为人类创造财富的广阔前景。但是，与历史上许多科学技术新发现一样，核能的开发也被首先用于军事目的，即制造威力巨大的原子弹，其进程受到当时社会与政治条件的影响和制约。

1933 年希特勒上台后，更是大肆疯狂地迫害犹太人。当时。爱因斯坦正在国外访问，逃过希特勒的迫害，他的书也被称为"犹太人邪说"而遭禁。随后，爱因斯坦定居到美国。不久，费米、波尔、格拉德等科学家也纷纷逃出纳粹魔爪，到达了大西洋彼岸。从 1939 年起，由于法西斯德国扩大侵略战争，欧洲许多国家开展科研工作日益变得困难起来。同年 9 月初，丹麦物理学家 N·H·D·玻尔和他的合作者 J.A·惠勒从理论上阐述了核裂变反应过程，并指出能引起这一反应的最好元素是同位素铀235。正当这一具有指导意义的研究成果发表时，英、法两国向德国宣战。1940 年夏，德军占领法国。法国物理学家 J·F·约里奥—居里领导的一部分科学家被迫移居国外。德国法西斯的残暴压迫，迫使大批科学家纷纷涌向美国避难。而在纳粹德国占领挪威的前夕，居里夫妇的女婿约里奥（后为法国科学院院长、法共党员，也是中国著名科学家钱三强的导师）则把制造核弹必需的二百升重水及时地运到了美国，此时，全世界其他试验室中的重水加在一起的总数不过几升。从此，美国具备了制造原子弹的最优越的人力物力资源。

其实，早在 1939 年的夏天，欧洲战争即将爆发，匈牙利科学家格拉德担心德国会造出核武器，若是如此，后果不堪设想。于是，格拉德向美国政府提出应抢先研制核武器。然而，几乎没有这类知识的美国官员却将格拉德的建议视为天方夜谭。格拉德得不到美国政府的支持，感到非常沮丧。但是，格拉德很清楚地知道，如果德国抢先制造出核武器，世界将永无宁日。于是，格拉德找到爱因斯坦，说服爱因斯坦，请他直接致信美国总统罗斯福，说明核裂变可制造出威力巨大的新型炸弹。

爱因斯坦毫不犹豫地答应了格拉德的请求，并很快写信给罗斯福。罗斯福一向敬重爱因斯坦，在收到爱因斯坦的信后，马上安排时间，亲自接见了这位伟大的科学家。爱因斯坦耐心细致地为罗斯福讲解了核裂变原理，使对此曾经一窍不通的总统迅速了解到制造原子弹的可行性。经过这次有历史意义的交谈，罗斯福做出了一个重大的决策：要赶在德国人之前造出原子弹。

尽管罗斯福听从爱因斯坦的建议，决定赶在德国人之前造出原子弹，但是，最初，美国政府并不怎么关注核武器的研究，他们只拨给科学家们研究经费六千美元。一直到了 1941 年 12 月日本袭击珍珠港后，美国人才决定扩大核武器的研究规模。

1942 年 6 月，负责研发核武器的美国陆军部开始实施利用核裂变反应来研制原子弹的计划，这就是著名的"曼哈顿计划"。当时，这一工程集中了西方国家（除纳粹德国外）最优秀的核科学家，动员了十万多人参加研究。

不过，虽然美国科学家们对原子弹的机制、应该努力的方向，甚至费用和时间都有了大致的构想，但是，核研究的庞大工程已经超过了科学研究机构的能力。而1942 年的美国已经转向全面战争，没有一家工业公司能够在短时间以内完成有关生产设施的建设。美国核研究的负责人之一布什认为，只有动用军队，行使最高优先权，美国才能在战争结束前生产出核武器来。于是，在给罗斯福总统的报告中，布什强调了原子弹的光明前景，并提出把原子弹全部的研制和生产管理移交给军队。6 月 17 日，布什又为罗斯福准备了一份将核计划全部交给军队领导执行的详细报告。罗斯福立即批复了布什的报告。

1941 年 12 月 6 日，美国政府正式制定出代号为"曼哈顿"的绝密计划。"曼哈顿"计划的规模相当惊人。当时，人们还不知道分裂铀 235 的三种方法中，究竟哪一种最好，只得同时使用三种方法，进行裂变工作。于是，在"曼哈顿"工程管理区内，汇集了以奥本海默为首的一大批人才。在"曼哈顿"工程的顶峰时期，曾经起用了五十三点九万人，总耗资高达二十五亿美元。这是在此之前任何一次武器实验都无法比拟的。

实验进行当中，在参谋长联席会议主席马歇尔的支持下，军方同意负责铀研究的一个机构的建议，开始建设四种工厂，这些工厂乃是分别采用不同方法的铀同位素分离工厂和其他的研制、生产基地。为此，军队还把整个计划取名为"代用材料发展实验室"，指派美国军事工程部的马歇尔上校负责全部行动。

马歇尔上校做事循规蹈矩，与科学顾问又合不来，这使得研究计划优先权的升级和气体分离工厂地址的选择被整整拖延了两个月。9月，政府战时办公室和军队高层领导决定让领导修建美国国防部大楼五角大楼的格罗夫斯上校接替马歇尔上校的工作。在赴任之前，格罗夫斯又被提升为准将。

在上任后不到48小时的时间里，格罗夫斯就成功地把计划的优先权升为最高级，同时还选定田纳西州的橡树岭作为铀同位素分离工厂基地。因为马歇尔上校的总办公室最初设在纽约城，他们决定把新的管区的名称命名为"曼哈顿"。于是，曼哈顿工程区（或简称为曼工区）就这样诞生了。这就是整个核研究计划取名为"曼哈顿计划"的由来。

曼哈顿计划的最终目标就是赶在德国之前造出原子弹。但要实现这一目标，有大量的理论和工程技术问题需要解决。后来，在劳伦斯、康普顿等人的推荐下，格罗夫斯请著名科学家奥本海默负责这一工作。奥本海默对于原子弹有着深刻的洞察力。为了使原子弹研究计划能够尽快顺利地完成，根据奥本海默的建议。美国军方决定建立一个新的快中子反应和原子弹结构研究基地，这就是后来举世闻名的洛斯阿拉莫斯实验室。奥本海默被任命为洛斯阿拉莫斯实验室主任。正是由于这样一个至关重要的任命，才使他在日后赢得了美国"原子弹之父"的称号。

最开始，奥本海默对于制造核武器的困难估计不足，他认为只要动用六名物理学家和一百多名工程技术人员就足够了。但是到1945年时，实验室发展到拥有两千多名文职研究人员和三千多名军事人员，其中包括一千多名科学家。

在此期间，由于大多数科学家都反对实验室的军事化，格罗夫斯同意加州大学成为洛斯阿拉莫斯名义上的管理单位和合约保证单位，而基地的军队则负责实验室建设、后勤供应和安全保障。这一决定保证了实验室内部的自由学术讨论。在实验室中，奥本海默鼓励科学家们大胆地讨论有关原子弹的科学问题。在奥本海默看来，即使是看门人的意见，也会对原子弹的成功有一定的帮助。他非常注意倾听每个人的意见，掌握着整个实验进程。后来，有些参与核研究的物理学家回忆说，在实验室中，他们自己甚至还不如奥本海默清楚自己工作的细节和进展。在很多问题上，也是由于奥本海默的决断才取得重大的突破，并保证了原子弹研制时间表的顺利执行。因此，随着试验的进行，奥本海默在科学家、普通职工和政府官员中的威望越来越高。本来，洛斯阿拉莫斯一向有着"诺贝尔奖得主集中营"的美誉，而奥本海默在后来则被人们称为这个集中营的"营长"。奥本海默没有得过诺贝尔奖，却拥有如此高的个人威望，其组织才能与人格魅力由此可见，他在核试验中所做出的贡献也可以想象。

实际上，在"曼哈顿工程区"工作的十五万人当中，很少有人知道他们是在从事制造原子弹的工作，据说他们当中只有 12 人知道全盘的计划。洛斯阿拉莫斯计算中心长时期内进行着各种各样复杂的计算，但是，大部分工作人员并不了解他们做这些繁重而枯燥的工作的实际意义。由于他们不知道工作目的，所以大家无法对工作发生真正的兴趣，工作积极性也无法提升。后来，一个知道原子弹计划的人为他们说明了他们是在做什么样的工作。此后，这里的工作达到了高潮，有许多工作人员自愿留下来加班。经过全体人员的艰苦努力，原子弹的许多技术与工程问题得到解决。

1945 年 7 月中旬，经过五年多紧张而努力地工作，美国人的研究取得了重大成功，他们很快就要进行世界上第一颗原子弹的试验了。在过去漫长的准备阶段，曼哈顿工程区是在极为严格的保密控制下进行工作的。但是，在新墨西哥州沙漠上阿拉默果尔多第一次核试验的前几天，对于洛斯阿拉莫斯研究机构科学家的家人们来说，这个即将发生的事件已经不是什么秘密了。这时候，谁都知道，科学家们正在准备做一件极重要的事情。这件事情将对世界产生巨大的影响，有的人甚至把他们工作的目标称为"凶神"。

1945 年 7 月 12 日到 13 日，经由洛斯阿拉莫斯在战时建成的秘密道路，实验性原子弹的内部爆炸机械的各个组成零件被运了出来，零件由装置地段运往试验地区。这个后来闻名于世的地区被叫作"死亡地带"。科学家们在这儿的沙漠中心已经立起了一座高大的钢架，原子弹就将会装在这上面。

在核试验最后的几个星期中，因为需要进行最后阶段的工作，一直没有从洛斯阿拉莫斯离开的科学家们，备足了食物，并且按照上级的特殊指令穿上了特别服装，整装出发，分乘几辆伪装的各种颜色的小轿车，经过四小时的路程，到达了试验场。

与气象学家进行过多番商讨以后，人们决定在 7 月 16 日五点三十分起爆原子弹。当天晚上两点钟，大家集合在距离那高大钢架十六公里开外的宿营地，这个钢架上正放着一颗尚未试验过的原子弹，那是他们辛苦多年的工作成果。这时候，每个人都戴上了事先准备好的黑色保护镜，以预防辐射的灼伤。为了避免炽烈的光线伤害皮肤，他们的脸上也涂了油膏。而在距离装有炸弹的钢架大约十公里的一个观测站上，洛斯阿拉莫斯的领导人正在指挥着这一历史性的爆炸。

其实，在按动电钮，准确起爆之前，现场的每个人都无一例外地戴上防护眼镜，伏卧在地面上。因为，如果有谁想用肉眼直接观看爆炸所引起的火焰．就很可能被爆炸引起的强光伤害眼睛，丧失视力。因此，根本没有一个人敢去看原子弹爆炸火焰产生的第一道闪光，他们所能看到的仅仅是从天空和小丘反射出来的耀眼的白色光亮。但是，还是有不幸的事情发生。因为能够见证人类历史上最伟大的试验，有人激动得甚至忘了戴上面罩就直接下了汽车。结果只有两三秒钟的时间，他们就都丧失了视力。

1945年7月18日，格罗夫斯写给陆军部长一份关于这次核试验的备忘录．摘要如下：

"我估计所放出的能量超过一点五到两万吨TNT当量，而这还是保守的估计。

在一个短暂的时间内，曾出现强烈的闪光，在半径二十英里的地区内，它相当于几个正午的太阳，随后形成一个巨大的火球，历时几秒钟。接着，这火球变成蘑菇形，并上升至一万英尺以上的高度才熄灭。爆炸发出的闪光在大约相距一百八十英里的地方均能清楚地看见。爆炸声在同样距离的几个地方，但一般大约在距离一百英里的地方，均可听见……一个巨大的云团形成了，它以可怕的力量汹涌澎湃地上升，达到高出地面三万六千英尺、海拔为四万一千英尺的同温层，约在五分钟内不停顿地冲过了一个一万七千英尺高的逆流层，很多科学家曾认为它将会阻止云团的上升。在主要爆炸后不久，云团里发生了两次附加爆炸。云团内含有由地面扬起的几千吨尘埃和大量气化了的铁。

我们现在认为是这些铁和空气的氧混合燃烧而造成了这些附加的爆炸。在这云团内，包含着由裂变产生的高浓度的强放射性物质。地面形成了一个直径为一千二百英尺的巨坑，其中的植物全部被消灭……坑内的物质是极细的粉状灰尘……塔的钢材完全被气化掉了。距离一千五百英尺远的地方，原有一根直径四英寸、高十六英尺的铁管埋在混凝土内，并坚固地用支索支撑住，但是它失踪了。

离爆炸地点半英里处有一个重二百二十吨的巨大钢质试验筒。筒底坚实地围筑了混凝土。环绕钢筒的有坚固钢塔，钢塔坚实地固定在混凝土基础上。此塔可被比作为典型的十五或二十层的摩天楼或货栈的结构中的钢架房屋。此塔的结构用了四十吨钢材，塔高七十英尺，像六层楼房一样高……这次爆炸的冲击波使钢塔从它的地基中拉开，把它扭歪、撕裂，并推倒在地。对此塔的作用表明，处在那样的距离，没有屏障的钢和石造的永久性建筑物将会被毁灭。它是一种善的力量，也是一种恶的力量。"

原子弹起爆后，观测站附近的广大地区都被极其刺目的闪光照亮，爆炸过后三秒钟，狂风大作，开始向人们和物体冲击，随之而来的是强烈的、持续的怒吼，大地在人类发明的新式武器面前，强烈颤抖。

早上五点三十分左右，住在离试验区两百公里左右的居民们也看到了空中的这道强烈的闪光。于是，美国军方原本为了保住全部机密而进行的多方努力没有奏效。试验过后没有几天，关于原子弹试验成功的消息就传到了曼哈顿工程区的所有实验室。其实，一直到试爆以前，没有一个人知道爆炸的效果究竟会是怎样，但

是，爆炸以后，科学家们算出来的大致效果比原来他们所估计的还要大上十倍乃至二十倍。曼哈顿计划不仅造出了原子弹，也给美国科学界留下了十四亿美元的财产，其中包括一个具有九千人规模的洛斯阿拉莫斯核武器实验室；一个具有三万六千人规模、价值九亿美元的橡树岭铀材料生产工厂和附带的一个实验室；一个具有一万七千人规模、价值三亿多美元的汉福特钚材料生产工厂，以及分布在柏克莱和芝加哥等地的实验室。

此后，在 1945 年的 8 月 6 日和 9 日，美国分别在日本的广岛和长崎投下了原子弹。随后苏联军队出兵中国东北，日本无路可退。8 月 15 日，日本天皇宣布无条件投降，第二次世界大战结束。

曼哈顿计划所造出的原子弹，使战争提前结束，避免了同盟国付出更大的伤亡。可是，在日本投下的两颗原子弹，却夺去了日本无数无辜平民的生命。至今，核爆炸产生和引发的恶果还遗留在当地。

诚如格罗夫斯所说，原子弹是善的力量，但它同时也是恶的力量。

（二）曼哈顿计划中的"东方居里夫人"

第二次世界大战与冷战的结束，核武器已经不是什么惊天大秘密。现在，大家都很清楚地知道，原子弹的制造，是出自一个叫作"曼哈顿"的科学计划。这个改变人类历史的科学计划集合了当时同盟国众多的世界一流的科学家。然而，鲜为人知的是，在这些投身计划的科学精英当中，还有一位中国物理学家，那就是后来被人们称为"东方居里夫人"的吴健雄。

1936 年，吴健雄由中国乘船越洋，到了美国，进入加州大学柏克利分校念书。吴健雄来到柏克利的时候，正是物理科学在原子核研究方面大放异彩的时代。过去几年的多项科学大发展．使得原子核物理成为当时科学界最具挑战性的前沿科学。

1939 年 1 月 16 日，麦特勒和费许讨论原子核分裂的文章，正式发表在英国的《自然》杂志上。于是，原子核分裂成了震惊世界的公开秘密。原子核分裂一经发现，世界上众多一流的科学家纷纷投身其中，进行这项研究，而吴健雄和塞格瑞也是在这个时候，开始利用柏克利的回旋加速器，进行中子撞击铀原子核，并分析其产出物的实验。

吴健雄和塞格瑞的实验开始于 1939 年，一直到 1941 年才结束，得出许多重要的结果。虽然实验起初多是塞格瑞的想法，但是，后来的许多工作都是吴健雄一个人独立完成。在那段时间中，吴健雄自己独立地在铀原子核分裂产物碘中，观察并且确定出两种放射性惰性气体的半衰期、放射数量和同位素数量。塞格瑞对吴健雄的工作大为赞赏，认为她虽然年纪轻轻，却已经是一位可以独立做出一流工作的杰出实验物理学家。

在实验得到结果后，吴健雄立即写了一篇报告，列上塞格瑞和她的名字，准备在物理期刊上发表。塞格瑞看了那篇论文以后，删去了自己的名字。后来，这篇文章以吴健雄一个人的名字发表，刊登在美国最有权威的《物理评论》之上。

其实，从1939年初开始，在对于核子分裂的知识应不应该像一般科学知识一样公开地流通交换的问题上，在美国的几位大物理学家就有着不同的意见。匈牙利裔的大科学家齐拉（L. szilard）坚持主张核子分裂的知识应该保密；而费米由于从计算中认为核子分裂产生足够中子而引发连锁反应几乎是不可能的，因此反对保密。

不过，他们的这些争论，都在当年4月22日被统一了。当天，朱立奥和艾琳·居里在刊登在英国《自然》杂志上的一封信中，都证实了每一个核分裂，平均可以产生三个半中子，这也就是说，核分裂的连锁反应是可能的。而当时，由于第二次世界大战的欧陆战局日渐紧张，在战场上占据优势的纳粹德国对于最早在柏林发现的核分裂反应，也表现出不同寻常的兴趣。因此，这个时期中，在美国进行原子核分裂的科学家都达成共识，心照不宣地将一些最敏感的实验数据保密。吴健雄和塞格瑞做出来的关于铀原子核分裂出产物的实验结果，虽然1940年间在两篇论文中发表，但是其中一些有关分裂连锁反应也就是和制造原子弹最密切相关的知识，则是等到1945年第二次世界大战结束以后，才在另一篇论文中发表。

那时候，在柏克利的物理系，理论方面以奥本海默为首，围绕着他聚集了一大批当时最聪明的科学家，这些科学精英不但是后来美国成功制造出原子弹的生力军，也是造就战后美国科学的精英。当时，每个礼拜一晚上，这些科学精英们都会聚在莱孔特馆底层的图书馆，进行一次讨论会；这些讨论会有时是奥本海默在报告他的新理论，有时则由其他一些年轻科学家报告他的实验结果。

有一天，在柏克利的物理学家想听听原子核分裂方面的新发展，奥本海默知道吴健雄在这方面很有见解，便特意请她来讲。吴健雄先为大家讲了一个小时关于原子核分裂的纯物理理论知识，然后，她提到了连锁反应的可能。此后，她说："现在我必须停下来，我不能再讲了。"这时，在座上听讲的劳伦斯哈哈大笑起来，劳伦斯还回头看看坐在后面的奥本海默，奥本海默也笑起来，因为，他们知道吴健雄的意思。

虽然吴健雄的演讲没有说出下文，但是她的实验工作却并没有停止。对于刚刚起步的原子核分裂发展，吴健雄不但因为自己做了许多相关研究而有着深刻的认识，她还把当时许多新发展综合整理，因此每次她的演讲都相当深刻精彩。后来，一旦有人要塞格瑞去演讲核分裂时，都会向吴健雄借演讲数据去用。

奥本海默对于吴健雄在核分裂方面的深刻知识也十分清楚。因此，每当开会讨论核分裂及原子弹相关问题的时候，他总是会说："去叫吴小姐来参加，她知道所有关于中子方面的知识。"值得一提的是，后来，吴健雄在"曼哈顿计划"中参与的工作，并非寻常普通，而是相当关键的部分；她之所以能够担起如此重大的责任，一方面是由于她在原子核物理研究上拥有极其重要的成就，另一方面也是由于"曼哈顿计划"的主持人，美国"原子弹之父"——奥本海默对吴健雄这个曾经是他学生的物理新秀特别赏识的缘故。也正是这个缘故，吴健雄才能以一个初到美国不过几年，没有美国国籍的外国人身份，得到特殊的保密许可，参加一个如此机密的美国国防科学计划的核心工作。

由于当时吴健雄在核物理研究的杰出成就，因此她渐渐得到了"东方居里夫人"的称誉。1941 年 4 月 26 日，柏克利大学所在地奥克兰郡的《奥克兰论坛报》刊出这样一篇报道，标题是"娇小中国女生在原子撞击研究上出类拔萃"，标题下刊登了一张相当大的照片。照片中的吴健雄明眸皓齿，聪慧秀丽，眼睛透出自信坚定的神情，相当迷人。这篇发自柏克利的报道中说：在一个进行原子撞击科学研究的实验室中，一位娇小的中国女孩，和美国一些最高水平的科学家并肩工作。报道说，这位年轻的女性就是新近成为加州大学物理研究所成员的吴健雄。吴健雄从外表看起来，人们会以为她或许是一位女演员，一位艺术家，或是一位追寻西方文化的东方富家女。这位年轻的东方女性在陌生人面前，总是显得害羞而沉默。但是在物理学家和研究生面前，她却是自信而机敏的。文章接着报道说有一天她在一群杰出的物理学家面前，讲述原子核分裂的新近发展；吴健雄在黑板上由后往前倒着写出一个物理公式，令大家印象深刻。

当时，虽然包括吴健雄在内的同盟国的科学家已经在讨论制造原子弹的可能，但是，谁都没有正式开始进行制造的工作。后来，德国开始禁止被他们占领的捷克铀矿区的铀矿出口，这使得同盟国意识到，德国很可能已经在认真地进行制造原子弹的计划。

不久，一位名叫傅吉的德国科学家出人意料地在德文科学期刊上公开发表了一些德国核分裂研究的最新成果。本来，这位科学家是故意突破当时德国尚未完全开始的信息封锁，让同盟国得知德国的研究近况，但是，同盟国科学家在看见他的论文后，反倒认为如果德国能够发布这么多的数据，那么他们真正的发展情况恐怕比公开的论文还要更加先进。此时，同盟国在战事中一再失利，这就更加促使美国制造原子弹计划的酝酿产生。

当时，匈裔科学家齐拉针对上述情况，决定采取一些行动。首先，他认为同盟国应该控制比属刚果的铀矿。于是，他请求和比利时皇家熟识的伟大科学家爱因斯坦的帮忙，爱因斯坦毫不犹豫地同意他的请求。接着，他和银行家沙克斯（A. sachs）进行多次商讨以后，共同具名拟就一封信，希望敦促罗斯福总统在美国进行原子弹计划。为了增加这封信的分量，他们也要求爱因斯坦共同具名，爱因斯坦同意了。这一封有爱因斯坦共同具名的信函，确实是促成制造原子弹计划的一个关键因素，而见识到原子弹对生命的无情摧残以后，到第二次世界大战结束很久，爱因斯坦都相当地后悔自己的具名。

在各方的努力下，1942 年 6 月，美国的制造原子弹的计划正式开始。由于计划总部开始设在纽约市曼哈顿区，因此就叫作"曼哈顿计划"。这个计划的科学主持人，便是奥本海默。

1942 年 5 月底，吴健雄和袁家骝在洛杉矶帕沙迪纳结婚。在加州度完短暂蜜月后，袁家骝应聘加入 RCA 公司战时的雷达发展工作，吴健雄也随同丈夫一同来到美国东岸，并应聘在波士顿附近相当有名的专收女生的史密斯学院担任助理教授。

1943 年，吴健雄转到普林斯顿大学担任讲师，给一些参与国防计划的军官讲授物理学。1944 年 3 月开始．吴健雄进入哥伦比亚大学，担任资深科学家，并且获得特殊的保密许可，以一个外国人身份，参与当时美国最机密的、制造原子弹的"曼哈顿计划"。

1944 年的美国制造原子弹的计划已经进入相当成熟的阶段，对于这样一种威力惊人的炸弹，科学家已有了肯定的认识。当时出现了一些关键的问题，一是如何浓缩铀元素，并使其达到临界质量，另外则是有效引爆的技术问题，而吴健雄在哥伦比亚大学参与的工作，就是浓缩铀的制造，不过她的工作主要是研发十分灵敏的 γ 射线探测器。

那时候，"曼哈顿计划"的重心在美国新墨西哥州一个小城圣塔菲外不远的洛斯阿洛摩斯实验室，奥本海默在那里坐镇主持。洛斯阿洛摩斯实验室主要是进行原子弹自身的计算、研究和制造引爆技术的研发。另外，美国还在芝加哥新成立了冶金实验室，由当时已获得诺贝尔奖的费米和匈裔科学家齐拉和威格勒（E. Wi）几位顶尖科学家，带领着许多当时出类拔萃的年轻物理学家，建立起一个原子反应堆。反应堆一方面用来实验可以控制的核分裂连锁反应，这是从和平用途方面着眼；另一方面则是生产可用作原子弹原料的一种新的可分裂元素钚（Plutonium）。吴健雄在哥伦比亚大学参与的铀元素气体扩散进程是在离哥大北方十几条街的一三六街、一个向汽车公司租来的房子中进行的。吴健雄为一个以"特殊同盟材料"为代号的计划工作，这个计划的主持人叫邓宁（J·Dunning）。吴健雄在黑汶斯（w·Havens）手下做事，合作的还有多年后获得诺贝尔物理学奖的阮瓦特，以及重氢的发现者尤瑞和莫菲（G·M·Murphy）等人。

1944年9月27日，费米在华盛顿州汉福德建立的反应堆开始如期运作。刚开始的时候，原子核连锁反应进行得很好，但是，几个小时便停止了。不过，这个反应停下来几个小时后，又再开始进行。

由于观察到这种现象是与时间相关的一种变化，主持者费米和挥勒（J·Wheeler）开始怀疑，核反应中的某种产物会吸收大部分中子而造成反应停止。但是，究竟是什么产物呢？人们束手无策。这时候，吴健雄的老师塞格瑞告诉费米和挥勒说："应该去问吴健雄！"因为塞格瑞知道吴健雄在中子吸收截面方面做过相当深入的研究。

于是，费米和挥勒迅速打电报到纽约来。接到电报后，哥伦比亚大学方面实验军方主持人尼柯斯上校立刻赶去找吴健雄，他对吴健雄说："吴小姐，我接了个电报，费米和塞格瑞希望要你在柏克利做实验结果的那篇文章，你可不可以给我。"本来，吴健雄和塞格瑞早已商议好，那篇有关实验结果的文章虽然已经在《物理评论》发表，但其中的关键实验结果则要等打完仗才发表。所以她说："除非费米、塞格瑞亲口告诉我，实验需要这些数据，否则我不能给你。"

尼柯斯上校没有办法，只好去找哥伦比亚方面实验计划的理论组组长莫菲教授。莫菲还约了和吴健雄熟识的黑汶斯一起去看吴健雄。他对吴健雄说："吴小姐，你和我很熟。尼柯斯博士对我们很帮忙，现在洛斯阿洛摩斯要这个数据，是不是可以给他们。"

在黑汶斯做出保守秘密的保证之后，吴健雄才同意提供那篇实验结果的数据。吴健雄的这篇关于铀原子核分裂后产生的氙气，对中子吸收横截面的数据，对于"曼哈顿计划"的顺利进展有着相当大的贡献。

此后，"曼哈顿计划"顺利地进行到尾声。1945年7月16日，在新墨西哥州的一个沙漠中，人类第一颗原子弹试爆成功。三周以后，原子弹被投放到千里之外的日本本土，促使第二次世界大战尽快地结束了。

原子弹是20世纪科学家协同努力的产物，它的威力使世人恐惧，许多参与计划的科学家也有着屠杀生灵的愧疚。但是，在美国发展原子弹的同时，德国也在进行着类似计划。如果美国不抢先完成原子弹的制造，而让纳粹德国抢先成功，恐怕是更大的一场浩劫。

有的人以为，由于原子弹投入战场，日本不得不提前投降，这使得中国战场上少牺牲了不计其数的中国人。吴健雄参与"曼哈顿计划"所做出的贡献对人类有着难以估量的重大贡献。但是，对于有人问起她参与制造原子弹之事，吴健雄心中确实是无比伤痛的。谈起原子弹的摧毁性，她极其痛心。她总是会用近乎恳求的口吻回问："你认为人类真的会这样愚昧地自我毁灭吗？不，不会的。我对人类有信心。我相信有一天我们都会和平地共处。"

（三）一颗可怕的炸弹

1945 年 8 月 6 日，美国人在日本广岛投下了世界上第一枚军用原子弹。原子弹爆炸的几个小时以后，在日本的东京，还没有一个人清楚地知道在广岛究竟发生了什么事。日本的官方消息还是从中国的一位地方民政官员的电报中得到的。直到 8 月 7 日清晨，日本原总参谋部正式接到了这样一份情报："在一刹那间，广岛市被一颗可怕的炸弹全部毁灭了。"

轰炸广岛之后，美国对日本开展了强大的政治宣传攻势。他们散发传单；每隔十五分钟，透过塞班岛短波电台用日语广播；还在塞班岛印制并在日本上空散发日文报纸，上面载有轰炸广岛的新闻照片。美国的宣传计划拟定，在九天内对四十七个有十万以上居民的日本城市投撒一千六百万张传单，散发五十万份载有原子弹轰炸的说明及图片的日文报纸。这项攻势一直继续到日本人投降为止。

在这样的情形下，8 月 8 日，日本著名的核物理学家西名特意从东京飞往广岛。在 20 世纪 20 年代，西名曾经待在哥本哈根做研究，他在著名物理学家玻尔的指导下工作过。西名回到日本后，建立了一个原子物理研究室。从 1939 年起，西名就认为原子弹这种武器是可以制造的，并可以在战争中使用。西名甚至还对这种武器可能造成的破坏规模做过一些粗略的计算。因此，在爆炸事件发生后，日本当局立即请他和其他一些科学家赶去广岛，进行检测。

到了广岛，西名看到一座曾经繁荣的城市已经变成了毫无生气的废墟。在距离爆炸地点大约两百米的半径范围内，所有房屋房顶上的瓦都被熔融了零点一毫米，高温及炫目的光线将爆炸地点周围的一切东西烧毁或者使它们褪了颜色。爆炸产生强烈的冲击波，把烧焦的人体和物体全部溅到墙壁上。四个月以后，西名自己也由于爆炸后剩余放射性元素的作用，浑身起了脓疱。

8 月 9 日，美国人在日本的长崎又投下了另外一颗原子弹。轰炸长崎的原子弹比轰炸广岛的原子弹威力要大得多，但是，由于两个城市的地形、设施的布局和人口集中的程度不同，广岛的损失及伤亡人数反而比长崎大。广岛全市地势低平，城市大致呈圆形分布；长崎则被众多小山和山脊隔断，形状极不整齐。在广岛，九万幢建筑中有六万幢毁于或严重损害于原子弹。而在长崎，五万二千幢建筑中只有一万四千幢被彻底摧毁，五千四百幢部分被毁。

不过，在两次爆炸中。离爆炸中心半径一公里之内的地域内，所有的人畜几乎立即死亡；在离爆炸中心半径一公里到二公里之间的地段，一些人畜立即死于巨大的爆炸和高温，但大多数是受重伤或只是表面受伤。不过，房屋及其他建筑全部被毁，而且到处起火。树木则被连根拔起，并因高温变得干枯。在离爆炸中心半径二公里到四公里之间的地段，人畜则受到玻璃碎片和其他碎片不同程度的伤害，许多人被高温灼伤，住房和其他建筑半数被爆炸所毁。

战后，在广岛市中心区中岛町原爆数据馆的墙上，挂有一幅巨大的照片，上面写着"原炸纪念物"。然而，这幅照片上只有几级岩石做的台阶，台阶上有一个成年人屁股大小的阴影。原来，这是一座银行大厦前面的台阶。爆炸发生时，有一个中年人坐在那儿等候一位朋友。不幸距离爆炸中心只有二百八十米。原子弹爆炸以后，这位中年人给烧得什么也没有剩下，只是在台阶上留下了他曾坐过的影子。

轰炸结束之后，在不同时期，人们统计的伤亡总数有很大出入。日本当局与美国调查小组的统计就有不同。其实，在第二次世界大战结束后三四十年间，死于原子弹爆炸后遗症的受难者人数要远远高于当时统计的这些数字。

原子弹爆炸这一可怕的消息深深地震惊了它的创造者之一——哈恩。在发现铀分裂以前，哈恩丝毫没有预料到它会在实际中有所应用。在希特勒战败以后，反法西斯组织逮捕了哈恩，他被拘押在巴黎附近的一个美国特种流放监狱，后来又被转押到剑桥附近的格德曼彻斯特，就是在这里，他知道了自己大约七年前所进行的研究工作产生的严重后果。

看守人员告诉哈恩，美国人在日本广岛投下了一颗原子弹。当时，这位一向斥责希特勒种族歧视的科学家大声叫道："什么！十万人的生命被毁灭了？这真是太可怕了！"

在格德曼彻斯特，和哈恩一起被拘禁的还有九名德国物理学家，他们之中有海森堡，有参与铀计划的哈尔泰克等，还有冯·劳埃，虽然冯·劳埃一直是纳粹主义的公开反对者。今天，在英国警察局仍然保存着一份由窃听设备获得的秘密档案室里的记录，记录里有着被拘禁的德国科学家们获悉在广岛投了一颗原子弹以后，于8月6日晚上所进行的讨论。

在记录的起初，德国专家们并不相信这个报道，他们说："这不是原子弹，这可能是宣传。他们可能是有了某种新的爆炸物或者是超级炸弹，而给它取了个原子弹的名字。但这根本不是我们所说的那种原子弹。这和铀的问题丝毫没有关系……"到了当天晚上九点钟，无线电广播做了比较详细的报道。

到了这时候，对于德国科学家们来说，是一个沉重的打击。就炸弹的物理学问题，他们争论了好几个钟头，并企图弄清它的机械构造。但是无线电广播的消息并未给他们提供足够的资料，于是德国科学家们估计美国人在广岛投下的是整整一个核反应堆……

其实，这些德国物理学家还被蒙在鼓里，他们并不知道，科学研究的成果一旦走出实验室以后，它们的技术应用是否会走向战场，它们又会带来怎样令人深恶痛绝的结果，而这都已经不以科学家们的主观意志为转移了。

（四）纳粹德国的核武器之梦

现在，一旦提及第二次世界大战的结束，人们都会不约而同地想到核武器。相当大一部分人甚至认为，正是美国人及时研发出了核武器，才加速了纳粹法西斯灭亡的步伐，第二次世界大战结束的时间得以大大提前。多年以来，在人们的印象里，美国是世界上第一个研制出原子弹的国家。

在第二次世界大战结束多年以后，通过在德国东部以及英国、美国和俄罗斯发现的一些档案和一些相关人员及目击者的证词，人们才得知，其实，在第二次世界大战结束前夕，纳粹德国的物理学家和军方曾进行过三次大型的核武器试验，纳粹距离开发出核武器不过一步之遥。

1944 年到 1945 年，第二次世界大战在欧洲战场进入最后的阶段。在苏联红军的猛烈打击下，德军节节败退，曾经不可一世的第三帝国处于风雨飘摇之中。在这样的情况下，希特勒多次鼓吹说德国人不会失败，军方已经研制出了一种"神奇武器"，一旦使用这种武器，德国人就可以击退苏军。

1944 年末，为了拉拢罗马尼亚继续与德国合作，在与罗马尼亚傀儡总统安东内斯库会面的时候，希特勒曾当面夸耀德国已经拥有了一种"神奇武器"，并称它可以消灭方圆三十四公里范围内的一切生命。

1945 年 3 月，苏联红军进入德国境内，并推进到距德国首都柏林仅仅六十公里的地区。即使在这样的时候，纳粹党卫军头目希姆莱仍然乐观地对外宣称，德国人并没有输掉战争，如果德军使用"神奇武器"，"只要一两次打击，纽约和伦敦就会消失"。1945 年，当希特勒开始意识到自己的失败命运的时候，还在幻想靠这种"神奇武器"扭转乾坤。不仅如此，美、英、苏等国的情报人员也发现，纳粹德国一直在秘密研发一种威力巨大的武器，也就是原子弹。

据悉，当时，德国的物理学家找到了利用常规炸药爆炸产生超高温和超高压，因而实现核裂变的方法，并根据这一方法，设计制造出简易的核爆炸装置。这是一种重约两吨的圆柱形浓缩铀装置。

数据显示，1944 年秋季，在德国北部的吕根岛，纳粹进行了第一次核试验；到了 1945 年 3 月，在德国东部的图林根州，纳粹又进行了另外两次试验。

档案解密以后，德国图林根州的奥尔德鲁夫市居民好像生活在火山上，一直感到忐忑不安。因为，1945年3月，正是在此地，纳粹德国科学家曾在这里进行了秘密的核试验。一位当地官员解释说："我们全都被吓坏了，生怕出现和切尔诺贝利一样的事情，毕竟谁也不想生活在核试验场上。"当时，纳粹引爆了一枚含有五公斤钚的炸弹，试验的直接牺牲品是七百名苏联战俘。

维尔纳太太是奥尔德鲁夫市的一位普通的居民。在第二次世界大战期间，她与当地纳粹驻军的关系不错。战后，维尔纳太太回忆说，当时，她家的地势比较高，从家中望出去，可以清清楚楚地看到纳粹设在图林根的试验场。1945年3月的一天，几个纳粹军官悄悄告诉她：这个地方很快将要发生一起"震惊全世界"的事件。果然，当天晚上，突然，一声巨响传来。与此同时，黑夜突然变成了白昼。维尔纳太太回忆起当时的情景，说："那天晚上，一股巨大的烟柱腾空而起，与此同时，天空瞬间亮了起来，人们甚至可以在窗口看清报纸上的小字。不仅如此，烟柱还迅速膨胀，很快就变得像一棵枝繁叶茂的大树，飘荡在天地之间。"

除了维尔纳太太，在爆炸以后，当地还有不少人亲眼见到纳粹党卫队在靶场上焚烧了几百具被严重灼伤的尸体。此事发生没多久，奥尔德鲁夫市发生了很多怪事：有的人连续头痛了两个星期，有人的鼻子经常出血。除了这些，在附近的林子里，居民们还发现了大片整齐倒下的树木。树木表面已经被严重烧焦。这些，其实都是核爆炸以后留下的后遗症。

其实，在战争期间，盟军方面已经知悉希特勒进行核武器试验的计划。不过，战后由于种种原因，希特勒核计划的全貌并未被披露。一直到20世纪60年代，民主德国政府才在图林根地区发现了纳粹的原子弹结构图，这也是目前唯一已知的希特勒原子弹的设计草图。同时，数据还告诉我们，在纳粹德国时期，曾有数百名科学家参与了希特勒的核计划。

研究者们认为，事实上，纳粹德国在研发核武器的进展上，远远超过人们的想象。早在1942年，德国就拥有了世界上最先进的核技术。不过，希特勒最初并不相信能造出原子弹。一直到1943年末，前线德军不断败退，穷途末路的希特勒不得不将赌注押在研发新式武器上，想以此扭转战局。他亲自下令，增加对核武器研发项目的拨款。

纳粹的科学家们没有让希特勒失望，在短短的时间内，他们迅速造出了"原子弹"。不过，由于时间太短，设计上存在缺陷，这个炸弹的威力并不太大。大多数核物理专家都认为，按照现在的标准来看，纳粹科学家们造出的更可能是"脏弹"，而不是货真价实的原子弹。这种"脏弹"可以杀死方圆五百米以内的所有生物，并在附近的土地上造成放射性污染，但是，它的威力可就远远赶不上四个月后美国在新墨西哥州试爆的原子弹。

不过，即使是这样的"脏弹"，也已经给纳粹打了一支强心针。在后来的德国首都柏林被包围的日子里，纳粹核物理科学家们的情绪仍旧很高。他们告诉那些沮丧的德国工人，在党卫队的保险柜里，"有两颗可以帮助德国赢得战争的'神奇武器'"。纳粹装备部长施佩尔也对手下说，德国已经拥有了一种新型的炸弹，这种武器非常神奇，虽然只有一个火柴盒大小，但却可以将纽约夷为平地。他鼓吹说："如果我们能再坚持一年，就能赢得战争。"

在投降前的三个星期，纳粹领导人专门举行了一次会议，认真地讨论了与盟国进行小型核战争的方案，其中包括派出自杀飞行员，驾机携带"神奇武器"轰炸伦敦和巴黎。党卫队希望在东线战场上能够利用核弹打击已经对柏林形成包围态势的苏联红军，以拖延苏联对柏林的进攻步伐。

虽然德国人拟定了各种各样的计划，但是，在这时候一切挣扎都是徒劳。当时，纳粹的科学家们已经没有足够的时间来收集充足的核原料以制造原子弹。结果，在奥尔德鲁夫原子弹试验的两个月后。希特勒的"第三帝国"就灭亡了。

一些研究者坚信，在战后，攻占了德国首都柏林的苏联红军得到了希特勒原子弹计划的全部研究成果。他们认为这正是冷战期间，苏联为何会在奥尔德鲁夫设立军事基地，并在当地实施高级保密制度的原因。据说，第二次世界大战欧洲战场结束不久，苏联的情报人员找到了参加1945年核试验的德国科学家季波涅尔教授，并从他那里得到了纳粹原子弹的全部信息。随后，苏联人全面接管了德国的核设施，大量德国核科学家被带到了苏联，继续进行原子弹研究。

不过．尽管有人证物证，但是在德国人的核武器问题上，科学家们仍然产生了分歧。一些德国研究机构的物理学家曾经自发地对奥尔德鲁夫的土壤样品进行了一次测试。这次测试的化验结果显示，当地的土壤放射性很高。同时，科学界们还在土壤中发现了铯和钴等放射性元素。不过，就在这次测试进行的两个月以后，德国政府派出专家队伍，在奥尔德鲁夫调查，得出了截然相反的结论。他们宣称当地土壤表面完全正常，没有发现任何当地曾进行过核试验的证据。然而，这些科学家还说，要做出最终的结论，还需要很长的时间进行全面调查。

实际上，无论是"希特勒率先拥有原子弹"说法的支持者还是反对者都一致认为：如果希特勒在上台后，没有将那些优秀的犹太科学家如爱因斯坦等人驱逐到国外或关进集中营，早在1941年，他就可能得到原子弹。尽管如此，到了第二次世界大战末期，纳粹德国的科学家还是具备了制造核武器的能力。让我们庆幸的是，这时候，希特勒已没有足够的时间生产和使用这种武器。否则，一旦这个战争狂人掌握这样具有破坏性的武器，从此以后，世界可能永无宁日！

（五）第二次世界大战中的日本核武器之路

核武器面世以后，人们不但看到了核武器的巨大威力，也慢慢意识到了它的可怕之处。众所周知，第二次世界大战末期，美国在日本的长崎、广岛投下两颗原子弹。这两个城市被核武器彻底摧毁，无数平民被夺去生命。此后多年，原子弹辐射的后遗症也开始渐渐显现出来。其后果之严重，达到了匪夷所思的地步。

因此，各大拥有核武器的国家纷纷缔结条约，承诺绝不轻易使用核武器，并竭尽全力阻止核武器的扩散，其中，包括限制其他国家发展核武器。所以，一直到现在，尽管很多国家的科技水平发生了日新月异的变化，他们仍然不能发展核武器。这其中，包括日本。

不过，很多人并不知道，其实在第二次世界大战期间，日本也在想尽办法研制核武器，他们甚至差半步就跨过了核武器的门槛。

早在 1940 年的秋天，日本陆军军部经过仔细研究，认为造一颗原子弹是完全可行的。于是，日本陆军本部秘密下令，让日本国内的物理化学研究所立即展开研制原子弹的计划。

然而，日本陆军的绝密核计划进展得十分缓慢。1945 年 4 月，美军一架 B-29 重型轰炸机携带炸弹飞往日本执行任务。阴差阳错，炸弹偶然炸毁了仁科芳雄的热扩散分离设施。日本的原子弹研究受到了重挫。不过，日本陆军并没有因为这个挫折而死心，他们偷偷地把原子弹研究机构搬到了位于今天朝鲜的科南地区，还在这个绝密的机构里成功生产出一小部分的重水。第二次世界大战结束的时候，苏军的特种部队抢占了该区，日军还没来得及炸毁该处核研究机构，该机构就被苏联军队接管。不过，一些数据显示，事实上，日本人还是偷偷地带走了该机构中绝大部分技术数据，这为战后日本的核能利用打下了坚实的技术基础。

其实，不仅日本陆军在积极尝试研制原子弹，日本海军也曾成立核物理成就利用委员会。在太平洋战争爆发以前，日本军界上层有不少将领对原子弹非常感兴趣，其中的代表人物是安田武雄将军。

安田武雄毕业于日本东京大学，曾经担任过陆军航空技术研究所所长，后来担任日本的帝国空军参谋长。安田武雄是个狂热的战争分子，他非常关注其他国家在军事方面的科技进展情况，核裂变自然引起了他浓厚的兴趣。1940 年 4 月，安田武雄得知核裂变具有极大的军事潜力以后，立刻赶去探望自己的老师嵯峨良吉教授，并向他请教这一问题。嵯峨良吉曾经到过美国，在美国期间，他认识了不少年轻有为的物理学家，因此，他对核物理的最新发展比较了解。安田武雄请教以后，一再要求，让嵯峨良吉以书面形式，给日本陆军部递交了意见。嵯峨良吉在书面意见中指出，核物理的最新成就在军事领域潜力巨大。日本陆军大臣东条英机见到这个书面意见以后，立刻指示让专家研究这个问题。

1941 年 5 月，安田武雄下令，让日本物理化学研究所讨论研制铀弹的可能性，这个计划由当时日本著名的核物理学家仁科芳雄教授负责。仁科芳雄接到命令以后，很快就在东京的实验室制造出一台小型回旋加速器。此后，他又根据美国物理学家欧内斯特·劳伦斯捐赠的设计蓝图，建造了第二台有二百五十吨磁铁的大型加速器。很快的，这个实验室就吸引了一百位日本青年科技人员投入到这项庞大的研究中来。在研究开始的最初两年，他们的主要精力都用于理论计算，比较各种区分铀同位素的方法和寻找铀矿。

到了 1942 年初，美国在核武器方面的研究正在迅速进行。由于一些避难到美国的犹太科学家的帮助，美国在这方面已取得很大的进展。此时，日本海军也开始积极投入，致力于原子动力能的研制开发。海军部认为，研究核物理已成为当前日本海军的一项重要任务。日本的研究目标是通过核分裂取得能量，为部队的舰船和大型机械提供充足而巨大的动力源。为了实现这一目标，海军技术研究所专门成立了一个核物理成就利用委员会，负责追踪国外的研究进展情况。委员会成员有日本国内第一流物理学家如嵯峨良吉、荒胜文策、菊田正四等组成，仁科芳雄当选为委员会主席。

从委员会成立到 1943 年 3 月，委员会陆续召开了十次物理讨论会。经过多次讨论，委员会初步做出估计，制造一颗原子弹需要几百吨铀矿石分离出铀二三五，这大约要消耗日本全年发电量的十分之一和全国铜产量的二分之一。最后，委员会得出的结论是制造原子弹在理论上是可行的，但需要充足的时间，至少是十年左右。与此同时，委员会还认为虽然日本在短期之内不可能研发出原子弹，美国和德国也没有多余的工业能力可以及时生产出原子弹，以用于战争。日本海军部在确信短期之内核物理研究不能取得任何成果以后，便下令解散了这个委员会。

虽然委员会被取消，但仁科芳雄仍然继续在为陆军效力，研制原子弹。仁科芳雄的计划与美国"曼哈顿计划"十分相似，武器设计开发与生产铀235同步进行。1943 年 5 月 5 日，仁科芳雄向日本空军司令部递交了一份报告书，指出制造原子弹在技术上也是可行的。紧接着，安田武雄又把报告转呈给已经成为首相的东条英机。东条英机在审阅了仁科芳雄的报告以后，立刻下令，指示空军司令部总务课长华岛，凡是仁科芳雄研发计划所需的资金、材料、人力，一律都要优先拨放。帝国空军司令部接到东条英机的指示以后，马上以仁科芳雄的报告为基础，批准了一个秘密计划，这一计划以负责人仁科芳雄的名字第一个音节命名，代号叫作"仁方仁科芳雄告诉总务课长华岛，"仁方案"面临的主要困难是铀，他希望日本的军队能够帮助他们找到足够的铀资源。华岛从 1943 年夏季起，派出一批又一批人，他们的足迹遍及日本列岛和朝鲜半岛各个有名的矿产地。华岛的手下带回来各种矿石标本，但都不含铀。

仁科芳雄非常失望，由于"仁方案"迫切需要大量氧化铀用来实验，因此，日本方面决定向德国求助。1943 年底，德国特意派出一艘潜艇，运送一吨铀矿石前往日本。不过，由于情报外泄，德国的潜艇被埋伏在马六甲海峡的美军击沉。在此之后，苏、德战场上，德国频频失利，自身难保，再也无法分身帮助日本了。

其实，由于各种各样条件的限制，"仁方案"从开始执行到 1944 年 7 月东条内阁垮台，一直处于实验室研究阶段，并没有取得任何重大的突破。后来，随着战局的恶化，日本原子弹的研究也更加紧张地进行。"仁方案"组开始进行分离铀同位素的试验。不过，一直到 1945 年初"仁方案"组先后进行了六次铀的分离试验，结果都以失败告终。

到了 1945 年春天，盟军在战场已经占据绝对的优势。从这时候开始，美军的远程轰炸机 B-29 开始大规模袭击日本本土城市。与此同时，"仁方案"组也在抓紧时间工作，分离铀 235 的试验慢慢出现成功的迹象。尽管"仁方案"组的许多成员都对这一成就感到欣喜若狂，仁科芳雄却并不乐观。他很清楚地知道，制造一枚原子弹，需要大量的铀，这就意味着试验必须得到庞大的技术设备和足够的铀矿石。然而，这一切随着日本战局的恶化已经很难实现。

仁科芳雄的担忧绝对不是杞人忧天。1945 年 4 月 13 日，美国的空军开始大规模轰炸东京。在这一轮轰炸中，日本的航空技术研究所四十九号楼被美国人炸毁，大楼里面的"仁方案"的实验室和铀同位素分离器也不能幸免。在这样的情况下，"仁方案"组再也无法继续研究。

不过，对于这一结果，日本政府方面是相当乐观的，他们认为美国也无法研制出原子弹。日本军方相信，只要日本能研制出核武器，就可以把美军赶下大海。7 月 22 日，"仁方案"组里的几位物理学家与海军的高层将领举行了一次会议。在会议中，这些科学家对海军将领们说："从理论上来说，制造出原子弹还是有可能的。但是，根据当前各方面的情况来看，要想在这次战争中使用原子弹，任何一个国家也办不到。"

具有讽刺意味的是，在此次会议召开前的 7 月 16 日，美国的原子弹已经试爆成功。由于消息被严密封锁，日本当局并不知道。

到了 8 月 6 日，美国向广岛投放了原子弹"小男孩"，原子弹降临后，广岛成为一片废墟。仁科芳雄收到消息，马上带人赶去广岛，进行了现场检测。随后，仁科芳雄迅速向军方确认了这正是原子弹所为。日本军方得知这一消息后，几近疯狂，他们在大本营召集科学家们说："一旦美军在日本登陆，日本军队和民兵将不惜任何代价，坚持抵抗六个月。如果你们能在此期间研制出原子弹，我们就可以把美军赶进大海。"

仁科芳雄沮丧地告诉军方，不要说六个月。就是六年也不够。此时的日本既无铀，又没电，什么也做不成。至此，"仁方案"彻底破产。

"仁方案"破产以后，日本军方立刻下令，要求科学家们在战争结束时，销毁所有研制原子弹的档案，以减轻侵略战争的罪责。正是这一举动，在第二次世界大战结束以后，外界很少有人知道日本战争期间研制过原子弹。

如今，在日本广岛市的和平公园里，矗立着一座墓碑，上面刻着"但愿这一错误不再重复"。那么，"错误"二字做何解释呢？是指美国对日本进行的原子弹攻击，还是指第二次世界大战期间日本所走的战争道路呢？战后，日本一直把自己视为原子弹攻击的受害者，对南京大屠杀等侵略罪行却百般抵赖。日本的右翼势力不想对历史进行反思，那么，一旦他们再次重复"错误"，则必然受到历史的惩罚。

（六）这只是一场事故吗？

1944 年 7 月 17 日的晚上十点二十分，美国旧金山北部三十五英里处的芝加哥港海军基地忽然发生了一场震撼世人的大爆炸。这次爆炸后果非常严重，几百名非裔黑人水兵被立即炸成灰烬，港口的地面上还留下了一个深达六十六英尺的巨坑。

大爆炸发生以后，举世震惊。美国官方迅速做出回应。官方宣称，这次爆炸只是一场由于疏忽而引发的事故。当时，海军基地码头上的集束炸弹或深水炸弹在装运过程中，不慎发生了爆炸，这一爆炸又引爆了附近几千吨的柴油机以及多达五千吨的军火弹药。官方的解释虽然让人们觉得半信半疑，但由于缺乏证据，也只能作罢。几十年后，越来越多浮出水面的"新证据"显示，那场爆炸绝对不是军火爆炸那么简单，而很可能是美国军方在本土进行的第一次秘密核爆炸试验！

最先提出核爆炸试验说法的人是美国一名叫作彼得·沃吉尔的调查者。沃吉尔在调查中发现这样一件事情，当天晚上，在爆炸发生前的几个小时，一名空军官员曾接到上级的秘密命令，要他当晚秘密驾驶飞机对芝加哥港进行密切的观察。在那样黑暗的深夜中，芝加哥港有什么事情需要一位职位如此高的官员参加呢？一定是有某件重大的事情即将发生。而这位空军官员后来告诉人们，在爆炸发生时，他看到了蘑菇云和一道如同太阳一样耀眼的闪光。

另一份解密文件显示，1944 年 9 月，美曾想邀请日本军方和政府要人目击在美国沙漠中发生的原子弹爆炸，以便令他们产生惧意，无条件投降，美国空军上校威廉斯·帕森斯在一份备忘录中写道："主要的困难是无法在纽约时代广场一千英尺高的空中进行测试，那儿显然人群密集，建筑林立，但在沙漠中显然又没有人居住。从我对芝加哥港的观察。我敢确保如果在沙漠中试爆，观测者的反应肯定会大失所望。"

第五章　王牌部队

一、党卫队第 1 "警卫旗队" 装甲师

在那些反映纳粹德国历史的黑白纪录片中，经常会出现这样的画面——志得意满的希特勒向山呼海啸的人群行着纳粹手礼，在他的周围则密布着面无表情，像机器人一样僵直站立的黑衣人。这些家伙和美国大片《黑衣人》中的"黑超特警"可毫无关系，他们是希特勒的私人卫队"阿道夫·希特勒警卫旗队"的成员，正是这些鹰犬在日后组成了纳粹党的"御林军"，也就是臭名昭著的武装党卫队第 1 "警卫旗队" 装甲师。

（一）恶魔出世

20 世纪 20 年代，带有政治目的的流血械斗经常在德国的大街小巷发生，政客没有一支可靠的打手队伍都不好意思和对手打招呼。1923 年，本着打击别人，保护自己的目的，纳粹党决定成立自己的打手组织和保卫部门，前者就是后来被称为"褐色瘟疫"的冲锋队，后者就是负责保护希特勒人身安全的总部卫队，后来一度改名为"阿道夫·希特勒突击队"。1923 年 11 月，希特勒因为发动"啤酒馆暴动"而锒铛入狱，他的卫队成员也是树倒猢狲散，只有冲锋队逃过了被取缔的命运。等希特勒从监狱中出来，他郁闷地发现冲锋队这支规模庞大的准军事组织完全按照参谋长恩斯特·罗姆的指挥棒行事，希特勒这位冲锋队全国领袖反而成了局外人。为了平衡冲锋队的势力，希特勒召集了昔日的卫士，重建了总部卫队。几周后，总部卫队被更名为党卫队。1929 年 1 月 6 日，希特勒任命海因里希·希姆莱为党卫队全国领袖。

希姆莱可不是等闲之辈（不少历史学家认为他是一个冷酷狡猾、野心勃勃的恶

魔，甚至是第三帝国野心家中最不择手段的一个），他和希特勒一样都在一战时期加入德国陆军，不同的是希特勒在战斗中负过伤，而希姆莱完成军训时战争早已结束了。此后，希姆莱当过农场主，干过技术员，1925年才加入了纳粹党，给希特勒的党内对手施特拉塞当秘书。很快，政治嗅觉灵敏的希姆莱抛弃了旧主，投向了希特勒的怀抱。希特勒也没有亏待他，不断地擢升其在纳粹党内的职务：1926年，希姆莱出任纳粹党上巴伐利亚—施瓦本区副领袖；1927年，出任党卫队全国副领袖；1929年，希姆莱正式成为党卫队的一号领导人物。当时党卫队只有280人，还必须服从于冲锋队的指挥。为了摆脱这种从属关系，希姆莱把大量的精力和时间花在了党卫队的"繁殖"上，他制订了各项措施，提高党卫队的地位，甚至不惜从冲锋队挖人。接下来的几年中，党卫队的人员实现了高速增长：1930年增加到2700人；1931年增加到1万人。希姆莱这种"挖墙脚"的做法引起了冲锋队头目们的不满，他们向希特勒控告"党卫队使用无耻的手段招募人员，试图瓦解冲锋队"。希特勒本就想削弱冲锋队的势力，不但没有为"苦主"出头，反而顺势将冲锋队和党卫队划分为两个独立组织，明确规定冲锋队无权向党卫队发布命令。得到了希特勒的支持，希姆莱更加有恃无恐，他仿效军队的级别将党卫队的编制划分为小队、中队、突击队、突击大队、旗队、旅队和地区总队7个级别。其中小队设小队长1名，队员8人，相当于军队中的班级单位；中队设中队长1名，由3个小队组成，人数在20~60人，相当于军队中的排级单位；突击队设突击队长1名，由3个中队组成，人数在70~120人，相当于军队中的连级单位……地区总队是最高的编制，相当于军队中的师级单位，由若干个旅队组成。

　　1933年1月，希特勒登上了总理宝座，德国的政局因为他的上台变得更加云谲波诡。首先，副总理本·巴登是总统兴登堡的铁杆盟友，他和希特勒之间不断爆发冲突；其次，罗姆的冲锋队和国防军势如水火，这让后者对纳粹党戒心重重。为了在政治斗争的旋涡中保证自己的安全，希特勒授命他的司机塞普·迪特里希组建一支专业的警卫部队。这位司机先生于1928年加入党卫队，此前当过工人、坦克手、警察、税务员，文化程度不高但社会经验丰富，胆大心狠且诡计多端，他知道这是个平步青云的机会，就卖力地从党卫队中精心挑选了120名身高超过1.8米，年龄在25岁以下的忠实党徒，组建了"柏林党卫队总部卫队"。1933年11月9日，纳粹党在慕尼黑的菲尔德海恩豪尔广场举行了"啤酒馆暴动"10周年纪念活动，包括总部卫队在内的党卫队成员在这次集会上向希特勒宣誓效忠。也正是在这次集会上，总部卫队被正式改名为"阿道夫·希特勒警卫旗队"。

（二）准备成军

成立之初，"警卫旗队"的主要工作是24小时贴身保护希特勒，无论是总理府还是柏林威廉大街的希特勒住所，都由"警卫旗队"的成员把守，任何人想要接近希特勒都必须经过三层卫兵的盘查。如果希特勒外出，"警卫旗队"的人也会乘坐汽车随行护卫，这时的"警卫旗队"还真像一群纯粹的大内密探。可随着希特勒决定对"老战友"罗姆下手，"警卫旗队"也开始露出獠牙。1934年6月30日清晨，希特勒、希姆莱等人在特别机动部队的护卫下赶到了慕尼黑南部的维西浴场，将正在那里疗养的罗姆等冲锋队头目一网打尽。当天下午，"警卫旗队"的两个武装连队在二级突击大队长瓦格纳和莱克的指挥下抵达慕尼黑，他们的任务是处决关押在斯塔德尔海姆监狱的冲锋队高官。7月13日，驻扎在柏林的"警卫旗队"主力也开始屠杀冲锋队的头目和纳粹党的政敌，前普鲁士内政部警察司长埃里希·克劳斯纳等人相继倒在了他们的枪口之下。

一举消灭了罗姆和冲锋队，希特勒巩固了他的独裁统治，希姆莱和党卫队的势力也水涨船高，成了纳粹党唯一的军事组织。野心勃勃的希姆莱并不满足，他希望把手下的三大武力——"警卫旗队"、特别机动部队和党卫队骷髅队建设成一支能征善战的武装部队。希姆莱

警卫旗队

的想法得到了希特勒的支持，后者批准希姆莱调拨冲锋队军火库中的武器。然而除了武器装备外，希姆莱还面临着其他棘手的问题——党卫队武装只是拿着步枪的乌合之众，既没有基本的军事常识，也不具备一支军队所必备的纪律。为此，希姆莱不得不从老对手国防军和冲锋队中寻找人才。1938年11月，希姆莱吸收了国防军的退役中将保罗·豪塞尔加入党卫队。这位一战老将既有一线作战经验，又熟悉陆军传统的组织模式，在他的努力下，党卫队开始仿效国防军的训练体制建立军官学校，进行各种繁重而真实的作战训练。

（三）脱胎换骨

一开始，党卫队的高官们并不买豪塞尔的账，"警卫旗队"的旗队长迪特里希就是其中的代表人物。这位昔日的保镖头子因为在"长刀之夜"中表现突出，已经荣升党卫队全国副总指挥，算得上希姆莱一人之下，万人之上。自命不凡的迪特里希将"警卫旗队"视为禁脔，平时连希姆莱的命令都敢阳奉阴违，更别说一个退伍的陆军将领了。受他的影响，"警卫旗队"的士兵表现得我行我素，不是和国防军斗殴，就是和特别机动部队争抢人员和武器，豪塞尔根本调动不了这帮大爷。忍无可忍的希姆莱大骂迪特里希不守纪律，迪特里希却一脸不屑地反驳说："他们（警卫旗队士兵）的职责是保卫元首，他们是我的，而我们都属于希特勒。"言外之意，别和我摆老板的架势，咱上面有人。

就在希姆莱准备放弃"警卫旗队"的改造时，迪特里希的立场突然有了180度的转变，开始同意让豪塞尔训练他的士兵。促成这一转变的原因很简单，虽然"警卫旗队"的队员穿着威武的军装，经常参加各种阅兵仪式，可他们却没有接受过任何战斗训练，以至于被柏林市民们嘲讽为"柏油士兵"，这几乎成了国防军和党卫队特别机动部队的笑柄。迪特里希意识到，孤芳自赏的优越感对他的前途毫无价值，如果"警卫旗队"不能表现出军事方面的才能，那这支部队今后只能承担阅兵和封锁交通的任务，这是他绝对无法接受的。于是，迪特里希放下了架子，允许豪塞尔监督他的部队的训练，甚至还同意"警卫旗队"和特别机动部队互换一个营和一批连级军官。

和特别机动部队不同，"警卫旗队"的训练基地没有安排在党卫队的容克军校，而是放在了老旧的利希特菲尔德军营。每天早上5点，起床号就在军营中响起，然后是一个小时的洗漱和早餐时间，接下来是实弹环境下的武器训练和高强度的体能训练。为了模拟出实战效果，培养士兵的亡命精神，党卫队的训练课程设计得冷酷无情。比如，士兵在挖掘掩体时，教官会命令坦克和装甲车发动起来。在轰隆的坦克声中，士兵们惊慌地挖掘掩体。很快，钢铁车身压过掩体，那些掩体挖掘不深或者不牢固的士兵被当场压死压伤……为了消除严酷训练带来的疲劳和负面情绪，迪特里希等人试图营造出一种团结友爱的气氛，他们到连级单位用餐，而不是高级军官们单独享用美食，这种事情在等级意识极强的国防军中非常少见。此外，和其他党卫队成员一样，纳粹思想也被灌输到"警卫旗队"每个人的头脑中，他们每周都要学习纳粹理论，聆听希特勒的演讲录音等。在严酷操练和精神催眠下，"警卫旗队"的战斗力有了飞速提高。到1939年9月，"警卫旗队"的人员已经扩充到3700

人，下辖 3 个步兵营和 1 个炮兵营，这柄黑色利剑等待的只是一个出鞘的机会。

（四）亮相波兰

1939 年 9 月 1 日 4 时 15 分，德军的"斯图卡"轰炸机、Ⅲ号坦克和全副武装的步兵越过了波兰的边境。从此，一种全新的战争形势——"闪电战"出现了。作为希姆莱精心打造的战争机器，"警卫旗队"参与了代号为"白色方案"的作战行动。"警卫旗队"被划拨给伦德施泰德元帅指挥的南方集团军群，隶属于第 17 步兵师。战斗刚一打响，"警卫旗队"就一马当先地渡过普罗斯纳河，成功地控制了这条河流上的桥梁。9 月 1 日上午 10 点，"警卫旗队"在第 17 步兵师的支援下击溃了对面的波军第 10 步兵师，俘获了超过 5000 名的波军士兵。两天后，"警卫旗队"强渡瓦尔塔河成功，他们的下一个目标是波兰第二大城市罗兹。尽管得到了装甲部队的支援，但"警卫旗队"还是在波兰军队的顽强抵抗下付出了不小的伤亡，特别是那些勇敢的波兰狙击手，他们常常爬到树上发动袭击。"警卫旗队"的对策是对树林和灌木丛疯狂射击，然后将前进路上的每一座村庄付之一炬。这种残忍的"爱好"让同行的第 17 步兵师都看不下去，一脚将其踢出了本师的建制。伦德施泰德上将不敢得罪希特勒的御林军，只好将"警卫旗队"划调往汉斯·莱因哈特将军指挥的第 4 装甲师。

9 月 10 日，"警卫旗队"和第 4 装甲师的先头部队到达华沙的南部郊区。华沙军民全力反击，德军陷入了残酷的巷战。在损失了一半的装甲车辆后，莱因哈特下令撤往布祖拉河地区。在随后进行的布祖拉战役中，"警卫旗队"表现出了罕见的战斗力，它以数千人的兵力紧紧咬住了波军下辖 19 个师的"波兹南"集团军，最后配合德军第 10 集团军形成包围圈，迫使 12 万波军缴械投降。9 月 25 日，"警卫旗队"跟随集团军群主力再次抵达华沙城下，这次城内的波兰军队已经无力反击。3 天后，城内的波兰守军投降，波兰战役基本结束。在整个波兰战役期间，"警卫旗队"伤亡 400 余人，这个数字远高于国防军，一些国防军将领批评"警卫旗队"缺乏师级的战斗训练，它的军官无法应对战场上复杂多变的情况。这种指责让希特勒非常不爽，元首先生把批评者们一个个明升暗降，这才压制住了国防军的声音。当年 12 月，希特勒出席了"警卫旗队"在巴登—埃尔姆斯举办的圣诞酒会，他向每位士兵赠送了一个圣诞蛋糕、一些香烟和一瓶葡萄酒。这种难得的"恩宠"让"警卫旗队"上下感激涕零，他们发誓要在今后的战事中加以回报。

（五）逞凶法国

1940 年初，被波兰战役的胜利刺激得忘乎所以的希特勒决定将战争机器转向西方，在一战中曾经鲜血淋漓的战场上进行一次豪赌。此时，迪特里希的警卫旗队已经完成了摩托化整编，他们被划拨给博克将军的 B 集团军群，直接隶属于第 18 集团军的 227 步兵师。1940 年 5 月 10 日，B 集团军群在德国空军的掩护下向荷兰发动了进攻。作为 B 集团军群的先锋部队，"警卫旗队"负责夺取埃塞尔河的桥梁。在德国伞兵的支援下，"警卫旗队"6 个小时内向前推进了 80 公里，直抵埃塞尔河边。尽管荷兰守军抢先炸毁了河上的桥梁，但"警卫旗队"先头连不等工兵到达，就强拆了附近村庄的门板搭乘浮桥，在荷兰守军的炮火中度过了河流。因为成功强渡埃塞尔河，该连队的连长、党卫队二级突击队中队长胡戈·克拉斯获得了一枚铁十字勋章，他也成为"警卫旗队"第一位获此勋章的军官。

5 月 14 日，"警卫旗队"进抵荷兰鹿特丹。当时城内的荷兰守军已经向德军第 7 空降师投降，但杀红了眼的"警卫旗队"还是冲入城内。混乱中，迪特里希的手下误伤了第 7 空降师的师长库尔特·施图登特将军，但"警卫旗队"对此矢口否认。随后，"警卫旗队"跟随古德里安的第 19 装甲军北上敦刻尔克地区。5 月 20日，德军第 1 装甲师攻占索姆河下游的亚眠，第 2 装甲师则前出至索姆河口的阿布维尔，40 万英法联军被包围了在敦刻尔克的三角地带。眼见一场巨大的胜利就在眼前，希特勒却在 5 月 24 日发出了令后世争论不休的命令——全军停止追击。国防军虽然难以理解，还是执行了命令，而一向以嫡系中的嫡系自居的迪特里希却不肯放弃近在咫尺的功劳，他对希特勒的命令毫不买账，下令"警卫旗队"继续攻击。几天后，清醒过来的希特勒命令装甲部队恢复进攻，英法军队的主力已经从海上撤退。但由于"警卫旗队"孤军深入式的进攻，还是有数万英法军队被死死咬住，最终成了德军的俘虏。未能毕其功于一役的恼火让"警卫旗队"的士兵兽性大发，在敦刻尔克附近的沃尔姆豪特，该团士兵用机枪和手榴弹屠杀了英国第 48 步兵师的 65—80 名战俘，而这样的暴行对"警卫旗队"来说仅仅是一个开始。

占领敦刻尔克之后，"警卫旗队"作为第 14 步兵军下属的独立团参加了对法国南部的攻击。迪特里希和"警卫旗队"将纳粹宣扬的"个人英雄主义"发挥到极致，他们强渡塞纳河，向法国南方迅猛突击。6 月 14 日，巴黎沦陷，"警卫旗队"也开进了不设防的里昂，在那里他们缴获了法军 200 多辆坦克和数架飞机。8 天后，法国宣告投降。在整个法国战役期间，"警卫旗队"伤亡 600 余人，伤亡率占到了总兵力的 15%。1940 年 7 月，为了表彰"警卫旗队"的勇敢作战，希特勒在柏林国会大厦的祝捷酒宴上向迪特里希颁发了一枚骑士十字勋章，希姆莱也向"警卫旗队"授予了一面印有希特勒名字的军旗。7月28日，驻扎在法国梅斯的"警卫旗队"接到扩建为旅的命令。按照这个命令，"警卫旗队"将下辖一个步枪团、一个重机枪团、一个炮兵团和一个侦察团。

（六）巴尔干烽火

1940年10月，"警卫旗队"随同国防军部队开进了罗马尼亚，将罗马尼亚的普罗耶什蒂油田置于德国的"保护"之下。由于这次行动没有提前通报意大利方面，墨索里尼为此大为恼火，这位老兄一向认为罗马尼亚属于他的势力范围。为了报复希特勒的先斩后奏，也为了显示意大利军队在轴心国中的存在价值，墨索里尼决定如法炮制，不预先通知希特勒即入侵希腊。10月28日，意大利军队由殖民地阿尔巴尼亚越过边境，侵入希腊领土。接下来发生的事情再次证明战争不是意大利人的强项，50万意军被15万希腊军队打得丢盔弃甲，伤亡人数达到了6.3万，不但没有占领希腊多少领土，差点连自己的殖民地阿尔巴尼亚也拱手让人。

在希特勒看来，意大利人的失败将引起一系列不良的连锁反应，直接威胁到了德国征服巴尔干的计划。于是他在11月12日签署了第18号作战令，命令军队为进攻希腊制订方案，行动代号为"马里塔"。1941年3月，亲纳粹的南斯拉夫政府被推翻，希特勒决定同时进攻希腊和南斯拉夫。4月6日凌晨，德军对南斯拉夫和希腊同时发动进攻。这次，"警卫旗队"再次扮演了尖刀部队的角色，迪特里希手下的摩托化士兵以闪电般的速度穿过南斯拉夫及保加利亚，攻入希腊本土。4月16日，"警卫旗队"的梅耶装甲营攻占希腊北部重镇卡斯托里亚希，俘获了1.1万希腊士兵。4月20日，"警卫旗队"攻占迈措翁关口，一举切断了希腊埃皮鲁斯集团军的退路。当天晚上，16个师的希腊军队向"警卫旗队"投降。这一天正好是希特勒52岁生日，"警卫旗队"传回的捷报让元首先生兴奋不已。4月24日，"警卫旗队"开始向希腊首都雅典进军，他们使用渔船渡过科林斯湾，直扑温泉关，迫使希腊国土上的英国远征军不得不再来一次敦刻尔克——从海路撤往克里特岛。5月8日，"警卫旗队"在雅典举行了盛大的阅兵式。随后，该部队被调往捷克斯洛伐克，为即将开始的"巴巴罗萨"计划做准备。

（七）东方战线

1941年6月，迪特里希和"警卫旗队"接到了部队扩编的消息，部队的番号也变成了武装党卫队第1"警卫旗队"师。然而由于兵源紧张,"警卫旗队"师只在原班人马的基础上得到了一个步兵营,这让它虽然顶着师级单位的名头,总兵力却只有1万余人,只相当于排名其后的党卫队第2"帝国"师和第3"骷髅"师兵力的一半。扩编完成后,"警卫旗队"师被划拨给南方集团军群,再次在伦德施泰德元帅指挥下作战。

1941年6月22日凌晨,希特勒发动了对苏联的闪电战,德国及其仆从国的190个师、4200辆坦克和4900架飞机在北起波罗的海、南到黑海的2000多公里的战线上,全面进攻苏联。按照战前计划,南方集团军群的3个集团军和1个装甲集群分别从波兰和罗马尼亚出发,向基辅和第聂伯河下游发动钳形攻势。6月30日,"警卫旗队"作为第二梯队开入了西乌克兰。接下来的两周内,迪特里希和他的部队感受到了在波兰和法国没有经历过的顽强抵抗,英勇的苏军坦克手在燃烧的坦克中坚持开火,受伤的苏联飞行员会驾着着火的战机撞向地面的德军坦克,失去了全部重武器的苏军步兵会向装甲车队发起决死冲击……短短半个月内,"警卫旗队"师就伤亡近700人,几乎相当于整个法国战役的伤亡人数。然而巨大的伤亡反而激发了"警卫旗队"师狂热的斗志,这支以纳粹思想和种族主义为基础的部队绕过基辅,向南进攻乌克兰交通枢纽乌曼。8月3日,"警卫旗队"师会同第5"维京"师、克莱斯特上将率领的第1装甲集群将苏军3个集团军25个师包围在了乌曼。经过5天激战,德军消灭了苏军20个师,俘虏10万人。乌曼战役的突出表现让"警卫旗队"名声大噪,一向对其不屑的国防军也开始改变态度。第3装甲军军长、骑兵上将艾伯哈德·冯·马肯森就专门写信给希姆莱,声称"'警卫旗队'是一支真正的精英部队,国防军的每个师都希望'警卫旗队'能够成为自己的邻居……"这种吹捧还没有结束,"警卫旗队"师就再次震惊世界,他们在乌克兰小城塔甘罗格屠杀了整整4000名苏军战俘,原因是他们怀疑6名党卫队士兵死于游击队的袭击。

1941年11月,"警卫旗队"师参加了南方集团军群对罗斯托夫的进攻。当月11日,德军攻占罗斯托夫,至少10万名苏军成了德国人的俘虏。可就像那句老话——强弩之末不穿鲁缟,连续4个月的进攻让德国人的后勤变成了灾难,往往2小时的大雨就能让凹凸不平的道路变成沼泽地,泥沼和沙土让德军运输车辆的发动机一台台地毁掉,饥饿的党卫队士兵不得不靠红薯和荞麦充饥。就在此时,苏军西南方面军的56集团军向罗斯托夫发动了猛烈的反攻,伦德施泰德不得不命令"警卫旗队"师和其他部队后撤防御。这个命令让希特勒大发雷霆,他撤销了伦德施泰德集团军群司令的职务,将"警卫旗队"调往法国休整。作为对这支心腹部队英勇作战的奖励,希特勒将其改编为党卫队第1"警卫旗队"装甲师,"警卫旗队"师下属的坦克营被扩编为两个坦克团,接收了亨舍尔公司刚刚生产出来的"虎"式坦克。该师下属的步兵团被扩充为两个掷弹兵团，炮兵也扩编为 4 个营，总兵力扩充到了 2 万人。然而由于部分军官被调往了正在组建中的党卫队第 9 "霍亨施陶芬"装甲师，补充的人员又缺乏训练，"警卫旗队"装甲师并没有像元首希望的那样实力剧增。

（八）昙花一现

1943 年 1 月，经过休整的"警卫旗队"师重新回到了苏联战场，它的任务是稳定摇摇欲坠的南方战线，这次它被划拨给保罗·豪塞尔指挥的党卫队第 1 装甲军。由于希特勒下令死守乌克兰东北部重镇哈尔科夫，南方集团军群司令曼施坦因只好将豪塞尔的部队用作防守。最初，豪塞尔严格执行了命令，但他很快发现苏军装甲部队已经从西北和东南包围了哈尔科夫。为了不让自己的部队陷入绝境，豪塞尔违背了希特勒的命令，率领党卫队第 1 装甲军从西南方向突围。事实证明豪塞尔的抗命是正确的，元气未损的党卫队第 1 装甲军很快就配合第 48 装甲军对收复哈尔科夫的苏军发动了反击，他们突破了苏军的两翼防线，将苏军的两个近卫坦克军和 4 个步兵师合围在哈尔科夫地区。

3 月 15 日，德军重新占领了哈尔科夫。在这次战役中，党卫队第 1 装甲军伤亡 1.1 万人，其中"警卫旗队"师就有 4500 人阵亡。如此巨大的伤亡数据让迪特里希对德军能否在东线战场获胜产生了怀疑，他把自己的看法告诉了希姆莱，希姆莱的回答是"我不管你的伤亡数据，你必须相信我们能够胜利"。当年 6 月，迪特里希被任命为党卫队第 2 装甲军军长，他不得不返回法国组建他的军部，党卫队少将西奥多·维希接替了他师长的职务。迪特里希离开东线后不久，德军就在库尔斯克地区发动了代号为"堡垒"的攻势。1943 年 7 月 5 日凌晨，党卫队第 1 装甲军作为第 4 装甲集群的先锋，对苏军南部防线发动了进攻。战役发起的第一天，坦克王牌米歇尔·魏特曼驾驶一辆"虎"式坦克击毁了苏军 8 辆坦克和数门反坦克炮，"警卫旗队"师也成功突破了苏军的第一道防线，暂时的胜利让"警卫旗队"的士兵喊出了"到库尔斯克吃晚饭"的狂妄口号。然而从第二天开始，"警卫旗队"师的进攻开始受阻，笨重的"虎"式坦克越野时速不到 20 公里，娇贵的"斐迪南"坦克歼击车还不断抛锚，以至于坦克部队的前进速度还不如步兵，"警卫旗队"的进攻脚步逐渐放缓。

7 月 12 日，3 个党卫队装甲师在小镇普罗霍洛夫卡和苏军第 2、第 5 近卫坦克军遭遇。按照德军的作战习惯，装甲部队应该避开敌人的主力，从侧面进攻切断补给，然后再一鼓全歼。可这次党卫队装甲师选择性地遗忘了这条原则，他们在开阔的平原上和苏军坦克不顾一切地互相冲撞着，坦克上的枪机不停地怒吼，哪怕可能误伤友军也在所不惜。8 个小时的惨烈战斗过后，坦克燃烧时发出的浓烟笼罩了整个天空，地面的泥土被大火烤焦，数百辆坦克遗骸散布在几平方公里的土地上。伤亡惨重的"警卫旗队"师被迫向后撤退了 10 公里，德军全线转入防御。不久，盟军在西西里岛登陆的消息传来，希特勒只得放弃库尔斯克战役，"警卫旗队"师被调往意大利，以防备盟军可能发动的进攻。

（九）诺曼底风云

驻防意大利期间，"警卫旗队"师参加了代号为"橡树叶"的营救行动。德国伞兵搭乘滑翔机空降在意大利索萨峰的帝王台，将囚禁中的墨索里尼解救出来，"警卫旗队"将其护送到意大利北部建立了一个傀儡政权。不久，"警卫旗队"师重返东线。1944 年 2 月，刚刚为"维京"师和第 8 集团军解围成功，"警卫旗队"就和第 1 装甲师、第 16 装甲师一起被苏军合围在了卡曼特斯-波多里斯克。经过党卫队第 9"霍亨斯陶芬"师和第 10"弗伦德斯堡"师的拼死营救，"警卫旗队"才突破了苏军的包围，但这个 2 万人的满员师此时只剩下了 41 名军官和 1100 名士兵，百战老兵几乎损失殆尽，不得不退往比利时休整。在 4 月到 6 月间，"警卫旗队"师接收了数千名来自党卫队第 12"希特勒青年团"师的士兵以及刚刚生产出来的 50 辆 IV 号坦克、38 辆"黑豹"坦克和 29 辆"虎"式坦克。虽然兵力和技术武器都得到了恢复，但失血过多的"警卫旗队"师已经元气大伤，难复当年之勇了。

1944 年 6 月 6 日，英美盟军在法国诺曼底登陆，"警卫旗队"师并没有在第一时间投入反击，这是因为主持西线战事的两位大佬隆美尔和伦德施泰德意见不统一。前者主张在海滩上与盟军决战，后者则怀疑诺曼底只是个幌子，主张装甲部队应该待机而动。直到 6 月 10 日，德军统帅部确定诺曼底的盟军不是虚晃一枪的诱饵，这才命令"警卫旗队"师从比利时的布鲁日赶往法国的里昂，在那里挡住盟军的攻势。6 月 13 日，"警卫旗队"师第 501 坦克营第二连在波卡基村和英军装甲部队遭遇，连长魏特曼单枪匹马地击毁了英军 27 辆坦克，创造了二战中单车击毁坦克数量最多的纪录。7 月 6 日，"警卫旗队"师进驻里昂，该师和党卫队第 12"希特勒青年团"师一起挫败了英军代号为"古德伍德"的攻势，击毁了英军第 7 和第 11 装甲师约 400 辆坦克。8 月 7 日，西线德军在希特勒的严令下发动了"列日"攻势，企图将美第 1 和第 3 集团军分割歼灭。没想到盟军将计就计，佯装退却，然后突然从两翼发动反击，包括将"警卫旗队"师、"帝国"师在内的 15 个德军师被包围在了法莱斯以西地区。一场惨烈的突围战之后，"警卫旗队"师在丢弃了大部分的坦克和自行火炮后，冲出了法莱斯口袋，撤入德国本土的齐格菲防线休整。

（十）阿登反击战

诺曼底反击的失利让盟军终于兵临德国边境，第三帝国已经是奄奄一息。希特勒并不甘心失败，他决定将全部预备队都投入到一场不顾一切地反击当中。1944年11月，德军统帅部在希特勒的直接干预下制定了代号为"莱茵卫兵"的作战计划。按照这个计划，德军将集中25个师的兵力，穿越美军防御薄弱的阿登山区，直插盟军重要的补给港口安特卫普，把整个西线盟军断为两截，迫使英美与德国媾和，再将主力调往东线与苏联决战。为了完成这个异想天开的计划，希特勒将迪特里希率领的党卫队第6装甲集团军调往阿登地区，这个集团军由"警卫旗队"师、"帝国"师、"霍亨施陶芬"师、"希特勒青年团"师组成。其中"警卫旗队"师被划分为4个战斗群，党卫队一级突击队大队长哈希姆·派佩尔率领的派佩尔战斗群将作为先锋使用。

1944年12月16日凌晨五点半，德军在阿登地区发动了突然袭击。派佩尔战斗群的士兵趁乱混入美军的后撤队伍，攻占了美军设在布林根的燃料仓库。随后，他们继续向前突进，目标是昂布莱夫河上的桥梁。行进的路上，党卫队士兵还制造了两起血案。12月17日，他们在马尔梅迪村屠杀了90名左右的美军战俘；12月19日，在斯塔维洛特村的战斗中，他们又屠杀了130名比利时平民，受害者中包括9个月大的婴儿和60岁的老人。12月20日，派佩尔战斗群夺取了昂布莱夫河上的桥梁，但这只是一个无用的胜利，德国人已经用光了最后一加仑的燃料，他们的坦克和装甲车已经无法驶过大桥。5天后，派佩尔战斗群丢弃了所有的坦克和车辆，狼狈地退回了进攻发起时的阵地。1945年1月底，阿登反击战彻底失败，"警卫旗队"师被撤往科隆进行休整。

（十一）最后一战

1945年1月，"警卫旗队"师和迪特里希的第6装甲集团军被调往了匈牙利，他们的任务是拯救被苏军包围在布达佩斯的4.5万名德军士兵。这次解围行动最终以失败告终——迪特里希的部队还没赶到匈牙利，布达佩斯就已经被苏军占领了。希特勒没有让第6装甲集团军转入防守，反而命令他们发动规模更大的进攻，行动代号被定为"春季觉醒"。希特勒希望迪特里希能夺回被苏军占领的布达佩斯，保住匈牙利巴拉顿湖附近的油田，因为那里已经是德国装甲部队最后的燃料来源地。战斗开始前，迪特里希为"警卫旗队"师挑选了一名新师长——党卫队旅队长奥托·库姆，此人也是"警卫旗队"师最后一任师长。3月6日，战斗正式打响。"警卫旗队"师再次成为德军中攻击最凶猛的部队，该师在3月9日连续突破苏军两道防线，向前狂奔了20公里。然而连续不断的作战和苏军的拼死抵抗，使得"警卫旗队"师变得疲惫不堪，伤亡也越来越大。3月11日到15日之间，"警卫旗队"师的前进速度就只能用英寸来计算。3月16日，苏军发起全线反攻，德军在一天之内被驱逐回"春季觉醒"攻势发起前的战线。3月19日，拥有400辆坦克和自行火炮的苏联第6近卫坦克集团军也投入战斗。这个最后的重击超出了德军的承受能力，德军防线在这一天被突破。迪特里希发现苏军有切断自己后路的意图，只得命令部队向奥地利境内撤退。这个举动惹怒了希特勒，他下令剥夺"警卫旗队"师、"帝国"师、"骷髅"师与"霍亨斯陶芬"师所佩戴的袖标。希特勒本人并不知道，此时的"警卫旗队"早已不是1940年时期的冷血军团，全师只剩下1600人和16辆坦克，即便迪特里希不下达撤退的命令，士气低落的士兵们也不会继续战斗下去了。

1945年5月8日，也就是希特勒在柏林总理府的地堡自杀后的第8天，凯特尔元帅在无条件投降书上签了字。得知柏林已投降的消息后，奥托·库姆率领全师剩下的1296人，在破坏了所有装备后，前往西线向美军投降，迪特里希也在慕尼黑南部向美军第36步兵师投降，"警卫旗队"彻底成为一段黑色的历史。回顾"警卫旗队"从1923年到1945年的表现，虽然也能看到一些"战场奇迹"，但更多的却是血腥恐怖的惨案和兽性大发的屠戮，这支部队既是希特勒实现个人野心的王牌部队，也是犯下滔天罪恶的犯罪组织，最终成了纳粹的殉葬品。

二、党卫队第2"帝国"装甲师

作为武装党卫队最早组建的师级作战部队，"帝国"师参加了二战中除北非和挪威之外的所有重大战役。从鹿特丹到奥尔良，从贝尔格莱德到哈尔科夫，这支以纳粹的种族意识形态和高强度的军事训练打造的冷血部队，凭借凶悍疯狂和冷酷无情的战斗作风名噪一时，它既是德军在东西两线最嚣张的"救火队员"，也是纳粹部队中的顶尖王牌；既因为令人瞠目结舌的战绩而被军史学家所关注，也因为滔天罪行而臭名昭著……最终，它在战火中成了纳粹党可悲的殉葬品。

（一）前身与诞生

作为二战中德国武装党卫队的"急先锋"，"帝国"师的前身可以追溯到纳粹党成立的初期。20世纪20年代，阿道夫·希特勒和他的纳粹党进入了高速发展的阶段。为了在魏玛共和国一系列的政治争斗和冲突中占据上风，纳粹党成立了自己的准军事组织——冲锋队（SA）。冲锋队一般由退伍军人、流氓和暴徒组成，这些人身着醒目的褐色制服，佩戴着黑色的万字臂章，在纳粹党的政治集会上负责"维持"会场秩序，一旦有人质疑演说内容便会遭到他们的毒打。但希特勒很快产生了不安——冲锋队主要向希特勒的盟友恩斯特·罗姆效忠，希特勒需要一支完全效忠于自己的力量，于是他下令从冲锋队中征召了部分人马，成立了总部卫队。

1923年11月9日，希特勒在巴伐利亚首府慕尼黑发动了著名的"啤酒馆暴动"，企图以冲锋队为主力推翻巴伐利亚政府。在这次行动中，总部卫队"大放异彩"，他们用自己的身体为希特勒挡住了军警的流弹。暴动失败后，希特勒被送往慕尼黑以西的兰茨贝格要塞监狱服刑。鉴于卫队的"英勇"表现，希特勒下令组建一支更强大的警卫组织，这造就了日后臭名昭著的党卫队。1929年，希特勒任命海因里希·希姆莱为党卫队的全国领袖。这位身材瘦小、戴着金丝眼镜的前养鸡场主同样是位野心勃勃的人物，他和罗姆一向势如水火。为了压倒冲锋队，他开始大肆扩充党卫队的人数，并为党卫队员配发了和冲锋队相区别的黑色制服。

1933年1月，纳粹党在国会大选中大获全胜，84岁的魏玛共和国总统兴登堡任命希特勒为国家总理。此后，希特勒利用国会纵火案为借口，颁发了一系列法令，建立起了法西斯独裁政府。与此同时，党卫队开始在德国各地发展壮大，成立了配备武器的党卫队特别机动部队。1934年6月，特别机动部队在希特勒的指挥下参与了对冲锋队的大清洗，先后处决了包括罗姆在内的150余名冲锋队骨干分子，这就是历史上著名的"长刀之夜"。随着这次大清洗，冲锋队逐渐销声匿迹，而党卫队则在纳粹政权下发展壮大。希特勒和希姆莱不满足于特别机动部队准军事组织的性质，他们希望将其发展为一支真正意义的军队。然而国防军不愿意再出现一支冲锋队，他们向希特勒施加压力，希特勒保证特别机动部队只组建3个不拥有炮兵的步兵团，而且除非战争爆发，这支机动部队绝不会被用作军事目的，这才打消了将军们的疑虑。

（二）教官和兵源

既然无法在数量上赶超陆军，希姆莱决定在质量上做文章，他大肆征召曾经参加过一战的退伍军人来训练党卫队特别机动部队的人员。这个举动让希姆莱挖到了不少"宝贝"，其中最有名的就是保罗·豪塞尔。这位一战老将是标准的普鲁士军官子弟，他的父亲曾是德军总参谋部的一名军官。豪塞尔本人不但精通谋略战术，还有着丰富的作战经验，第一次世界大战中，他先后在东、西两线任职，担任过第10步兵团团长、马格德堡步兵司令，1932年1月以中将军衔退役。加入党卫队后，豪塞尔认为首先要向国防军学习，特别机动部队必须先在纪律、服从、训练上下功夫。1934年12月，保罗·豪塞尔在汉诺威的不伦瑞克公爵府创办了第一所党卫队士官学校，专门为党卫队特别机动部队培养军事骨干。1938年，尚未完全成型的党卫队特别机动部队参加了第一次战斗——入侵奥地利，这次侵略行动没有遭遇任何反抗，算得上兵不血刃。第二年3月，党卫队特别机动部队又参加了占领捷克斯洛伐克的军事行动。这时的欧洲已经战云密布，希特勒迫切希望将机动部队扩充为标准的作战师，拥有师级作战单位所必需的炮兵和工兵部队。眼见元首先生将诺言当放屁，国防军的将军们也毫不客气，将新兵征召和分配的权力把住不放，就是不给特别机动部队扩充的机会。这时党卫队征兵部门出了一位"天才"——党卫队旅队长特洛勃·帕格尔，这个狂热的纳粹党徒一方面在德国各地建立直属于党卫队的征兵站，另一方面在各地的电影院中反复播放党卫队接受希特勒检阅的新闻片，进入电影院的德国青年往往影片还没结束就成群结队地前往征兵站……此外，他还盯上了党卫队的三大嫡系部队——看守集中营的"骷髅"队、秘密警察（即盖世太保）和风纪警察部队。帕格尔说服了他的大佬希姆莱，希姆莱又说动了自己的大佬希特勒，最终决定将这三支部队中的一部分人员过渡到特别机动部队，这就完全甩开了国防军的征兵系统，彻底扫清了武装党卫队招兵买马的障碍。

（三）挑选与训练

当然，由于种族主义思想作祟，特别机动部队对志愿者的挑选极其严格。首先，志愿者的年龄必须在17—22岁，身体健康，甚至患有蛀牙和脚气都将被淘汰；其次，志愿者必须证明自己是纯正的日耳曼人，一旦被发现"劣等民族"的体貌特征将立刻出局；最后，志愿者必须有"正确的道德观"。在不到半年的时间中，党卫队招募到了3万余名志愿者，其中许多人都是狂热的纳粹分子。

有了这样一群身体强壮、"忠心耿耿"的志愿者加入，党卫队的士兵训练营总算不再空旷，地狱般的训练逐渐开始。和国防军强调纪律、队列等传统训练科目不同，党卫队特别机动部队的训练由军官菲利克斯·斯坦因纳一手主持。此人为一战老兵，一向信奉精锐部队和快速突击理论，算是德军中特种作战的先驱人物。由于在陆军中不受重视，他加入了党卫队，把特别机动部队作为自己的试验田"。他制定的训练大纲强调体能、步兵战术和执行能力，因此长距离急行军、拳击等肉搏技巧和对冲锋枪、迫击炮、炸药等步兵武器的熟练掌握都成了基础训练科目。他还非常强调士官的战术判断能力，要求士官甚至是老兵在指挥官阵亡后能够承担领导责任……到1939年初，在豪塞尔、斯坦因纳等人的苦心经营下，特别机动部队已经拥有了3个齐装满员、经受过严酷训练的团级部队——"德意志"团、"日耳曼"团和"元首"团。除此之外，特别机动部队还组建了技术兵种，如通信营、工兵营、高射机枪营、侦察营和反坦克营，此时的特别机动部队已经是一个只欠缺番号的师级作战单位了。

（四）目标波兰

1939年9月1日，希特勒下达了入侵波兰的作战命令，第二次世界大战拉开了序幕。为了在短时间内摧毁波军主力，德国投入了54个师（7个装甲师）共160万士兵、3600辆坦克、6000门火炮和2000架飞机，分为北方集团军群和南方集团军群，分两路向波兰首都华沙发动了钳形攻击。为了向国防军证明特别机动部队的存在价值，希特勒将后者分拆给国防军指挥，其中"德意志"团和侦察营配属北方集团军群的肯普夫装甲师，"日耳曼"团则配属南方集团军群的第14集团军。尽管波兰军民浴血苦战，但战争理念和技术装备的绝对劣势远非单纯的勇气可以弥补，9月28日，华沙沦陷，波兰输掉了战争。

在整个波兰战役中，党卫队特别机动部队展现了他们的冷血强悍和出众的战术技巧。无论是攻击波军的坚固工事，与坦克部队协同作战，还是侦察敌情，保障通信畅通，都给国防军的师级军官们留下了深刻印象。但这并没有改善双方的关系，国防军高级将领认为党卫队特别机动部队指挥不力，战斗中伤亡过大，而且还存在屠杀无辜平民的行为；后者则认为国防军门户之见太重，没有向自己提供足够的重型武器和充足的补给。希特勒自然要为嫡系部队辩护，他宣称采取必要的措施（屠杀平民）才能肃清德国的敌人，并且下令为特别机动部队扩编。10月9日，党卫队各部组建成一支独立的师级作战部队——党卫队特别机动师，该师下辖"德意志"团、"日耳曼"团、"元首"团、独立炮兵团以及通信营、工兵营、侦察营、反坦克营，保罗·豪塞尔担任师长。一个月后，希特勒下令组建另外两个师——党卫队"骷髅"师和"警察"师。在整个二战期间，武装党卫队一共组建了 38 个师，巅峰时期的总兵力达到了 95 万人。

（五）"黄色方案"

波兰战役结束后不久，保罗·豪塞尔率领特别机动师前往德国西部进行训练——该师的士兵此前还没有进行过师级单位的整体作战，必须为即将到来的西欧战役做准备。而就在党卫队特别机动师紧张训练的同时，希特勒和他的高级将领们正在制定入侵西欧的"黄色方案"。当时英法两国在西线一共部署了 135 个师（其中英法军队 103 个师，其他为荷兰、比利时军队），3400 多辆坦克和 2000 架飞机，防御重点是北部地势平坦的法国比利时边境和南部的马其诺防线，而整条战线中央的阿登山区，法国人只留下了战斗力最弱的两个军团防守。眼见英法将整条战线布置成"两头重，中间轻"的哑铃形状，希特勒和他的最高统帅部采纳了曼施坦因将军的计划：将德军分为 A、B、C 三个集团军群，首先由空降兵夺取比利时、荷兰和卢森堡三国的战略要地，同时出动空军争夺法国、比利时、荷兰和卢森堡等国上空的制空权，随后 B 集团军群（下辖 28 个师）对比利时、荷兰发动进攻，诱使英法两国军队主力进入这些国家。同时，C 集团军群（下辖 17 个师）在法国马其诺防线正面进行接触，牵制法国在南线的军队。接下来，担任主攻任务的 A 集团军群（下辖 64 个师，其中包括 7 个装甲师、3 个摩托化师）由中央实施快速突击，穿越丛林密布的阿登山区，直插法国腹地。

这个计划作战计划关键点有两个：第一，B 集团军群的攻势必须能够吸引英法主力；第二，A 集团军群的攻击必须迅猛有力。为了加强 B 集团军群的实力，希特勒下令将豪塞尔的特别机动师加强给 B 集团军群的先锋——第 18 集团军，作为尖刀的刀锋使用。1940 年 5 月 10 日，3000 多架德国轰炸机突然对法国、荷兰、比利时和卢森堡的军用机场、交通枢纽等目标实施了猛烈的轰炸。随后，B 集团军群下辖的第 22 机降师和第 7 伞兵师在荷兰的海牙和鹿特丹进行了机降和伞降。由于这两个师孤军深入，所以这次空降行动能否成功的关键就在于第 18 集团军能否及时增援。战斗一开始，"元首"团作为德军先锋抵达艾塞尔河东岸。尽管荷兰守军已经摧毁了河上大桥，但"元首"团还是在 3 个小时内就涉水过河，攻占了荷兰东部重镇阿纳姆，当天即突入荷兰境内 100 多千米。第二天，"元首"团从荷兰第 2 军和第 5 军的结合部突破，迫使整条战线上的荷兰军队全线撤退。5 月 12 日，"元首"团攻克阿姆斯特丹东部的荷军要塞，德军装甲部队趁势突入鹿特丹，和第7伞兵师汇合。5月14日，鹿特丹被德军攻占，荷兰女王逃亡伦敦，荷兰战败。

（六）"红色方案"

5月22日，党卫队特别机动师接到命令，会同第6、第8装甲师向加来港推进，以强化德军对敦刻尔克的包围。此时豪塞尔的部下已经苦战数日，疲惫不堪，但他们还是保持着强悍的斗志，一面行军，一面同零散的法国装甲部队作战，沿途俘虏了超过500名法国士兵，甚至还出现了一支30人的侦察分队迫降法军一个装甲营的情况。5月27日，"德意志"团遭到了英军装甲部队的反攻，由于缺乏反坦克武器，"德意志"团的士兵们只能依靠手榴弹战斗。眼见全团就要全军覆灭，一个反坦克连及时赶到，这才击退了英军装甲部队，迫使后者退回了敦刻尔克。

荷兰和比利时战役结束后，德军的A、B、C三个集团军群分三路向法国发起了进攻。6月5日，代号为"红色方案"的法国战役正式打响，隶属于B集团军群的特别机动师开始向索姆河以南推进。第二天，"德意志"团强行渡河成功。尽管法军在索姆河以南还部署有60个师，但是其人数和技术兵器远远不如德军，更致命的是法国人的士气已经跌落到了谷底，与德军交锋时往往一触即溃。6月14日，B集团军群的主力进入巴黎，而豪塞尔的部队则跟随第14摩托化军向法国西南部推进，他们连续攻占了奥尔良、图尔，一直打到了法国和西班牙边界。在整个法国战役中，党卫队特别机动师伤亡不过百人，却俘虏了3万多名法军。战役结束后，"帝国"师的多名军官立功受奖，师长保罗·豪塞尔更是在柏林国会大厦的祝捷酒会上获得了一枚骑士十字勋章。1940年10月，特别机动师的"日耳曼"团、炮兵第2营被划归刚刚成立的武装党卫队第5"维京"师。当年12月，特别机动师更名为"德意志"师。不久，该师再次改名，最终定名为武装党卫队第2"帝国"师。虽然"帝国"师是纳粹德国武装党卫队中资格最老的师级单位，但希特勒已经将第一的排名给了以他的名字命名的"警卫旗队"师，所以成立最早的"帝国"师只得接受排名第二的现实。

（七）入侵巴尔干

法国战役结束后，"帝国"师一直驻扎在法国南部，豪塞尔督促他的士兵积极训练，以便更快掌握装备不久的坦克等技术兵器，然而意大利人的野心却打断了

"帝国"师的休整计划。

1940 年 10 月，墨索里尼命令意大利军队从阿尔巴尼亚入侵希腊。结果几十万意大利军队不但没能开疆拓土，反而被只有自己一半兵力的希腊军队打得溃不成军，甚至把自己的殖民地阿尔巴尼亚都丢了四分之一。为了拉这位铁杆盟友一把，也为了保护罗马尼亚油田和北非轴心国部队的补给线，希特勒下令制定入侵希腊的作战计划。就在此时，巴尔干半岛的南斯拉夫发生了军事政变，亲纳粹的政府倒台，恼羞成怒的希特勒决定同时解决南斯拉夫和希腊。为了参加这次作战，"帝国"师仅用 8 天时间就从法国赶到了罗马尼亚，被划拨给了莱因哈特将军的第 41 装甲军。在前往罗马尼亚的行程中，"帝国"师的骄横一览无遗，他们和同样前往罗马尼亚的国防军争抢道路，不惜在后者的前进道路上安放地雷，甚至用机枪向试图超车的国防军车队开火，这些举动加深了国防军对武装党卫队的恶感。

1941 年 4 月 6 日，德国第 2 集团军和第 12 集团军从西部和北部对南斯拉夫发动了钳形进攻。作为第 12 集团军的尖刀部队，"帝国"师在 4 月 11 日攻入南斯拉夫境内。一开始，"帝国"师遭遇了顽强的"抵抗"，而抵抗他们的不是南斯拉夫士兵，而是恶劣的地理环境，"帝国"师的许多车辆陷入沼泽之中，士兵们不得不和齐腰深的泥浆搏斗。幸亏师属侦察营发现了公路，这才将全师带到了安全的道路上。莱因哈特将军得知"帝国"师在行军中筋疲力尽，就批准其在多瑙河北岸休整一日，第二天再向南斯拉夫首都贝尔格莱德发动进攻。然而一名军官就没打算执行这道命令，他就是"帝国"师侦察营的连长弗里茨·克林根伯格。这位胆大包天的军官带领着 10 人小分队乘坐一艘汽艇渡过多瑙河，直接开进了贝尔格莱德。当时贝尔格莱德已经是不设防的城市，克林根伯格和他的小分队一路畅通无阻，顺利抵达市内的德国大使馆。在那里，他通过使馆的武官约见了贝尔格莱德的市长。双方刚一见面，克林根伯格就声称自己指挥的一个师已经抵达城外，如果市长不马上交出贝尔格莱德，他将命令空军发动恐怖的空袭，彻底摧毁这座城市。胆战心惊的市长被忽悠得够呛，痛快地接受了最后通牒，宣布全市投降。几个小时后，德军第 11 装甲师的先遣队开入贝尔格莱德，他们惊奇地发现这座城市已经被 10 名党卫队士兵占领了。战役结束后，克林根伯格成了德国家喻户晓的传奇英雄，希特勒还授予了他一枚骑士十字勋章。完成了作战任务的"帝国"师返回了罗马尼亚，不久，它又被调往了奥地利萨尔兹堡进行休整。此时豪塞尔和他的士兵们并不知道，他们未来的战场将是冰寒刺骨的东线。

（八）"巴巴罗萨"急先锋

到 1941 年 6 月，希特勒通过一系列不流血的阴谋和流血的战争征服了欧洲的半壁江山，北起北极圈，南到巴尔干半岛，西至法国海岸，东到维斯瓦河的广大地区都成了纳粹德国的"天下"。在希特勒看来，德军 27 天征服波兰，39 天击败法国，12 天打垮南斯拉夫的"成绩单"比当年的拿破仑强多了，接下来要"挑战"的是拿破仑未完成的事情——征服东方的俄国。早在 1940 年 12 月，希特勒就签署了第 21 号作战令，即入侵苏联的"巴巴罗萨"计划。按照这个计划：德军将出动 153 个师与匈牙利、罗马尼亚、芬兰等仆从国的 37 个师组成 550 万人的庞大侵略军，动用包括 4300 辆坦克，4.72 万门火炮、4980 架作战飞机和 192 艘海军舰艇在内的技术兵器，从北、中、南三路向苏联发动闪电战。

作为纳粹德国的核心武装力量，武装党卫队的几大主力师在 1940 年底就被部署到了波兰境内，其中"维京"师被编入南方集团军群，由陆军元帅伦德施泰德指挥；"警察"师和"骷髅"师被编入北方集团军群，由陆军元帅勒布指挥；"帝国"师则被编入了博克元帅指挥的中央集团军群，直接隶属于第 2 装甲集群的第 24 摩托化军，由古德里安将军指挥。为了表示出对这位宿将的尊敬，"帝国"师的士兵们还在自己的车辆上漆上了字母"G"（古德里安名字的首字母）。

1941 年 6 月 22 日凌晨 3 点半，德国对苏联不宣而战。德军的 6000 多门火炮将数十万发炮弹倾泄在了苏军阵地上，2000 余架德国飞机袭击了苏联西部的 66 个机场。炮击和空袭进行了一个小时之后，百万德军在 1500 千米长的战线上对苏军阵地发起了猛烈地进攻。战斗初始，"帝国"师并没有立即投入作战，而是负责交通指挥工作，引导整个第 2 装甲集群从维斯瓦河渡过布格河。完成这项任务后，"帝国"师开始向苏联腹地挺进。在一系列的战斗中，"帝国"师的兵员素质和战斗技巧表现得淋漓尽致：坦克、自行火炮和步兵配合默契无比，自行火炮准确轰击压制苏军阵地，步兵则在几百米外跟随着炮弹砸出的火线冲击，一举占领苏军阵地。此外，"帝国"师的工兵部队同样引人注目，他们可以在炮火中快速修复损毁的桥梁，在泥泞的小路上修建临时通道，帮助装甲部队通过河流或其他障碍。到 7 月初，"帝国"师和第 2 装甲集群已经突入苏联境内 500 千米，如同一把淬毒的匕首刺入了苏联的腹部。

（九）"台风"肆虐

随着"帝国"师越来越深地侵入苏联的国土，豪塞尔和他的士兵们发现自己遇到了大问题，遍布的沼泽地和满是泥浆的道路让行军变得非常艰难，"帝国"9万的士兵们经常要和过膝的泥潭、成群的蚊虫搏斗，还不时地遇到小股苏军部队的伏击。尽管如此，"帝国"师的战绩依旧令人瞠目结舌。在罗斯拉沃，"帝国"师夺取了由4个苏军师防守的阵地；在叶利尼亚，"帝国"师经受住了苏军11个师的猛攻。8月初，"帝国"师一度后撤至斯摩棱斯克休整了3周，在得到了一个步兵团的兵员补充后才重返第2装甲集群。就在"帝国"师休整的同时，德军发动的基辅围歼战已经进入关键阶段，德军的第2和第1装甲集群从苏联第三大城市基辅的北面和南面快速合拢。刚刚结束休整的"帝国"师充分发挥了高机动性和作风泼辣的特点，9月10日，"帝国"师攻占苏军西南方面军后方的战略要地罗姆内，切断了苏军东撤的退路。为了解救包围圈内的50个师，苏军调动所有可以动用的部队，向第2装甲集群发动猛攻。9月18日，苏军两个步兵师以KV-1型坦克和T-34坦克为先导，猛攻"帝国"师的防御阵地。缺乏反坦克武器的"帝国"师一度将88毫米高射炮作为反坦克炮使用，这才击退了苏军的进攻。与此同时，包围圈内的苏军官兵也在奋勇突围，哈尔科夫军事学院的学生们一边高唱着歌曲，一边冲向"帝国"师的机枪阵地，最终全部牺牲在机枪的无情扫射下。9月26日，基辅战役结束，苏军在这一战役中损失了100万人，其中包括阵亡、被俘和失踪的人数。而德军的伤亡也是前所未有的，仅"帝国"师的"德意志"步兵团就减员1500人，几乎相当于全团兵力的一半。

基辅战役结束前夕，希特勒批准了代号为"台风"的作战计划，准备在冬季来临之前占领莫斯科。为此，博克元帅的中央集团军群集中了3个装甲集群76个师180万人，以及1700辆坦克、1.4万门火炮和1300余架飞机，用于对莫斯科的进攻。10月7日，"帝国"师向苏军布良斯克方面军第13集团军的阵地发动猛攻。经过一周苦战，德军突破苏军阵地，但在一个名叫吉兹哈斯克的城镇，"帝国"师遭遇了成军以来的最大损失——师长保罗·豪塞尔在战斗中身受重伤，他的职务由"德意志"团团长威廉·比特里希顶替。这位在一战中当过战斗机飞行员的指挥官，孤注一掷地将"德意志"团和"元首"团同时投入作战，当天就突破苏军用铁丝网和废旧坦克堆砌的防线，在苏军阵地的中央打开了一个一千米宽的口子。在接下来的两周内，为了争夺莫斯科以西110公里处的小镇莫扎伊斯克，"帝国"师和苏军西伯利亚第32师展开了血腥的白刃战，双方的士兵使用刺刀、手榴弹和工兵铲互相攻击，最后，党卫队士兵在炮兵和"斯图卡"轰炸机的支援下占领了莫扎伊斯克，此时整个"帝国"师的兵力从 1.9 万人减员到了 1.2 万人，战斗减员高达 36%。

11 月 27 日，德军开始向莫斯科发起全面进攻。12 月初，"帝国"师的一个侦察连在炮火的掩护下进至莫斯科的郊区，当时他们距离莫斯科市中心只有 17 公里的距离，党卫队士兵甚至可以通过望远镜看到克里姆林宫的圆顶。就在"帝国"师和其他德军部队准备对莫斯科发起最后攻击的时候，恶劣的天气条件迫使他们停下了脚步。从 11 月底开始，莫斯科的气温骤降到零下 30 摄氏度，还穿着夏装的德军士兵大量冻死，一些四肢冻伤的士兵不得不在没有麻药的情况下截肢，活着的人甚至要剥下死去战友的衣服来保暖……就在德军为恶劣的天气叫苦连天的时候，早已习惯了寒冷天气的苏军从远东地区调集的 25 个精锐师和 1000 多辆坦克已经赶到了莫斯科。12 月 5 日，150 万苏联红军在整个东线发动反击。在莫斯科附近，面对着苏军人浪般的进攻，"帝国"师坚守阵地四天四夜，用密集的机枪火力给苏军造成了不小的伤亡。12 月 9 日，"帝国"师接到了撤退命令，疲惫不堪的党卫队士兵一路撤退到了吉兹哈斯克以西休整。

1942 年 1 月，苏军西方面军和加里宁方面军从莫斯科发动反攻，向德军中央集团军群侧后穿插。眼见合围之势就要形成，德军急忙将帝国师的"元首"团调往伏尔加河曲地区担任阻击任务。在此后的数周里，"帝国"的士兵再次爆发出了亡命徒的本色，硬是挡住了苏军数个步兵师的进攻。2 月 18 日，德军第 9 集团军发动反攻，苏军被迫全线撤退，伤筋动骨的"元首"团这才得以撤防。此时这个满员编制 2000 余人的步兵团只剩下了 29 个破衣烂衫、伤痕累累的党卫队士兵，其他人都永远地倒毙在苏联的大地上了。"帝国"师在东线的巨大伤亡让希特勒心痛不已，他在当年 6 月下令将"帝国"师撤回德国重组，并将这支部队的番号更改为武装党卫队第 2 "帝国"装甲掷弹兵师。在德国，"帝国"师接收了一个装备有 60 辆Ⅲ号和Ⅳ型坦克的装甲营，重建后的"元首"团也改编为全摩托化部队。1942 年 11 月，"帝国"师进驻法国南部，在那里接收了一个自行火炮营。经过这番重组，"帝国"师变成了一支齐装满员的装甲师，再次成为一股可怕的战斗力量。

（十）钢铁肉搏

战争进入 1943 年，胜利的天平开始向盟军倾斜。在斯大林格勒，苏军包围并歼灭了德军最精锐的第 6 集团军；在突尼斯，德意军队被英美盟军彻底赶出了北非。为了扭转东线战局，希特勒将刚组建的党卫队第 1 装甲军派往东线，划归陆军元帅曼施坦因的南方集团军群指挥。这支由保罗·豪塞尔指挥的装甲部队囊括了武装党卫队最精锐的3个师："警卫旗队"师、"骷髅"师和"帝国"师。

1943年1月底，党卫队第1装甲军抵达了东线战场。此时的东线已经是山雨欲来风满楼，早在1月13日，苏军已经击溃了匈牙利和意大利的军队，从正面突破德军防线150千米，兵锋直指南方集团军群总部所在地扎波罗热。无奈之下，曼施坦因只好将党卫队第1装甲军这把攻城拔寨的尖刀作为防御盾牌使用，命令其死守乌克兰东北部的重要城市哈尔科夫。2月7日，"帝国"师刚一进入阵地，就开始面对苏军一个又一个师的进攻。许多阵地被苏军猛烈的炮火夷为平地，阵地上的党卫队士兵全部阵亡后，阵地才丢失。但很快，这些被纳粹思想毒化的士兵又发起凶狠的反击，夺回阵地，有的阵地一天要经过十多次易手才能决定归属。2月14日，苏军从哈尔科夫的东北方突破了德军防线，保罗·豪塞尔和他的装甲军即将落入苏军的巨大的口袋。危急时刻，保罗·豪塞尔不顾希特勒战至一兵一卒的严令，命令第1装甲军撤出该城。就在希特勒因保罗·豪塞尔违背命令暴跳如雷的时候，嗅觉灵敏的曼施坦因发现了一个稍纵即逝的战机——哈尔科夫的苏军缺乏两翼保护，其所处位置如同一个伸向德军阵地的纺锤。曼斯坦因没有放过这个天赐良机，他以"帝国"师和"骷髅"师组成北集团，以第48装甲军作为南集团，于2月20日对苏军发动了猛烈的反击。尽管在前期的防御战中伤亡不小，每个连队的平均人数只有60人，"帝国"师还是爆发出了惊人的战斗力，在3天内突入苏军阵地100公里，与第48装甲军一起将苏军的两个近卫坦克军和4个步兵师合围在哈尔科夫。在这次会战中，"帝国"师击毁苏军坦克和自行火炮292辆，自身只损失了77辆坦克和突击炮，战损比达到了惊人的4∶1。

哈尔科夫战役之后，德苏双方将注意力集中到了哈尔科夫东面的库尔斯克。在这一地区，苏军控制着一块凸入德军防线长250公里，宽70公里的突出部。如果德军能够摧毁库尔斯克突出部，那么他们的战线将缩短500公里，甚至可能重创苏军，重新掌握东线战场的主动权。这样巨大的诱惑让德军统帅部无法抗拒，1943年4月15日，希特勒正式下达命令，发动对库尔斯克突出部的作战行动，进攻代号为"堡垒"。在这次作战中，"帝国"师被编入了党卫军第2装甲军，仍由老上司保罗·豪塞尔指挥，下辖145辆坦克和34门自行火炮。7月5日清晨，武装党卫队第2装甲军和第48装甲军在库尔斯克突出部的南翼发动了进攻。经过一天苦战，德军突入苏军纵深20千米，但泥泞的道路和遍布的雷区使得坦克和自行火炮无法跟上步兵的脚步，"帝国"师和第2装甲军无法扩大战果。7月6日，在炮火的掩护下，第2装甲军以"骷髅"装甲师居左，"帝国"师居右，"警卫旗队"师居中，一举突破了苏军第51步兵师防御的数道防线。7月12日，第2装甲军在经过小镇普罗霍洛夫卡的山丘时，和苏军第2、第5近卫坦克军展开了一场二战中规模最大的坦克大会战，堪称整个"堡垒"行动的高潮。此战中，"警卫旗队"师和"骷髅"师负责进攻，"帝国"师负责防守，抵挡苏军步兵和坦克的进攻。在不足15平方千米的战场上，德军的400多辆"虎"式、"黑豹"和IV号坦克和苏军的800多辆T-34、KV-1型坦克进行了8个小时的血腥搏杀。整个战场上炮声隆隆，硝烟弥漫，被击毁的坦克冒着浓烟……黄昏时分，筋疲力尽的双方撤出了战斗，第2装甲军损失了将近200辆坦克，苏军损失了近400辆坦克。虽然苏军伤亡更大，但苏联在1943年的坦克产量已经是德国的2倍，而德军却回天乏术。这时，英美盟军在意大利西西里岛登陆的消息传来，希特勒被迫终止了"堡垒"计划，"警卫旗队"师被调往了意大利，"帝国"师则留在东线抵御苏军的反攻。此后的几个月中，"帝国"师边打边撤，除了一个装甲战斗群留在前线，师主力撤退到东普鲁士休整待命。

（十一）诺曼底的屠杀

从1943年12月到1944年5月，"帝国"师在法国西南部城市图卢兹进行休整。为了让这支伤痕累累的部队恢复元气，党卫队补充处不得不降低征兵标准，从匈牙利、罗马尼亚和法国的德国侨民中征召了9000名新兵——在1940年这些人根本不会被接收。经过3个月的紧急训练，"帝国"师再次成了一个满员师，下辖1.5万名士兵和200辆装甲车辆。然而这种休整并不意味着安全，法国的抵抗组织已经壮大起来，暗杀单独行动的德国士兵是他们反抗侵略者的战斗方式。在整个5月，超过20名"帝国"师士兵被暗杀，还有近百部车辆被损毁。冷酷无情的"帝国"师立刻做出"回应"，他们派出了特遣部队在图卢兹郊区进行扫荡，穷凶极恶地烧毁房屋，杀害村民，成千上万的法国居民被他们驱赶到集中营充当苦力。

就在"帝国"师向法国百姓大发淫威的时候，盟军在法国开辟了第二战场。1944年6月6日，盟军在法国诺曼底地区成功登陆，当天即有17.6万名盟军士兵踏上了法国的土地。作为德军统帅部的直属部队，"帝国"师远在诺曼底700多公里之外，它并没有被第一时间派往诺曼底地区——希特勒和他的将军们怀疑诺曼底登陆是声东击西，盟军的主登陆场在其他地点。与此同时，法国西南部的抵抗组织活动频繁，德军统帅部最终决定将"帝国"师用于镇压抵抗组织，而不是派往法国北部进行反登陆作战。6月9日，"帝国"师到达法国西南部城市蒂勒，在整个行军过程中"帝国"师有15人在游击队的伏击中死亡。作为报复，"帝国"师的士兵在蒂勒吊死了100名法国平民。6月10日，"元首"团的下级军官卡姆普夫在一个名叫奥拉杜尔的小镇失踪，该团第 1 营营长奥托·迪克曼率领一个连包围了奥拉杜尔镇，穷凶极恶的党卫队士兵将成年男子赶进谷仓，然后全部枪杀；妇女和儿童则被他们驱赶到小镇南端的教堂用火焰喷射器烧死。第二天早上，迪克曼和他的手下带着抢来的财物离开了地狱般的奥拉杜尔，全镇 642 名法国平民全部变成了冰冷的尸体。二战结束后，法国导演罗伯特·安利可将奥拉杜尔镇的惨剧搬上了银幕，这才有了第一届法国电影恺撒奖的最佳影片《老枪》。当然，冷血刽子手迪克曼也没有好下场，他在随后的诺曼底战役中阵亡。

6 月 10 日，德军统帅部终于确定诺曼底就是盟军的主登陆场，"帝国"师终于收到了前往诺曼底作战的命令。8 天后，"帝国"师冒着盟军猛烈的空袭赶到了诺曼底。就像在东线战场一样，"帝国"师被拆分成多个团营级别的战斗群，每当盟军快要突破德军防线的时候，德军就会派遣这些战斗群前去"救火"。在整个 7 月，"帝国"师在卡昂到圣洛一线阻击盟军，让英国第 8 军和美国第 3 装甲师的攻击屡屡受挫。特别是在圣洛附近的拉洛里村的战斗中，"帝国"师第 4 装甲连的恩斯特·巴克曼少尉，指挥一辆"黑豹"坦克与美军的 15 辆 M4"谢尔曼"坦克展开激战，最后在击毁美军 9 辆坦克后悄然撤走。8 月初，为了将主力部队撤过塞纳河，希特勒命令对美军兵力薄弱的莫泰坦地区发动反攻，作战代号为"列日"行动。8 月 7 日，"帝国"再次作为急先锋使用，"德意志"团和师属侦察营当天就攻占了莫泰坦。然而没等德国人高兴多久，早有防备的盟军第 12 集团军群和第 21 集团军群就从南北两翼发动进攻，将 15 个德军师团团包围在了法莱斯以西地区。危急时刻，又是"帝国"师和"小兄弟"党卫队第 9"霍亨施陶芬"装甲师拼死作战，才将盟军的"法莱斯口袋"撕开了一条裂缝，让将近 4 万名德军士兵得以撤过塞纳河。完成这项任务后，"帝国"师和其他德国部队从法国东北部一路后撤，最终狼狈不堪地退回了德国本土。在诺曼底作战的两个月时间中，"帝国"师摧毁了盟军 200 多辆坦克，自身的坦克损失只有 75 辆。

（十二）"帝国"的毁灭

1944 年 12 月，"帝国"师又参加了代号为"莱茵守望"的阿登反击战。这支曾经无比凶悍的部队此时已经像它效忠的帝国一样虚弱无力，坦克和自行火炮缺乏足够的燃料和弹药，兵员严重不足，甚至不得不将部分空军飞行员当作步兵使用……即便如此，"帝国"师还是和美国第 101 空降师在巴斯托尼打得火星四溅，最后因为巴顿将军的第 3 集团军火速增援，才狼狈地撤回了莱茵河东岸……对于"帝国"师来说，阿登战役成了一个转折点，奇迹的光环已经不可能在他们的身上

出现了。1945年1月，"帝国"师被调往了东线，在布达佩斯、布拉格、维也纳进行了一系列无关大局的战斗——或者说负隅顽抗更合适。5月9日，一路西逃的"帝国"师残余部队在美占区向美军第2步兵师投降。这支在欧洲持续作战近6年的纳粹王牌部队终于结束了战斗生涯，曾经的"辉煌"战绩和灭绝人性的杀戮成了它墓碑上永恒的铭文。

三、党卫队第3"骷髅"装甲师

即便在纳粹德国的武装党卫队中，也很少有部队能像"骷髅"装甲师那样声名狼藉。这支以骷髅头和大腿骨为标志的部队起家于集中营，战争爆发后，它将深入骨髓的野蛮残忍和冷血无情带到了战场之上。在德米扬斯克、库尔斯克和布达佩斯，它能忍受奇高的伤亡率而为纳粹思想顽固作战；在拉帕拉迪斯、马尔蒂尔和华沙，它能毫不犹豫地制造一起又一起灭绝人性的血案……用历史学家的话说，"骷髅"师是武装党卫队最准确的缩影，它将全部的勇气和力量都用在了破坏和平和犯罪之中。

（一）冷血上位

就像提到党卫队"帝国"师不能不提保罗·豪塞尔，提到盖世太保不能忽视莱因哈特·海德里希一样，党卫队"骷髅"师的历史和它的建立者西奥多·艾克是密不可分的。正是在后者进行的一系列冷酷、野蛮的训练，才驱动着一群集中营看守变成了武装党卫队的一个精锐师团，才有了一系列残酷的战争暴行的发生。毫不夸张地说，党卫队第3"骷髅"师是一个名叫西奥多·艾克的冷血罪犯为了欲望和野心打造出的杀戮机器。

1892年10月17日，西奥多·艾克出生于德国阿尔萨斯—洛林省的胡丁根，他的父亲是阿尔萨斯火车站的站长。西奥多·艾克从小顽劣，17岁就辍学参加了德国国防军。在此后的第一次世界大战中，他在第22巴伐利亚步兵团服役，曾经获得了一枚二级铁十字勋章。战争结束后，满脑子种族主义思想的西奥多·艾克多次失业，这让他非常厌恶魏玛共和国政府，因此在1928年加入了纳粹党和冲锋队。1930年，野心勃勃的西奥多·艾克脱离了久久不能升迁的冲锋队，加入了希姆莱的党卫队。改换门庭之后，这位野心家果然是平步青云，很快就晋升为党卫队旗队

长，负责指挥党卫队第10团。1933年2月，纳粹党自导自演了"国会纵火案"，大肆逮捕共产党员和反纳粹的政治犯，前后共有2.5万人被捕，一时间监狱人满为患。为此，党卫队在巴伐利亚州达豪镇一座废弃的兵工厂中建立了第一座集中营——达豪集中营，西奥多·艾克被任命为集中营的指挥官。达豪，西奥多·艾克冷酷残忍的作风得到完全展现，他重新整顿了党卫队看守营，要求所有看守必须对犯人绝对无情；他将原本随心所欲的虐待行为制度化，鞭刑和火刑成了正式的体罚制度。每次实施体罚时，西奥多·艾克要求所有看守和犯人部必须出席，他让看守们轮流执行体罚，以保持对"国家敌人"强烈的仇恨心理。西奥多·艾克的所作所为让希姆莱大为欣赏，后者一度宣称达豪是所有集中营的样板。在希姆莱的命令下，布痕瓦尔德、萨克森豪森、毛特豪森等臭名昭著的集中营都仿照达豪，建立了一系列残忍恐怖的虐待制度。除了集中营组织体系的建立外，西奥多·艾克还"培养"出了一批灭绝人性的看守头目，其中最著名的徒子徒孙莫过于鲁道夫·赫斯，这个奥斯维辛集中营的头目直接或间接地屠杀了300万犹太人。

（二）"骷髅"旗队

1934年，西奥多·艾克迎来了一个飞黄腾达的机会——希特勒决定清洗冲锋队的领导层。1934年6月30日，希特勒亲自率领党卫队逮捕了冲锋队领袖罗姆和一批冲锋队高官，这些人被关进了慕尼黑的施塔德尔海姆监狱。7月1日，希特勒决定处决罗姆这位"老战友"，希姆莱立刻致电西奥多·艾克，让他负责枪毙罗姆。由于希特勒希望"老朋友"能够自杀，所以西奥多·艾克被通知要给罗姆一个"选择"的机会。当天晚上，西奥多·艾克带着他的副官米歇尔·里贝特来到了关押罗姆的牢房。在那里，西奥多·艾克向罗姆"转达"了希特勒的指示，但后者拒绝自杀，西奥多·艾克就亲自动手，用三发子弹解决了这位冲锋队领袖。这场被后世史学家称为"长刀之夜"的清洗活动让西奥多·艾克和他的"大老板"希姆莱获益良多，后者终于成了仅次于希特勒的实权人物，西奥多·艾克则成了党卫队中冉冉上升的新星。7月5日，也就是处决罗姆后的第4天，西奥多·艾克被任命为集中营看守部队总头目和党卫队全国副总指挥。

由于党卫队在清洗冲锋队时表现"良好"，作为奖励，希特勒批准希姆莱组建党卫队机动部队（"帝国"装甲师的前身）。希特勒对党卫队机动部队的认同给了西奥多·艾克一个机会，早在"长刀之夜"之前，西奥多·艾克就将集中营的看守们编成了6个营级组织，缺少的只是编制和足够的武器。1936年3月29日，集中营看守部队被命名为"骷髅"旗队。西奥多·艾克将"骷髅"旗队划分为3个团——驻扎达豪的上拜恩团、驻扎萨克森豪森的勃兰登堡团和驻扎布痕瓦尔德的图林根团，每个团下辖3个营，每个营都编有3个步兵连和1个机枪连。此后的3年中，"骷髅"旗队的规模不断扩大，总兵力一度达到了2.2万人，武器装备也由单纯的步枪和手枪发展为毛瑟步枪、MG34机枪和MP38冲锋枪一应俱全。

有了充足的武器和人员，接下来要解决的就是训练问题。当时负责训练武装党卫队的是退伍的国防军将军保罗·豪塞尔和军官菲利克斯·斯坦因纳，他们为包括特别机动部队和"骷髅"旗队制订了完整的训练计划，其中特别强调的是体能和步兵战术。在达豪集中营中，"骷髅旗队"的步兵团轮番受训，上午一般是步枪分解、组合和射击训练，接着是刺刀拼杀和徒手格斗；下午一般进行身体训练，包括全副武装急行军和力量训练；晚上，军官和士官还要学习军事知识、地形学和战术指挥等等。除了军事训练之外，西奥多·艾克要求"骷髅"旗队的士兵接受纳粹的思想教育，培养团队精神，他甚至要求士兵在临死前不再呼喊上帝或者圣母玛利亚，而要高呼"阿道夫·希特勒"……在他的潜移默化下，"骷髅"旗队的士兵将其源自集中营看守时代的冷血残忍扭曲地转化为战场上的无情与疯狂，在其后的战争中制造了一起起的血案。

（三）波兰与法国

1939年9月1日凌晨4点45分，德国对波兰不宣而战。在夺取了绝对制空权的空军掩护下，160万德军像两把硕大的钳子深入波兰境内夹向波兰首都华沙。按照军史学家的说法，这是人类战争史上"机械化闪电战"的开端——德军仅仅用了18天的时间就击败了波兰几十万军队。战争开始后不久，西奥多·艾克和他的"骷髅"旗队也接到了任务，但不是前往前线作战，而是在德军已经占领的波兰领土上负责"安抚"和"改造"当地的波兰居民。这样的任务对于以犯罪和屠戮为本行的"骷髅"旗队并不困难，9月13日，"骷髅"旗队正式进入波兰境内，他们大肆杀戮波兰人和犹太人，焚烧犹太教堂，抢劫犹太商店，仅一个勃兰登堡团就在两天内屠杀了800名波兰人，而9月和10月"骷髅"旗队屠杀了超过1万名波兰平民。"骷髅"旗队的暴行让德国陆军的高级军官们都深感不安，他们纷纷向希特勒抱怨，而希特勒对此的回答是——"你们无权干涉党卫队的事情！"波兰战役之后，希特勒批准党卫队组建3个师级作战单位，希姆莱将其中的一个名额给了西奥多·艾克，让其组建武装党卫队的第2个师团。西奥多·艾克按照陆军的编制组建了他的"骷髅"师，全师下辖3个摩托化步兵团、1个炮兵团、1个工兵营、1个通信营和1个反坦克营。然而就像其他武装党卫队缺乏训练和装备一样，"骷髅"

师也面临着这两大难题。为此，西奥多·艾克从德国各处"搜集"需要的车辆和武器，甚至不惜抢劫和偷窃；武器到手后，他厚着脸皮向素有龃龉的国防军求教，完成技术装备的训练……到1940年2月，"骷髅"师总算具备了机械化作战的基本能力。

1940年5月10日，德军发动了对低地国家的进攻，武装党卫队作为希特勒的王牌心腹也加入其中。保罗·豪塞尔的特别机动师和"警卫旗队"将作为B集团军群的尖刀使用，而"骷髅"师则被划归A集团军群作为预备队使用，国防军将领认为这支由集中营看守组成的部队更适合打扫战场。然而A集团军群从阿登山区的出击太过顺利了，隆美尔的第7装甲师3天内渡过马斯河，德军统帅部决定派出预备部队保护两翼，这终于给了"骷髅"师上前线的机会。5月19日，"骷髅"师在莱卡托和康布雷投入作战，他们击溃了法军的摩洛哥部队，俘获了1.6万名法军和大批武器装备。5月27日，"骷髅"师第3步兵团猛攻英军第8燧发枪团和皇家诺福克团驻守的巴塞恩镇。战斗中，第3步兵团团长古茨被英军狙击手击毙。作为报复，"骷髅"师第2步兵团的一个连在拉帕拉迪斯村将100多名英军俘虏全部枪杀，仅有两名英国士兵逃过了屠杀。二战结束后，根据他们的证词，该连指挥官弗里茨·诺奇林被纽伦堡国际军事法庭判处绞刑。也正是从这起惨案开始，隐藏在这帮原集中营看守身上的残暴本性就越发显露出来，枪杀战俘和平民百姓、强奸妇女、抢劫财产等等暴行也随着"骷髅"师的"乐此不疲"，扩散到其他武装党卫队当中。

制造了拉帕拉迪斯村惨案之后，"骷髅"师又参加了法国战役，该师的任务是掩护侧翼以及抓俘虏。6月17日到19日，"骷髅"师以18人伤亡的代价俘获了数千名法军。法国投降后，该师被派往了法国和西班牙边境执行占领任务。在休整期间，西奥多·艾克为"骷髅"补足了高射炮、迫击炮和重型榴弹炮，进一步加强了这支部队的火力输出能力。

（四）燃烧的德米扬斯克

1941年6月初，153个德国师和4300辆坦克被秘密部署到了和苏联接壤的东线，这些德军被划分为南方、中央、北方3个集团军群。被安置在东普鲁士的"骷髅"师隶属于陆军元帅勒布指挥的北方集团军群，该集团军群下辖第4装甲集群和第16、第18集团军，作战任务是沿着波罗的海直扑苏联北方重镇列宁格勒。6月22日凌晨，德军向苏联边境发动了全面进攻。6月24日，被作为二线部队使用的"骷髅"师跨过边境，开始向苏联腹地进攻。在战斗初期，"骷髅"师的进展很顺利，但很快苏军战士就发起了一波波的反击，那种宁死不降的精神让残忍的党卫队士兵都为之胆战心惊。然而德军毕竟拥有绝对的空中优势，在"斯图卡"轰炸机的掩护下，"骷髅"师和曼施坦因的第56装甲军在7月中旬成功突破"斯大林防线"；8月初，"骷髅"师占领位于列宁格勒至莫斯科铁路线上的重要城市楚多夫；9月8日，北方集团军群完成了对列宁格勒的包围。7~8月，"骷髅"师的表现堪称疯狂，全师共阵亡4000多名士兵，师长西奥多·艾克也被地雷炸伤，直到9月21日才回到军中。

1940年11月，德军中央集团军群发动了旨在攻占莫斯科的"台风"行动。但由于苏联严酷的天气和西伯利亚部队的强力反击，中央集团军群不但没能占领莫斯科，反而被迫后撤了150~300公里。为了呼应莫斯科方面，苏联列宁格勒方面军在1942年1月也对北线德军发动了反攻。2月8日，苏军在南北两翼突破了德军防线，将德军第16集团军下属的第2军、第10军以及"骷髅"师的主力共12万人包围在了德米扬斯克附近约60千米长、30千米宽的狭长地带。为了给包围圈内的部队打气，希特勒在2月22日宣布德米扬斯克为要塞，并且命令空军每天向包围圈内空投300吨左右的物资，以维持德军的作战能力。德米扬斯克包围圈内的德军同样在垂死挣扎，"骷髅"师被划分为两个团级战斗群，分别驻守在西部和东北部的战略要地。在2月的最后两周，苏军集中了15个步兵师发动猛攻，攻击重点就放在了西奥多·艾克负责把守的西部防线。被纳粹思想毒化的"骷髅"师士兵拼死顽抗，每处阵地都是尸积如山、血流成河，直到党卫队士兵全部阵亡阵地才会易手……在不到14天的战斗中，西奥多·艾克指挥的"骷髅"师西部战斗群就从4500名士兵减员到1200人，其中军官只剩下40人左右。到4月初，德米扬斯克区域内的苏军和德军都因为连续战斗而筋疲力尽，"骷髅"师更是已经处于毁灭的边缘，这时德军的救援行动起到了效果。4月21日，由华尔特·冯·赛德利茨将军率领的5个德军师在苏军严密的包围圈上打开了一条宽4公里的通道。"骷髅"师残部6000余人和其他8000名伤痕累累的德军士兵从这条通道向东突围，暂时逃脱了覆灭的命运。这次战斗结束后，德国陆军元帅恩斯特·冯·布施这样评价"骷髅"师——"这次救援成功，首先要归功于艾克的有力指挥和党卫队的英勇作战。"这样的评价在1940年之前是根本不可能出现的。

（五）骷髅头之死

尽管"骷髅"师在德米扬斯克的表现让国防军大佬们都赞叹有加，但巨大的损失还是让希姆莱郁闷不已。在他的哀求下，希特勒终于在1942年10月下令将"骷

"骷髅"师的残部从东线撤往法国的波尔多。在法国，"骷髅"师被改编为党卫队第 3 "骷髅"装甲掷弹兵师，接收了一个由 III 号和 IV 号坦克组成的坦克营，西奥多·艾克很快将其扩编为坦克团。此外，该师装备的 37 毫米反坦克炮被换装为威力更大的 75 毫米反坦克炮，还得到了一批刚刚生产出来的"虎"式坦克。然而没等党卫队士兵熟悉这种"身娇肉贵"的武器，德军第 6 集团军在斯大林格勒城下被全歼的消息传到柏林，希特勒最终决定将武装党卫队的几个精锐师派往东线，稳定战局，其中就包括"骷髅"师。

1943 年 1 月 30 日，由"骷髅"师、"帝国"师和"警卫旗队"师组成的党卫队第 1 装甲军抵达了乌克兰东北部的重要城市哈尔科夫。然而好景不长，苏军很快从两翼突破了德军防线，第 1 装甲军苦战两周，最后只得狼狈撤出哈尔科夫。这时南方集团军群的指挥官曼施坦因发现苏军两翼缺乏保护，立刻以"骷髅"师、"帝国"师、"警卫旗队"师以及第 48 装甲军从侧翼发动了凶狠的反攻。3 月 15 日，德军重新占领了哈尔科夫。在整个哈尔科夫战役中，党卫队第 1 装甲军伤亡 1.1 万人，其中"骷髅"师就伤亡了 2000 余人，包括师长西奥多·艾克。这位"骷髅"师的指挥官因为和前方的装甲团失去联系，2 月 26 日乘坐侦察机赶往前线，结果侦察机被苏军防空火力击落，西奥多·艾克当场死亡，他的尸体在第二天凌晨被"骷髅"师的部队夺回。远在柏林的希特勒听到这个"噩耗"后悲痛不已，不但命令为自己的鹰犬组织国葬，还下令将"骷髅"师第 3 团命名为"西奥多·艾克"团。作为"骷髅"师这支血腥部队的缔造头目和多起大屠杀的最高责任人，西奥多·艾克的死再次验证了"善恶到头终有报"的道理。

(六)"堡垒"之战

哈尔科夫战役的胜利不但让"骷髅"师和武装党卫队再次"声名鹊起"，也给希特勒打了一针兴奋剂。经历过 1942—1943 年一系列的灾难性失败之后，希特勒迫不及待地希望在东线的库尔斯克发动一次反击，彻底改变东线的战场形势。尽管曼施坦因和装甲兵总监古德里安都反对在库尔斯克强攻苏军坚固的阵地，但希特勒决心已下，他下令将 90 万人的部队和 2700 辆坦克、2050 架作战飞机集中到库尔斯克地区，希特勒相信装备了"虎"式坦克、"费迪南"战车和"黑豹"坦克装的武装党卫装甲师将成为实现他计划的主力军。希特勒和他的将军们并不知道，苏军统帅部早就注意到了库尔斯克地区的异常情况。苏军在 40 公里的纵深防线内修建了 6 条由反坦克壕、地堡和铁丝网构成的严密防线，阵地前是 40 万枚星罗棋布的地雷，阵地后面是近 2 万门火炮。此外，苏军统帅部还将可以调动的 3/4 的装甲力量，大约 3400 辆坦克集中到了库尔斯克地区，就等着和德军来场火星撞地球的决战。

7 月 5 日凌晨 3 点 50 分，在密集的炮火准备后，德军第 4 装甲集群和第 9 集团军从南北两线同时发起了进攻。作为第 4 装甲集群最南端的部队，"骷髅"师不但要跟上"帝国"师和"警卫旗队"师的进攻步伐，还要负责防御苏军可能从侧翼发起的反击。战斗打响后一个小时，3 个党卫队装甲师都陷入了激烈的战斗，当面的苏军第 1 坦克军和第 69 步兵军的战士死战不退，给"骷髅"师带来了不小的伤亡。直到当天深夜，"骷髅"师才凭借新装备的"虎"式坦克和"黑豹"坦克突破苏军第一道防线。到 7 月 7 日，"骷髅"师、"帝国"师和"警卫旗队"师都成功地突入苏军防线 50 千米，在党卫队士兵眼中胜利即将到来。然而就在 7 月 12 日，苏军将其最精锐的第 2、第 5 近卫坦克军投入反击，超过 850 辆苏军坦克和党卫队第 1 装甲军的 422 辆坦克、自行火炮绞杀在了一起。这场人类有史以来最大规模的坦克战在小镇普罗霍洛夫卡附近的果园和玉米地里持续了 8 个小时，无数的坦克充斥着战场的各个角落，战斗双方的坦克手在几十米的近距离上相互开火，弹药二次爆炸将炮塔抛到车体几十米外，熊熊燃烧的坦克如同一个个火炬……最终，3 个党卫队装甲师被迫转入了防守，其中"骷髅"师损失了超过一半的坦克和车辆，人员也遭受了极大的伤亡。这时英美军队已经在 7 月 10 日登陆西西里岛，希特勒开始为地中海的局势坐立不安，他决定终止"堡垒"计划，将精锐的武装党卫队调往西线。然而苏军的猛烈进攻打乱了希特勒的计划，最终，"帝国"师和"警卫旗队"师被撤往法国，而"骷髅"师则作为德军的"救火队"留在了东线。

（七）毁灭之路

1943 年 10 月，苏联乌克兰第 2 方面军向德军第聂伯河防线发动进攻，目标直指南方集团军群的补给中心——克里沃罗格。为了保住这个粮食和弹药的补给中心，曼施坦因将还未完成休整的"骷髅"师和其他 6 个东拼西凑的装甲师派往前线。10 月 27 日，德军还是采用侧翼突袭的老战术，将苏军前锋部队击退，暂时巩固了德军的防线。此后的两个月中，苏军不断寻找南方集团军群防线上的薄弱点加以攻击，"骷髅"师则被德军作为"救火队"使用，每当苏军突破防线后，往往都是由"骷髅"师负责反击夺回阵地。然而当时间来到 1944 年 2 月，伤亡惨重的德军已经无力守住克里沃罗格，筋疲力尽的"骷髅"师被迫向西一路撤退，于当年 4 月退守罗马尼亚。1944 年 6 月 23 日，苏军发动了"巴格拉季昂"攻势，140 万苏军在 5200 辆坦克和自行火炮的掩护下突破了德军中央集团军群的防线，一个月内向前跃进了 500~600 公里。7 月 31 日，苏联第 2 坦克集团军进抵波兰华沙附近的普拉加城下。8月1日，华沙城内的抵抗组织"救国军"发动了代号为"风暴"的起义，起义者约4万余人，其中仅有1/10的人拥有武器。因为"骷髅"师和其他德军部队在维瓦斯河拼死阻击，也因为苏联方面和"救国军"的领导者互不信任，双方未能实现配合作战。10月2日，华沙起义被武装党卫队镇压下去，20万华沙市民丧生，幸存者被投入集中营杀害。

尽管"骷髅"师暂时稳定了华沙防线，但东线的战场形势却日益恶化。1944年10月，3个武装党卫队师和国防军第9山地军被苏军包围在了布达佩斯。为了给这些部队解围，希特勒将武装党卫队第4装甲军运往匈牙利西部，这支下辖200辆坦克和6万士兵的部队将从布达佩斯西北部发动解围作战。12月初，解围战斗正式打响，"骷髅"师和"维京"师作为第4装甲军的先锋发动了第一波的攻势。在短暂的炮火准备后，"骷髅"师突入了布达佩斯西北小城陶塔，将驻守该地的苏军第31近卫军击退了30公里。初战成功后，"骷髅"师先头部队给布达佩斯城内的德军发出了一封"救命稻草"式的电报——"援军正在路上，请务必坚持!"然而苏军很快做出了调整，5个步兵军被投入到阻击战中，苏军战士在距离布达佩斯30千米处的小镇比奇凯挡住了武装党卫队的前进步伐。1945年1月12日，绕道前进的"维京"师先头部队到达了距离布达佩斯20公里的地方，德军士兵已经能通过双筒望远镜看到布达佩斯教堂的塔楼，但筋疲力尽的他们无力继续进攻，不得不后撤重组。2月11日，布达佩斯被苏军攻占，4.5万名德国守军逃回后方的还不到800人。已经陷入疯狂状态的希特勒并没有就此死心，他命令迪特里希发动代号为"春季觉醒"的攻势，重新夺回布达佩斯，巩固德军在巴拉顿湖油田的防御。这次进攻在3月6日的大雪中发起，由于苏军准确预测到了他们的主攻方向，提前构筑了完善的防御体系，党卫队士兵刚开始进攻就陷入了巨大的伤亡之中。此后的四天中，"骷髅"师的士兵不断地与地雷、铺天盖地的炮火以及泥泞的道路搏斗，平均每天只能前进几千米。3月16日，苏联乌克兰第3方面军对筋疲力尽的第6装甲集团军发动了猛烈的反击。尽管希特勒歇斯底里地要求武装党卫队在原地坚守，但迪特里希还是下令向奥地利边境撤退。为此，暴跳如雷的希特勒下令剥夺"警卫旗队"师、"帝国"师、"骷髅"师和"霍亨斯陶芬"师4支部队的袖标，但这对纳粹德国大厦将倾的现实已经于事无补。

1945年4月30日，希特勒在柏林总理府的地堡中自杀。5月8日晚上12点整，在柏林市内的一座学校里，德国代表凯特尔元帅在无条件投降书上签字。5月9日，"骷髅"师的残部在师长赫尔姆·贝克的率领下向美军第3集团军投降。不久，在苏联方面的强烈要求下，他们被作为战俘移交给了苏军，这些人最终被押往了苏联的劳动营，在那里为他们战争期间的罪行接受惩罚（值得一提的是"骷髅"师的末任师长贝克，他原本被苏联方面判处了 25 年劳役，但在 1952 年因为私藏手榴弹有越狱嫌疑而被改判绞刑）。至此，武装党卫队第 3 "骷髅" 装甲师这部充满着血腥的战争机器终于停止了转动。对于纳粹党和希特勒来说，它是顽强勇猛、训练有素的精锐部队；而对于热爱和平的人们来说，它以无耻的种族主义、野蛮残忍的屠杀行径将前所未有的罪恶带到了人类历史当中，并且永远不会为世人所原谅。

四、党卫队第 5 "维京" 装甲师

它是武装党卫队中最奇特的 "外籍兵团"，2/3 的士兵来自德国以外的国家；它是纳粹最凶悍的王牌部队，四年的战斗生涯它始终出现在德军最恐惧的东线；它是最冷血凶残的刽子手，在波兰和苏联它屠杀平民如同家常便饭……这支部队不是别人，就是武装党卫队第 5 "维京" 装甲师，一支被希特勒用种族主义和纳粹思想鼓动起来的武装。

（一）海外扩充

1940 年 6 月 22 日下午 6 时 50 分，法国将军亨齐格和德国元帅凯特尔在巴黎近郊的贡比涅森林签署了停战协定，法国沦为了纳粹德国的 "保护国"。在希特勒看来，用不到 6 个星期击败了一战中 4 年都没击败过的对手只是牛刀小试，接下来对英国和苏联的进攻才是决定德国能否称霸欧洲的终极战斗。为此，希特勒决定扩充武装党卫队的力量，让这支在波兰和法国展现了 "非凡战斗力" 和 "绝对忠诚" 的部队成为 "德国的第四根支柱"。然而希特勒的扩充令执行起来却遇到了兵源不足的难题——国防军对希特勒的最高指示并不买账，他们不愿意让出自己招募来的士兵。党卫队虽然也有补充处和征兵站，但 "大老板" 希姆莱制定的招募条件太过苛刻：招募者的年龄必须在 17~22 岁，身高超过 1.8 米，身体健康，还要持有一份可以上溯到 19 世纪的家谱以证明本人是纯正的日耳曼人……这些条件捆住了党卫队补充处的手脚。国防军处处掣肘，自己的征兵渠道又不 "给力"，焦头烂额的党卫队补充处只好把注意力放到了德国之外，那些被党卫队视为同属于日耳曼民族的国家。希姆莱开始四处为征兵作秀，今天飞往挪威，明天来到法国，到处宣称 "在欧洲只有一个党卫队，我们的理想是建立一个广阔的日耳曼帝国"，诱骗北欧和西欧国家的青年加入武装党卫队。

由于德军在战场上取得了巨大的胜利，北欧和西欧一些国家的青年既因为祖国在面对德国入侵时的无能而失望，又对德国强大的军事力量产生了好奇与崇拜。在那些追求冒险、不甘寂寞的年轻人眼中，身着黑色制服，趾高气扬地行进于奥斯陆、布鲁塞尔和阿姆斯特丹的"征服者"似乎成了"时尚"的代表。于是，一时的虚荣毁灭了理智，不少青年人产生了加入武装党卫队的想法。与此同时，各国亲纳粹的势力也为主子们摇旗呐喊。挪威法西斯党头目、傀儡政府首脑吉斯林就呼吁挪威人加入"光荣"的武装党卫队，为"自由和独立"和"推翻英国的世界霸权"而战，大约有3000名挪威人和1600丹麦人在他的鼓动下加入了武装党卫队，他们后来被组建为武装党卫队的"北欧"团。在荷兰和比利时，纳粹势力到处散发"武装党卫队在召唤""把你的生命献给祖国"等煽动性的传单。1940年7月，武装党卫队"西欧"团正式组建，成员全部由荷兰和比利时的志愿者组成。在芬兰，党卫队利用刚刚结束的苏芬战争做文章，煽动芬兰人的反苏情绪，到1941年夏天共有1000名芬兰人加入了武装党卫队，他们被编成了一个独立的营级单位，隶属于"北欧"团。

（二）魔兽成军

1940年9月，希特勒正式下令宣布组建武装党卫队第5"维京"师，"维京"一词指的是8～10世纪的北欧海盗，也泛指斯堪的纳维亚半岛的北欧人，纳粹德国的"北欧魔兽"正式成立了。该师由原党卫队特别机动部师的"日耳曼"团和刚刚组建的"北欧"团、"西欧"团组成，师长由武装党卫队的王牌教官菲利克斯·斯坦因纳担任。

斯坦因纳1898年出生于东普鲁士，第一次世界大战期间担任过中尉连长的职务。在战争的最后几年中，斯坦因纳发现传统的大部队集团冲锋的战术只会让士兵在重炮和机枪火力面前变成待宰的羔羊，而配备了火焰喷射器、机枪、爆破筒和加重手榴弹的精锐突击队却能发挥超乎寻常的作用，他开始成为突击队战术的拥护者。一战结束后，按照《凡尔赛和约》魏玛共和

党卫队第5"维京"装甲师

国只能保留 10 万陆军，斯坦因纳幸运得留在了军队之中。然而由于他倡导的战术理论在军方不受重视，斯坦因纳最终以少校军衔退出现役。1935 年，斯坦因纳加入了党卫队，开始以他酝酿已久的模式训练党卫队特别机动部队。斯坦因纳改变了传统的军事编制，将特别机动部队拆分为若干个精悍的突击队；抛弃了呆板的队列操练，代以体能强化训练、个人和团队战术技巧以及频繁的实弹射击；放弃了传统的黑色军服，换装为新型的迷彩服。在斯坦因纳的努力下，由一群地痞流氓和无业游民组成的特别机动部队变成了行军能力过人、战斗能力出众的精锐部队，他们可以在 20 分钟内急行军 3 公里，也能在演习中潜伏进敌方阵地前沿 500 米而不被发现……有目共睹的成绩让斯坦因纳成了特别机动部队中的核心人物，希姆莱将他视为左膀右臂，尽管斯坦因纳既不退出教会（党卫队晋升的先决条件），也不对希姆莱阿谀奉承，后者还是任命他为"维京"师的首任师长。

（三）艰苦训练

兵马齐备，主将得力，接下来的就是训练和武装了。"维京"师的训练艰苦异常，早上 5 点起床号就会在的军营中吹响，士兵们必须立刻起床，在 1 个小时内完成洗漱、内务整理和早饭。6 点整，所有人必须携带武器在训练场集合，接下来就是贯穿全天的体能和射击训练。为了模拟战场的实际环境，训练始终在火炮的狂轰滥炸和机枪的射击中进行，有时炸点距离训练中的士兵仅有 100 米。中午一般短暂休息 1 个小时，接着又是持续到下午 5 点的训练，训练结束后士兵还必须完成对武器的清理。此外，由于"维京"师的成员来自七八个国家，语言不通，习俗不同，晚餐过后他们还必须去夜校学习德语，直到晚上 10 点……一段时间的训练之后，斯坦因纳发现不同国家的士兵对训练的接受能力并不一样：荷兰和比利时的士兵对艰苦的训练适应性较差，常常口出怨言；丹麦士兵因为在本国就接受了严格的军训，所以训练中表现得相对轻松；挪威士兵性格内向，沉默寡言，但是吃苦耐劳。斯坦因纳一方面要求手下的教官针对士兵的不足进行专项训练；一方面以严酷的纪律来约束部队，如新兵不能按照要求折叠好自己的军服，等待他的将是扣除津贴和禁闭的处罚；如果新兵在装填弹夹时将子弹掉在地上，他就得用牙齿将子弹叼起来。在胡萝卜与大棒的交替使用下，"维京"师逐渐形成了强悍的战斗力。

在进行训练的同时，"维京"师开始向希姆莱索要自身的装备。虽然希特勒保证过武器装备方面党卫队将优先于国防军，但德国国内的兵工厂处于国防军的控制之下，武装党卫队缺乏重炮、反坦克炮等武器。"维京"师不得不从党卫队控制的捷克斯洛伐克兵工厂获取装备，甚至还出现了挪威士兵和芬兰士兵要自备手枪和冲

锋枪的情况。希姆莱把武器官司打到希特勒那里，在后者的干预下，"维京"师才获得了部分 MG34 机枪、37 毫米反坦克炮、75 毫米步兵炮和 150 毫米榴弹炮。到 1941 年春天，"维京"师已经齐装满员，下辖"日耳曼""北欧"和"西欧"3 个步兵团和 1 个师属炮兵营，每个团下属 3 个步兵营，每个步兵营由 3 个步兵连、1 个机枪连和 1 个重火力连组成，编制上已经和国防军的步兵师不相上下了。

（四）突击高加索

1941 年 6 月 22 日凌晨，德军用猛烈的空袭和火山爆发般的炮击揭开了"巴巴罗萨"行动的序幕。"维京"师和"警卫旗队"师被划归伦德施泰德元帅的南方集团军群，他们的作战任务是直扑基辅和第聂伯河下游，全歼苏联西南方面军。7 月初，"日耳曼"团和"北欧"团率先投入战斗，他们在两个星期内前进了 300~350 千米。此时，伦德施泰德元帅决定暂不攻占苏联第三大城市基辅，而以克莱斯特上将的第 1 装甲集群为主力，向基辅以南的铁路枢纽乌曼发动钳形攻击，"维京"师从东北方向辅助进攻。8 月 8 日，德军攻占乌曼，苏军约 20 个师被歼灭，10 万余人被俘虏。乌曼合围战后，"维京"师长驱直入。9 月 7 日，"维京"师攻克了第聂伯河畔的重镇第聂伯彼得罗夫斯克，其先锋"北欧"团强渡第聂伯河，在河东岸的卡缅科夫建立了一个桥头堡。

由于卡缅科夫的得失关乎苏联西南方面军后路能否保全，苏联统帅部命令西南方面军必须夺回该地。从 9 月 8 日开始，西南方面军集中了 8 个步兵师，发动了潮水般的攻势。"维京"师的士兵亡命反击，不但保住了自己的阵地，还俘虏了 5000 名苏军士兵。9 月 12 日，第 1 装甲集群通过卡缅科夫向北包抄。9 月 15 日，南北对进的德军第 1、第 2 装甲集群在洛赫维察地区会合，彻底截断了苏联西南方面军的退路。9 月 19 日，西南方面军放弃基辅向东突围，但为时已晚，方面军司令基尔波诺斯上将在突围战斗中阵亡。9 月 26 日，历时两个半月的基辅战役结束，苏军 66.5 万人被俘，损失坦克 800 辆，火炮 3400 门。

基辅战役结束后，"维京"师跟随南方集团军群主力长驱直入。在一望无垠的乌克兰大平原上，德军士兵开始体会"气候战争"的威力：秋雨如同鞭子一样抽打在他们的脸上，道路上的淤泥没过了汽车的排气管，步枪的撞针在雨雪中被冻裂，这种种的狼狈与德军之前任意驰骋的景象形成了巨大反差。为了在冬天来临之前完成任务，德军加快了攻击步伐。11 月 5 日，南方集团军群对苏联西南部重镇罗斯托夫发动了猛攻。罗斯托夫位于顿河下游，是通向高加索地区的大门；它的身后就是德国人垂涎三尺的高加索油田。战斗刚一开始，伦德施泰德就派上了"维京"师和

"警卫旗队"师承担主攻任务。然而武装党卫队这次踢到了铁板上，罗斯托夫的守军是苏联精锐的内务部队（NKVD），这支部队虽然缺乏反坦克武器，但士兵们勇敢无畏，拼死作战，用莫辛—纳甘步枪、波波沙冲锋枪和"莫洛托夫鸡尾酒瓶"顽强抵抗，将每一栋房屋、每一个地下室都变成了战场。11月21日，筋疲力尽的"维京"师总算控制了罗斯托夫市区，可很快又被苏军的反击部队赶了出来，不得不后退到德米乌斯河一线防御。

（五）再战罗斯托夫

德军在罗斯托夫的溃退让希特勒怒火中烧，一纸命令解除了伦德施泰德元帅的职务。然而元首先生没想到，1941年的冬天成了苏联百年不遇的寒冬，在天气的帮助和苏军的强力反击下，围攻列宁格勒的北方集团军群和直捣莫斯科的中央集团军群全线后退。到1942年3月，德军在东线战场伤亡人数已经达到了116万，石油消耗也达到了800多万吨，德国现有的预备役部队和石油储备根本补不上这两个大窟窿。面对这种情况，希特勒决定将北、中、南三线进攻改为重点进攻，先将主力部队应用于南线，占领高加索的油田。此时"维京"师刚刚进行了一次变动，该师下属的"北欧"团被扩编为武装党卫队"北欧"师，由爱沙尼亚士兵组成的"爱沙尼亚"团填补了"北欧"团的空缺。7月初，德军再次发动了对罗斯托夫的进攻。这次"维京"师进展顺利，他们用凶猛的攻势迫使苏联守军弃城而走，高加索的大门终于打开了。8月7日，"维京"师作为第17装甲军的先锋攻入库班油田。由于苏军在撤退前将油田的生产设备彻底破坏，德军在库班连一桶石油也没有开采出来。9月底，"维京"师接到命令，作为第1装甲集群的攻击箭头向北高加索的石油城格罗兹尼进军。最初，"维京"师进展顺利，但随着苏联远东军区的精锐部队不断增援到高加索地区，德军的进攻变得举步维艰。此时苏联的经济已经进入了战时体制，每个月可以生产1200辆以上的T-34和KV-1型坦克，被德军士兵称为"斯大林手风琴"的BM13型"喀秋莎"火箭炮也大量装备苏军，这几种王牌武器武装起来的苏军部队给"维京"师带来了越来越大的压力。为了提高"维京"师的战斗力，德军统帅部将其升级为装甲师，将一个装备有Ⅳ号坦克的装甲营划拨给了"维京"师。但这种杯水车薪式的支援已经不可能起到作用。12月底，"维京"师不得不原路退回库班油田。1943年2月，保卢斯指挥的德军第6集团军在斯大林格勒被苏军围歼，列宁格勒、顿河流域和高加索的德军全线溃退。1943年2月14日，"维京"师放弃罗斯托夫，向第聂伯河撤退。

（六）科尔松囚笼

1943 年 5 月，菲利克斯·斯坦因纳升任武装党卫队第 3 装甲军军长，"维京"师的师长由武装党卫队少将赫尔伯特·吉列担任。由于大批骨干被抽调到"北欧"师，"维京"师的兵力严重不足，吉列不得不接受了一个由比利时瓦隆人组成的突击旅。二战时期，党卫队在比利时的征兵对象主要是讲荷兰语、信奉新教的弗兰德斯人，希姆莱认为他们属于纯正的雅利安人；而比利时的另一大族裔瓦隆人则不太受希姆莱的"欢迎"。然而随着战争的进行，德军的兵力捉襟见肘，希姆莱不得不放下自己的喜好，开始接受部分亲纳粹的瓦隆人加入武装党卫队。当时瓦隆人部队的首脑是比利时法西斯头子德盖尔，此人当过记者和出版商，雄辩过人，演讲起来颇具煽动性，是希特勒标准的徒子徒孙。德军占领比利时后，德盖尔希望加入德国国防军，国防军却以"你的政治工作无可替代"为由拒绝了他。苏德战争爆发后，德盖尔再次请缨，这次终于获得了批准，他拉起一帮党徒组建了 4 个步兵营，约 1600 人的兵力。由于德盖尔的部队装备了大量的自行火炮和坦克，所以他们的到来让"维京"师兵力和武器不足的状况得到了缓解。

1943 年 7 月，德军在库尔斯克突出部发动了代号为"堡垒"的作战行动，德军在损失了 50 万人、1500 辆坦克之后一无所获，元气大伤的侵略者彻底让出了东线战场的主动权。不甘心失败的希特勒深感装甲部队是辽阔的东线战场上的决定性力量，他不惜血本地将东线战场的 7 个武装党卫队师全部升级为装甲师，这些师将都装备德军最先进的"黑豹"坦克、"熊蜂"自行火炮和 MG42 机枪。作为升级对象之一，"维京"师也获得了 1 个装备"黑豹"坦克的装甲营和 1 个自行火炮营，火力得到了增强。就在希特勒想方设法地扩军升级的同时，苏军也在调集兵力，准备围歼第聂伯河突出部的德军。1944 年 1 月，苏联第 1、第 2 乌克兰方面军从南北两翼同时发动进攻，将包括"维京"师在内的 6 万德军全部包围在了科尔松和切尔卡瑟的三角形突出部。此时正值苏联一年中最寒冷的时刻，气温在零下 30 摄氏度左右，地面的积雪厚达 1 米，困守科尔松的"维京"师和其他德军部队一样粮弹两缺，一场斯大林格勒式的围歼战即将开始。

（七）暗夜突围

得到前线战报之后，善于纸上谈兵的希特勒拒绝了曼施坦因让科尔松地区的德军突围的请求，而做出了与斯大林格勒战役时类似的指示——包围圈的德军固守待援，不得擅自突围，同时他又命令南方集团军群司令曼施坦因组织精锐部队解围，里应外合地歼灭包围科尔松的苏军。1944 年 1 月 4 日，解围战正式打响。汉斯·瓦伦丁·胡伯中将指挥德军第 3 装甲军向科尔松方向攻击前进，这支部队下辖 4 个装甲师，是曼施坦因手中最后的王牌。为了稳定包围圈中的德军士气，胡伯刚一出发就向"维京"师发出了电报，上面只有言简意赅的 3 个字——"我来了!"很快，胡伯兑现了他的承诺，第 3 装甲军在苏军的包围圈上打开了一个缺口，占领了科尔松南部的小镇列斯扬卡。然而天气给德军的解围带来了困难，泥泞不堪的道路让坦克的履带无法工作，第 3 装甲军的前进速度骤然下降。曼施坦因知道解围部队已经筋疲力尽，就违抗希特勒的命令，向"维京"师等部队发出了突围的指示。

　　2 月 17 日凌晨，包围圈内的德军发动了惨烈的突围战。他们抛弃了所有的坦克和车辆，以"维京"师的比利时旅和"日耳曼"团为先锋，在夜色的掩护下向列斯扬卡方向突围。苏军在德军的突围方向布置了 5 道防线，前两道由步兵组成，三、四、五道分别由炮兵、坦克和骑兵组成。在苏军的故意放纵下，德军很快就突破了前三道防线，党卫队以为自己死里逃生，开始向天空鸣枪，欢呼雀跃。早上 6 点，天色开始放亮，埋伏多时的苏军坦克和骑兵开始向蹒跚步行的德军发动了冲锋。从天堂到地狱的巨大落差击碎了德军最后的斗志，惊慌失措的德军士兵四散奔逃，却成群成片地倒在机枪和坦克履带之下，超过 2 万名德军在两个小时的战斗中阵亡。此时"维京"师表现出了武装党卫队冷血无情的精神，"日耳曼"团的党卫队士兵用手榴弹和炸药包炸毁了 24 辆苏军坦克，在钢铁包围圈中杀出了一条血路，这才让师长吉列带着"维京"师的残兵败将来到了提基什河边。只要他们能渡过这条大河，对面就是第 3 装甲军占据的列斯扬卡，"维京"师和其他德军突围部队就能获得暂时的安全。当时气温只有零下 20 摄氏度，河水冰冷刺骨，不远处还有苏军坦克向河中倾斜着密集的弹雨，但求生的欲望让"维京"师的士兵不顾一切地跳进冰水，搭成一条条人体绳索，互相搀扶着奔向对岸……在整个科尔松突围战中，6 万余名德军只有 3.4 万人突围而出，"维京"师的 1.9 万人只有 4500 人生还，其中比利时突击旅更是遭到了毁灭性的打击，全旅 2000 人只有 450 余人得免一死。

（八）最后一战

　　从科尔松死里逃生后，元气大伤的"维京"师被撤往波兰休整，在耶里他们得到了数千名新兵和部分"虎"式坦克。1944 年 6 月 23 日，苏军集中了 166 个师共140 万军队、5200 辆坦克和自行火炮，在 5000 架飞机的掩护下发动了"巴格拉季

二战
王牌部队

昂"（拿破仑时代的沙俄将军）战役。两个月的战斗中，德军中央集团军群遭到重创，28个师被消灭，士兵伤亡54万人，苏军向前推进了600公里，解放了白俄罗斯全部和立陶宛一部，通往波兰的道路被打开了。为了将苏军阻挡在华沙城外。希特勒下令将"维京"师和"骷髅"师调往华沙以东地区，这两个师将组成党卫队第4装甲军，"维京"师师长赫尔伯特·吉列出任该军军长，"维京"师师长一职由党卫队上校埃德蒙德·迪森霍芬担任，后又改由鲁道夫·缪伦坎普担任。

尽管苏军已经进抵华沙附近，掌握了绝对的战场主动权，兵力和技术兵器都是德军的几倍，但"维京"师还是打出了一次经典的反击战。7月30日，"维京"师在距离华沙几千米的维瓦斯河右岸对苏军第2坦克集团军发动反击，疲惫不堪的苏军伤亡近万人，损失了坦克百余辆。此后，为了挡住苏联第1白俄罗斯方面军的进攻，德军统帅部命令"维京"师、"骷髅"师、"赫尔曼·戈林"伞兵师、国防军第4、第19装甲师沿着瓦维斯河构筑了由碉堡、雷区和反坦克壕组成的坚固阵地。此后的数个月里，德军和苏军在维瓦斯河一线连番激战，党卫队的疯狂和苏军的顽强在战场上表现无遗。为了减少伤亡，苏军将主攻方向南移。8月底，苏军解放罗马尼亚，对德国装甲部队至关重要的普洛耶什蒂油田被苏军占领；9月底，苏军攻入保加利亚；10月底，苏军解放贝尔格莱德；12月底，苏联第2、第3乌克兰方面军将5个师4.5万人的德军包围在了布达佩斯。

希特勒知道失去了匈牙利的油田，他的装甲部队等同于被阉割，这位输红了眼的赌徒越过了陆军总参谋长古德里安，直接命令吉列的第4装甲军南进700千米，解救山穷水尽的布达佩斯守军。1945年1月，代号为"康拉德1号"的解围作战正式开始，"维京"师的"日耳曼"团和"西欧"团组成两个战斗集群，作为解围部队的先锋向苏军发动正面强攻。1月11日，"维京"师的先头部队攻至布达佩斯机场，距离市区只有20千米。然而苏军很快投入了强大的后备部队，指挥多变的希特勒又命令第4装甲军南下，先配合第2装甲集团军歼灭布达佩斯西南方向的苏军，再进行解围。这个异想天开的计划不但没能打击苏军，反而彻底葬送了布达佩斯守军的最后一线生机。2月11日，布达佩斯被苏军占领，4.5万名德国守军逃回后方的还不到800人。1945年3月6日，在希特勒的严令下，迪特里希指挥的党卫队第6装甲集团军发动了"春季觉醒"战役，企图夺回布达佩斯，"维京"师也参与其中。德军的攻势仅仅维持了10天，就被苏军赶回了出发地。3月25日，苏军攻入奥地利，"维京"师和"警卫旗队"师奉命"保卫"维也纳。虽然"维京"师此时只剩下几千残兵，但他们仍然在负隅顽抗，在维也纳的巷战中，他们炸毁桥梁，埋设地雷，以巷战的形式对抗苏军的装甲部队。然而纳粹德国已经是大厦将倾，这种顽抗于事无补。1945年5月7日，"维京"师的最后一任师长卡尔·乌里

奇下令全师士兵可以自谋生路，该师大部分的士兵一路西行，向美军投降。四年的东线厮杀证明了"维京"师身上的光环只是杀戮的血色，遍布东线的坟墓证明了那些外国志愿兵的悲剧性错误，随着第三帝国末日的来临，"维京"师最终沉入了历史的黑色深渊……

五、德国国防军第 1 伞兵师

提到第二次世界大战中的空降作战，美国人贡献的是第 82 空降师和炮火连天的西西里，英国人贡献的是第 1 空降师和尸山血海的阿纳姆，而德国人提供的"素材"更多一些：埃本—埃马尔要塞的惊天逆袭和克里特岛的伞兵地狱、奥斯陆的锦衣昼行和奥尔堡的闪电突击都是战争史上的经典战例，而缔造这一个个战例的就是凶名远播的德国国防军第 1 伞兵师，一支开创了多项空降作战吉尼斯纪录的魔鬼部队。

（一）空降兵的时代

作为一个全新的兵种，空降兵第一次出现在战场上是在第一次世界大战时期，毕竟空降兵安身立命的工具——可折叠降落伞在这次战争中才正式出现。1916 年10 月，德军将两名士兵空降到俄军后方破坏铁路线，这可能是人类最早的空降作战了。由于当时还没有专门的运输机，空降人员必须从飞机顶部舱口爬上机翼，再从机翼上跳下，难度和危险堪比今天的空中极限运动。在整个一战期间，空降作战既不常见，规模也很小，只有一小部分慧眼独具的军人注意到了它快速机动和可超越地理障碍的特点。

1918 年 10 月，美国陆军航空队的米切尔上校向潘兴上将建议，用 1200 架轰炸机将一个步兵师空降到德国兴登堡防线的后方，夺取重镇梅斯。上校先生想法很超前，但现实很严肃，盟军在短时间内找不到这么多的轰炸机和受过训练的空降兵，这个计划只能停留在纸面上了。第一次世界大战结束后，专业的运输机如同雨后春笋一样地出现，最典型的代表就是德国的"容克大婶"Ju-52 和美国的"空中列车"C-47。有趣的是，当时在空降作战领域发展最快的不是德国和美国，而是意大利和苏联。1920 年，意大利人发明了拉绳式降落伞，使得空降兵可以在 300 米高度施行空降，大大降低了敌方火力对空降兵的杀伤。苏联则成了第一个展示较大规模空降作战价值的国家，在 1929 年，苏联将 45 名士兵空降在了中亚城市加尔姆，全歼了一群穷凶极恶的白匪军。尝到了空降作战的甜头后，苏联在 1932 年成立了第一个空降兵旅，到 1933 年，苏联空降兵总人数达到了 8000 人。

（二）魔鬼成军

20 世纪 20 年代末，德国和苏联进行了广泛的军事合作，德国人很快觉察到了苏联空降部队的变化和发展，开始派出军事观察员观摩苏军的演习，其中分量最重的一位就是德国空降兵日后的教父级人物——库特·施图登特。此人是德国空军的传奇人物，不满 10 岁就进入陆军预备学校，23 岁成为德国第一批飞行员，训练两周就敢驾机单飞；26 岁成为西线王牌飞行员。一战结束后，《凡尔赛和约》限定德国只能保留 10 万陆军并禁止拥有飞机。施图登特虽然跻身于 10 万"幸运儿"之中，却不得不和战斗机说再见，只能偶尔在滑翔机上寻找点失去的快乐。然而命运没让他远离航空，1936 年，他作为德国代表参加了苏联红军的空降演习。当千余名苏联空降兵从 AHT-9 运输机一跃而出，白色的伞花开遍天空之时，施图登特深感震撼，他感觉自己发现了一个全新的战争领域。回到德国后，他开始鼓吹空降兵的作用，希望德国也能成立自己的空降兵部队。

其实早在施图登特发出倡议之前，德国就已经有了自己的空降兵部队。1933 年，纳粹党的二号人物赫尔曼·戈林利用担任普鲁士内政部长的便利，组建了一支名为"戈林警察大队"的私人武装。1935 年，戈林升任空军总司令，"戈林警察大队"也划归空军建制，改称戈林团。后来在二战中，戈林团扩充成戈林旅、戈林伞兵装甲掷弹兵师、戈林伞兵装甲师，最终是戈林伞兵装甲军。但是戈林师名为伞兵，从未进行过空降作战，一直当作地面部队来用。1936 年 8 月，该团的一个营和侦察连独立出来，成立了德国空军的第一个空降兵营，空军还以民航学校为掩护，在萨克森州东北部的施滕达尔—伯斯泰尔机场设立了空降兵训练学校。1937 年，不甘落后的德国陆军也组建了一个的空降兵营。当年年底，希特勒观看了一场陆军和空军的联合军事演习：空降兵被空降在假想敌的桥梁和指挥所附近，在装甲部队赶到前控制了交通枢纽，摧毁了敌方指挥中心。这次演习让希特勒兴奋不已，他认为空降兵是"闪电战"中的一支奇兵，应该予以扩编。1938 年 7 月，德国空军总参谋长施通普夫召见了施图登特，授权他组建空军第 7 航空师，这是世界上第一支师级规模的空降兵部队，比美国的 82 空降师早成立了四年零一个月。

（三） 装备成军

上任之初，施图登特面对的情况可以用百废待兴来形容：首先，他虽然有一个师的番号，但手上经受过伞降训练的部队就两个营；其次，师级空降部队的作战理论还是一片空白，是在敌后进行零星的特种作战，还是独立承担战役任务，没有任何可供参考的战例；再次，作为一个全新的技术兵种，空降兵需要专业的技术装备，小到军服、头盔和手套，大到步枪、重型火力和运输机都必须量身定做、系统配置。

性格严谨、做事缜密的施图登特没有被困难挡住，他和手下的青年军官们给航空师确定了"奋斗目标"——成为军队精英中的精英，在任何战场都能作为正规部队独立作战。为此，施图登特进行了一系列的努力和尝试：在个人装具方面，他为伞兵量身订制了 M38 型伞兵头盔和伞兵战斗服，前者去掉了步兵 M35 头盔的帽檐，避免了空中挂着伞绳或落地时被树枝挂住的危险情况，后者为连体式战斗服，上身夹克衫，下身肥裤子，超大的裤兜可以放置伞兵刀。在武器装备方面，他为伞兵装备了毛瑟 98K 卡宾枪和 MP38 冲锋枪，这两种枪械在二战中都是各自枪型中的"一代杀器"。在伞降战术方面，为了避免士兵负担负重，落地时造成骨折或扭伤，他规定伞兵在空降时只能随身携带伞兵刀、手枪和手榴弹，其他武器装备集中放在武器箱内和伞兵一起空投，箱子上装有防撞垫，涂有不同色彩的标记，伞兵落地后首先要根据标记寻找自己的武器。在运输工具方面，他为空降师争取到了 250 架 Ju-52 型运输机、数百架架 DFS-230 滑翔机和 Go—242 滑翔机，前一种机型是二战时期德国最好的运输机，可以运载 5 吨的货物或 13 名伞兵，后两种机型是二战中优秀的滑翔机，可以搭载 9 名到 20 名全副武装的伞兵……经过这些纷繁的组织工作和一系列严酷的伞兵训练，第 7 航空师成了一支战术清晰、装备精良的精锐部队。1939 年，为了增强第 7 航空师的火力和兵力，德军总参谋部将陆军第 22 师改变为机降师，划归施图登特指挥，德国空降部队的总兵力达到了创纪录的 1.6 万人。

（四） 逞凶北欧

就在施图登特全力武装第 7 航空师的同时，纳粹德国开始为迫在眉睫的侵略战争做准备。1939 年 9 月，希特勒和意大利首相墨索里尼、英国首相张伯伦、法国总理达拉第在慕尼黑召开会议，决定捷克斯洛伐克苏台德区的归属问题。希特勒一边大秀堪比影帝的"演技"，宣称苏台德区是他在欧洲最后的领土要求，一边密令第7航空师做好战斗准备。在空降兵出动前一刻，英、法两国向希特勒妥协，德国兵不血刃地得到了苏台德地区。然而施图登特并没有解散部队，而是将作战变为一次250架运输机参与的空降演习。

1939年9月1日，随着希特勒一声令下，160万德军在3600架辆坦克和2000架飞机的掩护下对波兰发动了侵略战争。按照战前计划，第7航空师在波兰战役中扮演重要角色，将负责占领维瓦斯河上的主要桥梁。可德军的"闪电战"完全打蒙了波兰守军，几座重要桥梁被地面部队迅速拿下，空降兵没有用武之地。更郁闷的是，求战心切的施图登特坐着装甲汽车到前线寻找战机，不但没有得逞所愿，还误入波军阵地险些被俘虏，第7航空师的首次战争演出以夭折而告终。

波兰战役之后，德国陆军和空军开展为进攻西欧做准备，而海军却盯上了北欧的斯堪的纳维亚半岛。海军元帅雷德尔力劝希特勒先行攻占丹麦和挪威，为海军夺取对英作战的潜艇基地，确保德国海上运输的安全。几经权衡，希特勒决定对两国下手，作战代号为"威悉河演习"。这回施图登特的部队得到了重用：在丹麦，德国空降兵要夺取北部城市奥尔堡的两个机场，还要完整无损地控制通往哥本哈根的咽喉要道——沃尔丁堡大桥；在挪威，德国空降兵要夺取奥斯陆附近的福纳布机场，还要在挪威西南部海岸阻击可能登陆的英军。为了完成任务，施图登特派出了第7航空师的伞兵第1团和第22机降师，德国空军也出动了500架运输机配合作战。

1940年4月9日凌晨，一马当先的德国伞兵分成三路在丹麦和挪威实施了空降。由于丹麦守军毫无防备，丹麦境内的战斗并不激烈，德国伞兵连空投的武器箱都不用打开，仅凭随身携带的手枪就将机场和大桥掌握在自己手中。而在挪威，恶劣的天气让德国伞兵遇到了一番波折——第一批运载340名伞兵的29架Ju-52运输机因为大雾被迫返航，第二波运输机虽然也被命令返航，但因为通信不畅仍然继续前进。幸运的是，挪威军队没有在福纳布机场布防重兵，第二波空降部队最终占领了机场。随后，1500名德国空降兵排成阅兵方阵，在"斯图卡"轰炸机的掩护下，兵不血刃地开进了奥斯陆。

（五）海牙灾难

第7航空师首秀成功，希特勒认为空降部队可堪大用，应该在法国战役中为其"增加戏份"。秉承元首先生的指示，德军统帅部给施图登特安排了3个重要任务：

在荷兰南部的鹿特丹，以第 7 航空师主力和第 22 机降师的一个团占领马斯河上 3 座重要的桥梁，为跟进的第 18 集团军打开通道；在荷兰北部，以第 22 机降师的两个团和第 7 航空师的一个营夺取机场，然后直扑荷兰首都海牙，争取俘获荷兰女王和整个政府机关，瘫痪荷军的中枢神经；在比利时，以空降兵分队夺取阿尔伯特运河防线的核心阵地——埃本—埃马尔要塞。前两个任务是战役级别的大规模空降，既要夺取交通枢纽，还有斩首行动。后一个任务是典型的特种作战，3 个任务的难度都在五星级以上。为了协调指挥，第 7 航空师和第 22 机降师组成了第 11 空降军，施图登特担任军长，他将跟随第 7 航空师在鹿特丹作战。

1940 年 5 月 10 日，德军从空中和地面同时向荷兰发动了进攻。4 点 30 分，第 7 航空师的一个伞兵营在海牙附近的 3 个机场实施了伞降。由于风向的原因，伞兵着陆时过于分散，未能将机场彻底控制在手中。第二批滑翔机赶到时，跑道上到处都是路障和咆哮的高射炮火，根本无法降落，德国飞行员只能在附近的海滩和公路上实施迫降。当德军士兵跌跌撞撞地来到地面，迎接他们的又是铺天盖地的炮火和荷军装甲部队的反击……到当天晚上 7 点，伤亡惨重的第 22 机降师被迫撤退，他们留下了 1000 多名俘虏和 100 多架运输机的残骸，空降变成了空难。

（六）三局两胜

和海牙的惨败不同，鹿特丹方向的空降要顺利许多，第 7 航空师的伞兵营仅用一个小时就控制了鹿特丹西南的瓦尔港机场。随后，施图登特率领第 22 师的一个团成功机降。刚一落地，施图登特就派出一个营穿过鹿特丹的南郊，占领马斯河和下莱茵河上的 3 座重要桥梁。为了最快速度到达目的地，徒步的空降兵抢走了沿途见到的所有交通工具，包括 45 辆自行车、8 辆摩托车和 4 辆有轨电车。当这支奇特的队伍赶到大桥时，守桥的荷兰士兵目瞪口呆，互相询问这是什么情况啊。靠着这种出其不意的效果，德国人顺利占领了大桥。尽管河对岸的荷兰军队很快抽调一个步兵师发动反击，但施图登特的空降兵在轰炸机的掩护下顽强地坚持了两天两夜。5 月 12 日，18 集团军下辖的第 9 装甲师和伞兵建立了联系，孤悬敌后的局面总算改变。为了迅速结束战斗，施图登特向鹿特丹守军发出了最后通牒——要么立刻投降，要么看着整座城市变为火海。5 月 14 日 13 点，德国空军对鹿特丹市进行了狂轰滥炸，超过 2500 幢房屋被摧毁，800 余名市民丧生。当天下午，荷军总司令温克尔曼命令全军放下武器，施图登特也受邀进城商讨投降事宜。就在双方于荷军司令部会谈的时候，街头突然传来汽车发出的轰鸣声，施图登特和荷兰军官站到窗前查看情况。这时武装党卫队"警卫旗队"刚好路过谈判地点，党卫队士兵看见窗前隐约有荷兰军人出现，不问青红皂白就是一顿扫射，结果荷兰人毫发无伤，倒霉的施图登特却前额中弹，差点一命呜呼。后来，施图登特被送回德国，经过一系列复杂的外科手术，才保住了性命。据施图登特本人的回忆，医生批准他出院之前，要测试一下他的智力是不是正常。医生找来两位年轻的女士，一位很漂亮，一个就有点对不起观众，让施图登特分辨哪一个好看。很明显，施图登特的审美趣味跟医生的完全一致，这才被批准重返前线。

在荷兰战场上，德国空降兵伤亡 4000 余人，Ju-52 运输机也报销了 300 架，结果却只是一胜一负；而在比利时方向，他们却取得了一场堪称空降作战教科书的胜利。当时比利时在德比边境线上修建了一条坚固的阿尔伯特运河防线，该防线的核心是埃本—埃马尔要塞。这座要塞装备有 30 多门大口径加农炮和数十挺轻重机枪，地面的碉堡、机枪阵地全部由钢筋混凝土筑成，地下隐蔽部还存储着可供 30 天使用的粮食和弹药。放在一战时期，拿下这种铁桶式的堡垒只能用重炮狂轰，血肉填充，可现在有了空降兵，战争的模式也就改变了。5 月 10 日凌晨，第 7 航空师的 79 名空降兵分乘 9 架 DSF2307 滑翔机悄悄降落在要塞顶部。德国伞兵在比利时人的头顶架起机枪，用弹雨将比军封锁在碉堡里，然后使用高爆炸药一个个地解决碉堡和炮台……一天后，千余名比利时守军举手投降，阿尔伯特运河防线分崩离析。

（七）目标克里特

法国战役后，第 11 空降军开始为入侵英国的"海狮计划"做准备，他们的训练也围绕占领英国机场而进行。然而直到 1941 年 1 月，德国空军都未能取得制空权，希特勒只得下令中止入侵英国的准备。1941 年 4 月，德军第 12 集团军对希腊发动了进攻。第 7 航空师第 2 伞兵团接到命令，在连接伯罗奔尼撒半岛和希腊大陆的科林斯地区空降，占领连接大陆和半岛的唯一通道科林斯大桥，切断英军通往伯罗奔尼撒半岛的退路。4 月 25 日，60 架 Ju-52 和 12 架 DSF230 将第 2 伞兵团空投到了科林斯大桥两端。刚一着陆，第 2 伞兵团的工兵就冲向大桥，夺取了大桥两端的桥头堡。正当伞兵们和闻讯赶来的英军苦战时，大桥居然戏剧性地发生了爆炸，桥面塌入水中。德国人认为是伞兵的无后坐力炮击中了桥上的炸药，而英国人则宣称是一名勇敢的英军士兵通过近距离的步枪射击引爆了炸药。无论真相如何，第 2 伞兵团的工兵第二天就在大桥的残骸上架起了新桥，德军地面部队也得以从大桥通过。英军眼见后路被断，出动了大批海军舰艇，将部分远征军撤往地中海的克里特岛。

克里特岛位于地中海东部，全岛东西长 260 千米，南北长 12 到 55 千米，总面积 8300 平方千米。德军如果控制该岛，就能威胁英国在地中海的海上运输，保障罗马尼亚的油田不受英国空军袭击，还能获得进攻北非的前进基地。早在 4 月 21 日，施图登特就和第 4 航空队司令勒尔上将向希特勒建议，由空降部队和空军单独攻占克里特岛。在此之前，没有哪一场战役是由空降兵独立完成的，所以希特勒对这个计划有所怀疑。但施图登特和勒尔的理由也相当充分：德国空军掌握着绝对性的制空权，可以为空降提供足够的火力支援；克里特岛北部还有 3 个条件良好的机场，完全可以进行机降作战。最终，希特勒被两位将军说服，他在 4 月 25 日下达了代号为"水星"的作战指令，准备以第 7 航空师和经过机降训练的第 5 山地师占领克里特岛。

（八）掘墓之战

任务下达了，接受任务的勒尔和施图登特却产生了分歧。前者认为应该先夺取克里特岛西部，再逐步占领全岛；施图登特却主张四面开花，由第 7 航空师在岛上 7 个地点同时空降，让英国人摸不清主攻方向，然后再选取一两个地方机降第 5 山地师。最终，空军司令戈林中和了两人的意见，将整个空降行动划分为三个波次：攻击发起日清晨，第一波部队在马利姆机场和苏达港地区空降；下午，第二波部队在雷西姆农和伊腊克林两个机场空降；之后，第 5 山地师根据攻击进展择地机降，一举占领全岛。按照这个计划，德国空军的第 8、第 10 航空队的 433 架轰炸机和 233 架战斗机将提供空中掩护，500 架运输机和 72 架滑翔机负责运送 2.2 万名空降兵。然而德国人万万没有想到，岛上的英国指挥官弗莱伯格少将早就掌握了德军进攻的准确日期，英军兵力也不是德国人预计的 7 千人，而是整整 3 万大军，其中包括完整的新西兰第 2 师和澳大利亚第 6 师。如果再算上希腊军队，岛上的守军高达 4.4 万人。当然，英国人也有自己的困难，守岛部队士气低落，火炮不足，坦克只有区区 6 辆，强大的英国皇家海军由于没有制空权白天无法接近克里特岛……客观地说，英德的战前实力半斤八两，战争的胜负将取决于双方的临场发挥。

5 月 20 日凌晨 5 点 30 分，德第 8 航空队向克里特岛发动了猛烈的空袭。7 点整，400 多架运输机、滑翔机将第一波 4000 名伞兵空投到了马利姆机场和苏达港附近。由于英军严阵以待，马利姆方向的德国伞兵遭到了地面火力的猛烈射击，许多士兵在半空中就死于非命。最倒霉的第 3 伞兵营正好降落在新西兰军队的机枪阵地上，几乎被当场全歼。而在苏达港方向，德军的进攻也不顺利，第 7 航空师师长苏斯曼的滑翔机刚刚起飞就被友机的机翼割断了缆绳，将军也坠机身亡。失去指挥的伞兵各自为战，未能控制住整个港口。更要命的是，德军机场组织混乱，事故不断，原定 13 点出发的第二波运输编队迟迟不能起飞，直到 18 点，第二波空降部队才被运往了雷西姆农和伊腊克林机场上空。由于德国航空兵一直在克里特岛为第一波伞兵提供火力支援，当第二波伞兵到达时，德军飞机的燃油已经耗尽，被迫返回机场加油。第二波部队只能在没有空中掩护的情况下空降，他们的伤亡比第一波部队还要惨重，侥幸落地的部队也因为过于分散，缺乏指挥而难以发挥作用。到黄昏时刻，原定当天占领的三个机场一个也没能拿下，局势十分危急。就在德军统帅部考虑是否终止作战时，施图登特力排众议，提出砸上全部力量，先拿下西部的马利姆机场。

说来也巧，防守马利姆机场的新西兰第 22 营损失不小，该营营长决定收缩阵地，当天晚上就撤出了机场的制高点 107 高地。这个举动帮了德国人的大忙，德军伞兵轻而易举地占领了这个关键阵地，然后在空军的掩护下居高临下地冲击守卫机场的英军，终于在 5 月 21 日清晨占领了马利姆机场。21 日下午，施图登特以马利姆机场为基地，开始源源不断地机降第 5 山地步兵师，胜利的天平开始向德军倾斜。5 月 24 日黄昏，德军攻入苏达港，整个克岛西部被德军占领。5 月 29 日，雷西姆农、伊腊克林机场相继被德空降部队占领。眼见大势已去，英军指挥官弗莱伯格向中东英军总司令韦维尔发出电报，表示克里特岛已经山穷水尽，请求撤离该岛。弗莱伯格的请求很快得到了批准，5 月 28 日深夜，英国地中海舰队冒着德国空军的猛烈空袭开始撤出守岛部队。6 月 1 日，德军占领整个克岛。克里特岛战役历时 12 天，英军损失 1.5 万余人，丢掉了一座至关重要的岛屿；德军虽然达成了战役目的，付出的代价却堪称沉重，伞兵伤亡 6600 人，损失运输机 200 多架，精锐的第 7 航空师可谓伤筋动骨。

（九）伞兵对伞兵

克里特岛战役后，施图登特获得了一枚骑士铁十字勋章，可他的空降部队却被束之高阁——希特勒认为伞兵已经过时了。在接下来的 1941—1942 年，第 7 航空师被拆分为团营级的规模，作为精锐步兵参加了东线和北非的作战。1942 年 11 月，第 7 航空师总算守得云开见月明，德军统帅部将该师调往法国，在那里将其整编为第 1 伞兵师。该师师长由海德里希担任，此人是第 7 航空师最早的两名营长之一，克里特岛战役中立有大功。在法国期间，第 1 伞兵师恢复了中断已久的跳伞训练，接收了 81 毫米迫击炮、105 毫米无后坐力炮和 Gotha240 型滑翔机等新装备，精锐部队的彪悍气质也得到了恢复。

1943 年 7 月 10 日，英美盟军在意大利的西西里岛成功登陆，第 1 伞兵师在第二天就被德国空军运到了西西里岛。7 月 12 日，英军第 8 集团军攻克西西里岛南部港口锡拉库扎，直逼西西里中部城市卡塔尼亚。为了拖住英军的脚步，德军统帅部命令海德里希的第 1 伞兵师在锡拉库扎到卡塔尼亚的交通要道——卜利马索尔大桥附近空降。7 月 13 日下午，德国空军出动 100 多架 Ju-52 运输机，将 5 个伞兵营空降在了卡塔尼亚南部。当一个营的德国伞兵冲向大桥时，天空中又出现了大批的运输机，但机徽不是熟悉的铁十字，而是英国人的蓝圈红心。德国人知道遇到了"同行"，但他们不知道的是英国人准备空投整整一个伞兵旅。黄昏时分，一场伞兵对伞兵的战斗打响，英军凭借人数上的优势将德军先头营击退，控制了整座大桥。7 月 14 日，得到增援的德国伞兵从南北两面发动进攻，又将大桥夺回。顽强的英国军人也不甘示弱，他们固守在大桥周围的山地上，以机枪和迫击炮封锁桥面。7 月 15 日，英国第 8 集团军的装甲部队进至大桥，德国伞兵顽强抵抗了 3 天，7 月 18 日被迫放弃大桥后撤，空降战史上第一次伞兵对伞兵的战斗以德国人的失败而告终。

（十）卡西诺的魔鬼

1943 年 8 月，第 1 伞兵师撤离了西西里岛，前往意大利中部休整。盟军占领西西里岛后，以该岛为跳板，向意大利腹地进军。9 月，盟军推进到德国 C 集团军据守的古斯塔夫防线前，这条遍布着碉堡和炮台的防线是德军在罗马以南最后的阵地，它的核心是扼守着通向罗马的高速公路和铁路的卡西诺山，盟军要进军罗马，就必须拿下它，这座海拔 518 米的小山成了双方必争之地。

1944 年 1 月 17 日，美军第 36 步兵师向卡西诺山发动了第一次进攻，结果遭到了德军的迎头痛击，伤亡 1600 余人，未能撼动德军阵地。C 集团军司令凯塞林元帅察觉盟军将卡西诺山作为主攻方向，就把第 1 伞兵师调往那里。2 月 15 日，盟军发动了第二次进攻，先用 142 架 B-17 重型轰炸机炸平了山顶的卡西诺修道院，然后以印度第 4 师的 5 个营猛攻顶峰。可盟军没有料到，第 1 伞兵师的士兵和修道院的教士早有协议，并没有进驻修道院。修道院变为废墟后，残垣断壁和遍地的瓦砾反而成了德军强有力的支撑点，印度师的进攻再次被德军的交叉火力击退。3 月 15 日，盟军开始了第三次进攻，这次他们将攻击重点放在了山下的卡西诺镇，700 多架盟军轰炸机投下了 1250 吨重磅炸弹，几乎将该镇夷为平地。可当新西兰第 2 师的士兵发动地面进攻时，德国伞兵却摇摇晃晃地从废墟中爬出来，用亡命的肉搏战回击新西兰士兵，卡西诺山顶的德军也下山支援，再次将盟军逐出阵地。5 月 11 日，盟军对卡西诺山发动了第 4 次攻势，这次承担进攻任务的是波兰第 2 步兵军，盟军用 1600 门火炮为他们提供支援。此时卡西诺山上的德国伞兵仅剩下 6 个支离破碎的营，个别营的兵力还不到战前的一个排，但他们还是顽强地抵抗了 3 天，给波军带来了 3000 多人的伤亡。此时美军和英军在其他方向突破了德军阵地，古斯塔夫防线已经摇摇欲坠。5 月 16 日，凯塞林元帅下令撤退，第 1 伞兵师的残部又坚守了两天，直到 5 月 17 日夜间才悄悄跳出盟军的包围圈，离开了死守了 3 个月的卡西诺山。在整个卡西诺战役期间，盟军伤亡 6.5 万余人，德军也留下了 2 万多具尸体，第 1 伞兵师几乎被打残，但他们的亡命也给盟军留下了深刻的印象，英军指挥官亚历山大认为他们是"德国最出色的部队"，而盟军士兵干脆称呼该师为"卡西诺的绿魔鬼"。

卡西诺之战后，第 1 伞兵师一路北撤，先后在恺撒防线、哥特防线和盟军作战。1945 年 4 月，盟军在意大利北部发动了春季攻势，英军第 8 集团军将包括第 1 伞兵师在内的 9 个德军师包围在了波河南岸。4 月 21 日，该师的残余部队在最后一任师长舒尔茨的率领下缴械投降。第 1 伞兵师的创建者施图登特也在边境城市石勒苏益格向英军投降，这支纳粹的王牌部队没能逃过覆灭的下场。

六、德国国防军"大德意志"师

如果说武装党卫队第 1 "警卫旗队"装甲师是希特勒和纳粹党的"御林军"，那么"大德意志"师就是德国国防军在二战时期的一面"旗帜"。这支以"德意志"命名的王牌部队一度成了德国陆军的象征，从敦刻尔克的海岸到贝尔格莱德的市区，从顿河河畔到哈尔科夫的反击，"大德意志"师都扮演了"刀锋"和"救火队"的角色。最终，该师和大多数德国部队一样，在东线的隆隆炮声中灰飞烟灭，留下的只有一段黑色的历史供人思索。

（一）柏林卫戍团

第一次世界大战结束后，英、法两国用《凡尔赛和约》这把"大杀器"阉割了德意志第二帝国遗留下来的庞大军队，魏玛共和国只能保留一支规模很小（10 万人的陆军和 1.5 万人的海军）而且装备上有严格限制的军队（禁止装备坦克、重炮、飞机和潜艇）。然而德国军方为了在将来的某一天重整军备，用质量代替了数量上的追求，他们将 10 万名"精英分子"保留在军队中，其中士兵必须身体素质出色，有 12 年以上的服役经验；军官要有 25 年以上的服役经验，在某一军事领域拥有独到的技巧和领导才能。按照国防军总司令冯·泽克特的话说："我们的每一名列兵都受到成为军士的培训，每一位军士都受到成为军官的培训，每一位军官都受到成为将军的培训。"在这种历史背景下，魏玛国防军成了当时世界上平均素质最高的一支军队，而"大德意志"师的历史正是从这一时期开始。

1921 年，魏玛共和国在柏林组建了一支警卫部队，该部队成立的初衷是镇压布尔什维克领导的革命运动。然而成立不久，这支部队成了议会斗争的牺牲品，很快遭到了解散。可议员先生们很快发现，保持这样一支样板部队其实好处不少：首先，柏林国会大厦和国防部大楼需要部队保卫和执勤，再全副武装的警察也没有威武雄壮的现役军人能给人安全感；其次，外国元首来访或者国家庆典时都需要进行阅兵活动，训练有素的军事仪仗队直接代表着国家形象。最后，政客们决定成立一支"总部卫成队"，该部队由 7 个步兵连和 1 个机枪连组成，其成员分别来魏玛国防军下属的 7 个步兵师，以 3 个月为一个周期进行轮换，其总部设在莫阿比布特兵营。在此后的数年中，柏林所有的标志性建筑和实权部门都由总部卫成队的士兵守卫，接受外宾检阅和节假日的欢乐游行任务也由其承担，它下属的士兵成了柏林市民最熟悉的军人面孔。

1933 年 1 月，希特勒和他的纳粹党攫取了德国政权，总部卫成队在次年被更名为柏林卫成队。1936 年，希特勒已经将他的私人卫队——"警卫旗队"扩充为团级单位。为了向国防军示好，表明自己"一视同仁"的态度，元首先生为柏林卫成队扩编了第 8 个连队——本部连。1937 年 6 月，柏林卫成队再次更名为柏林卫成团，正式成为团级单位，参谋部门、后勤单位和通信部队一应俱全。由于德国国防军已经扩充到 20 多个步兵师，7 个步兵师包办柏林卫成团兵源的做法被改变，所有师级单位都有资格向后者提供"精英士兵"。这些战士都经过严格的挑选，一水的金发碧眼，身材挺拔，军事素质和政治信仰双重过硬。在此后的数年中，柏林卫成团将"仪仗队"和"警卫团"的角色扮演得很好，无论是纳粹党成立 20 周年的庆祝活动还是墨索里尼访问，无论是希特勒的 50 岁生日庆典还是柏林奥运会安全工作，人们都可以看到这支部队的身影。

（二）冲向法国

1939 年 6 月，柏林卫成团终于成了希特勒军事扩张的一部分，它被更名为"大德意志"步兵团，这意味着"仪仗队"的生活将一去不复返，真正的战场将取代充斥着市民尖叫的柏油马路。1939 年 9 月 1 日，德军对波兰发动了进攻，第二次世界大战正式爆发。尽管"大德意志"步兵团跃跃欲试的士兵们乘坐火车来到了前线，但由于种种阴差阳错的情况（德军进攻过于迅速和苏联趁机进攻波兰），"大德意志"步兵团未能得到出场亮相的机会。9 月 18 日，该团带着不甘和苦涩回到了柏林，干起了自己起家的本行——庆祝胜利的阅兵仪式。波兰战役后，该团进行了扩编，全团下辖 4 个步兵营，含 9 个步兵连、2 个机枪连、3 个炮兵连和 1 个坦克连，算得上德国国防军中兵力最为雄厚的团级单位。

1940 年 5 月 10 日，法国之战拉开了序幕。按照"黄色"方案的规定，"大德意志"步兵团被划拨给伦德施泰德将军的 A 集团军群，它的直属上级都是二战中如雷贯耳的所在——克莱斯特将军的第 1 装甲集群和古德里安的第 19 装甲军，他们的任务是从阿登山区出击，在英法防线柔软的腹部刺入致命的一刀。5 月 13 日下午，"大德意志"步兵团和第 1 装甲师（同样隶属于第 19 装甲军）的主力渡过了马斯河，负责为整个装甲军扩大登陆场。5 月 14 日，"大德意志"步兵团迎来了成军后的第一次苦战——该团的第 2 营奉命夺取马斯河右岸的斯通尼镇。该镇位于河岸边的山地之上，可以俯瞰整个河岸，是难得的制高点。"大德意志"步兵团很快夺下了阵地，但法军调集了 3 个坦克营和 2 个步兵营进行反击，重达 32 吨的 Char B1 中型坦克给德国人带来了巨大的麻烦。最终，第 2 营下属的反坦克连损失了半数火炮，击退了法国人的进攻。此后，"大德意志"步兵团开始向英吉利海峡进军，他们先后在阿拉斯和敦刻尔克作战，用该团代理团长舒韦林中校的话说，"他们完成了上级交代的所有作战任务"。6 月 5 日，"大德意志"步兵团开始转向，他们的目标是强渡塞纳河。到 6 月 25 日法国宣布投降时，该团已经到达了法国第三大城市里昂。

（三）巴尔干烽火

法国战役后，"大德意志"步兵团和 A 集团军群的其他部队开始为"海狮"计划做准备。可随着德国空军在不列颠之战中铩羽而归，德国陆军一系列的登陆准备成了无用功。1940 年 10 月，"大德意志"步兵团被调往法国南部，准备进攻英国人控制的直布罗陀要塞，用陆军来削大英帝国海军的面子。然而蛇鼠两端的西班牙独裁者佛朗哥拒绝为德军打开方便之门（直布罗陀是一个小半岛，陆路口和西班牙相邻，德国陆军必须借道西班牙国土才能发动进攻），德国人只得取消了占领直布罗陀的"菲利克斯"计划。

1941 年 3 月 27 日，南斯拉夫发生政变，亲德的法西斯政权被推翻。这个突发事件让希特勒恼羞成怒，元首先生不能容忍巴尔干半岛脱离他的控制，他于 5 月 15 日下达了第 25 号作战指令，决定一举摧毁南斯拉夫。"大德意志"步兵团调往了罗马尼亚，它再次被置于克莱斯特的第 1 装甲集群麾下，和它并肩作战的还有武装党卫队第 2 "帝国"装甲师，它们将分别从罗马尼亚和保加利亚出击，直扑贝尔格莱德。由于天降大雨，道路泥泞不堪，"大德意志"步兵团的行军速度大大降低。直到 5 月 14 日，该团的一个先头营才进入贝尔格莱德。然而"国防军的骄傲"很快发现，这座城市已经落在了"帝国"师的突击中队长克林根贝格和他的 10 名士兵手中，这让存在竞争关系的"大德意志"步兵团很受"伤害"。1940 年 4 月 18 日，南斯拉夫宣告投降，"大德意志"团作为占领军渡过了一段悠闲时光，阳光、音乐和美酒成了德国士兵的最爱，该团的宣传队甚至还专门为贝尔格莱德电台录制节目，其中代表性的作品就是那首著名的《莉莉·玛莲》。不过，南斯拉夫人民显然不吃这样的"糖衣炮弹"，铁托和他的游击队就是最好的证明。

（四）目标东线

1941 年 6 月 22 日，进攻苏联的战役正式打响了。"大德意志"步兵团被划拨给博克元帅指挥的中央集团军群，直属上级也是老熟人——曾经的第 19 装甲军军长古德里安，现在他是第 2 装甲集群的最高指挥官。6 月 27 日，"大德意志"步兵团渡过了波兰和苏联的界河布格河，正式踏上了苏联的国土。当时古德里安的主力已经抵达白俄罗斯首府明斯克近郊，和霍特的第 3 装甲集群汇合，完成了对苏联西方面军的合围。最终，"大德意志"步兵团赶上并参加了这场著名的围歼战。6 月 28 日，德军占领明斯克；7 月 9 日，明斯克战役结束，按照德国人的战报，32 万余名苏军战士成了德军俘虏，缴获的坦克高达 3000 多辆。

明斯克战役后，古德里安将"大德意志"步兵团划拨给第 2 装甲集群的先头部队——第 10 装甲师，他们的任务是渡过第聂伯河，占领斯摩棱斯克州东南部城市叶利尼亚，为中央集团军群主力直入莫斯科创造条件。8 月初，在叶利尼亚，"大德意志"步兵团遭遇了苏军的猛烈反击，这支"样板部队"伤亡惨重，一度撤出了战斗。叶利尼亚战役后，"大德意志"步兵团跟随第 2 装甲集群主力转道南下，他们的目标是乌克兰的第一大城市基辅。8 月 22 日，人类历史上规模最大的包围战在基辅打响，原本隶属中央集团军群的第 2 集团军、第 2 装甲集群会同南方集团军群的第 1 装甲集群，如同一把巨大的铁钳向基辅地区的苏军西南方面军夹去。9 月 26 日，基辅战役结束，苏军被俘 66.5 万人，损失坦克 800 辆，火炮 3400 多门。在这一战役期间，"大德意志"步兵团奉命阻击突围的苏军，凭借远超其他步兵团的火力，"大德意志"步兵团完成了这一任务。

9 月 19 日，德军统帅部将进攻莫斯科的行动定名为"台风"，中央集团军群下属的 3 个集团军和 3 个装甲集群将歼灭苏军在维亚济马和布良斯克的两个重兵集团，然后再向莫斯科发动进攻。10月2日，莫斯科战役正式打响。而在此时，"大德意志"步兵团刚刚从罗斯拉夫利出发，该团没能参加对布良斯克的正面进攻，而是一路向东，在泥泞的道路上和恶劣的自然条件"肉搏"。10月12日，该团到达了布良斯克东面的卡拉切夫丛林，他们在那里进行了数天的阻击战，将部分突围的苏军战士堵在了丛林之中。10月底，"大德意志"步兵团逼近了莫斯科西南部的城市图拉，他们在那里进行了一系列的攻防作战。然而最可怕的敌人并不是勇敢的红军战士，而是无情的气候。从11月底开始，莫斯科的气温骤降到零下30摄氏度，"大德意志"步兵团的士兵发现他们的夏季军服根本无法应付俄罗斯的寒冬，哨兵们在哨位上被活活冻死，活着的人不得不从当地居民手中抢掠衣服御寒；坦克也无法前进，汽车水箱被大量冻裂，甚至连机枪和无线电台上都结了冰，后方对前线的补给下降到了战役初期的1/8，占领图拉成了遥不可及的梦想。12月5日，苏军发动了大规模的反击，被寒冷的天气折磨得欲哭无泪的德军遭遇了灭顶之灾，他们不得不从莫斯科城下后撤100~250公里，"大德意志"步兵团也和第2装甲集群放弃了对图拉的围攻，一路向西撤退。

（五）扩编为师

1942年3月，东线战场进入了短暂的沉寂期，"大德意志"步兵团的团长霍恩莱因开始清点自己的家底。不算不知道，一算吓一跳，团长先生发现部队在东线伤亡的士兵和军官已经超过了4000人，这几乎是西欧战场的10倍以上。最后，德军统帅部看不下去了，下令将"大德意志"步兵团后撤到奥廖尔地区休整，并决定将该团扩编为一个摩步师。4月初，"大德意志"摩步师的组建工作正式开始，原"大德意志"步兵团成了该师的第1步兵团，该师的第2步兵团在柏林组建完毕，正在前往苏联的路上，此外，该师还得到了一个装备了Ⅳ号坦克的装甲营、1个突击炮营、1个侦察营、1个反坦克营、1个通信营和1个防空营。在武器方面，备受宠爱的"大德意志"师也得到了优待，装甲营装备了48辆Ⅲ号和Ⅳ号坦克，其中一半是长身管的Ⅳ号；侦察营得到了21辆安装了76.2毫米口径火炮的Pzkpfw38型突击火炮，侦察营则得到了大量的SdKfz250和SdKfz251型半履带装甲车，机动能力和火力大为提高。

扩编工作完成后，"大德意志"师被划入了肯普夫将军指挥的第48装甲军，参加即将开始的"蓝色"行动，其目的是攻占伏尔加河畔的工业重镇斯大林格勒，然后向高加索地区进军。1942年6月28日，德军B集团军群发动了夏季攻势，"大德意志"师作为德军的先锋，一举突破了苏军第40集团军的防御阵地。7月4日，

"大德意志"师在顿河上游强渡成功,两天后该师突入俄罗斯西南部的沃罗涅日。值得庆幸的是,"大德意志"师并没有被派往斯大林格勒作战,而是向南扑向顿河下游的入海口。8月,该师退往顿涅茨河北岸防御,作为集团军群的预备队使用。此后,"大德意志"师参加了尔热夫战役,该师和莫德尔元帅指挥的第9集团军一起死守尔热夫突出部,试图保住这块可以向莫斯科发动进攻的出发地 1942 年 10 月初,"大德意志"师的第 1 步兵团被更名为"大德意志"掷弹兵团,第 2 步兵团被命名为"大德意志"燧发手枪团。

(六) 库尔斯克

1943 年 2 月,"大德意志"师所属的第 48 装甲军接到命令,会同武装党卫队第2 装甲军前往中部战线,阻挡苏军对乌克兰第三大城市哈尔科夫的进攻。2 月 14日,苏军西南方面军的主力发动了潮水般的进攻,"大德意志"师和第 2 装甲军撤出了该城,前往乌克兰中部小镇波尔塔瓦休整。一周后,曼施坦因指挥的南方集团军群发动了反击,第 4 装甲集群和第 2 装甲军分别从南翼和北翼发起进攻。3 月 5日,"大德意志"师也加入战团。3 月 15 日,德军重新占领了哈尔科夫,"大德意志"师的坦克和突击火炮击毁了上百辆的 T-34 坦克,作为奖励,师长霍恩莱因获得了一枚橡叶十字勋章。3 月 22 日,"大德意志"师从前线撤出,再次来到波尔塔瓦休整。在那里,"大德意志"掷弹兵团的第 1 营得到了 83 辆 SdKfz251 半履带式装甲车,彻底从摩步营变成了机械化营,师属防空营得到了 12 门 88 毫米高射炮,装甲团得到了一个连的"虎"式坦克。6 月 23 日,德军统帅部的一纸命令被送到师长霍恩莱因的手中,"大德意志"师正式更名为"大德意志"装甲掷弹兵师,"装甲"两字表明该师正式进入了全机械化部队的行列。完成了武器换装之后,"大德意志"师加入了南方集团军群,直接隶属于第 4 装甲集群的第 48 装甲军,为即将开始的"堡垒"行动做准备。7 月初,"大德意志"师再次迎来"强援"——一个连的"黑豹"坦克被划拨给了该师。7 月 5 日凌晨,德军中央集团军群的第 9 集团军在突出部的北线发动了试探性的进攻,武装党卫队第 2 装甲军和第 48 装甲军则在突出部的南线发动了进攻。"大德意志"师被安排在装甲部队的左翼,以掩护处于主攻位置的第 2 装甲军。然而德国人的进攻在苏军坚固的工事面前撞得头破血流,进攻第一天就损失了 200 辆以上的坦克,包括"大德意志"师在内的德军部队伤亡数字直线上升,而他们的战果却乏善可陈。到 7 月 8 日,"大德意志"师仅仅前进了 8~9 公里,距离他们深入苏军纵深 100 公里的战役目的遥遥无期。7 月 10日,德军被迫将主力调到普罗霍洛夫卡方向,企图绕道向库尔斯克推进。7 月 12

日，德军遭遇了苏联第 2、第 5 近卫坦克军，一场二战中规模最大、最为血腥的坦克大战就此爆发。到 7 月 15 日，"大德意志"师已经损失了全部的 Ⅲ 号坦克，半数的 Ⅳ 号坦克和"黑豹"坦克，该师被迫撤回托马洛夫卡，该师的库尔斯克之旅就此终结。

（七）最后崩溃

库尔斯克战役结束后，德军统帅部将"大德意志"师调往了中央集团军群，继续担任总预备队的角色。很快，该师接到命令，前往卡拉切夫丛林地带，保住通往奥廖尔的后勤补给线。在行军途中，沼泽、泥潭、地雷和无处不在的游击队让"大德意志"师苦不堪言。7 月 30 日，中央集团军群决定放弃奥廖尔突出部的阵地，"大德意志"师的使命也就此完成，他们一面掩护着友军，一面撤离了潮湿的卡拉切夫森林。8 月下旬，该师再次回到了第 48 装甲军的麾下，它获得了 3 个装备"虎"式坦克的装甲营，实力甚至超过了武装党卫队的几个装甲师。8 月 3 日，苏军的沃罗涅日方面军和草原方面军发动了哈尔科夫—别尔哥罗德战役，当天即在德军阵地的两翼撕开了几十公里宽的缺口。危急时刻，"大德意志"师被作为救火队使用，他们的任务是和其他两个装甲师在博戈杜霍夫以南区域发动反击。德国人的"虎豹"发挥了一定的作用，他们一度将苏军向北击退了 20 公里，然而苏军巨大的兵力优势如同海绵一样吸干了"大德意志"师的动能，后者被迫转入了防御。8 月 27 日，"大德意志"师再次撤往后方休整了几周。9 月初，该师或被拆分成几个战斗群，分批地在第聂伯河防线上救火，反击时充当先锋，撤退时负责殿后，不间断的作战和行军让这支昔日的王牌部队筋疲力尽，离开东线，前往法国成了不少士兵的梦想。10 月初，苏军的 5 个方面军在 700 多千米宽的正面强渡第聂伯河，德国人的沿河防线被全线突破。11 月底，"大德意志"师在乌克兰南部的克里沃罗格与苏军作战。此后的几个月里，该师从一条危急的防线被调到另一个危急的防线，从一场寡不敌众的战斗转向另一场寡不敌众的战斗，麻木、悲观的情绪弥漫在大部分士兵的心头。到 1944 年 3 月，"大德意志"师跟随着残破不堪的南方集团军群撤往了罗马尼亚边境。4 月，该师在边境城市雅西同苏军作战，以掩护友军撤往比萨拉比亚。

1944 年 11 月，"大德意志"师一路西撤到东普鲁士地区，总算在 3 年多的征战后回到了德国本土，不过在他们身后是紧紧追赶的苏联红军。尽管部队伤亡惨重，早期成军时的骨干士官们十不存一，但是德军统帅部还是相信"大德意志"师能够起死回生。统帅部将一个个搜刮而来的新部队塞给该师，"大德意志"师的规模超过了师级单位的上限。很快，被扩编为"大德意志"装甲军，下辖"大德意志"

装甲掷弹兵师和"勃兰登堡"装甲掷弹兵师两个作战单位。1945年3月，"大德意志"装甲掷弹兵师从拉脱维亚首都里加以南的梅默尔桥头堡撤退，全师幸存的人员已经不到4000人，不足正常编制的1/3。这一时期，德军统帅部将一系列残兵败将交给了所谓的"大德意志"装甲军，其中包括在北非被消灭后重建的第21装甲师残部、"赫尔曼·戈林"装甲师的一个战斗群和第20装甲掷弹兵的部分部队。然而挖肉补疮的行为并没有让这支部队苟延残喘太久，1945年4月25日，"大德意志"装甲军在苏军的攻势下土崩瓦解，该军的残部逃往了石勒苏益格—荷尔施泰因，而其主力则全部被苏军歼灭，这支以"大德意志"冠名的部队终于走到了尽头。

七、德国国防军第21装甲师

1951年，美国福克斯公司推出了隆美尔的个人传记影片《沙漠之狐》。在这部黑白电影的开头部分，回国治疗鼻疾的隆美尔匆匆赶到了北非前线，当部下请他前往指挥部休整时，隆美尔的回答是："我要去北方，和第21装甲师一起前进。"这支深得"沙漠之狐"信赖的装甲部队全称是德国国防军第21装甲师，作为一支资历较浅的部队，该师没有第1装甲师的"悠久历史"，也没有第7装甲师（同样曾是隆美尔的起家部队，法国战场上的"魔鬼师"）的显赫战功，但它却在装备和给养不足的北非战场纵横千里，留下了许多沙漠地区机动作战的绝佳战例。

（一）目标北非

在整个1940年，德国军队在西欧大陆的"高歌猛进"让墨索里尼嫉妒不已。这位志大才疏的领袖认为希特勒到处吃肉，也该自己喝口汤了，他决定趁英国自顾不暇之机，扩大对非洲的侵略，让地中海变成意大利的内海。9月13日，驻扎在利比亚的意大利第10集团军越过利比亚和埃及边境，向英军发动进攻。然而意大利军队的战斗力和他们领袖的野心形成了巨大的反差，英军驻扎在北非的部队只有10万人，还不到意大利军队的1/3，但他们打得意大利人溃不成军。到1941年2月，英军向西推进了800公里（利比亚在埃及以西），完全控制了利比亚的昔兰尼加地区，全歼了意军的9个师，俘虏就抓了13万人，缴获的坦克超过400辆，而英军的伤亡还不到2000人。

意大利在北非的失败，使得希特勒不得不进行一次艰难的选择——是从欧洲抽

调部队帮助自己最重要的盟友，还是让意大利人自生自灭？最终，希特勒决定派出刚刚成立的第5轻装师开赴北非，由埃尔温·隆美尔中将指挥，将英军赶出他们在埃及的基地。作为一支刚刚成立的部队，第5轻装师的人员大多是东拼西凑而来：该师得到的第一个作战单位是第39反坦克营；随后，第3装甲师下属的第5装甲团也加入该师的编制。此外，该师的步兵力量为第200步枪团，炮兵力量来自75炮兵团。在相当长一段时间里，第5轻装师面临着兵力不足的窘境，当时全师仅有150辆坦克（德军装甲师满编时下辖370辆坦克），可用于作战的只有130辆，剩下的20辆有些是指挥用坦克，有些是没有武装的侦察坦克。

（二）初战显威

1941年2月底，隆美尔带着第5轻装师来到了利比亚首都的黎波里。尽管德国陆军总参谋长哈尔德大将给隆美尔下达的作战命令是就地防守，胆大过人的隆美尔还是下令第5轻装师和4个意大利师在3月31日向英军发动进攻。在隆美尔的指挥下，德意联军兵分三路：第一路由第5轻装师的侦察部队和意军的一个师组成，向利比亚第二大城市班加西推进；第二路为第5轻装师的装甲团，向阿克达尔山脉推进；第三路为第5轻装师的主力和意军一个师组成，向阿克达尔山脉以东迂回。4月4日，德意联军攻克班加西；4月中旬，德意联军占领了除托布鲁克要塞外的昔兰尼加全境。6月15日，英军发起了代号为"战斧"的反击行动，双方的步兵和坦克在灼热的高温和令人窒息的沙尘中厮杀。英军的"马蒂尔达"Ⅱ型坦克一度给第5轻装师造成了相当大的危机，德军的37毫米反坦克炮对它们无可奈何。这时隆美尔再次亮出了他的看家法宝——88毫米高射炮，第5轻装师将这种威力巨大的武器集中使用，最终击退了英军的反攻。

1941年8月1日，第5轻装师正式更名为第21装甲师，该师和第90步兵师、第15装甲师一起组成了德军的"非洲军团"。1941年秋天，德军主力深陷苏德战场，非洲军团的补给严重不足。英国首相丘吉尔决定抓住战机夺取利比亚，他命令中东英军总司令奥金莱克将军大胆进攻，夺取北非战场的主动权。11月18日凌晨，英军第8集团军的11万人、924辆坦克在1072架飞机的掩护向当面的德意联军发动了进攻，行动代号为"十字军战士"。这次战事中，第21装甲师死战不退，他们重创了英军第7装甲师，自身也伤亡惨重，第5装甲团团长斯陶芬上校在英军的空袭中重伤毙命，师长拉文斯坦被英军俘虏，全师剩下的坦克不足40辆。12月4日，隆美尔下令放弃对托布鲁克长达242天的围困，全军撤至阿盖拉地区防守。第21装甲师一直在进行后卫战斗，以阻止英军乘胜追击，在该师的努力下整个非洲1军团终于成功撤到了阿盖拉。

（三）一时辉煌

隆美尔在撤退途中就已经在酝酿反攻计划，为了支援北非战场，德国空军猛烈空袭英国在地中海上的战略要地马耳他岛，使得英国飞机和潜艇无法骚扰德军的补给船队，非洲军团第一次得到了正常的补给。1942年1月21日，经过补充和休整的非洲军团向英军发动了进攻。在两个星期内，德军重新夺回了班加西，英军则一路溃败撤回了托布鲁克。5月26日，隆美尔出动10个师13万人的兵力，在610辆坦克、600架飞机的支援下发动了全线进攻。这次，第21装甲师再次充当了非洲军团的先锋，他们从侧翼出击，攻占了托布鲁克的港口，断绝了这座被称为"不屈的要塞"的海上补给。6月20日6时，德军以第21装甲师为先导，第15装甲师为后续，协同意大利部队对托布鲁克发动总攻。经过14个小时的战斗，英军要塞司令、第2南非师师长克洛普将军率部投降，3万余名英军被俘，足够3万人使用4个月的物资和1万吨的燃料成了德军的战利品。凭借这一出色的战绩，隆美尔被晋升为陆军元帅。7月1日到3日，乘胜追击的隆美尔发动了第一次阿拉曼战役，这次英军依托密布的雷区和凶猛的炮火挡住了德军的进攻。经过连番的激战，第21装甲师受到重大损失，4/5的坦克在战斗中损毁，最后和第15装甲师加起来只剩44辆坦克、37门反坦克炮和600多名士兵，隆美尔被迫停止进攻，战线在阿拉曼地区稳定下来。

（四）兵败北非

在接下来的整个7月，德意联军和英军如同两个疲惫不堪的拳击手，双方谁也无力挥出决定胜负的重拳，只能互相推来推去。对战局忍无可忍的丘吉尔决定走马换将，由亚历山大出任中东英军总司令，蒙哥马利出任第8集团军司令，这两位将军决定以盟军的优势补给拖垮资源枯竭的非洲军团。隆美尔也知道时间并不站在他这一边，如果不能在短时间内突破苏伊士运河，他将再没有机会进军埃及。赌性大发的隆美尔决定以两个意大利师在阿拉曼北线佯攻，以第21装甲师为主力，向英军防线最南端发起攻击。这是个疯狂的计划，隆美尔手中的坦克数量还不到英军的一半，所剩燃料甚至不够行驶160公里，制空权也被英军牢牢掌握，更为致命的是英军早就从破译的密电中察觉了德军的动向，他们在南部的哈勒法高地前布下了几十万枚地雷，然后睁大眼睛等待德军自投罗网。8月31日晚11点，德军果然在南部发动了攻势，第21装甲师的坦克一头闯进了英军的地雷阵，英军的炮兵部队也猛烈地开火，猝不及防的德军伤亡惨重，第21装甲师师长冯·俾斯麦将军被一颗地雷炸死，非洲军军长内林将军身受重伤。到9月2日，隆美尔被迫放弃进攻，命令装甲部队趁着夜色撤回出发阵地。在这场战斗中，德军伤亡约3000人，损失坦克50辆；英军伤亡不到2000人，损失了68辆坦克。从此，隆美尔彻底丧失了战场主动权。

10月23日，就在隆美尔返回德国治病的时候，蒙哥马利的第8集团军在60公里宽的战线上发起了全面的进攻。德军临时指挥官施登姆将军在开战当天死于心脏病，非洲军团陷入了无人指挥的混乱。10月25日，在希特勒的严令之下，隆美尔从奥地利又飞回了北非前线。刚一到达，隆美尔就命令第21装甲师和意大利军队增援北线战场。11月2日，英军装甲部队以第7装甲师为矛头，德军则以第21装甲师为先锋，一场规模空前的坦克大战开始了。双方坦克在沙漠里相互追逐，搅起了漫天黄沙。尽管英国人的战斗经验比不上非洲军团，但他们数量上的优势弥补了这个不足，英军以4辆换1辆的代价消耗着德军的力量。到当天下午，整个非洲军团只剩下了35辆坦克，第21装甲师的百余辆Ⅲ号坦克更是十不存一。黄昏时分，隆美尔得到了消耗和补给的汇报：在这一天中，非洲军团一共消耗了450吨弹药和300吨燃料，但得到的补给却只有190吨弹药和120吨燃料。隆美尔决定撤退，这时希特勒却发来了措辞强硬的电报，要求隆美尔"把每一门大炮、每一个士兵都投入战斗中去，不胜则死"。当隆美尔为服从命令和对士兵生命负责之间犹豫不决的时候，英军在南线的第13装甲军也突破了意大利军队的防线，非洲军团的全线崩溃就在眼前。11月4日下午3点半，隆美尔终于发出了撤退的命令，第21装甲师再次成为非洲军团的后卫部队。就像他们进攻时那样，仓皇地顺着来时的路线越过边境，一路撤到了突尼斯。

（五）覆灭之路

就在第21装甲师向西一路撤退的时候，艾森豪威尔已经指挥着25万英美军队在阿尔及利亚和摩洛哥登陆，刚刚退到突尼斯的隆美尔又处在了艾森豪威尔和蒙哥马利的东西夹击之中。

远涉重洋而来的美国大兵把自己看成是非洲大陆的解放者，他们每天喝香槟和白兰地，驾着吉普车在大街小巷招摇过市，完全没有想到自己会成为隆美尔和第21装甲师眼中的猎物。1943年2月14日，第21装甲师下属的140辆坦克隆隆前进，他们的目标是卡塞林山口的美军第 3 步兵师和第 1 装甲师的混编部队。在"斯图卡"轰炸机的支援下，德军用火力把美军吸引到了正面。同时，两支坦克部队深入到了美军的侧翼，将美军两个加强团 3000 多名士兵团团包围。不甘束手就擒的美军坦克部队勇敢地杀向德军的包围圈，试图拯救被围困的战友。然而美军虽然拥有当时较为先进的坦克，但坦克手缺乏实战经验，显然不是第 21 装甲师那些久经沙场的坦克手们的对手。战斗没过多久，战场上便遍布着熊熊燃烧着的美国坦克，一个拥有 54 辆坦克的美军坦克营只有 4 辆坦克侥幸逃生。包围圈内孤立无援的 3000 多名美军只得放下武器，停止抵抗，隆美尔和第 21 装甲师取得了非洲战场的最后一次胜利。

卡塞林山口之战后，隆美尔又带领第 21 装甲师、第 15 装甲师前往东线突袭英国第 8 集团军，这次他们没能成功，反而被英军击毁了 52 辆坦克。3 月 7 日，隆美尔应召回国，第 21 装甲师也被分拆为格努战斗群和法伊弗两个战斗群，前者由第 5 装甲团的第一营组成，后者由法伊弗少校指挥，部队由第 104 装甲掷弹兵团的第 2、第 3 营组成。随着英美军队攻势全面展开，非洲军团再也没能重现 1942 年上半年的辉煌战绩，5 月 13 日，英美盟军占领突尼斯，25 万人的德意军队走进了战俘营，曾经嚣张一时的第 21 装甲师也遭到了毁灭性的打击。

(六) 最后的挣扎

在北非被全歼后，第 21 装甲师于 1943 年 7 月在法国雷恩重建。由于武器缺乏，重建部队最初只能装备缴获的法制 S35 坦克，半年后才逐步换装了 III 号和 IV 号坦克。1944 年 6 月 6 日，盟军的数千艘舰艇驶向了法国诺曼底。由于时任第 21 装甲师师长的弗伊希丁格和整个指挥班子正在巴黎，所以该师的指挥权被第 84 军接手。当天下午，第 21 装甲师的一个战斗群（50 辆坦克和一个步兵营）对海滩上的盟军发动了反攻，一度攻入了英军的滩头阵地。后因英军空降部队乘坐滑翔机在奥恩河两岸着陆，该师担心后路被切断，这才撤回了出发地。此后的几天中，第 21 装甲师在盟军铺天盖地的炮火和猛烈的空袭中损失了大部分装甲力量，但它的装甲掷弹兵们还是在卡昂一线坚持战斗了数个星期。

从卡昂撤退后，第 21 装甲师增补了大批兵员，这些士兵主要来自所谓的第 16 空军野战师，基本上都是没有作战经验的新兵。在 8 月的法莱斯战役中，第 21 装甲师侥幸逃出了盟军的包围圈，撤入德国本土休整。1944 年 10 月，该师得到了第 112 装甲掷弹兵团的人员和坦克，再次返回了西线战场。12 月，希特勒动用了手中全部的装甲力量在阿登山区殊死一搏，不过第 21 装甲师并未参与。1945 年 2 月，

第 21 装甲师从斯特拉斯堡前往东部的奥德河防线。该师此后参加了柏林战役，直到 1945 年 4 月才在防御战中被苏军歼灭。

八、德国第 52 战斗机联机

对于第二次世界大战中的飞行员来说，或许只有狄更斯在《双城记》中所说的那句"人们正在直登天堂，人们正在直下地狱"能形容他们的处境。在二战中，飞行员得到了工业时代最强大的空中武器：喷火、梅塞施密特、野马、拉格……无数的空战天才在这些"王牌孵化器"中通向战斗生涯的巅峰；与此同时，一战传统的空中"骑士精神"荡然无存，7.92 毫米航空机枪让位于 20 毫米机炮，战斗机飞行员的平均战场寿命还不如一只雄蜂……也正是在这个惨烈时代，纳粹德国诞生了第 52 战斗机联队这样一支在天堂和地狱之间徘徊的部队，它是凶名赫赫的空中杀手，也是让盟军恨之入骨的东线幽灵，31 位击坠记录超过 100 架的超级王牌成就了它传奇与诡异、冷血与狡黠交织的声名。

（一）重建空军

第一次世界大战结束后，被红男爵和"福克 DR.1"三翼机欺负得不善的协约国总算得到了报仇的机会，他们命令德国人解散空军，交出或者销毁其所拥有的 1.6 万架战斗机和 2.7 万台航空发动机，只能保留 140 架飞机用于民事用途。然而德国军方早就有了东山再起的安排：首先，国防军大佬泽克特将军把一批飞行骨干秘密地安插进陆军，保留其军籍，为德国空军日后的复苏埋下种子；其次，在海外（意大利和苏联）建立秘密的军用飞机制造厂，恢复军用飞机设计和生产方面的能力。为了实现藏兵于民的目的，德国各地纷纷成立滑翔机俱乐部，在短短的四五年中，先后让 5 万多名德国青年接受了飞行训练，建立起了完备的飞行人才库。在这个休养生息的过程中，德国汉莎航空公司的老板米尔希（此人在后来成了德国航空部的二号人物）发挥了巨大的作用，他将用于战斗用途的 Ju-52 运输机、He-111 战斗机伪装成豪华客机，安置在航空公司的旗下。到 1933 年，德国已经有多种军用飞机投入生产，比如 He-51 战斗机，He-45 和 He-46 侦察机，Ju-52/3M 轰炸机等等。

尽管德国空军的潜伏计划发挥了作用，但在纳粹党上台时国防军的家底还是够

"寒酸"，只有550名飞行员、5架轰炸机、5架侦察机、3架战斗机和其他250架民用飞机。为了改变这一局面，希特勒在1933年3月28日任命纳粹党的二号人物、红男爵中队的最后一任指挥官赫尔曼·戈林为德国航空部部长，将国防部防空局和陆海军防空部门合并，统一由戈林进行管理。当年6月，已经担任了航空部国务秘书的米尔希提出了纳粹德国空军的第一个发展计划——在1935年组建24个战斗机中队和27个轰炸机中队，装备作战飞机600架（第52战斗机联队的底子也是在这时打下

德国第52战斗机联队

的）。后来的事实证明，米尔希先生还算是保守派，到1935年3月戈林公开宣布德国已经建立空军时，德国已经拥有了2500架飞机，其中作战飞机就有800架。此后的4年中，德国将40%的军费支出用在了空军身上，第二次世界大战中德国空军的主要机型Bf-109、Bf-110、Ju-87、He-111等先后定型。1939年8月，德国空军已经拥有38万名官兵，3个航空队、21个飞行联队、302个飞行中队，拥有作战飞机4093架，"纳粹恶鹰"已经羽毛丰满，准备伸出它的钢爪铁牙。

（二）寂寞西线

1939年9月1日清晨，由1400架战斗机、轰炸机和俯冲轰炸机组成的德国机群侵入了波兰领空，他们的任务是彻底摧毁波兰空军。与此同时，初出茅庐的第52战斗机联队却被安排在万籁寂静的西线，负责保卫鲁尔工业区的空中安全。虽然番号已经是联队级别，但52联队只下辖一个战斗机大队，这个战斗机大队只下辖一个战斗机中队，仅仅装备了34架Bf-109E型战斗机，算是不折不扣的空架子部队。9月13日，看不过眼的德国空军总参谋部从第71、第72战斗机联队各抽调了一个中队，组建了52联队的第4和第5中队，这才让该联队的实际兵力提升到大队级别。此后的3个月中，52联队的表现只能用平淡无奇来形容，他们只击落了4架英法飞机，还全部是"赤手空拳"的侦察机。1940年3月，52联队从第28战斗机联队得到了一个完整的大队，在法国之战前提升了自己的战斗力。

1940年5月10日，德国空军出动3500架飞机，对法国空军基地进行猛烈袭击，将法军大部分飞机摧毁在地面上，取得了战场制空权。这次第52联队仍然没有得到重用，被拆散为中队级别加强到其他部队。即便如此，52联队还是小有斩

获，他们击落了 28 架英法战斗机，其中 10 架是英国皇家空军的"飓风"战斗机。1940 年 7 月 10 日，德国空军对英国进行大规模空袭，不列颠之战开始。第 52 联队再次被拆分使用，配合第 1、第 77 战斗机联队作战。在将近两个月的时间内，第 52 联队击落英军飞机 90 多架，自身损失 50 多架，几十名飞行员成了英国人的战俘。值得庆幸的是未来德国空军的第二王牌格尔哈特·巴克霍恩虽然也被击落，但成功跳伞逃生，总算保住了小命。不列颠之战后，第 52 联队的第 1 大队留在西线休整，第 2、第 3 中队调往波兰，准备参加入侵苏联的"巴巴罗萨"计划，这支部队的专属时刻即将到来。

（三）肆虐东线

1941 年 6 月 22 日凌晨，德国空军的 2000 架作战飞机按照战前计划，从北起挪威南到黑海的漫长战线上，分 4 路向苏联发动突然袭击，苏军停留在机场上的飞机成了他们主要的攻击目标。第 52 联队的第 2、第 3 大队分别被划拨给中央和南方航空部队指挥，在开战后的 6 周内，德军击毁苏军飞机超过 6000 架，第 52 联队的第 2、第 3 大队就分别击落了苏军飞机 190 架和 101 架，该联队日后的两大王牌格尔哈特·巴克霍恩和京特·拉尔也在此时完成了自己的首次击坠。德国空军之所以能在开战之初取得如此大的战果，主要有 3 个原因：首先，苏联在 1937 年到 1938 年的"大清洗"使得空军失去了一半的指挥人员，红军空军总司令雷恰戈夫、空军总监穆什克维奇和防空军司令什捷尔尼先后被杀，空军飞行技术人员缺编 32.3%，这对于空军这种高技术兵种是极为致命的；其次，苏军主力战机相对落后，无论是双翼的 I-15（伊尔 15）还是单翼的 I-16（伊尔 16），在机动性、火力和防护上都落后于德军的 Bf-109；最后，德国空军在西欧战火中积累了大量的实战经验，空军战术更为机动灵活，飞行员有交战和脱离的选择权，而苏联空军则作战缺乏独立性，主要是在地面部队的出击方向活动，进攻动向和出击频率完全被德军掌握。所以，在开战之初，德国空军的双机或四机编队战术屡试不爽，产生了大批的王牌飞行员。

1941 年 9 月，第 52 联队的第 1 大队也从法国调往了东线战场，该大队的飞行员里斯曼获得了第 52 联队的首枚骑士铁十字勋章。此后，整个第 52 联队一直在东线作战，直到德国投降。1941 年 7 月到 12 月，第 52 联队的部分战斗机参加了对莫斯科的空袭。然而在两个月的战斗中，德国空军损失作战飞机 1400 架，陆军也在莫斯科市郊碰得头破血流，莫斯科会战以德军的失败而告终。1942 年春天，第 52 联队挥师南进，参加了对乌克兰南部和高加索地区的进攻。在这一年中，第 52 联队有 25 名飞行员获得了骑士十字勋章,这些人的击坠记录全部超过 40 架,其中还有 7 名飞行员成了击坠记录超过 100 架的超级王牌,其中赫尔曼·格拉夫在当年 9 月累积击落战绩超过 150 架飞机,获得了该联队第一枚钻石橡叶带剑骑士铁十字勋章。在纳粹宣传工具的大肆鼓噪下,他很快成了德国家喻户晓的"战斗英雄",德国空军害怕格拉夫在战斗中被苏军击落会损害士气,将其调回国内,担任了飞行教官。另一位超级王牌是巴克霍恩,此时距离他在 1941 年 7 月 2 日击落首架飞机只有不到 18 个月的时间。

(四) 魂断长空

1942 年 9 月,第 52 联队开始接收短期培训的新飞行员,其中最有名的传奇人物是埃里希·哈特曼。这个初出茅庐的新手在 11 月 5 日首次击落苏军飞机,自己也被苏军飞机的残骸砸中,被迫在战场上紧急迫降。1943 年,第 52 联队参加了著名的库尔斯克会战。这场战役成了人类历史上最大规模的坦克战,上千辆德制的Ⅳ号坦克、"黑豹"坦克和"虎"Ⅰ坦克和苏制的 KV 系列坦克、T-34 坦克在地面猛烈冲撞,数千架 Bf-109、FW-190 和拉格-3、雅克-1 也在空中殊死肉搏。在这场战役中,第 52 联队再次出现两位超级王牌——克鲁平斯基和哈特曼。前者在库尔斯克会战的第一天击落了 11 架苏军飞机,在战役结束后他的击坠记录超过了 100 架,成了又一位超级王牌;后者在当年击落了 148 架飞机,得到了一枚骑士十字勋章。1944 年,伴随着德军在地面战场的节节败退,第 52 联队也从克里米亚半岛向罗马尼亚、匈牙利撤退。尽管此时德国人的飞机已经失去了开战时的技术优势,油料短缺、士气低落的第 52 联队还是在负隅顽抗中延续着他们的疯狂表现,17 位飞行员成为超级王牌,哈特曼在 10 月创造了 300 架的击坠记录,这一纪录在战争结束前变成了 352 架。然而第 52 联队的战绩并不能挽救纳粹德国的命运,1945 年 1 月,该联队撤回德国境内,被编入第 6 航空队。4 月,第 52 联队被调往奥地利作战。1945 年 5 月 8 日,德国宣布无条件投降,第 52 战斗机联队也结束了其疯狂而传奇的历史。在 1939 年 9 月 1 日至 1945 年 5 月,纳粹德国空军战死的人员超过 50 万人(包括机组、地勤、高射炮兵和伞兵),损失飞机超过 10 万架。

(五) 超级王牌

后世的军事学家在提到第 52 战斗机联队的时候,最为感叹的就是这支部队并

喷般地诞生了众多王牌飞行员——80多名击坠记录超过5架的王牌、31名击坠记录超过100架的超级王牌和4名击坠记录超过200架的顶级王牌。尽管这些飞行员成了侵略战争的铁翅膀，但他们确实在空战史上留下了自己的印记和声名，虽然这种声名上满是斑斑血迹。

击坠记录达到352架的埃里希·哈特曼是德国空军第一王牌，也是人类空战史上的第一王牌。1922年4月19日，此君出生在德国的符腾堡地区，他的父亲是一战时期的军医。20世纪二三十年代，德国成立了许多滑翔机俱乐部，哈特曼的母亲就是一位滑翔机的爱好者，在她的影响下，哈特曼从小就对飞行产生了兴趣。1936年，14岁的哈特曼成了一名技术优秀的滑翔机驾驶员。二战爆发后，刚刚中学毕业的哈特曼报名参加了空军。1942年3月，哈特曼完成了飞行训练，拿到了驾驶员证书，并晋升为少尉。当年夏天，哈特曼开赴东线战场，他加入了德国空军第52战斗机联队。在此后的数年时间里，这位空战天才摸索出了一套风格独具的空战战术：搜索——判断——攻击——脱离，这套完全不同于空军教材的战术让他在1943年9月创造了150架的击坠记录，几乎每个月都能打下18架战机，苏军飞行员憎恨地称他为"南方黑魔鬼"。1944年8月24日，哈特曼的击坠记录达到了301架，他成了历史上第一个击落飞机超过300架的王牌飞行员。1945年5月8日，在德国投降的这一天，哈特曼和他的部下烧毁了剩下的25架飞机，带着家属和残余的人员撤向西线，向美军投降。后来，美军将哈特曼移交给苏军，苏联法庭判处他25年徒刑。1955年，哈特曼被提前释放，他加入了重建中的西德空军。1993年9月，埃里希·哈特曼在家中逝世，享年71岁。

在哈特曼之后，在第52战斗机联队排名第二、第三位的飞行员是巴克霍恩和京特·拉尔。巴克霍恩的击坠记录达到了301架，这样他成了击坠记录超过300架的第二人。巴克霍恩1919年出生于东普鲁士，比哈特曼大3岁的他1939年加入德国空军，1941年7月才击落了第一架飞机。1942年底，他成了超级王牌俱乐部中的一员，累积战果突破百架飞机。1943年11月，他的击坠记录达到了200架。和哈特曼最高峰时能击落11架飞机不同，巴克霍恩单次空战中的表现一般，但他在2000次出击中有一半都发生了空战，其中9次被击落但都大难不死，算是二战中运气最好的飞行员。二战结束后，他侥幸逃过了苏军的追捕，加入了西德空军。1983年，巴克霍恩和妻子在一场车祸中双双离世。京特·拉尔在二战中击坠记录达到了275架，他1938年加入德国空军，先后参加了法国战役、不列颠空战和入侵苏联的战争。1943年，他成了第2个击坠记录超过250架的德国飞行员。1944年4月19日，他被调派到第11战斗担任第2大队的大队长。二战结束后，京特·拉尔脱下军服。1956年，他加入西德空军，此后还担任了西德空军总监。2009年10月4日，京特・拉尔在家中因心脏病突发逝世，他也成了三大王牌中最长寿的一位，享年91岁。

九、德国第 7 潜艇编队

按照军史学家的统计，除了日本的"神风敢死队"，二战中伤亡率最高的兵种就是德国的潜艇部队。在五年零八个月的大西洋海战中，总兵力 4.1 万人的德国潜艇部队有 3.3 万人阵亡、失踪和被俘，伤亡率高达 80%。虽然损失惨重，他们仍然是二战中最具影响力的王牌部队之一，他们造成的灾难更是令人发指。而在德国几十支的潜艇编队中，有这样一支冷酷无情的部队，它第一个击沉英国海军战列舰，第一个击沉美国海军战列舰，二战中德国最顶尖的王牌艇长和最可怕的潜艇都隶属于它的建制，它就是德国海军第 7 潜艇编队，一支恶魔与战士相结合的畸形军团。

（一）战争开端

在第一次世界大战中，法国人最深的伤口莫过于凡尔登，法兰西的鲜血差点在那里流尽；而英国人最痛苦的回忆来自海上，德国人在 1915 年开始的"无限制潜水艇战"完全扼住了不列颠的咽喉，大英帝国差点就因为 U 型潜艇而臣服于德国人的脚下。所以在 1920 年的《凡尔赛和约》中，法国人迫使德国交出所有的重炮和坦克，英国人虽然允许德国保留 6 艘排水量 1 万吨的战列舰、6 艘巡洋舰和 12 艘驱逐舰，但坚决地禁止德国人拥有潜艇。

然而英国人低估了德国海军的复仇之心。1927 年，埃里希・冯・雷德尔出任了德国海军管理局局长（受《凡尔赛和约》的限制，德国禁止设立海军参谋部，该职务相当于海军司令），一心扩军的雷德尔不但悄悄地兴建重型巡洋舰，还在柏林设立了潜艇设计办公室，准备建立一支 16 艘潜艇组成的水下编队。1933 年 2 月，纳粹党上台的第二周，希特勒召见了雷德尔，他向后者保证将加大对海军的投入。为了满足希特勒的战争野心，雷德尔在 1934 年提出了一个疯狂造舰的"Z 计划"，准备到 1949 年时建造完成 8 艘战列舰、44 艘巡洋舰、3 艘航空母舰和 249 艘潜艇。雷德尔相信，当这些战舰从图纸变成实物，他就能向英国人报当年的一箭之仇。1935 年 3 月 16 日，在废除《凡尔赛和约》后不久，德国和英国签订了《英德海军协定》，"自愿"把海军兵力限制为英国海军的 35%，但德国潜艇可以为英国潜艇的 45%，特殊情况下可以达到英国的 1000%。这一刻，仿佛是绥靖主义的"大麻"让英国人忘记了曾经的惨痛教训。

1935 年 9 月 27 日，纳粹德国第一支潜艇部队在基尔港成立。此后的 3 年里，第 2、第 3、第 5、第 6、第 7 潜艇编队相继组建，它们被划拨给潜艇部队司令卡尔·邓尼茨指挥。邓尼茨是一战时期的王牌艇长，1916 年他在马耳他海域被英国海军俘虏。在约克郡的战俘营中，邓尼茨一边啃着冷硬的面包，一边冥思苦想着德国潜艇部队未来的战略战术。1919 年 7 月，他带着他尚未完全成熟的"狼群战术"回到了德国。此后，他从鱼雷艇艇长干起，一路高升到了潜艇部队司令。在邓尼茨看来，英国这样的岛国，石油的 75%、铁矿石的 88%、铜的 95%、小麦的 89% 和肉类的 84% 都依赖进口，每年的海运物资总量超过 6800 万吨，每天航行在大海上的英国运输船就超过 2500 艘。与其和英国强大的水面舰艇部队决战，不如用潜艇摧毁英国的海上交通。如果德国潜艇击沉的商船数量超过了同一时间英国所能补充的数量，而潜艇的损失却小于建造的速度，那么英国就将因为海运力量的枯竭而不得不投降。为此，邓尼茨向雷德尔建议，将资金和人员向潜艇部队倾斜，他宣称只要给他 300 艘Ⅶ级 U 艇，他就能独自打败英国。

（二）海狼出击

1939 年 9 月 1 日，德国入侵波兰，第二次世界大战全面爆发。由于德国海军高层更相信巨舰大炮的威力，邓尼茨优先发展潜艇的主张始终没有得到支持。到战争开始时为止，德国海军只装备了 56 艘潜艇。其中 24 艘是被称为"独木舟"的Ⅱ级潜艇，它的排水量只有 250 吨，受体积所限，无法携带大量的弹药和补给，只能在北海地区活动；其他潜艇则属于 VII 级潜艇，它们是德国潜艇部队的主力装备，可以胜任远洋作战的任务。潜艇数量的不足让邓尼茨无法实验他的"狼群战术"，德国潜艇只能像一战时期那样单独出击，以碰运气的方式猎杀海上目标。9 月 3 日，也就是英国对德国宣战的当天，U-30 号潜艇击沉了英国客轮"雅典娜"号；两周后，U-29 号潜艇在爱尔兰海域击沉了英国航母"勇敢"号，500 多名英国海军士兵葬身大海。这样的战绩并不能让邓尼茨满意，他将最精锐的第 7 潜艇编队派上战场。这支德国人在战前成立的最后一支潜艇编队，下辖 5 艘 VII 级 U 艇——U-45、U-46、U-47、U-48、U-49，其中 U-47 号潜艇将执行一项特殊任务——偷袭英国本土舰队的基地斯卡帕湾。

对于德国海军来说，除了基尔港（德国海军主基地）外，他们最熟悉的海军基地就是老冤家英国海军的斯卡帕湾了。斯卡帕湾位于苏格兰东北部的奥克尼群岛，东临北海，西通大西洋，战略位置十分重要，是英国海军本土舰队最重要的停泊基地。一战结束后，德国海军的全部舰只都被囚禁于此，后来一同自沉于港内，斯卡帕湾在某种意义上就是德意志第二帝国海军的坟地。在邓尼茨看来，如果能对斯卡帕湾进行一次成功的偷袭，不但能向希特勒证明潜艇的价值，还能大大挫伤英国海军的士气，他把这个任务交给了海军上尉高特·普里恩和他的 U-47 号潜艇。其实早在 1918 年 10 月，德国海军的 U-116 号潜艇就试图潜入斯卡帕湾，结果中途触雷而沉没。二战爆发前，英国海军在斯卡帕湾的主要入口布置有反潜网和水雷区，任何潜艇想要潜入都必须面对这些攻击性十足的防御和无法预知的暗礁、海流，整个行动的难度可以用九死一生来形容。

（三）击沉"皇家橡树"号

1939 年 10 月 8 日，满载着 14 颗鱼雷的 U-47 号潜艇悄悄地离开了基尔港。为了保守秘密，普里恩没有告知艇员们这次作战任务的具体内容，只是命令向北海方向航行，在潜艇离开港口出发的时候，码头上甚至没有举行例行的出海仪式。10 月 12 日晚，U-47 号潜艇来到了奥克尼海域附近，这时普里恩才向艇员们透露了此行的任务是"拜访"斯卡帕湾。13 日凌晨 4 点，U-47 下潜到了 130 米深的海底，等待最佳作战时机的到来。为了减少氧气和电能消耗，潜艇中断了照明，所有非值班人员一律躺在铺位上，除了偶然间响起的人员呼吸声、仪表转动声和海水挤压潜艇发出的声响，艇内死一般的寂静。13 日 16 点整，在全体艇员享用了一顿"最后的晚餐"，普里恩下达了备战的命令，攻击行动即将开始。

晚上 19 点 15 分，普里恩命令潜艇上浮，从科克海峡闯入斯卡帕湾。为了降低噪声，避免被英国海军发现，U-47 关闭了柴油发动机，仅仅依靠着两台电力发动机提供的 750 马力动力在激流中缓慢前进。凭借着高超的驾驶技术，普里恩的潜艇险而又险地绕过海底的沉船和暗礁，在 14 日零点 27 分进入了斯卡帕湾。然而让普里恩郁闷不已的情况发生了，在整个斯卡帕湾的西南部他没有发现一艘英国军舰，这是什么情况呢？原来，在 U-47 号潜艇出动前一周，英国本土舰队的主力已经离港出海，普里恩已经不可能进行一次"一箭数雕"的猎杀了。尽管普里恩心中有着太多的疑惑，眼前的形势已经没有退路，他决定向斯卡帕湾东部航行，尽快寻找值得攻击的目标。也是英国海军倒霉，排水量 3.3 万吨的"皇家橡树"号战列舰由于航速较慢，没有和本土舰队主力同时出海，当时正停泊在斯卡帕湾的东部，被望眼欲穿的普里恩抓个正着。好不容易才逮到英国人的主力战舰，普里恩自然不会放过，U-47 号趁着夜色的掩护来到了距离前者不到 3 千米的地方。零点 58 分，普里恩下令舰艇的 3 具鱼雷发射管发射 3 颗 533 毫米重型鱼雷，其中一枚鱼雷击中了"皇家橡树"号战列舰的舰艉。巨大的爆炸声很快惊醒了斯卡帕湾的英国水兵，他们以为德国飞机对港内发动了空袭，港内的防空警报开始拉响，所有的探照灯都指向了天空。眼见"皇家橡树"号并没有被一击毙命，港内的英军也没有察觉自己的存在，原本已经下令全速撤离的普里恩原路返回，发动了第二次攻击。1 时 15 分，U-47 在 1500 米的距离上连续发射了 3 颗鱼雷。这次"皇家橡树"号好运不再，剧烈的爆炸撕裂了巨大的舰体，火光和浓烟直冲天际。10 分钟后，该舰带着几千吨海水和 800 余名官兵沉入了大海……10 月 17 日 11 点，U-47 潜艇安然返回德国威廉港，邓尼茨在港口为艇员们颁发了铁十字勋章。当天晚上，U-47 的全体艇员还在柏林总理府与希特勒共进了晚餐，邓尼茨趁机提出扩大潜艇产量，希特勒也予以采纳。到 1942 年，德国海军已经有 300 艘潜艇在北大西洋作战；到 1943 年底，900 艘潜艇进入现役，U-47 号潜艇所在的第 7 潜艇编队也从 5 艘潜艇扩编为 110 艘潜艇，它们和其他潜艇部队在广袤浩渺的大西洋大肆猎杀同盟国的运输船，发动了一场空前惨烈的破交战。

（四）狼群初现

眼见德国人开启了"无限制潜艇战"模式，英国首相丘吉尔开始辗转难眠。对他来说，英国输掉战争的唯一可能就是德国潜艇切断了英国本土和殖民地的海上交通线。作为回应，首相宣布海上运输进入一战时期的护航体制。这个体制的理论源自数学概率论，按照数学家的分析，商船在海上与潜艇相遇是有一定概率的，每支商船队的规模越小，批次也就越多，与潜艇遭遇的几率越大；而商船队规模越大，批次也就越少，与潜艇遭遇的几率越小。而且大规模的商船队可以由海军提供集中护航，即便与潜艇遭遇，由于潜艇携带弹药有限，只能攻击少量的商船，每艘商船被击沉的平均概率变得更小。在英国进入护航体制后的半年中，编入护航商船队的 5000 多艘船只只有 12 艘被击沉，单独出击的 U 型潜艇常常眼巴巴地看着庞大的英国船队安然通过却无可奈何。1940 年 6 月，法国的陷落改变了德国潜艇在大西洋上的劣势。德国海军在法国沿海的洛里昂、布勒斯特、圣纳泽尔和波尔多等地建立了一批 U 型潜艇基地，从这些港口出发进入大西洋，比从德国本土基地出发可以缩短 800 千米的航程，不但 VII 级潜艇可以进入大西洋深处作战，连 II 级 U 型潜艇也可以参加大西洋狩猎。u 型潜艇的数量虽然没有增加，但是战斗巡航的频率却提高了一倍，邓尼茨终于有机会实施他的"狼群战术"了，第 7 潜艇编队再次被委以重任。1940 年 9 月 20 日晚，普里恩的 U-47 号潜艇发现了从加拿大开往英国的

HX-72 运输船队，这支船队编有 41 艘运输船、1 艘驱逐舰和 4 艘护卫舰。U-47 没有立即发动进攻，而是一面悄悄跟踪船队，一面呼唤第 7 编队其他潜艇赶来增援。天黑时分，U-99 和 U-48 相继赶到，前者击沉了 1 艘运输船、击伤 3 艘；后者也击沉了 1 艘运输船。第二天晚上，由王牌艇长施普克驾驶的 U-100 号潜艇赶到，该艇进行了 4 个小时的连续攻击，将 7 艘商船送入了海底。在两天时间内，HX-72 运输船队损失了 12 艘运输船，共计 7.7 万吨的运力被摧毁，"狼群"的威力得到了展现。

10 月 16 日，从加拿大出发的 SC-7 船队在罗克尔群岛西北海面掉入了第 7 编队的陷阱。"二战潜艇之王"U-48 率先发动进攻，连续击沉了 2 艘运输船。17 日夜间，闻讯赶来的 U-46、U-99、U-100、U-101 号潜艇像闻到了血腥气味的鲨鱼群一样发动围攻，连续击沉了 19 艘运输船，损失吨位达到了 8 万吨。19 日夜间，编号为 HX-79 和 OB-229 的两支英国护航船队经过同一海域，杀红了眼的 U-46、U-47、U-48、U-100 再次大开杀戒，HX-79 船队损失 12 艘运输船，OB-229 船队损失 2 艘运输船，第 7 编队的潜艇几乎用光了携带的鱼雷，这才踏上了返航的路途。在 1940 年 7 月到 12 月间，邓尼茨的"狼群战术"取得了"非凡"的战果，同盟国共有 150 万吨的运输船被击沉，这段时间也被德国潜艇部队称为"第一段美好时光"。

（五）王牌迭出

作为二战中"战功"最显赫的部队，第 7 潜艇编队拥有远超其他潜艇部队的王牌艇长和王牌潜艇。单论击沉运输船的数量和吨位，高特·普里恩和他的 U-47 号潜艇都不是第一，"二战第一王牌艇长"奥托·克雷齐默尔和"二战第一王牌"U艇 U-48 都在这支部队。克雷齐默尔是德国第一潜艇王牌，他一共击沉了同盟国 47 艘运输船，总吨位在 26 万~27 万吨。此人 1912 年出生于西里西亚，18 岁加入海军，1936 年成为潜艇部队的一员。他先后担任过 U-35、U-26、U-99 号潜艇的艇长，在 3 年多的时间里击沉了同盟国 20 多万吨的商船和 3 艘重型巡洋舰"劳伦蒂克"号（1.8 万吨），"帕特罗克勒斯"号（1.1 万吨）和"福法尔"号（1.6 万吨）。他作战时的座右铭也很著名——"一枚鱼雷，一艘敌船"。和克雷齐默尔齐名的是 U-48 号潜艇，这艘Ⅶ级潜艇 1937 年 3 月 10 日在基尔港下水，同年 4 月进入第 7 潜艇编队服役。在 12 次战斗巡航任务中，它一共击沉了同盟国 52 艘舰船，吨位总计 30.7 万吨，这样的战绩让它成为二战中击沉舰船和吨位最多的潜艇，它的 5 任艇长中有 3 人获得了骑士十字勋章。

除了以上的人物和潜艇外，率领 U-552 号潜艇击沉 35 艘舰船的埃里西·托普、率领 U-100 号潜艇击沉 25 艘舰船的约西姆·施普克、率领 U-47 号潜艇击沉 30 艘舰船的高特·普里恩也都是 U 型潜艇王牌中排名前十的人物。埃里西·托普 1913 年出生于汉诺威，他 20 岁时加入德国海军，1937 年受邓尼茨的影响进入潜艇编队服役。1938 年 9 月，他转入第 7 潜艇编队服役，成为 U-46 号潜艇的艇长。1940 年，他接过了 U-57 号潜艇的指挥权，在第二次出航时就击沉了盟国 4 艘商船。1941 年 12 月，他又成为 U-552 号潜艇的艇长，硬是把这艘新潜艇带成了赫赫凶名的"红包魔鬼"。约西姆·施普克和高特·普里恩则是二战中最受德国民众关注的两位艇长，前者长着一张青春偶像型的面孔，一度成了戈培尔宣传纳粹海军的封面人物；后者冷漠孤傲，曾千里奔袭斯卡帕湾，击沉"皇家橡树"号战列舰后全身而退，他也是第一个获得骑士十字勋章的潜艇艇长。

然而随着世界上最强大的两支海军——英国皇家海军和美国海军联手作战，越来越多的飞机和军舰投入到反潜作战当中，更先进的深水炸弹、机载火箭弹、舰载声呐和高频测向仪让水下的"海狼"们无处遁形，昔日的 U 艇王牌也难逃或死或俘的命运。1941 年 3 月 7 日，U-47 号潜艇在北大西洋罗克尔群岛被英国海军击沉，高特·普里恩和 44 名艇员无一生还；同年 3 月 17 日，U-99 号潜艇被英国海军"沃克"号驱逐舰投下的深水炸弹炸伤，克雷齐默尔和 39 名艇员被俘；同日，U-100 号潜艇被英国驱逐舰撞沉，施普克和 38 名艇员葬身大海；唯一平安熬到战争结束的王牌艇长是埃里西·托普，他在 1945 年 5 月 8 日向英军投降。而早在 1944 年 8 月，第 7 潜艇编队就已经宣布解散，这支逞凶一时的王牌潜艇部队未得善终。

在整个二战期间，德军潜艇共击沉同盟国和中立国的运输船 2800 多艘，总吨位超过了 1468.7 万吨，超过 10 万名海员和水兵血洒大海，平均每月就有 41 艘运输船被击沉、1480 人遇难。当后世为德国王牌潜艇"眩目"的战绩而惊叹的时候，千万不要忘了那些被击沉的商船的船员们，挤在冰冷的救生艇中，一个个因为体温急剧的流失而失去生命；或者那些中立国游轮上的无辜妇女和儿童，在高爆鱼雷的爆炸声中，残肢横飞、鲜血四溅……请记住这样一个道理：类似于 U 艇王牌这样的"英雄"越多，可贵的和平就越发遥遥无期。

十、皇家海军地中海舰队

提到二战中著名的海军指挥官和王牌舰队，人们想到的首先是尼米兹和他的太

平洋舰队，那是整个二战中战功最显赫的统帅和战斗力最强大的部队。接下来，也许是山本五十六和日本联合舰队，也许是斯普鲁恩斯和第 16 特混舰队，也许是邓尼茨和他的"海上狼群"，这些狡黠狠辣的人物都曾用灵活机动的战法给敌人带来巨大的灾难。其实还有一位老水手和一支残破的舰队不容遗忘，他们在 1940 年到 1943 年间仿佛是霍雷肖·纳尔逊和 1 789 年的皇家海军灵魂附体，以分舰队的实力抗衡整个意大利海军和半支德国空军，用热血捍卫着皇家海军在航母时代最后的荣光，他们就是安德鲁·布朗·坎宁安和皇家海军地中海舰队。

（一）地中海夜未眠

1940 年 6 月 22 日，法国贝当政府和德国签订了屈辱的停战协定。这样，整个欧洲就只有英国仍在同纳粹德国作战。就在法国人民为亡国而悲痛，墨索里尼为盟友的"胜利"而庆祝的时候，英国海军部也陷入了不安和忧虑当中。按照英法两国战前的约定，英国海军的主要任务是在大西洋上和德国庞大的潜艇部队作战，维护北大西洋海上交通线；对付意大利海军，控制西地中海的任务就交给了"小老弟"法国。现在法国投降了，所有的压力全部落到了英国皇家海军地中海舰队的身上。

在第二次世界大战之前，英国皇家海军就将他们总吨位达到 130 万吨的海上部队实施了战时编制，其中第一等部队毫无疑问是以斯卡帕湾为基地的本土舰队，负责保卫联系英国本土和美洲的北大西洋航线；第二等部队是以埃及亚历山大港为基地的地中海舰队，负责保护地中海—苏伊士运河—印度洋航线，接下来才是驻扎东南亚的远东舰队和海军预备舰队。毫无疑问，如果没有德国人的巨大压力，装备有 12 艘战列舰、8 艘航空母舰、64 艘巡洋舰、119 艘驱逐舰的皇家海军搞定意大利人只是分分钟的事情。可法国的投降和德国潜艇部队的不断出击，让英国人不得不做出个艰难的选择——究竟是放弃整个地中海，让德意联军可以在北非肆无忌惮地攻击，还是让兵力薄弱的地中海舰队这只"国家二队"与意大利海军拼死一搏。最初，英国海军部准备放弃地中海制海权，将力量集中于直布罗陀。但强硬的首相丘吉尔确认为意大利海军素质不高，地中海舰队完全可以做到以弱胜强，也正是这个决定让皇家海军地中海舰队得以名垂青史。

（二）坎宁安的野望

1940 年 6 月 18 日，首相大人的亲笔信被送达地中海舰队司令官安德鲁·布朗·坎宁安的手中，信中最醒目的语句是——保住地中海制海权，就是保卫埃及，就是保卫大英帝国。一般的指挥官接到这样的信函，十有八九会感到如履薄冰，可坎宁安不是一般人。这位老兄 14 岁加入皇家海军，20 岁参加一战，40 岁成为驱逐舰分舰队司令，53 岁成为海军中将，一向以铁血果敢和精通驱逐舰作战著称，他的部下干脆用他名字 Andrew Browne Cunningham 的首字母缩写"ABC"来称呼地中海舰队。这样一位身经百战的老兵，面对着艰巨的作战任务，第一感觉就是地中海舰队大显身手的时刻到来了。

当时整个地中海舰队的"家当"包括 1 艘航空母舰、4 艘战列舰、7 艘巡洋舰、20 艘驱逐舰和 10 艘潜艇，其中排水量超过 2.6 万吨的大型战舰只有"鹰"号艘航空母舰和"厌战"号战列舰。这两位"老兵"都是一战时期服役的老古董，前者最大航速只有 22.5 节，搭载作战飞机不过 20 余架；后者甚至还参加过一战的日德兰海战，只有 8 门 381 毫米主炮还算威力十足。反观意大利海军，虽然继承了意大利陆军在一战中"和平天使"的美名（就其低下的战斗力而言），但装备水平绝对不可小视。意大利人拥有 6 艘战列舰、7 艘重巡洋舰、12 艘轻巡洋舰、59 艘驱逐舰、116 舵潜艇、67 艘重型鱼雷艇、13 艘炮舰、5 艘护卫舰、63 艘鱼雷快艇、13 艘布雷舰和 40 艘扫雷舰，其海军总吨位比还没有进入高速扩军的德国海军大一倍，潜艇数量甚至位列世界第一。此外，意大利主力舰只"维内托"级战列舰的先进程度毫不逊色于德国的"德意志"级和法国的"敦刻尔克"级战列舰，刚刚进入现役的"维内托"号和"利托里奥"号排水量均超过 4 万吨，最大航速超过 30 节，9 门 381 毫米主炮攻击力更是惊人，只是续航能力有所不足。

尽管实力处于下风，但富有进攻精神的坎宁安并没有退缩，他积极寻找和敌人角斗的机会。7 月 9 日，地中海舰队和意大利海军司令伊尼戈·坎皮奥尼率领的意大利海军主力舰队在卡拉布里亚海域遭遇，双方刚一开火，意大利海军旗舰"朱里奥·恺撒"号就连遭重击，意大利人充分贯彻了"打不过就跑"的战术，全舰队撤回本土的塔兰托军港。此后的 20 多天里，英意舰队多次进行了护航战斗，意大利海军几乎没占到任何便宜，最终干脆采取了消极避战的策略：除非为运输船队护航，否则绝不出海；如果出海遇到了英国海军，就立刻返航，坚决不和英国人正面作战。这种打死不出洞的战术让兵力不足的坎宁安头痛不已，地中海战局陷入了短暂的僵持。1940 年 8 月底，英国海军从本土抽调了"光辉"号航空母舰、"勇士"号战列舰、"卡尔丘特"号和"考文垂"号巡洋舰增援地中海舰队。其中"光辉"号航空母舰的到来让坎宁安非常高兴，这艘满载排水量 2.9 万吨的新型航母刚刚下水 4 个月，可以搭载 22 架"剑鱼"式鱼雷攻击机和 12 架"管鼻燕"战斗机，还装备有当时世界上最先进的预警雷达系统，是英国海军王牌中的王牌。手上有了一副不错的牌，坎宁安就打算和意大利人赌一把大的，他决定主动出击，让意大利海军在自家的军港中灰飞烟灭。

（三）奇思妙想

塔兰托港位于亚平宁半岛的南端，港内水深 12 米，可以停泊各种军舰。墨索里尼上台后，一直将塔兰托视为"地中海中的堡垒"，意大利海军主力舰队也以此为基地，要想从海上攻击这样一座易守难攻的军港，战役的突然性很难保证，战果也未必会很大。就在这时，地中海舰队的航空兵司令、海军少将利斯特提出了一个创造性的建议——能不能用"光辉"号和"鹰"号航空母舰上的舰载鱼雷机突袭塔兰托？其实早在意大利入侵非洲国家埃塞俄比亚的时候，英国海军就提出过类似的方案，不过由于张伯伦政府奉行绥靖政策而未能执行。这个大胆的提议让坎宁安眼前一亮，他让利斯特立刻进行战场推演，看看用飞机突袭军港的可行性有多大。两位海军将领此时并不知道，他们正在揭开舰载机统治海洋的时代大幕。当时地中海舰队下辖 2 艘航空母舰，近 70 架舰载机，足够进行一次强有力的突袭。可利斯特要解决的问题也不少：首先，海军必须事前对塔兰托港进行缜密的侦察，摸清意大利战舰的停泊情况和防空部署，而且这种侦察还不能让对方有所察觉；第二，英国海军唯一能用来对舰攻击的"剑鱼"式攻击机是一种老式的双翼飞机，它的武器装备少得可怜（最大载弹量不过 730 公斤），最大时速不过 225 公里，性能上比一年后偷袭珍珠港的日本九七式舰载机落后了一个时代。这还不是最致命的，最让利斯特头疼的是"剑鱼"的最大航程不过 700 多公里，而航母编队要想避开意大利人的侦察，这个距离是绝对不够的。

正在坎宁安和利斯特愁眉不展的时候，英国皇家空军给他们带来了一个好消息。皇家空军在一次例行侦察中恰好拍下了塔兰托港的全景照片，在照片上可以清晰地看出 6 艘意大利战列舰和若干巡洋舰、驱逐舰的具体泊位，还能找到防空炮火和阻塞气球的位置，解决了情报的难题。接着，航空母舰上的机械师又带给了利斯特另一个好消息——只要把"剑鱼"去掉一个座位，就能再加装一个副油箱，这样"剑鱼"就有了足够的航程。圆满解决问题之后，利斯特向坎宁安提交了一份夜间袭击塔兰托的计划，坎宁安批准了这个计划，还把攻击的日期定在了 10 月 21 日。135 年前的这一天，英国海军军神纳尔逊正在特拉法尔加痛击法国舰队，司令大人觉得这个日子是皇家海军的黄道吉日，就把攻击日期定在了这一天。接下来的几个月里，"光辉"号和"鹰"号上的飞行员就像解开了绳子的猎犬，把所有的精力都投入到了训练之中，俯冲、投弹、拉起……小伙子们一遍遍地重复着枯燥的练习，等待着出击时刻的到来。

就在飞行员们紧张训练的时候，两个意外发生了。"光辉"号航母上的一名地勤人员在给"剑鱼"安装副油箱时摔倒了，他手中的螺丝刀被甩了出去，打在了甲板的电源开关上，碰撞产生的火花点燃了机库中的航空汽油，大火立刻燃起。尽管大火最终被扑灭了，还是有 2 架"剑鱼"被烧毁。"光辉"号刚刚消停，这边"鹰"号又出了问题。这艘服役了 20 多年的老军舰出现了严重的故障，必须返回船坞进行大修，肯定无法参加对塔兰托港的攻击了。这些意外情况的出现并没有打消坎宁安和利斯特的决心，两位将军知道"开弓没有回头箭"，他们将攻击日期改为 11 月 11 日，第一攻击梯队由"光辉"号航母和 4 艘巡洋舰、4 艘驱逐舰组成。

（四）突袭之日

1940 年 11 月 6 日下午一点，坎宁安将军和利斯特将军率领地中海舰队驶出了埃及的亚历山大港。11 日上午，两位将军收到了空军转发的侦察情报：意大利海军的战列舰全部停留在塔兰托，并没有出海的迹象，攻击可以按计划进行。11 日晚 8 点整，"光辉"号航空母舰和护航舰队到达了预定攻击位置。8 点 35 分，第一架"剑鱼"攻击机从甲板上起飞。25 分钟后，参加第一波攻击的 12 架"剑鱼"全部起飞，其中 6 架携带了白头鱼雷，4 架携带了航空炸弹，2 架携带了照明弹。11点 03 分，两架装有照明弹的"剑鱼"脱离了空中编队，在 2300 米的高度上投下了照明弹，其他 10 架"剑鱼"冒着密集的防空火力，低空掠过港口，相继投下了 4 颗鱼雷和 11 颗炸弹，意大利战列舰"加富尔公爵"号、"利托里奥"号相继被鱼雷击中。在第一波"剑鱼"升空后半个小时，第二波"剑鱼"也从甲板上腾空而起。11 点 10 分，它们到达了塔兰托的上空。已经被炸得焦头烂额的意大利炮兵发现英国飞机又来了，只好硬着头皮继续开火，无数的曳光弹在天空中划过。这几架"剑鱼"重复了第一波机群的精彩攻击（甚至表现得更好），它们充分利用了照明弹提供的亮光，把一颗颗足以致命的白头鱼雷投到了水中。庞大的意大利战列舰根本无处逃避，只能看着"鱼雷"亲吻自己的舰体。这次攻击中意大利海军又有 3 艘战列舰、2 艘巡洋舰遭到了重创。11 月 12 日凌晨 1 点，第一批"剑鱼"返回了"光辉"号航空母舰。一个小时后，第二批"剑鱼"也安全返回。3 点整，突击舰队和坎宁安的主力舰队会合，英国人开始了愉快的返航。

塔兰托之战中，地中海舰队仅仅出动了 21 架"剑鱼"攻击机，以 2 架飞机被击落，消耗 11 颗鱼雷，50 多枚炸弹的代价，击沉了意大利海军的 1 艘战列舰，重创了另外的 3 艘，堪称是一场近乎完美的胜利。如果"鹰"号没有故障，如果"光辉"号的载机数量再多一些，也许塔兰托就是意大利海军的葬身之地。美国的报纸在报道这次战斗时称："英国人用一记凶狠的勾拳，直接让意大利海军倒地出局。"英国人在塔兰托的胜利也引起了一个东方国家的关注，日本海军命令日本驻英国、意大利的大使馆全力搜集和这场战斗相关的一切资料。1941年12月7日，在美国夏威夷州瓦胡岛的珍珠港，一个放大版的奇袭塔兰托出现了。

（五）被忽悠的意大利人

塔兰托之战后，英国在地中海地区的形势一片大好，无奈的希特勒只得为自己可怜的盟友埋单，他命令德国第10航空队的500架作战飞机从北欧转进西西里岛，声称要"彻底消灭英国人的海上力量（地中海舰队），阻断地中海航线"。德国空军的参战让战局开始恶化，1941年1月10日，40架"斯图卡"俯冲轰炸机围攻了地中海舰队唯一一艘航母"光辉"号，后者身中6颗炸弹，不得不前往美国进行大修。一天后，德国空军再次攻击了地中海舰队的护航编队，击沉了"南安普顿"号巡洋舰、击伤"格洛斯特"号巡洋舰……一时间，地中海舰队损失不小，英国对北非的补给只能通过南非好望角航线进行，物资的损失前所未有。

坎宁安并没有被眼前的困难吓倒，他一方面从本土舰队要来了"光辉"号的替代者——"可畏"号航空母舰，恢复了地中海舰队本身的航空兵力量；另一方面积极准备进行战前准备。毕竟德国空军无法独自消灭地中海舰队，德国人必然要求意大利海军出海作战，而只要能重创意大利海军，就能改善目前的不利局面。原本按照德意的约定，意大利海军是海上主角，负责攻击地中海舰队和英国运输船队，德国空军负责空中掩护。可德国空军干得如火如荼，意大利海军却根本没有报塔兰托一战之仇的勇气，每次出海都以保存实力为第一选择，往往一挨炮弹，就拍拍屁股开溜，反正他们的航速比英国军舰快。眼见盟友如此"鸡贼"，希特勒不高兴了，他命令海军司令雷德尔直接向意大利海军施加压力，德国空军司令戈林也参与其中，大肆发挥自己的"忽悠"才能，声称德国空军刚刚重创地中海舰队的"厌战"号和"巴勒姆"号战列舰，英国人就剩下一艘"勇士"号战列舰支撑门面。天真的意大利海军没想到盟友会虚报战果，就鼓足勇气组成了以"维内托"号战列舰（这位幸运儿在塔兰托躲过了3颗鱼雷，几乎毫发无伤）为首，包括6艘重型巡洋舰、2艘轻型巡洋舰、13艘驱逐舰在内的主力舰队。3月26日，这支舰队在海军上将齐亚诺的率领下，浩浩荡荡地从那不勒斯、塔兰托和布林迪西三座港口出发，此时意大利人还不知道他们即将遭遇地中海舰队的攻击，一场二战中规模最大的海上夜战即将发生。

（六）马塔潘角之血夜

意大利海军出海后不久，英军潜艇就发现了它们的行踪，并紧急汇报给了舰队司令部。坎宁安立刻派出水上飞机进行空中侦察，最终确定意大利海军的目的地是克里特岛海域，而英国一只运输船队也正在向克里特岛上的英军运送补给。坎宁安果断命令运输船队返航，同时命令地中海舰队进入战备状态。第二天，坎宁安亲自率领"可畏"号航空母舰，"勇士"号、"厌战"号、"巴勒姆"号战列舰在内的舰队驶离亚历山大港。虽然地中海舰队的水兵们对这次战役的具体行动并不了解，但他们却预感到正处在一次大战的前夜，人人摩拳擦掌，严阵以待。

3月28日早上8时，地中海舰队的前锋——威佩尔海军中将率领的巡洋舰分队和意大利海军的前锋突然遭遇，战斗正式打响。双方都知道自己身后不远就是己方的主力舰队，都打算且战且退，将对方吸引到陷阱之中。也许是意大利人的演技更加逼真，威佩尔中将率领的4艘巡洋舰和6艘驱逐舰最终被引到了意大利主力舰队附近。眼见面前的敌人居然还有恐怖的战列舰，威佩尔急忙下令撤退，并且请求坎宁安迅速增援。坎宁安命令"可畏"号航空母舰上的"剑鱼"攻击机发动第一波进攻。半路杀出的"剑鱼"让齐亚诺大吃一惊，他急忙命令舰队停止追击威佩尔的分舰队，全速返航。地中海舰队紧追不舍，坎宁安知道意大利军舰航速更高，自己必须做些什么拖住敌舰，否则只能目送意大利人返回军港。于是，坎宁安命令"可畏"号上的"剑鱼"攻击机再次发起攻击。这次英国人运气不错，"维内托"号战列舰被击伤，"波拉"号重型巡洋舰身受重创击沉。这时齐亚诺上将做出了一个错误决定，他认为"剑鱼"来自克里特岛，地中海舰队距离他的舰队还很远，于是他命令2艘重型巡洋舰和4艘驱逐舰支援"波拉"号，这个命令让意大利人遭遇了灭顶之灾。晚上10点27分，地中海舰队主力和意大利人的支援编队在希腊伯罗奔尼撒半岛的马塔潘角相遇了。由于意大利军舰没有装备雷达，所以在漆黑的夜晚它们只能摸黑前进，唯一的侦察武器是瞭望哨的肉眼。而地中海舰队普遍装备了雷达，6艘意大利军舰很快就变成了雷达上闪烁不定的光点。坎宁安知道猎物就在眼前，他命令己方的19艘战舰排成一字纵队，悄悄向目标靠近。在双方距离只有3500米时，2艘英国驱逐舰突然打开探照灯，随后，三艘英军战列舰上的381毫米主炮和其他巡洋舰上的主炮一齐开火，黑夜瞬间变成白昼……突然性的打击，压倒性的火力，这场战斗的结局在开始时就已经注定，熟练的英国水兵在3分钟内完成了这次"狩措"，6艘意大利军舰中4艘被击沉，其中就包括两艘重型巡洋舰"扎拉"号和"阜姆"号。

马塔潘角海战中，地中海舰队再现了皇家海军王牌部队的风采，他们击沉了意大利海军4艘巡洋舰、3艘驱逐舰，意大利海军阵亡2300余名水兵，而地中海舰队仅仅有一艘巡洋舰轻伤，两架"剑鱼"攻击机被击落，3名飞行员阵亡。在马塔潘角战败后，意大利舰队再也不敢进入地中海东部，地中海舰队完成了一次战略上的重大胜利，英国首相丘吉尔对此的评价是"安德鲁和他的小伙子们干得太漂亮了，这次及时、可喜的胜利让意大利人再也不能挑战我们对东地中海的控制权了"。

（七）克里特岛的烈焰

然而首相大人高兴得实在太早了，意大利人确实不会挑战地中海舰队，他们真没那个雄心了，但德国人绝不会坐视英国控制地中海，地中海舰队的苦日子即将来临。1941年4月25日，希特勒下达了代号为"水星"的作战指令，德军对英国和希腊共同驻守的克里特岛发动了进攻。这座总面积8300平方公里的希腊小岛位于地中海东部，英国空军的轰炸机从这座岛上起飞，可以轰炸德国人控制下的罗马尼亚普洛耶什蒂油田，让德国的装甲部队缺油而死；英国海军可以依托克里特岛，将物资和兵员源源不断地送往北非，同时还能掐断德国人向北飞运送物资的航线，所以英国人这次是势在必得。

战斗刚一开始，双方就打得火花四溅，德国的空降部队大战英国远征军，地中海舰队也和德国人的第4航空队死磕在了一起。一般而言，岛屿争夺战中制空权和制海权无比重要，可英国空军刚刚在法国战役中遭受重创，根本无力顾及克里特岛，坎宁安和他的地中海舰队只好把所有责任都自己扛，一方面要全力阻止德国和意大利海军从海上输送援军，另一方面还要凭借"可畏"号航母上的几十架舰载机以及防空炮火和拥有1200架作战飞机的第4航空队作战，艰苦程度可想而知。5月22日，打光弹药的巡洋舰"格拉斯哥"号和"斐济"号被德国空军击沉。"厌战"号和"勇士"号战列舰被击伤；5月23日，驱逐舰"克什米尔"号和"凯利"号被击沉；5月26日，"可畏"号航母被"斯图卡"轰炸机投下的3颗炸弹炸成重伤……眼见部队伤亡惨重，坎宁安只得下令地中海舰队撤回亚历山大港。从此，克里特岛的形势急转直下，5月27日，英军统帅部被迫下令从克里特岛撤退。当时岛上的英军残部还有2.2万人，德国空军绝不会像敦刻尔克时那么好客，负责接应的地中海舰队必然遭遇惨痛的伤亡。就在英国海军部左右为难之时，又是坎宁安和他的地中海舰队站了出来，这位老兵高喊着——"建造一艘军舰只需要3年，而建立一个传统（绝不抛弃陆军）需要3个世纪。"随后，地中海舰队组织起了一支由巡洋舰、驱逐舰和商船组成的运输船队，在5月27日到6月1日的4天时间内从克里特岛撤出了 1.7 万人，这无疑是一个堪比敦刻尔克的奇迹。在整个克里特岛战役中，地中海舰队损失了 3 艘巡洋舰、6 艘驱逐舰，1 艘航空母舰、2 艘战列舰和 5 艘巡洋舰遭受重创，几乎打光了半支舰队，但是他们顶住了巨大的压力，让近 2 万名经过战火考验的老兵撤回了英国本土，实现了不抛弃，不放弃的誓言。

（八）走向胜利

克里特岛之战后，德意两国又将进攻的目标对准了英军控制的马耳他岛。这座总面积 240 多平方公里的岛屿处于地中海的中心，如果说直布罗陀至苏伊士运河的东西航线和意大利到北非的南北航线是一个十字架，那马耳他岛正好处在这个十字架的交汇处。英军如果守住马耳他，英国的运输船队就能在直布罗陀和埃及之间得到一个完美的中转站，而德意对北非的海上运输线也将处于英国海空军的威胁之下；如果德意控制马耳他，他们对北非战场的海上补给将畅通无阻，北非战场的英军反而会被掐住咽喉。1941 年 12 月，希特勒给地中海地区的德国空军和潜艇部队下达作战命令，要求他们压制马耳他岛上的英军，切断英国的地中海交通线。

其实早在 1941 年 9 月，德国 21 艘潜艇就已经进入地中海，坎宁安的地中海舰队和萨默维尔将军指挥的 H 舰队联手回击，人类创造出来的最强大的海上钢铁怪物，狠狠地互相碰撞在一起，激溅出海战史上最壮丽地火花。11 月 13 日，H 舰队的"皇家方舟"号航空母舰在直布罗陀以东海域被德军 U-81 号潜艇发射的鱼雷击沉；11 月 25 日，地中海舰队出航执行破交作战，结果在北昔兰尼加海域遭到德军 U-331 号潜艇的攻击，"巴勒姆"战列舰被 3 枚鱼雷击中，该舰当即沉没，861 名舰员阵亡或失踪；12 月 19 日，意大利海军的"希雷"号潜艇在夜色中偷袭亚历山大港，炸沉了地中海舰队的"伊丽莎白女王"号战列舰和"勇士"号战列舰……至此，坎宁安的麾下已经没有一艘 2 万吨以上的大型战舰了。然而就是在这种情况下，地中海舰队却将牛头狗一样强韧的战斗作风发挥到了极致，顽强地守卫着地中海的交通线，直到美国参战。1942 年 11 月，英美盟军发动了代号为"火炬"行动的登陆作战，坎宁安和地中海舰队不惜一切代价封锁北非海岸，最终迫使大部分北非的德意军队在撤退无望下投降；1943 年 7 月，英美盟军在西西里登陆，当美国第 5 集团军的战士受困萨莱诺滩头阵地，又是地中海舰队冒着搁浅的危险驶入近海，用凶狠的舰炮轰击让德军的反攻一败涂地；9 月 10 日，坎宁安和他的地中海舰队在马耳他接受了意大利海军的投降……对于一支在地中海奋战数载的部队，这无疑是莫大的荣耀。

毫无疑问，第二次世界大战是人类新旧海战的分水岭，超视距海战模式开始称雄大洋，"巨舰大炮"的时代即将过去。这个动荡的时期注定了守旧的英国皇家海军不太可能涌现出纳尔逊那样的天才将领和德雷克指挥下的铁血舰队，但是坎宁安和地中海舰队，却凭借睿智的指挥、果敢的作风、坚强的性格将海军的古老传统——勇敢、顽强进行了最深刻的阐释，而这两点正是王牌部队永恒的特质。

十一、皇家空军战斗机部队

按照军史学家的说法，第二次世界大战中英国和德国的军种排名大相径庭。德国方面，陆军第一，空军第二，海军是万年老三；而英国方面，最强大的军种属于皇家海军，毕竟从英西海战之后圣乔治海军旗已经称雄大洋近 300 年，接下来才是年轻的皇家空军和皇家陆军。抛开双方的长短板不谈，单就排名相同的空军来说，德国和英国都诞生了一大批的王牌部队，不同的是德国人更多的是第 2、第 52 战斗机联队这样的战术单位，而英国空军的骄傲则是他们的战略单位——皇家空军战斗机部队。用丘吉尔的话说："在人类战争史上，还从来不曾有如此多的人（英国人民），从如此少的人（战斗机飞行员）那里得到如此大的好处。"

（一）战前岁月

英国皇家空军诞生于 1918 年 4 月 1 日，是三军中最年轻的军种。它分为 3 个司令部：轰炸机司令部、海岸空军司令部和战斗机司令部。由于空军是战略性的支柱力量，因此很受英国政府的重视。1934 年 3 月，驻扎英国本土的皇家空军作战飞机只有 605 架；1938 年 9 月增加到 1103 架；到 1939 年 9 月，这个数量增长为 1377 架。按照英国内阁的"M 方案"，到 1942 年 3 月，皇家空军将拥有 163 个飞行中队，其中 50%～60% 将是新型的单翼战斗机。

政府的大力扶持让战斗机部队拥有了几大"独门法宝"。先说这第一宝，那就是经验丰富却不墨守成规的指挥官休·道丁将军。这位战斗机部队的"掌门人"于1882 年出生于苏格兰，1900 年毕业于著名的桑赫斯特皇家陆军军官学校（英国的西点和圣西尔），和战时首相丘吉尔、陆军元帅蒙哥马利是校友。第一次世界大战时期，道丁加入了陆军的炮兵部队，后来改行加入了陆军航空队。一战结束后，道丁官运亨通，1929 年成为驻巴勒斯坦英国空军司令，1930 年到 1936 年出任英国航空委员会委员，负责皇家空军的建设工作。1936 年，他以上将军衔出任皇家空军战

斗机部队的司令。在他任职期间，为战斗机部队引入了大量的新技术、新装备，其中最具代表性的就是雷达和新式战斗机。

战斗机部队的第二宝就是二战时期的全新武器——雷达。20世纪30年代，英国和德国的科学家部开始研究如何利用无线电脉冲的反射来发现人类视距以外的物体，并且通过发射和反射波之间的时长来确认目标的距离。英国技术人员率先将雷达技术实用化，他们的研究成果引起了道丁的重视，雷达很快成了英国防空系统的核心。从1936年开始，英国在东南沿海地区部署了鲜为人知的"本土链"雷达网，雷达站从英格兰北部一一直延伸到威尔士的最西端。到1940年7月，英国共建成雷达站51座，其中东南沿海地区有38座，形成了严密的雷达警戒体系。

皇家空军战斗机部队的第三宝是以"飓风"和"喷火"为代表的单翼战斗机，它们是二战时期名震遐迩的一代名机。"飓风"战斗机于1936年开始装备皇家空军，到不列颠空战之前，它一共生产了2300架，整个战争期间的产量超过1.7万架。"飓风"战斗机是英国第一种起落架可以收放的飞机，

英国皇家空军战斗机部队

它采用半金属结构，单翼单座，流线型机身，密封时舱盖可以向后打开（方便飞行员跳伞），最高时速为519公里，最大航程1040公里，机载武器为8挺7.62毫米机枪，以制造简单、维护方便、机身坚固而著称。"喷火"战斗机于1938年开始装备皇家空军，到不列颠空战之前，它一共生产了1100架，整个战争期间的产量为2.27万架。"喷火"战斗机是二战中唯一一种能在性能上和德国Bf-109战斗机并驾齐驱的英国飞机，它采用全金属结构，最高时速为657公里，最大航程1060公里，机载武器为8挺7.7毫米机枪（MKIA型）或2门20毫米机炮加上4挺7.7毫米机枪（MKIB型），以火力猛、速度快、机动性好著称。和死敌Bf-109E型（不列颠空战时期德国空军主力战机）相比，"飓风"在性能上基本落于下风，"喷火"则性能相当，它的转弯半径比Bf-109更小，在4500米以下空域飞行速度更快；而Bf-109爬升性能更好，在6000米以上空域飞行速度更快。

有了这"吉祥三宝"，皇家空军战斗机部队在战前虽然不如德国空军强大，但也算欧洲前三的空中力量。

（二）法国惨败

1940 年 5 月 10 日，纳粹德国向西欧发动了进攻。在空中战场，法国人的索尼尔 MS-406 战斗机被性能更为先进的 Bf-109 战斗机打得落花流水，德国人牢牢掌握了战场制空权。皇家空军的表现如何呢？在 5 月 8 日到 18 日的 10 天时间里，皇家空军派驻法国的部队就损失了 250 架"飓风"战斗机，在 5 月 26 日到 6 月 4 日的敦刻尔克大撤退中，皇家空军再次损失了 150 架"飓风"，战斗机部队 1/3 的力量就这样葬送在了欧洲大陆。究其原因，除了"飓风"战斗机的性能落后于 Bf-109 之外，落后的战术也是主要的原因。在 20 世纪 20 年代，皇家空军战斗机部队的编队模式为三机的"V"字形，也就是长机在前，两架僚机位于长机的侧后方，与长机相隔 100 米左右。实战中，一个小队 6 架飞机或者一个中队 12 架飞机往往组成更大的"V"字编队，这样的战术模式最大的特点就是能够发挥团队的火力优势，最大的缺点是观赏性远大于实战性。一旦编队被高速而来的德国战斗机冲散，或是长机被击落，僚机和落单的飞机将遭到对方熟练的双机战术无情屠杀！而德国空军在西班牙内战后就抛弃了"V"字形编队，采用了更为灵活的双机"一"字形编队，战术更为机动灵活。在法国战役中，一次皇家空军 3 个中队的 36 架"飓风"正在以"V"字形编队飞行，10 多架 Bf-109 突然从他们身后的云层出现，没等笨拙的"飓风"完成转弯迎敌，德国飞行员已经对编队最后的"飓风"一通猛打，先后击落了 4 架"飓风"，然后利用速度优势扬长而去。整个战斗过程中，"飓风"甚至连一发子弹都没有射出，有的飞行员甚至连敌机都没看见。以 3 倍于敌机的优势，却落得如此凄惨的结局，着实让皇家空军战斗机部队丢尽了脸面。

到 1940 年 7 月，德国军队已经横扫了欧洲大陆，挪威、丹麦、荷兰、比利时、卢森堡和法国相继投降，整个欧洲只剩下英国还在对抗希特勒。大英帝国面对的局面前所未有的险恶，虽然敦刻尔克大撤退奇迹般地将 30 多万军队撤回了英伦三岛，但所有的重武器和车辆丢失殆尽，英国本土的正规军只剩下 26 个步兵师、一个装甲师和若干独立部队，其中大多数步兵师的兵员只有正常编制的一半，火炮只有正常的 1/6，整个英国陆军只剩下 780 门火炮、160 门反坦克炮和 200 辆坦克！至于总人数达到 150 万的国民自卫军（英国的民兵组织），装备更是惨不忍睹，士兵们使用的是一切可得到的武器，包括私人枪支、燃烧瓶和自制的火焰喷射器。皇家空军的情况同样不容乐观，欧洲大陆的惨败让英国人损失了 1000 架以上的飞机，英国的防空只能依靠不到 700 架的战斗机和 4000 余门高射炮，其中真正能够用来抵御德国空军的就是法国战役中千方百计保存下来的 54 个战斗机中队。用英国首相丘吉尔后来的话说："在 1940 年，只要有 15 万德国士兵在不列颠登陆，我们就将面对一场可怕的灾难。"

（三）海狮计划

西欧战事结束后，希特勒一直幻想着英国会和德国媾和，他认为"过分"打击英国是不合适的，那只会便宜拥有强大海军的美国和日本，他们会"瓜分"英国的海外殖民地。在 1940 年 6 月到 7 月，希特勒通过梵蒂冈教皇和瑞典国王向英国政府提出"和平建议"，声称只要英国"尊重"德国在欧洲大陆的霸权，德国就将与英国媾和。然而英国人民并不接受屈辱的和平，以丘吉尔为首的主战派内阁断然拒绝了希特勒的"和平呼吁"，连 BBc 广播电台的播音员也在广播中答复说："元首先生，我们将把媾和建议塞进你的臭嘴里！"

诱降诱来——番讽刺，这让希特勒恼羞成怒，他在 7 月 16 日下达了第 16 作战指令，其行动代号为"海狮计划"。按照这一计划，德军 A 集团军群将出动 2 个集团军 25 个师的部队强渡英吉利海峡，在多佛尔和朴茨茅斯之间的地区登陆，然后向西、北两路攻击，直扑伦敦。可海军和陆军为这个计划不断扯皮：海军表示无法确保宽大正面登陆的安全，陆军则认为海军的无能将把德陆部队扔进绞肉机。最终，德军统帅部决定先由空军摧毁英国空军主力，特别是英国的战斗机部队，再发动登陆作战。这个决定让德国空军元帅赫尔曼·戈林兴奋不已，他向希特勒保证，4 天内就能摧毁英国南部的防空体系，4 周内英国皇家空军将不复存在。客观地说，德国空军确实有着强于皇家空军的实力，他们计划投入 3 个航空队 3000 架飞机夺取制空权。其中，第 2 航空队指挥官为凯塞林元帅，该部驻扎于比利时、荷兰和法国东北部，负责攻击英国东南部地区；第 3 航空队指挥官为施佩勒元帅，该部驻扎于法国北部，负责攻击英国西南部地区；第 5 航空队指挥官为施通普夫大将，该部驻扎于挪威，负责攻击英国的东北部，其中第 2、第 3 航空队为主力，第 5 航空队为助攻。

当时德军的战斗机主要有两种型号—Bf-109 和 Bf-110，它们都是巴伐利亚飞机制造厂生产出来的二战名机。前者为轻型战斗机，全金属结构，单翼单座，最高时速为 575 千米，最大航程 665 千米，机载武器为 2 门 20 毫米疾跑和 2 挺 7.92 毫米机枪，水平和垂直机动能力极其出色，在整个二战期间都是德国空军的主力战斗机，唯一的缺陷是航程偏短和座舱狭窄。后者为重型战斗机，最高时速 540 千米，最大航程 2800 千米，机载武器为 2 门 20 毫米机炮和 6 挺 7.92 毫米机枪。由于是重型双发战斗机，Bf-110 体积庞大，机动性差，空战性能一般。在轰炸机方面，德军参战的主要有 4 种型号：Ju-87、Ju-88、He-111 和 Do-17，这 4 种轰炸机都存在着自卫火力薄弱、抗攻击能力差的缺点。在皇家空军火力充沛、机动灵活的战斗机面前通常只有被动挨打的份，因此必须和护航战斗机同时出动。

（四）道丁的准备

在德国空军磨刀霍霍的同时，道丁将军和他的战斗机部队也做好了迎敌的准备。战斗机部队共计 54 个中队，其中性能优秀的"飓风"和"喷火"战斗机近700 架，它们被划分为 4 个航空队。第 10 航空队司令为布兰德少将，下辖 4 个中队，有战斗机 48 架，负责保卫英国的西南地区；第 11 航空队司令为帕克少将，下辖 22 个中队，有战斗机 228 架，负责保卫英国的东南地区；第 12 航空队司令为马洛里少将，下辖 14 个中队，有战斗机 168 架，负责保卫英国的中部地区；第 13 航空队司令为索尔少将，下辖 14 个中队，有战斗机 168 架，负责保卫英国的北部地区。整个英国被划分为 4 个防空大区，由 4 大航空队分片包干，其中第 11、第 12航空队实力最为雄厚，承担的责任也最为艰巨。

除了将战斗机部队集中使用外，道丁将军还建立了由雷达、防空监视哨、指挥部作战室、情报室组成的情报指挥体系。一旦德国飞机从欧洲大陆起飞，英国东南部的"本土链"雷达网能在 200 公里的距离发现它们，然后第一时间将情报传回南安普顿本特利修道院的战斗机司令部。司令部的情报室有一个巨大的战情描绘板，参谋们会在上面分别标明敌机和皇家空军飞机的位置，作战室据此做出决策，调遣最近的战斗机中队前往迎敌，实现了己方战斗力的合理化使用。相信看过电影《伦敦上空的鹰》的影迷，对这个场景都不会陌生。

此外，皇家空军战斗机部队还有着三大优势：首先，他们抛弃了密集的"V"字形编队，开始采取全新的"四指"队形，也就是 4 架飞机各在一个指尖的位置，保持较为合理的距离，既能在战斗时互相支援，也便于防御。其次，皇家空军战斗机部队是本土作战，飞机即便被击落，飞行员也可以在国土上跳伞，受伤也能得到及时的救治；德国的飞行员就没有这份好运了，一旦跳伞不是被押送战俘营，就是掉到英吉利海峡中淹死，飞行员的损失更为严重。最后也是最重要的一点，德国的主力战斗机 Bf-109 航程太短，即使从距离英国最近的法国机场起飞，也得用 30 分钟才能到达英国上空，只能进行 20 分钟的战斗。德国王牌飞行员阿道夫·加兰德就曾用"上了锁链的猎犬"来形容己方的战斗机，而这正是皇家空军战斗机部队要加以利用的地方。

（五）惨烈"鹰日"

从 1940 年 7 月 10 日开始，德国空军对英吉利海峡的英国商船发动了攻击，试图诱使英国空军出击，在空战中加以歼灭。道丁将军察觉了德国人的意图，只以小、机群迎战，使德军的企图未能得逞。到 8 月 12 日，德国空军损失飞机 286 架，英国空军损失飞机 150 架。德国人很快就厌烦了这种小规模的试探作战，戈林决定在 8 月 8 日发动大规模的空袭，行动代号为"鹰日"。然而由于天气原因，"鹰日"一再延期，直到 8 月 13 日才正式启动。8 月 13 日清晨，浓雾笼罩着英国南部，法国北部的能见度也很差，所以戈林下令将攻击改在当天下午进行。下午 3 点 45 分，德国出动了 1485 架次的战斗机和轰炸机对英国南部的港口、机场和兵工厂狂轰滥炸。皇家空军战斗机部队不甘示弱，紧急出动了 4 个中队的战斗机迎敌，整个英国南部上空打得昏天黑地，庞大的机群被上百挺机枪和机炮的嘶吼声所笼罩。放眼望去，几乎所有的飞机都在全力开火，长串的子弹在人们的视线中四下飞蹿。就飞行员的素质来说，英德双方派出的都是有实战经验的老鸟，而且各自都有王牌飞行员压阵，双方不分伯仲。就数量而言，德国人的优势明显，可他们吃亏在航程有限，战场的滞留时间只有 20 分钟，打起来难免束手束脚。皇家空军则充分发挥了本土作战的优势，先以"喷火"战斗机冲散 Bf-109 战斗机的队形，再由"飓风"对笨拙的德国轰炸机进行致命打击。到战斗结束时，皇家空军战斗机部队击落德军飞机 47 架，击伤 80 余架，自身的损失仅有 12 架"飓风"和 1 架"喷火"，7 名飞行员牺牲。

8 月 15 日，德国空军的 3 个航空队一起发力，出动了 2000 架次以上的庞大机群，从南、北两个方向发动了钳形攻势。道丁将军发现北线德军飞机较少（德国第 5 航空队为主），就集中了 7 个中队 84 架战斗机全力出击，准备断其一指。说来也巧，第 5 航空队的护航战斗机大多是笨重的 Bf-110，它们在"飓风"和"喷火"面前自身都难保，哪里有能力为轰炸机护航呢？一场空战下来，德国人损失飞机 39 架，战损比高达 20%，此后第 5 航空队退出了不列颠空战。在南线战场，皇家空军战斗机部队出动了 22 个中队近 300 架飞机，迎战德国人的 975 架战斗机和 622 架轰炸机。由于敌我力量悬殊，皇家空军当天损失飞机 34 架，英国人称之为"黑色星期四"。此后的数天中，由于天气过于恶劣，德国空军大多是零散出击，双方并没爆发大规模的空战。到 8 月 23 日，不列颠空战第一阶段结束，皇家空军损失飞机 183 架，击落德国飞机 367 架，己方的 12 个机场和 6 个飞机制造厂遭到了严重破坏，交换比为 1：2，这还是在作战飞机只有对方一半的情况下取得的。

（六）山重水复疑无路

眼见自己的"三板斧"没能击垮英国皇家空军，德国人决定改变作战方针，将全面进攻改为重点进攻，集中力量打击保卫英国东南部地区的第 11 航空队。从 8 月 24 日开始，道丁将军发现德国人的战术突然改变了：他们将战斗机部队分成几个波次出击，诱骗皇家空军战斗机起飞迎战。等到英军战斗机打到弹尽油绝，不得不回到机场加油充弹时，德国轰炸机再直扑机场，轰炸停留在机场上的英军飞机。这个狡猾的战术让皇家空军战机和飞行员不足的问题被放大了。到 8 月底，皇家空军损失战斗机 286 架，他们击落的德国飞机却只有 380 架，整个战斗机部队只剩下 300 架可以用于作战。更加致命的是，皇家空军宝贵的战斗机飞行员已经有 103 人阵亡，128 人重伤，几乎占到了飞行员总数的 1/4，幸存的飞行员由于连续作战，人人疲惫不堪，几乎已经到达了生理极限。为了最大限度地保存实力，道丁将军除了在东北部地区保留了一支 200 架飞机的后备力量外，还对战斗机飞行员下达了一道死命令："不得与德国战斗机单独交战，除非对手是德国轰炸机……我只要审时度势的飞行员，而不需要好勇斗狠的战斗英雄。"

就在这生死关头，一个戏剧性的事件发生了。8 月 24 日，2 架迷航的德国轰炸机向伦敦投下了炸弹，而在这之前，希特勒严禁轰炸伦敦，元首先生还保持着诱降的幻想。8 月 25 日，皇家空军出动了 169 架双发轰炸机对德国首都柏林进行了报复性轰炸。单就战果来说，英军的空袭价值不大，德国方面仅有 11 名平民死于空袭行动。然而英国飞机能够飞临德国本土的事实让希特勒七窍生烟，这位脑子时常短路的统帅为了捍卫个人的面子，决定暂缓打击皇家空军，改为报复性地轰炸英国首都伦敦。9 月 7 日黄昏，第 2 航空队出动了 372 架轰炸机和 648 架战斗机直飞伦敦，皇家空军没有料到德国人突然改变攻击目标，仓促间没能起飞拦截。在一个多小时的时间里，德国飞机向伦敦投下了 300 多吨燃烧弹和重磅炸弹，伦敦彻底变成了一片火海，浓浓的烟雾直到第二天上午仍然笼罩城市，消防车的呼啸声、平民的求救声和伤员的哭喊声交织在一起。后来的统计证明，伦敦市民伤亡 1800 余人，1.1 万幢房屋被炸毁，连著名的圣马丁教堂和白金汉宫的北墙都变成了废墟和瓦砾。在此后的一周内，德国空军对伦敦进行了昼夜连续空袭，有时一天会达到 60 次以上的轰炸。然而这种野蛮行为并没有吓到英国人民，600 万伦敦市民以自己的方式进行战斗，他们有的加入了救火队和拆弹组，商店照常营业，电影院照常放映，特拉法尔加广场甚至还举行了音乐会。

（七）柳暗花明又一村

希特勒的一时兴起虽然让英国蒙受了巨大的财产和人员损失，但这些牺牲是有价值的，皇家空军战斗机部队得到了宝贵的喘息之机。得知皇家空军战斗机和飞行员数量不足的消息后，英国老百姓将家中的铝壶、铝锅、铝盆捐献给飞机制造厂，在6月到8月间，英国的飞机制造厂生产了1400多架战斗机。许多英国青年报名参加了速成的航空学校（英国二战第一王牌飞行员约翰尼·约翰逊就是此时进行的飞行训练），流亡在英国的12名法国飞行员自发组成了丘吉尔中队，135名波兰飞行员组成了波兰大队，皇家空军战斗机部队迅速恢复了自身的战斗力。此外，皇家空军及时开会总结初期作战的经验教训，他们发现分散出击的小编队难以和数十倍的德国飞机抗衡，因此改为采用3到6个中队组成的大编队迎敌。为了提高指挥效率，由空军副参谋长斯坦莫尔接替道丁将军，全权指挥战斗机部队此后的作战。

9月15日上午11时，德国空军出动了400架战斗机和100架轰炸机轰炸伦敦，皇家空军则破天荒地出动了17个战斗机中队，在英吉利海峡上空迎头拦击，螺旋桨动力时代两款最优秀的战斗机凶猛地厮杀在一起。转瞬间，空中战场变成了一幅无与伦比的战争画卷：数千架战斗机在视线所及的高空、中空、低空相互角逐，仅仅是发动机在变速时发出的轰鸣声就足以让人陷入晕眩状态。在氧气稀薄的高空中，飞行员们比拼着意志和技术；在友机、敌机纵横交错的中空，飞行员们将细腻的飞行技术发挥到了一个极致；在贴近山丘和树林的低空中，飞行员们不但要以技巧制胜，还必须保持良好的运气……最终，准备充足的皇家空军战斗机部队击退了他们的对手，德国轰炸机胡乱丢下炸弹仓皇返航。

当天下午3时，不甘失败的德国空军发动了第二次攻击。这一次，皇家空军依然占居先机，当第一波次的德国飞机到达英吉利海峡上空时，皇家空军第11航空队的12个"喷火"战斗机中队早已等候在那里。不久，德国空军的第二波编队也到达同一空域，又陷入了12个"飓风"战斗机的重围。双方从英吉利海峡一直缠斗到伦敦市中心，一连串的战斗使得空战在这一天达到顶峰。当天，皇家空军战斗机部队击落德国飞机56架，自身损失只有20架"飓风"和6架"喷火"。德国人这才明白，他们眼中已经残废的皇家空军战斗机部队仍然存在，而且战力依旧强大。战后，英国将9月15日定为不列颠空战日，以纪念这一辉煌的胜利。

（八）走向辉煌

1940年10月，希特勒决定将"海狮计划"推迟到1941年，实际上已经放弃了登陆英国本土的计划，所谓推迟不过是迷惑世人的把戏，以掩盖其对苏联即将发动的进攻。从1940年10月到次年5月，德国空军将昼间轰炸改为夜间轰炸，重点袭击英国的城市、工业中心和港口，破坏英国的工业生产。为了减少损失，德国人针对英国战斗机重点攻击德国轰炸机的战术，给Bf-109战斗机加挂炸弹，进行偷袭。然而皇家空军很快察觉了这一阴谋，对德军所有飞机都进行拦截，而Bf-109加挂炸弹后异常笨重，反而遭到了不小的损失，德军只好取消了这一战术。在这一阶段，最具代表性的战斗是德国空军在11月14日对考文垂的轰炸。皇家空军原本通过破译德国的最高机密——恩尼格玛密码机，事前已经掌握了德军的空袭计划，但为了不让德国人察觉，为日后的关键战役留下伏笔，英国战时内阁决定不通知考文垂市民，以牺牲换取秘密的保守。最终，449架德国飞机向考文垂投下了503吨炸弹和881吨燃烧弹，考文垂有5万多幢房屋被炸毁，1400多名市民被炸死炸伤。由于德军改变了轰炸目标，皇家空军战斗机部队的实力加速恢复，大批经受了短期培训的飞行员加入其中，而德国空军的损失越来越大。1941年1月，希特勒下令，停止所有入侵英国的准备工作，事实上放弃了"海狮"计划。为了掩盖进攻苏联的企图，德军对英国城市的轰炸一直持续到1941年5月。1941年5月16日，德国空军象征性地轰炸了伯明翰，最终结束了对英国长达9个月的战略轰炸，不列颠空战就此结束。在整个不列颠空战中，英国伤亡14.7万人，被炸毁房屋100多万幢。然而英勇的皇家空军战斗机部队以414人牺牲、损失飞机915架飞机的代价击落德国飞机1733架，交换比为1∶2，几乎是以一己之力挫败了德国登陆英国的计划，挽救了整个英国！

不列颠空战后，皇家空军战斗机部队先后在地中海、北非、法国和德国本土作战，无论是阿拉曼战役、马耳他风云，还是诺曼底登陆都起到了举足轻重的作用。那些年轻的战斗机飞行员用他们的智慧、勇气和生命，击败了比自己强大数倍的敌人，将不可一世的德国空军阻挡于国门之外，在英国历史上开创了空中力量保卫家园的奇迹。

十二、苏联第 5 近卫坦克军

第二次世界大战中，苏联红军喜欢用战役地名给精锐部队"增光添彩"，这些王牌部队的荣誉称号串联起来就是一部完整的东线战场进程图。比如第 1 近卫坦克军的荣誉称号是"顿河"，这是表彰该部在夺取卡拉奇大桥（顿河的著名桥梁）的战功；第 7 近卫坦克军的荣誉称号是"基辅-柏林"，这是表彰该部在解放基辅和攻克柏林的战功；第 5 近卫坦克军的荣誉称号是"斯大林格勒-基辅"，这是表彰该部在合围斯大林格勒德军和解放基辅的战功。而在苏军的 12 支近卫坦克军中，第 5 近卫坦克军的战功最为显赫，下面就让我们来了解这支王牌部队的前世今生。

（一）战争开端

20 世纪 30 年代，随着国防经济实力的全面增强，苏联红军开始向现代化和机械化转型。在武器装备上，苏联的 T-34、KV-1 坦克是当时世界上最优秀的坦克之一；I-16 战斗机和伊尔-2 攻击机在各自领域也名列前茅。在军队编制上面，苏联红军转入常备军制，炮兵、坦克兵等技术兵种在陆军中的比例日益提高。在 1930 年，苏联还只有一支实验性的坦克部队，而到了 1938 年底，苏联已经拥有了 4 个机械化军和 4 个重型坦克旅。1940 年，苏联政府判断德日是苏联最可能的敌人，他们都拥有庞大的陆军，所以决定将发展陆军放在优先位置，准备将陆军从 98 个增加到 303 个，机械化军也增加到 20 个，另行组建若干独立的坦克师，也正是这个正确的决策让第 5 近卫坦克军的前身之一——第 40 坦克师得以出世。

1941 年，德国向苏联西部边境调集了大量军队，苏军总参谋部决定从内地军区抽调若干部队加强西部边境的防御力量，其中就包括刚刚成立的第 40 坦克师（师长为米啥伊·施沃格科夫上校）。该师被划拨给第 19 机械化军指挥，隶属于基辅特别军区建制，驻扎在乌克兰日托米尔州的首府日托米尔市。1941 年 6 月 22 日凌晨 3 点半，德国对苏联不宣而战。在一个小时的炮击和空袭之后，153 个德国师、3700 辆坦克在 1500 千米长的战线上分成北、中、南三路，对苏军阵地发起了猛烈进攻，一场轰轰烈烈的卫国战争开始了。当时第 40 坦克师并未做好战斗准备，士兵虽然基本满员，但军队的中枢神经——军官和士官却严重缺乏，坦克、重炮等技术兵器更是不足，所有的装甲力量就是 130 多辆 T-37 坦克和 19 辆接近报废的 T-26 坦克。

T-26 是苏联在战前生产的轻型坦克，它速度够快，但火力和防护薄弱，远不是德军Ⅲ号坦克的对手；T-37 坦克就更不用说了，它原本就是两栖作战的侦察坦克，唯一的武器是一挺 7.62 毫米 DT 机枪，装甲厚度不过 9 毫米，大口径机枪都能射穿，用它进行战斗和拿着长矛向机枪阵地冲锋区别不大。然而德国的"闪电战"已经让红军伤筋动骨，一切能够顶住德国装甲部队的武器都被推上了前线，第 40 坦克师自然也不会例外。6 月 24 日，第 140 坦克师分成两个梯队：第一梯队携带全部坦克和装甲车辆快速前进，第二梯队则完全依靠步行前往战场。

（二）强军成型

6 月 26 日，苏联西南方面军集中了 6 个机械化军的兵力，向德军第 1 装甲集群侧翼发动了猛烈的反攻，双方在卢茨克、布罗德、罗夫诺、杜布诺的广阔地域内展开了大规模的坦克战。其中第 40 坦克师和第 228 步兵师负责攻击小镇杜布诺，他们一度将德军第 11 装甲师逐退了 25 千米。然而由于德国空军掌握着战场的制空权，包括第 40 坦克师在内的反击部队遭到了德军空中火力的巨大杀伤，再加上红军部队之间协同较差，到 6 月 25 日，红军的进攻能力消耗殆尽，第 40 坦克师仅剩下了 9 辆坦克还能作战！此后，第 40 坦克师的红军战士边打边撤，于当年 8 月底撤退到了高加索地区，此时整个坦克师只剩下 700 名战士，坦克则全部在战斗中损毁。鉴于该部的实际战况，苏军统帅部决定将第 40 坦克师的番号撤销，在其基础上组建第 45 坦克旅，下辖两个坦克营和一个步兵营，装备 30 辆 T-34 坦克和 7 辆 KV-1 型坦克。1942 年 4 月，第 45 坦克旅抵达了俄罗斯中部的沃罗涅日州，加入了刚刚组建的第 4 坦克军，正是该军在后来改编成了第 5 近卫坦克军。当时第 4 坦克军除了第 45 坦克旅，还下辖第 47 坦克旅、第 102 坦克旅和一个迫击炮营、一个侦察营。

1942 年 6 月，苏军先后在刻赤半岛战役和哈尔科夫战役中失利，苏德战场南线的形势发生了有利于德军的急剧变化，苏军不得不转入战略防御。6 月 30 日，保卢斯上将指挥的第 6 集团军突破苏军第 21、第 28 集团军的防御，造成了突出顿河、占领沃罗涅日的威胁。危急时刻，第 4 坦克军火速赶到顿河地区，对德军后方和侧翼进行猛烈的反突击。最终，在友军的配合下，第 4 坦克军暂时堵住了德军的突破口。然而德军在苏联西南方向的战略主动权并没有丧失，希特勒将主力集中于苏德战场的南翼，准备迅速攻占高加索和斯大林格勒，占领石油产地巴库和伏尔加河下游地区。苏联统帅部察觉了德军的动向，开始调集兵力防御，坚守斯大林格勒，第 4 坦克军被从防线上撤下来，加入了第 1 近卫集团军，克拉夫琴科少将被任命为第

4 坦克军的军长。

（三）连番血战

1942 年 8 月中旬，德军第 6 集团军组成北突击集团，第 4 装甲集群组成南突击集团，对斯大林格勒发动了钳形攻势，他们动用的兵力达到了 21 万人、2700 门火炮和 600 辆坦克。8 月 23 日，第 6 集团军主力渡过顿河，对斯大林格勒市区形成威胁；9 月 12 日，德军突入斯大林格勒市区；10 月 14 日，德军突至伏尔加河河岸……而就在德军在斯大林格勒的地狱熔炉中碰得头破血流的时候，第 4 坦克军加入了苏联西南方面军，进行了休整和整编，为即将到来的斯大林格勒反攻做好了准备。11 月 19 日拂晓，在持续 80 分钟的炮火准备后，西南方面军和斯大林格勒方面军集中 13 个集团军的兵力，从南北两个方向向斯大林格勒的德军发动了反攻。当天下午 3 点，第 4 坦克军突破了罗马尼亚第 3 集团军的阵地，6 个小时内前进了 25 千米。11 月 23 日，第 4 坦克军的第 45 坦克旅和第 4 机械化军的第 35 旅在卡拉奇会师，合围的铁闸缓缓放下，德军第 6 集团军和第 4 装甲集群的一部，共 22 个师，33 万人被包围在了斯大林格勒。随后，第 4 坦克军向东反转，对包围圈内的德军发起了进攻。1943 年 1 月，当红军向第 6 集团军的保卢斯元帅递交最后通牒的时候，第 4 坦克军搭乘火车离开了前线，加入了刚刚成立的沃罗涅日方面军。尽管第 4 坦克军没有参加斯大林格勒的最后战斗，但由于和友邻部队出色地完成合围任务，它被苏军统帅部授予了 "斯大林格勒坦克军" 的光荣称号。

1943 年 1 月 12 日，为了消灭德国 B 集团军群的沃罗涅日集群（下辖匈牙利第 2 集团军，罗马尼亚第 3、第 4 集团军和意大利第 8 集团军），苏军的沃罗涅日方面军发动了奥斯特罗戈日斯克–罗索什战役。第 3、第 4 坦克军和第 40 集团军紧密配合，将匈牙利、罗马尼亚和意大利部队团团包围。1 月 24 日，暴风雪笼罩着整个战场，气温骤降到零下 20℃，包围圈内的法西斯军队苦不堪言。当天晚上，红军发动了第二波攻势，于次日突入敌军纵深 20~25 公里，解放了库尔斯克州的小城卡斯托尔诺耶，将德军第 2 集团军和匈牙利第 3 军的 9 个师包围在了卡斯托尔诺耶东南地域。到 2 月 17 日，包围圈内的德军大部被歼灭，苏军解放了沃罗涅日州大部和库尔斯克州一部，为向库尔斯克和哈尔科夫反攻创造了条件。为了奖励第 4 坦克军的赫赫战功，苏联统帅部决定授予其 "近卫军" 的称号，将其命名为第 5 近卫坦克军，隶属第 40 集团军建制，它下辖的第 45、第 69、第 102 坦克旅和第 4 摩步团也被命名为第 20、第 21、第 22 近卫坦克旅和第 6 近卫摩步团。

（四） 攻防易势

由于苏军在苏德战场的南翼取得了一连串的胜利，统帅部乐观地估计了当时的形势，决定在南翼的库尔斯克、哈尔科夫和顿巴斯几个方向展开攻势，西南方面军和沃罗涅日方面军承担主攻任务。然而苏军统帅部忽略了一个事情：苏军大部分参战部队在过去的两个半月中连续作战，人员和技术装备损失严重。以第5近卫坦克军为例，满编时下辖近200辆坦克，此时还能开动的坦克已经不到50辆，实力大打折扣。

2月10日，沃罗涅日方面军前出到哈尔科夫城北55公里的地方，这座乌克兰第三大城市已经隐隐在望。2月15日，第5近卫坦克军一马当先地发动了进攻，他们逐退了德军精锐的"大德意志"师，率先攻入市区。与此同时，苏军第69集团军、第3坦克军也从东部和东南部向市区发动进攻。激烈的巷战持续了1个昼夜。到2月16日，武装党卫队第2装甲军指挥官保罗·豪塞尔违抗希特勒的命令，放弃哈尔科夫，向西撤退往德军的防线上。很显然，武装党卫队对逃命有着特别的直觉——因为几小时后，苏军坦克部队就席卷了哈尔科夫。随后，沃罗涅日方面军以第5近卫坦克军为先导，一路攻击前进，先后收复了别尔哥罗德、罗斯托夫等城市。然而德国南方集团军群指挥官曼施坦因玩了一手"拖刀计"，他暗中将第1、第4装甲集群集中起来，对深入德军纵深的沃罗涅日方面军和西南方面军实施了强大的反突击。在德军的压迫下，苏军被迫从第聂伯河沿岸撤退到北顿涅茨地区，哈尔科夫和别尔哥罗德再次被德军攻占。第5近卫坦克军为保护方面军的侧翼，同武装党卫队第2装甲军这个老对手展开激战，最终在预备队的增援下迟滞了德军的进攻，苏军控制着一个以库尔斯克为中心，长250公里、宽70米的巨大突出部。

（五） 钢铁碰撞

为了让损失颇大的第5近卫坦克军恢复元气，苏军统帅部将其撤往二线休整，并为其扩大了部队编制。该军的每个坦克旅都增编了一个坦克营，军直属队还得到了一个自行火炮团（20门76.2毫米自行反坦克炮）、一个重迫击炮团（36门120毫米迫击炮）、一个高射炮团和21辆"丘吉尔"Ⅳ型坦克（英国援助）。到1943年6月，该军的总兵力接近1.2万，装备有131辆T-34/76型坦克、21辆"丘吉尔"坦克和800辆美制道奇卡车，全军的战斗力基本恢复。

与此同时，德军统帅部也制定了代号为"堡垒"的作战计划：将 50 个精锐师分别集中于库尔斯克突出部地南北两翼，由中央集团军群和南方集团军群分别指挥，准备从南北成钳形合围突出部，聚歼苏军，重新夺回东线战场的主动权。苏军统帅部察觉了德国人的意图，决定在库尔斯克集中重兵进行防御，疲惫和消耗德军，然后转入反攻。其中沃罗涅日方面军的任务是防御库尔斯克突出部的南部地带，第 5 近卫坦克军被作为方面军的预备队使用。

1943 年 7 月 5 日凌晨，德军中央集团军群的第 9 集团军在突出部的北线发动了试探性进攻。苏军先下手为强，对第 9 集团军的出发地进行了 40 分钟的猛烈炮击，德军前沿阵地被炸平，攻击行动被迫延后。早上 6 点，缓过劲来的第 9 集团军投入 3 个装甲师和 4 个步兵师，向苏军发起了猛烈攻击。与此同时，德国南方集团军群也向沃罗涅日方面军发动了猛攻，企图占领至关重要的奥博扬公路。指挥沃罗涅日方面军的瓦图京上将马上命令第 5 近卫坦克军与第 2 近卫坦克军、第 1 坦克集团军汇合，向在突出部南部实施突破的武装党卫队第 2 军和第 48 装甲军发动反突击。7 月 12 日，双方在库尔斯克的小镇普罗霍洛夫卡遭遇，约 1200 辆坦克和自行火炮展开了第二次世界大战中规模最大的一次坦克遭遇战。

在不足 15 平方公里的战场上，德军的 400 多辆"虎"式、"黑豹"式和 IV 号坦克和苏军的 800 多辆 T-34、KV-1 型坦克进行了 8 个小时的血腥搏杀。整个战场上炮声隆隆，硝烟弥漫，被击毁的坦克冒着浓烟，双方的坦克手刚刚爬出坦克就用手枪和匕首开始肉搏，不时有几辆英勇的苏军坦克带着熊熊的烈火撞向德军坦克，双方同归于尽……最终红军的英勇压倒了德军的凶顽，德国人首先退出了战斗，他们损失了将近 200 辆坦克，其中包括将近 80 辆的新型坦克。虽然苏军伤亡更大一些（损失将近 400 辆坦克），但苏联在 1943 年的坦克产量已经是德国的 2 倍，这场消耗战让战场的主动权牢牢地控制在了苏联红军手中。

挫败了德军的攻势之后，红军转入全面反攻。8 月 3 日，沃罗涅日方面军以第 5 近卫坦克军为先锋，向别尔哥罗德地区的德军发动总攻。8 月 7 日，该部到达德军纵深内的重要交通枢纽博戈杜霍夫市，楔入了德军防线后方，距离哈尔科夫只有 65 千米。为了解除沃罗涅日方面军对哈尔科夫的威胁，德军出动了"大德意志"机械化师、第 7、第 11、第 19 装甲师、武装党卫队第 3"骷髅"装甲师和苏军第 3、第 5、第 6 坦克近卫军在博戈杜霍夫以南区域展开激战。惨烈的战斗持续到 8 月 22 日，双方都损失惨重：德军的 4 个装甲师只剩下不到 100 辆坦克，第 5 近卫坦克军也损失了半数的坦克和自行火炮。

8 月 23 日，苏联草原方面军在沃罗涅日方面军的协同下收复哈尔科夫。至此，库尔斯克会战正式结束，苏军向南和西南方向推进了 140 公里，击溃了德军的 15

个师。第 5 近卫坦克军撤到了后方休整，所有的轻型坦克都换成了 T−34、KV−1 和"丘吉尔"型坦克。

（六）解放基辅

1943 年 10 月，苏联红军在第聂伯河地区发动了大规模的进攻作战，准备解放盛产农产品的乌克兰地区。为了达到这一战役目的，红军调集了 5 个方面 263.5 万人的兵力，技术兵器包括 2400 辆坦克和自行火炮、2850 架飞机和 5.1 万门火炮，其中第 5 近卫坦克军所在的沃罗涅日方面军也披挂上阵。9 月 21 日，第 5 近卫坦克军渡过第聂伯河，在河对岸为方面军夺取了一个登陆场，随后第 27、第 40、第 47 集团军相继完成强渡。10 月 20 日，沃罗涅日方面军改成乌克兰第 1 方面军，开始为解放基辅做战前准备。11 月 3 日凌晨，经过 40 分钟的炮火和航空火力准备，第 5 近卫坦克的坦克手们打开了所有车灯，拉响警笛向德军阵地冲去。德国人惊得目瞪口呆，接着便慌忙退却。第 5 近卫坦克军向南飞速推进，当天即突入德军纵深 12 公里。11 月 5 日，第 5 近卫坦克军的先头部队到达了基辅的北郊和西郊。第二天凌晨，这座苏联的第三大城市、乌克兰的首府终于回到了祖国的怀抱！由于第 5 近卫坦克军在这次战役中的突出表现，统帅部决定授予其"斯大林格勒−基辅坦克军"的称号，军长克拉夫琴科也被授予"苏联英雄"的金星勋章，这也是苏联在二战中的最高荣誉。

不甘心失败的德军将第 4 装甲集群的 15 个师投入反击，企图夺回基辅。由于苏军久战疲惫，未能挡住德军的进攻，被迫后撤进行防御作战。11 月 12 日，德军第 1 装甲师的 170 余辆"黑豹"和 Iv 号坦克猛攻第 5 近卫坦克军阵地，双方几经肉搏，第 5 近卫坦克军不支退走，德军重新占领了日托米尔。与此同时，武装党卫队第 1 "警卫旗队"师也向基辅方向突击，占领了日托米尔通往基辅的公路。关键时刻，第 5 近卫坦克军停止撤退，以一往无前的勇气向德军装甲部队的侧翼发动反击，重新夺回了日托米尔−基辅的公路。此后的数天中，第 5 近卫坦克军以一当十，连续击退了德军 4 个装甲师的轮番进攻，保住了这条至关重要的交通线。11 月 26 日，伤亡惨重的德军停止了进攻，遍体鳞伤的第 5 近卫坦克军也被撤到后方休整。在第聂伯河战役中，第 5 近卫坦克军打光了一个重型坦克团和一个反坦克团，3 个主战坦克旅更是伤亡过半。因此，在休整期间，苏军统帅部为它补充了 2 个自行火炮团和一个装备有 76.2 毫米反坦克炮的反坦克团。

（七）科尔松口袋

1943年12月24日，在西方传统的平安夜，乌克兰第1方面军开始实施"日托米尔–别尔季切夫"战役，沿着基辅–日托米尔公路向德军第4装甲集群发动进攻。实力尚未恢复的第5近卫坦克军被分配给第60集团军，进攻当面的德军第213警察师。到1944年1月1日，乌克兰第1方面军向德军纵深突进了100千米，重新夺回日托米尔。随后，第5近卫坦克军被调离第60集团军，改为支援第40集团军对别尔季切夫的进攻。1月5日，苏军收复别尔季切夫。这期间，乌克兰第1方面军在编制上进行了调整，第5近卫坦克军和第5机械化军组成了第6坦克集团军。克拉夫琴科担任集团军司令。

1月24日，乌克兰第1方面军主力和乌克兰第2方面军的部分兵力开始实施"科尔松–舍甫琴科夫斯基"战役，准备将德军卡涅夫集团彻底消灭。这是一次南北并进的钳形攻势，由第5坦克集团军和刚组建的第6坦克集团军担当"铁钳"的"钳头"。然而在战斗开始前一天，一件出乎意料的事情发生了。苏军第一波攻击部队中的一名中尉军官被德军俘虏，此人熬不住酷刑，交代了红军即将发动进攻的情报。当第5近卫坦克军发动进攻时，早有准备的德军用地雷、反坦克炮和突击火炮造就了一片坦克坟场，一个小时内第5近卫坦克军就损失了13辆坦克，当天没能前进一步。1月27日，克拉夫琴科将军改变了进攻方向，由第5机械化军的第233坦克旅从侧翼进攻。该旅装备了80多辆美制M4A2"谢尔曼"坦克，火力和斗志正在巅峰状态，第二天就冲到了兹韦尼哥罗德卡地区的罗德尔，完成了与第5坦克集团军的汇合，将德军第2、第11军的7个步兵师、1个装甲师共8万人包围在了科尔松地区。2月10日，德军的解围部队猛攻第6坦克集团军的阵地，一度占据了科尔松南部的小镇列斯扬卡。为此，克拉夫琴科少将遭到了朱可夫元帅的处分，被降职为第5近卫坦克军的军长，继续带领他的老部队作战。知耻而后勇的苏军战士拼死阻击，再加上寒冷的天气，德国的解围部队损失惨重，只得电告包围圈内的部队自行突围。2月17日凌晨，完全绝望的被围德军以武装党卫队第5"维京"师的比利时旅和"日耳曼"团为先锋，在夜色的掩护下向列斯扬卡方向突围。苏军迅速调集坦克和炮兵，并使用夜航轰炸机部队实施攻击，德军在苏军猛烈打击下四散崩溃，8万余人最终只有不到一半逃出生天。

（八）胜利之日

1944 年 2 月，第 5 近卫坦克军和第 6 坦克集团军被划拨给乌克兰第 2 方面军指挥。该军在短暂的休整之后，参加了 3 月 5 日开始的"乌曼－博托沙尼"战役。在这场被德国人称为"泥浆行动"的攻势中，红军利用坦克牵引车辆和辎重，顺利地通过了泥泞地域。到 4 月底，红军解放了第聂伯河右岸乌克兰的广大地区，彻底瓦解了德军南线部队，整个战线推进到了罗马尼亚和波兰边境。为了迫使罗马尼亚退出轴心国，马里诺夫斯基上将指挥的乌克兰第 2 方面军准备发动一次大规模的进攻，时间就订在当年 8 月。在这段时间里，第 5 近卫坦克军接收了一大批新型的 T–34/85 型坦克。该型坦克换装了 85 毫米坦克炮，火力更加强大。8 月 20 日，苏军以猛烈的炮火准备和空中打击吹响了进攻的号角，乌克兰第 2 方面军的第 27 集团军仅用 3 个小时就突破了德军两道防线。当天下午 2 点，第 5 近卫坦克军投入突破口，再次打开了德军的第 3 道防线。到 9 月 3 日，苏军共歼灭德军和罗马尼亚军队 22 个师，进入罗马尼亚内地。到 10 月 25 日，罗马尼亚腹地的德军基本被肃清。

经过两个月的休整后，乌克兰第 2 方面军又在匈牙利方向发动了布达佩斯战役。对于双方的士兵来说，这是一次痛苦的折磨。在 12 月 5 日，战役开始的当天，天气异常寒冷，但第 5 近卫坦克军还是在德军的防线上打开了一条通道。12 月 7 日，武装党卫队的几个精锐装甲师发动反击，一度迫使第 5 近卫坦克军后撤。此后的两周内，苏军和德军在泥泞潮湿的战场上反复拉锯，直到 12 月 26 日，苏军才将布达佩斯彻底包围，这是第 5 近卫坦克军参加的第 4 次合围战，德军的命运和斯大林格勒不会有何不同，第 5 近卫坦克军为此获得了红旗勋章。1945 年 1 月，武装党卫队第 4 装甲军发动了解围战，直逼布达佩斯，第 5 近卫坦克军不得不结束了短暂的休整，再次投入战斗。最终，布达佩斯战役以苏军的胜利告终，第 5 近卫坦克军只剩下 50 辆坦克能开动。

1945 年 3 月到 8 月间，第 5 近卫坦克军又参加了巴拉顿湖战役、维也纳战役和布拉格战役，彻底摧毁了德国法西斯的最后抵抗。此后，他们又挥师中国东北，对日本关东军发起了最后一击。在大兴安岭的原始森林中，该部队以每昼夜前进 82 千米的速度创造了装甲兵的纪录。当年 8 月 30 日，第 5 近卫坦克军在苏联伞兵的配合下解放了沈阳，然后又相继夺取了旅顺和大连，军长克拉夫琴科再次获得了一枚苏联英雄的"金星勋章"。第 5 近卫坦克军的战斗终于结束了，在那四年多血与火的日夜里，第 5 近卫坦克军的坦克手们一次次以令人难以置信的无畏精神冲向敌阵，从基辅到斯大林格勒，从库尔斯克到柏林，没有敌人能阻挡住他们前进的步伐。虽然很多战士没能看到飘扬在第三帝国总理府上的红旗，但他们的故事不会被遗忘，必将成为史诗般的传奇。

十三、苏联第 62 集团军

提到第二次世界大战，就不能不讲苏德战场；而提到苏德战场，就不能不讲斯大林格勒战役。在这场具有里程碑意义的战役中，苏德双方都投入了最精锐的部队和最勇猛的将领，德国方面是保卢斯上将的第 6 集团军和霍特的第 4 装甲集群，苏联方面是崔可夫中将和第 62 集团军。最终，后者如同烈火中涅槃重生的凤凰，在残酷的地狱熔炉中迸发出了耀眼的光芒。第 62 集团军在前后 200 多天的血战中死战不退，从无名的预备集团军蜕变为名垂青史的王牌部队。

（一）聚焦南线

1942 年 3 月，激战了 9 个多月的东线战场陷入了短暂的沉寂之中。苏德两国如同两个不共戴天的死敌在拳击场上完成了第一个回合的较量，正喘着粗气，流着热汗在各自的角落中休息，双方都瞪圆了眼睛捕捉着对手的下一个动作，寻找机会挥出致命的一拳。苏联方面，莫斯科会战的胜利让红军获得了休整的机会，红军的兵力已经增加到 510 万人，坦克 4000 辆，火炮 4.5 万门，作战飞机 2200 架；德军虽然元气大伤，但在东线仍有作战部队 620 万人、3300 辆坦克、5.7 万门大炮和 3400 架作战飞机，基本上算是势均力敌。可眼见自己在莫斯科这张 "赌桌" 上输掉了 1941 年投机得来的大半筹码，希特勒懊恼不已，他决定将全面进攻变为重点进攻，以苏联南部战线作为突破口。当年 4 月，希特勒下达了第 41 号作战训令，其核心思想是：中路放慢进攻速度，北路攻陷列宁格勒，南路突入高加索地区，征服高加索油田和库班的小麦产区，拿下伏尔加河上的重镇斯大林格勒。

那么让希特勒垂涎三尺的斯大林格勒是一座什么样的城市呢？该城位于伏尔加河下游西岸，原名察里津，因为国内战争期间斯大林曾在此指挥作战而改名为斯大林格勒。它是伏尔加河上的重要港口，又是苏联南方的铁路交通枢纽和重要的工业城市。它的西面、南面是广阔的顿河下游、库班河流域和高加索，这些地区是苏联的粮食、石油、煤炭的主要产区。1941 年德军占领乌克兰后，斯大林格勒成了苏联中央地区通往南方经济区唯一的交通咽喉。希特勒相信，一旦拿下这座城市，不但可以切断苏联中部和南部地区的联系，还能掩护德军对高加索油田的进攻，达到切断石油供应、瘫痪苏联战争机器的目的。此外，希特勒还认为该城是以苏联统帅约瑟夫·斯大林的名字命名的，如果能攻占它就会在苏德双方的心理层面产生巨大影响，最终决定战争的胜负。

（二）临危受命

1942 年 5 月 8 日，战斗首先在克里米亚半岛打响，曼施坦因上将指挥的第 11 集团军向苏军的 3 个集团军发动进攻。由于老谋深算的曼施坦因采取了"批亢捣虚"的战略，从苏军防御薄弱的南部防线出击，结果德军以少胜多，不但在一周内攻占了克里米亚大部分地区，还俘虏了 17 万苏军，缴获坦克 300 多辆、火炮 4000 多门。与此同时，苏军在乌克兰哈尔科夫地区发动的反击也被德军挫败，苏军主攻的 4 个集团军损失惨重，牺牲和被俘的人员达到了 23 万人，损失坦克 755 辆，火炮 5000 多门，而德军的伤亡不过 2 万人。克里米亚和哈尔科夫的连续失利，让苏德战场南翼的力量对比发生了有利于德军的急剧变化。为了乘胜追击，德军统帅部在当年 6 月制定了代号为"蓝色"方案的作战计划，将南方集团军群划分为 A、B 两个集团军群，其中 B 集团军群的主力——保卢斯上将指挥的第 6 集团军负责向斯大林格勒方向进行突击。这支部队是德国国防军的精锐集团，下辖 6 个军 14 个师共 27 万人，技术兵器包括 3000 门火炮和 500 辆坦克，还得到了德国空军第 4 航空队 1200 架飞机的空中支援。

为了保卫斯大林格勒，苏军统帅部在 7 月 12 日决定组建斯大林格勒方面军，铁木辛哥元帅担任方面军司令，赫鲁晓夫担任政治委员，下辖第 62、第 63、第 64 三个集团军，后来又陆续将原西南方面军的第 21、第 28、第 38、第 57 集团军编入方面军建制。表面上看，苏军在斯大林格勒集中了 7 个集团军，实际上整个方面军下辖的 38 个步兵师只有 1/3 是齐装满员的，一半的师只有 300 到 1000 人。到 7 月 17 日，斯大林格勒战役正式打响时，苏军能和德军第 6 集团军作战的部队就只有第 62、第 63 两个集团军的 12 个师约 16 万人，2200 门火炮和 400 辆坦克，兵力和技术兵器都处于下风。然而正像俗话说的——沧海横流，方显英雄本色，全程参与战役进程的第 62 集团军成了一颗耀眼的新星，它在残酷的巷战和反复拉锯中，如同一颗钉子一样牢牢地坚持在斯大林格勒城中，牵制德军大量兵力两个多月，从一个战役前新建不久的预备集团军一举跻身于苏军主力兵团的行列。

（三） 决战的到来

1942 年 7 月 11 日，第 62 集团军司令科尔帕克奇少将接到统帅部命令，要求部署在斯大林格勒地区的该集团军所属各部主动开进，在远郊地区占领防御阵地，从而开始了第 62 集团军艰苦奋战的历程。7 月 23 日清晨，德军第 6 集团军的第 14 装甲军向第 62 集团军的右翼阵地发起了进攻，第 62 集团军布置在一线的 3 个步兵师——第 33 近卫步兵师、第 184 步兵师和第 192 步兵师奋起抵抗。在第 33 近卫步兵师第 84 团的阵地上，一个反坦克连在 3 小时内全部打光，4 名幸存的士兵用两支 PTRD41 型 14.5 毫米反坦克步枪连续摧毁了 15 辆 III 号坦克，硬是击退了德军一个装甲营的进攻。而在第 192 步兵师方向，全师伤亡过半，师长扎哈尔琴科少将牺牲。尽管第 62 集团军的红军战士进行了顽强抵抗，但由于力量相差悬殊，到 7 月 24 日，德军还是将第 62 集团军的 3 个步兵师、一个坦克旅和一个炮兵团合围。幸亏斯大林格勒方面军出动了预备队进行反击，才将包围圈的几个师接应出来。眼见斯大林格勒战役愈发激烈，斯大林在 7 月 28 日下达了誓死保卫该城的第 227 号命令，这个命令因为"寸土不让"这 4 个字而名垂青史。

7 月 31 日，希特勒命令德军第 4 装甲集群从高加索调头北上，从西南方向突击斯大林格勒。与此同时，保卢斯的第 6 集团军对第 62 集团军驻守的顿河西岸地区发动了猛烈攻势。到 8 月 14 日，苏军被迫撤往顿河西岸，顿河东岸地区被德军占领。在将近一个月的战斗中，第 62 集团军的勇士们和友邻部队拼死作战，迫使德军在 4 周内只前进了 100 千米，粉碎了德军在行进间突入斯大林格勒的计划。8 月底，苏军统帅部将斯大林格勒方面军一分为二——斯大林格勒方面军和东南方面军，第 62 集团军仍然隶属于斯大林格勒方面军。为了保持第 62 集团军的战斗力，苏军最高统帅部不断地给第 62 集团军"输血"，第 131 步兵师、第 112 步兵师、第 87 步兵师和一个坦克旅、6 个独立坦克营先后调入第 62 集团军序列。尽管得到了大量补充，但截至 9 月初，纸面上下辖 14 个步兵师的第 62 集团军已经减员至 5 万人，部分步兵师只剩下 200 名士兵（苏军步兵师满员编制为 14483 人），大部分坦克旅已经打成了纯步兵，而德军已经逼近到距市区仅 10 公里的地方，斯大林格勒会战中最为惨烈的城市巷战即将拉开大幕。

（四） 地狱熔炉

9 月 13 日清晨，第 6 集团军出动了 4 个步兵师和 1200 辆坦克，向斯大林格勒市区的马马耶夫岗和中央火车站发动了进攻。马马耶夫岗位于斯大林格勒市中心，它是这座城市的制高点，占领它不但能用重炮攻击市区内的大部分角落，还能俯瞰整个城市的战况，是绝对的兵家必争之地。第二天下午，德军第295步兵师在付出巨大代价后，占领了马马耶夫岗；第14装甲师也在攻击伏尔加河上的码头，企图将第62集团军陷入背水而战、三面受敌的险恶境地。值得庆幸的是，这时担任第62集团军司令的崔可夫中将并未惊慌失措，这位性烈如火、战争嗅觉敏锐的将军不顾个人安危（德军一度攻到他的指挥部几百米外的地方），将最后的预备队——一个装备有19辆坦克的重型坦克旅投入到至关重要的码头保卫战中，确保第62集团军和伏尔加河东岸部队的联系。当天黄昏，由罗季姆采夫少将指挥的第13近卫步兵师渡过了伏尔加河。这个装备精良的步兵师刚刚踏足伏尔加河西岸，就接到了崔可夫发出的命令——夺回马马耶夫岗和中央火车站。此后的一周中，第13近卫步兵师力抗德军第71、第295两个师，硬是将马马耶夫岗再次夺回。而在战况更为激烈的中央火车站，阵地曾13次易手，第13近卫步兵师的一个300多人的步兵营最后只有6名战士生还。到9月19日，第13近卫步兵1万多名生龙活虎的战士，只剩下2700人能战斗。用红军战士的话说："投入斯大林格勒这座熔炉的就不怕被熔化，敢于熔化自己的一方才能获得胜利。"

在接下来的两个星期里，斯大林格勒市区的战斗越发白热化，死亡在这里变成了司空见惯的事情。在战斗最激烈的日子里，第62集团军的战士们和德军一条街道一条街道地争夺，后来就是一间房屋一间房屋地争夺，最后干脆是一寸土地一寸土地的争夺，德国人将这样的战斗称为"老鼠战争"——他们传统的空军、坦克和步兵协同作战的制胜招数根本无从发挥。而为了更好地在巷战中发挥威力，崔可夫将军彻底打乱了传统师、旅、团的编制，将部队划分为几十人的小分队，以手枪、冲锋枪、手榴弹和燃烧瓶为武器同德国人进行顽强地战斗。在城中的一座居民楼中，由第13近卫步兵师的中士扬科夫·巴甫洛夫指挥的一支23人的苏军小分队坚守了56个昼夜，德国人动用了飞机、坦克、重炮，却始终无法摧毁这栋无比坚固的楼房，以至于一些德军士兵歇斯底里地叫喊着："魔鬼，他们都是魔鬼，他们竟然不怕子弹和火焰。"后来，这栋大楼被人们称为了"巴甫洛夫大楼"，它成了第62集团军战士大无畏精神的象征。

（五）胜利到来

尽管第62集团军的勇士们在流血的9月付出了巨大的伤亡，但斯大林格勒的局势还在进一步地恶化。9月27日，马马耶夫岗再次岌岌可危，苏军各步兵部队伤亡惨重，阵地被进一步分割压缩。连以乐观和坚强著称的崔可夫将军也在当天的日记里写道："如果这样的激战再来一天，我们将被赶下伏尔加河。"关键时刻，苏军统帅部在6天内向第62集团军调拨了5个步兵师，苏军的顽强抵抗和援军到来，暂时遏制住了德军的进攻势头。10月初，德军的攻势又转向了北部的工业区，保卢斯将他最后的5个步兵师和2个装甲师投入了战斗，德国空军也以每天3000架次的频率对斯大林格勒进行轰炸。10月14日，德军攻占了"红十月"拖拉机厂。10月17日，崔可夫被迫将他的指挥部向后转移了几公里。就在这个时刻，崔可夫再次得到了援军，方面军从友邻的第64集团军抽调了第138步兵师增援第64集团军。10月29日，苏军统帅部从战略预备队中将第45师调入第62集团军，崔可夫也解散了自己司令部的警卫营，将其兵员和装备全部投入到作战之中。10月31日，苏军发动了反击，虽然只将德军逐退了100多米，但崔可夫向保卢斯传递了一个信号——"攻守之势易也。"

就在德军攻势最疯狂的10月，苏军已经集结了3个方面军11个集团军110万人的兵力，准备对第6集团军的侧翼动手了。11月19日，代号"天王星"的大反攻开始了，苏军的3000多门火炮将几十万吨复仇的炮弹发射到了敌人的头上。猛烈的炮击过后，苏军以坦克为先导，向德军两翼发动了进攻。11月30日，保卢斯的第6集团军和第4装甲集群的一部被合围在了斯大林格勒，30多万德军成了瓮中之鳖。随着苏军全线反攻的开始，第62集团军组织起精干小分队，以突然迅猛的反击，不断对德军阵地蚕食，继续牵制、消耗德军有生力量和技术兵器。1月10日苏军向包围圈内的德军发动了总攻。走投无路的保卢斯向希特勒发电报说："部队已经弹尽粮绝，抵抗下去是没有意义的。"而希特勒的回电也"干脆利索"，就是一句话——"死守阵地，战斗到最后的一兵一卒。"1月27日，苏军发动了最后的攻击，保卢斯和23名德国将军、2000名军官、9.1万名士兵成了苏军的俘虏。他们最终没能像希特勒希望的那样走向"胜利之门"，而是走向了赎罪的战俘营。至此，长达200天的斯大林格勒大会战终于以苏军的完胜而落幕。在整个战役期间，功勋卓著的第62集团军先后下辖了24个步兵师、5个步兵旅、2个坦克军、19个反坦克炮团和9个火箭炮团，就其规模而言，算得上现代战争中编制最为庞大的集团军了。

（六）百战归来

斯大林格勒战役结束后，苏军统帅部给予了第62集团军极高的褒奖：该集团军被改编为第8近卫集团军，隶属于西南方面军建制，下辖第28、第29近卫步兵军和第 4 近卫机械化军，休整后的第 8 近卫集团军作为苏军的一流主力参加了以后的一系列战役。1943 年 8 月，第 8 近卫集团军先后参加了顿巴斯战役，第 4 近卫机械化军和第 4 近卫骑兵军一起组成了骑兵机械化集群，切断了德军的退路。8 月 23 日，第 8 近卫集团军解放了阿姆夫罗西耶夫卡；8 月 30 日，解放俄罗斯西南部工业重镇塔甘罗格。9 月 22 日，第 8 近卫集团军和兄弟部队一起解放了顿巴斯州。尔后，该集团军从第聂伯罗彼得罗夫斯克以南强渡第聂伯河，攻占了河右岸的登陆场，彻底粉碎了德军沿第聂伯河稳定战线的打算。

1943 年 10 月，第 8 近卫集团军在乌克兰第聂伯罗彼得罗夫斯克州境内的克里沃罗格方向上实施进攻，以歼灭盘踞该此处的德军。当时德军在该地部署有 7 个师的部队，构筑了一系列的坚固工事，乌克兰第 3 方面军（原西南方面军改编而来）集中了第 8 近卫集团军等 3 个集团军 14 个步兵师、1 个坦克军的兵力，发动进攻。10 月 10 日，10 万苏军战士在 50 分钟的炮火准备后发动进攻，当天即突入德军阵地 3 千米。10 月 14 日，苏军经过激烈巷战，解放了乌克兰历史名城扎波罗热，全歼德国守军。1944 年 1 月底，苏克兰第 3、第 4 方面军发动了尼科波尔一克里沃罗格战役。乌克兰第 3 方面军先以两翼的第 6、第 37 集团军发动佯攻，迷惑德军，然后再以第 8 近卫集团军和第 46 集团军发动主要突击。到 2 月 5 日，苏军突入德军阵地 40~60 千米，占领了工业城市克里沃罗格。3 月 6 日，乌克兰第 3 方面军发起别列兹涅戈瓦托耶一斯尼吉廖夫卡战役，第 8 近卫集团军和第 46 集团军组成主突击集团，直插敌后。3 月 26 日，乌克兰第 3 方面军再次发动。4 月 10 日，第 8 近卫集团军与方面军的其他部队一道解放了乌克兰南部城市敖德萨，为解放乌克兰做出了巨大贡献。6 月 13 日，第 8 近卫集团军调拨白俄罗斯第 1 方面军指挥。

同年 8 月，第 9 近卫集团军跟随方面军其他部队强渡西布格河，7 月 24 日参加解放波兰东部城市卢布林的战斗。随后，又在华沙以南强渡维瓦斯河，攻占了河右岸的马格努谢夫登陆场。1944 年 8 月到 1945 年 1 月中旬，第 8 近卫集团军负责防守维瓦斯河一线和马格努谢夫登陆场，实施扩大登陆场的战斗。1945 年 1 月 14 日起，第 8 近卫集团军参加了维瓦斯河-奥得河战役。1 月 19 日，该部解放了波兰罗兹市，1 月 29 日进入德国本土，从行进间强渡奥得河。2 月 23 日，第 8 近卫集团军和第 69 集团军、第 1 近卫坦克集团军一起以夺取了波兹南要塞，3 月 30 日占领屈斯特林要塞。1945 年 4 月到 5 月间，第 8 近卫集团军参加了柏林战役。最终，第 62 集团军的战斗历程从斯大林格勒城下开始，在柏林胜利结束。因在卫国战争中战功卓著，233 人荣获"苏联英雄"称号，10 余万人获得各种勋章和奖章，145 个兵团和部队荣获勋章，为反法西斯战争的胜利做出了卓越的贡献。

十四、美国第 82 空降师

因为一部《兄弟连》的影响，美军第 101 空降师名声大振，脚蹬棕色伞兵靴，佩戴啸鹰臂章的 101 师伞兵成了美国大兵的代名词，受到军迷的热烈追捧。相比之下，美军的另一个空降师——第 82 师却门庭冷落，其历史战绩几乎被淹没在了"同门小弟"铺天盖地的影视资料之中，乏人问津……这对第 82 师是不公平的，因为就真实情况来看，第 82 空降师才是美军中资格最老、参战最多而且也是迄今为止美军唯一保留的伞兵师。

（一）出身名门

第 82 空降师前身是第 82 步兵师，这是一支参加过一战的老资格部队，以善于堑壕防守闻名，称得上一支铁军。此外，该师在一战中还出了一位驰名世界的战斗英雄——约克中士，这位兰博式的人物曾在一场遭遇战中单枪匹马地击溃了德军一个营（毙敌 21 人，俘虏 90 人），获得过国会荣誉勋章。有趣的是，第 82 空降师的中国同行——中国人民解放军的空降部队也是改编自一支曾在上甘岭的坑道中顽强防御的陆军部队第 15 军，军中也出了一位誉满世界的英雄——黄继光。

由于第 82 空降师组建的时候，士兵正好来自美国本土的 48 个州，所以该师的标志便采用了美国国旗的红、白、蓝三种颜色构成底色，中间两个变体的白色字母"A"代表了"All Americans"的意思，即"我们来自美国各地"。后来改编成第 82 空降师的时候在方块上又添了一个蓝底白字的拱形长条"AIRBORNE"（空降兵），因为空降部队的士兵素质跟那些以州为单位分别组建的步兵师不可同日而语，所以 82 空降师变得牛气冲天，连那红底白字的"AA"的意思也跟着变了味，从"全美师"变成了"老子们能代表所有美国人"！

第 82 空降师的首任师长是后来中国人民的老相识，继麦克阿瑟之后担任"联合国军"总司令的李奇微上将，不过这时他还只是一位刚被提拔成将军的少壮派军官，受命组建这样一支无先例可循的空降兵部队。李奇微的主要助手是两位年轻的空降专家——詹姆斯·加文上校和马克斯维尔·泰勒上校，加文此前是独立第 505 伞兵团的团长，而泰勒则是一位很早就关注空降作战的参谋官，这三个人的组合奠定了第 82 空降师最初的班底。

领导班子很快敲定，但是第82空降师的组建工作却一波三折。按照李奇微本来的设想，82空降师应该是下辖一个伞兵团（504团）和两个滑翔机步兵团（325、326团），但是因为滑翔机的产量一直跟不上，326机降团的装备迟迟不能到位。最后实在等不及要上战场了，只能撤销326团，把詹姆斯·加文上校的505伞兵团拿来顶替，这是加文跟82空降师渊源的由来。只是505独立团资格太老，不少伞兵对被新单位"吞并"很是不服气，李奇微师长没少苦口婆心地进行思想政治工作。

但是不管怎么说，第82师的编制也有了，第504、第505两个伞兵团加一个325滑翔机步兵团，成了"全美师"最初的家底。正因为82师一直保持着一个滑翔机步兵团的编制，所以该师一般被称为"空降师"而不是"伞兵师"。滑翔机步兵和伞兵是有区别的，只不过这类部队的光芒长久以来都被伞兵同僚所掩盖，以至于人们提起《兄弟连》的时候一口一个"101伞兵师"。当然，滑翔机步兵团的战士们也很憋屈，伞兵一个个穿着皮靴拉风无比，出任务跳伞还有额外的津贴，而机降团的士兵们只有普通陆军的薪水，打仗时却要承担更大的危险（滑翔机更容易出问题，一死一舱室），因此不管是82师的还是101师的，机降团的士兵士气普遍不高，但这反过来又进一步拉开了两种部队战斗力的差距，导致机降团越发默默无闻。

其实滑翔机的用处要比降落伞大，不说别的，如果没有从滑翔机里跑出来的坦克、重机枪和大口径火炮，伞兵们就只能靠手里的步枪和火箭筒去对付德国人的装甲师了，那结果相当悲摧。而且，在李奇微的计划中，师部是跟他一起通过滑翔机空降参战的，这样方便组织指挥，不然一落地师长先到处去找参谋官，这仗还怎么打？1942年8月15日，第82空降师正式成军，首任师长是总喜欢在胸前别两个手雷的马修·李奇微少将，一个传奇开始了。

（二）悲摧的空降

位于地中海的西西里岛，从地图上看很像是被意大利踢出的一个足球，看过电影《西西里的美丽传说》的人难免会误解这里是一个空气中都弥漫着浪漫气息的温情小岛，但在二战中西西里爆发过一系列惨烈的争夺，那就是作为美英盟军反攻欧洲开端的西西里登陆阻击战。当然，西西里岛上的意大利军队还是一如既往地望风而降，把巴西西里变成屠场的是驻岛的德军，这群踏着普鲁士鹅步高唱战歌，连写个便条都要列出1、2、3点的家伙一来便破坏了西西里的浪漫气氛，到处修工事抓民夫，铁下心要把西西里打造成"地中海不沉的航空母舰"。而盟军方面呢，北非战事结束后，艾森豪威尔将军已经决心要经略意大利，攻下西西里不仅可以为反攻西欧找到一块跳板，还能迫使墨索里尼下台。虽然意大利退出轴心国集团对战争进程影响不大，但少一个敌人总归不是坏事。

经过一致协调，盟军于 1943 年 7 月 9 日兵分两路直扑西西里。与此同时，第 82 空降师的 505 团及支援部队也在加文带领下登机出发，这将是第 82 空降师成军以来的第一次实战，也是美军第一次实施团级规模的空降作战。

由于艾森豪威尔和巴顿预想中的打法是全歼敌军，因此他们将大部队的登陆地点设在西西里岛的西南和东南部，却把空降兵扔到岛的北方，负责切断德军交通，打乱其部署，然后与登陆部队前后夹击，一举战胜敌人。想法很前卫，可在实施的时候因为没有经验，出了大问题。空降当天的风速太快，加文率领的 2000 多伞兵在降落过程中被刮得七零八落，彼此之间有几十里山路的间隔，根本无法有效组织作战。更倒霉的是加文自己，艺高人胆大的团长大人第一个跃出舱门，可是始料不及的大风让他着陆不稳，一下把脚崴了，只好一瘸一拐地拄着一支不加兰德步枪四处搜集部下（加文的信条是军官理应身先士卒、冲锋在前，所以他佩了一支战斗步枪而不是军官手枪），忙活半天才聚起了 20 多人，团长直接变成了排长，郁闷程度可想而知。但是加文是个永不放弃的人，身边有多少人他就打多少人的仗。忍着病痛一夜辛苦跋涉后，加文终于在一片西红柿地里找到了 250 个正在呼呼大睡的部下——居然没安排哨兵！加文勃然大怒，连踢带打把这群 "250" 弄醒——快走，跟老子打仗去！然后就有了第 82 师在西西里登陆战中最惨烈的比亚扎山脊之战。

（三）伞兵也疯狂

加文带着这群懵懂的士兵筑壕死守，与德军装甲部队激战一天，最后在海军舰炮火力和空军支援下打垮了敌人，还缴获了一辆 "虎" 式坦克。7 月 10 日的白天西西里岛上枪声此起彼伏，散落各地的空降兵们给德军 "赫尔曼·戈林" 装甲师的反击行动造成了极大的麻烦，也有不少降落错了的伞兵干脆跑去登陆地点帮忙，但是因为各自为战，82 师并没有取得预期的突破。入夜后美军组织起了第二次空降支援，这次主力是 504 团，但是出的状况更大，当大批美军运输机飞临西西里海岸上空的时候，不知什么原因遭到己方地面火力的猛烈打击，猝不及防之下第 82 师损失惨重，不少满载伞兵的 C-47 运输机冒着浓烟栽向大海，而那些没有被击中的则如惊弓之鸟，吓得四散逃开，伞兵们则慌乱地从机舱跳出，整个空降行动变得全无章法。预计支援 505 团以及夺取后方机场的计划流产，落到滩头侥幸未死的伞兵们只好跟堆积在那里的陆军并肩作战，就连 504 团团长塔克上校也骂骂咧咧地捡起一枚火箭筒，客串起了反坦克手的角色。

事后查明这是一次不折不扣的乌龙，当时滩头的美军进展不顺，人人都有点惶恐和急躁。在自己人的运输机轰隆隆飞过的时候，也不知是哪个神经过敏的小兵给当成了德军飞机，下意识地搂了火，再然后就把整个海岸的陆海军防空火力都招呼过来，造成 23 架运输机被击落、37 架被严重击伤的惨重后果，伞兵的死伤更是无数，好好的西西里空降计划愣是打了水漂，82 师的首演算是砸了。当然这首战不利的主因还是美军内部兵种之间协调出了问题，加之缺乏空降作战经验缺乏，这才造成了尴尬的结果。就指挥方面而言，李奇微和加文都还干得不错，西西里岛最后也拿了下来。所以军方高层对 82 空降师的信心还在，而且很快就给了他们一个雪耻的机会。

西西里战役后，意大利法西斯政权大崩盘，意军内部很多的高官都在向盟军抛媚眼，而盟军要做的就是抢在德国人之前将军队开到意大利，彻底巩固胜利果实。因此艾．森豪威尔计划派伞兵迅速夺取罗马附近的机场，然后空运 82 师占领罗马城，这一仗用毛主席话叫"三分军事，七分政治"，中间很多步骤都需要意大利方面的配合，一定要有人事先去罗马进行沟通方可。这下便轮到"空三杰"中的另一位，82 师的参谋长泰勒准将露脸了。情报参谋出身的他精于化装侦查，而且懂拉丁语，可以毫无障碍地跟罗马城内的意大利人沟通，这"劝降使者"的重任非他莫属。很快，泰勒和一个名叫威廉·加德纳的空军上校扮成盟军战俘混进罗马，跟意大利守军司令巴多里奥元帅接上了头。但是没想到这朝三暮四的意大利人一改之前信誓旦旦配合盟军"解放"的口吻，反而大倒苦水，说德国人监视自己多么严密，城内意大利人的力量又是多么薄弱……总而言之一句话，我们现在不能配合你们的空降行动了，请盟军"朋友"谅解。泰勒被意大利人这种首鼠两端的行为气得浑身发抖，可事实已经无法改变。他只好向艾森豪威尔发报表示行动要取消，然后转过头来口齿清晰、措辞严厉地把这个意大利老头训斥了一顿，扬长而去。

这次行动的取消对 82 空降师是一个很大的打击，师长李奇微喝酒都喝哭了。一直到一个多月后的"雪崩"登陆行动，第 82 空降师的空降兵们才有机会泻火，怒气冲天的李奇微师长带着兵士们率先杀进那不勒斯，把西西里以来的抑郁一扫而空。

（四）诺曼底登陆战

有人说第 82 空降师的诺曼底战役严格讲不是"登陆"，而是空降，这个说法有一定道理，但是不全面，事实上第 82 空降师在诺曼底参战的部队是分成三部分的——副师长加文带领三个团跳伞，师长李奇微带领滑翔机部队机降，另一位副师长乔治·豪威尔率领重武器和后勤部队在"犹他"海滩登陆。可以看出这时候第82空降师的编制已经发生了一些变化，伞兵团数目变成了3个（505团、507团和508团，原来的504团则留在意大利参战），机降团虽然还是一个，但325团的编制增加到了3个营（补充兵来自原来101师401团，该团另一部则补充了本师的327机降团）。不过第82空降师得到这些不是无代价的，他们的"三杰"之一，曾在罗马挽救过部队的泰勒将军调走101师师长，新"空降"过来的高级干部则是跟两个伞兵团一起来的原第2伞兵旅旅长乔治·豪威尔，也就是李奇微头疼地安排去管辎重和后勤的那位副师长。

鉴于西西里的惨痛教训，82空降师对空降诺曼底的功课做得很足，李奇微预先在驻地选择了一块与空降地域相似的地形反复演习，还增加了模拟训练来强化效果。他们请来一批电影工作的专家，先按照地形地物的大小比例制作出空降地域的详细模型，然后由飞机在模型上方拍摄成电影，再将影片中加上蓝色滤光镜放映，这样跳伞时飞机在月光下从诺曼底上空飞过着陆地点的情况就真实展现在空降兵面前。经过多次训练后，第82空降师在作战中人员虽然还是难免分散，但能快速集结展开攻击，而不像西西里那样各自为战。

登陆诺曼底的"霸王"行动是在6月6日凌晨开展的，但是配合作战的空降部队在5日晚上就要出发，这样是为了在登陆部队到达海滩前几小时占领登陆场后方的桥梁、要道和交通枢纽，阻击增援德敌军，确保正面登陆成功。第82空降师第一梯队共6400余人，在101师的运输机起飞后半小时出发，这次行动总共动用了369架运输机和52架滑翔机，于凌晨两点左右到达了降落场。加文和李奇微（他临时改变主意，跳伞了）这次都没出什么状况，两人都成功落地并且找到了自己人，但是总体情况还是堪忧——因为德国人为防范盟军伞兵，已经打开水闸把这个地域统统淹没，很多原定的着陆地点都变成了一片泽国，水退去后又变成了泥泞难行的沼泽，淹死人不说，对部队的快速集结也形成了很大阻碍。尽管之前做足了功课，还派出很多伞降先导员，可是部队的降落地点依旧分散得乱七八糟，甚至直到落地第4天，李奇微手里能掌握的部队才不过2100人，这可愁断了踌躇满志的少将。

但是不管怎么样，仗还是有的打，李奇微在一座果园的树下设立了残缺不全的师指挥部，因为电台在降落的时候进了水无法使用，李奇微只好带着部下马不停蹄地赶往一个又一个交火地点现场指挥，师长大人变成了赶场的连长。当时李奇微最重要的任务是堵死一个名为圣梅利—埃格里斯的小镇旁的一条公路。李奇微把任务交给最信任的一个营长，没过多久，一面星条旗就在小镇教堂的尖顶上升起，但是随后的防御战才是重头戏，而这也成了82空降师在诺曼底荣誉的起点。为了打好这次防御作战，李奇微把手头的部队围绕圣梅利–埃格里斯小镇呈三角形布置，同时又派了一个中尉带着不到50人去北方阻击德军援兵。后来这里爆发了一场惨烈的战斗，44人阻击了一整天，打到只剩16人，最后不得不弃守阵地。但是这给李奇微安排防御争取了时间，虽然兵力还是捉襟见肘，但是李奇微自信能跟德国人掰掰手腕。这时候诺曼底的形势非常复杂，德军从四面八方包围了82空降师，而82空降师又和诺曼底滩头的部队里应外合包围了德军。只要再过一段时间，从海岸线蜂拥而至的美军登陆部队就会把德军淹没，对于德军指挥官来说，解锁的关键就是尽快解决掉这些楔在交通枢纽上的美国伞兵，只要他们一完蛋后方交通线就打通了，不管是反击滩头还是及时撤退就有了主动权。于是德军拼了命向圣梅利一埃格里斯小镇进攻，只有轻武器的82空降师不得不进行一番惨烈的阵地战。可就在这种不利的情况下，李奇微带着82空降师打出了水平。虽然一直被德军死死压制在小镇附近的三角区内，可是没有放一个德国兵进来。鏖战一天之后，从"犹他"滩头赶来增援的一个美军步兵团到达战场，友军的出现让伞兵士气大振，双方合力把德军最后一次进攻击退，诺曼底最艰辛的日子终于过去了。

此后来自滑翔机的增援不断到达，第82空降师得到了325机降团这支生力军，李奇微师长命令他们去清剿躲在附近农场的残余德军，尤其是那些枪枪见血的德国狙击手，一经发现可以就地处决。几天来诺曼底的篱笆让第82空降师吃够了苦头，本来平坦开阔的空降地域被这些诡异的树篱割裂得像迷宫，不熟悉地形的人进去就绕糊涂了，这也是造成了部队集结速度大大延后的原因。

最终，诺曼底成了第82空降师荣誉的起点，在空降力量分散且被优势敌人重重包围的不利情况下，伞兵们能沉着应对，还出色完成了掐断敌人交通线的任务。他们的表现得到了盟军高层一致好评，李奇微因此升任第18空降军军长，师长的位置则由詹姆斯·加文继任，加文也因此成了美军二战中最年轻的少将和最年轻的师长，当初的"三杰"李奇微、泰勒和加文都做到了空降兵军长、师长的高位，成为美军空降力量的核心掌舵人。

（五）"市场—花园"行动

拿下诺曼底，第82空降师好好放了一个大假，当然不放也不行，因为诺曼底3天中全师的伤亡率竟高达46%，死了6个营长！空降兵的荣誉完全是靠鲜血染出来的，精英当之无愧。

但是很快就有人不让休息了，因为英国的蒙哥马利元帅需要英勇的空降兵来配合他"绝妙而天才"的作战计划，也就是后人所熟知的"市场—花园"行动，把3

个空降师扔到荷兰、比利时后方占领交通要道，这叫"市场"。然后以装甲部队顺着这条打通的路线直插德国腹心，这叫"花园"。蒙帅的如意算盘是出奇兵直捣黄龙，迅速打垮法西斯。但是这个计划难度真的很高！因为划定的装甲部队整条行军线路上足足有 8 座大桥，全部需要伞兵们完好无损地抢夺下来，并挡住德国人的拼死反攻，等待装甲部队到来。具体情况我们可以这样表达——假设纸上有 8 个正在消失的点，要用线把这些点依次串起来，如果这期间有任何一个点消失，游戏就结束了。成功与否完全取决于画线的速度，而且越往后点消失的几率就越大。回到"市场—花园"的现实中来，就是说计划的成功与否要看装甲部队的推进是否及时，同时，离出发点越远，大桥越容易丢失，伞兵再坚忍顽强，只有轻步兵火力的他们也无法长时间同德军的装甲部队相抗衡。

蒙哥马利也知道这样做有点难为人，所以他把最艰辛的任务——最远的大桥交给了嫡系英国第 1 空降师，而第 82 空降师跟第 101 空降师则分别抽到了次远和最近的奈梅亨与埃因霍温。李奇微和加文一看这个计划就破口大骂，但是艾森豪威尔为了照顾英国盟友的面子还是同意了这个计划。其实总司令大人未尝不抱着这样的侥幸心理——如果这计划达成了，1944 年圣诞节前战争就结束了，诺曼底成功登陆后顺风顺水的形势已经让盟军上下弥漫着一股浮躁的气息，确实需要一盆冷水来让他们理智地看待对手。无奈的加文只好回去整顿部队，为"市场—花园"做准备，毕竟人家英国同行都已经主动把最难啃的骨头揽下来了，第 82 空降师还能抱怨什么？只有全力以赴。鉴于炮兵营在诺曼底空降时表现得一塌糊涂，加文决定这次重点照顾一下这唯一的重火力单位，因为荷兰不比诺曼底，那里说不定就会有武装党卫队的精锐装甲师虎视眈眈。

9 月 17 日，第一批"市场—花园"突击队出发，他们的任务是抢占计划中的 8 座大桥，然后固守待援，而珍贵的炮兵支援火力会在第二天送到。令人惊奇的是盟军在空降时候竟然损失甚微，这本来是空降部队最脆弱、最容易遭到杀伤的阶段，所以加文事后评价道"这是一次不寻常的成功！"第一次，加文师长不用长途跋涉寻找部队，而且，他的炮兵团也很给面子的迅速集结，给全师提供了弥足珍贵的重火力。不过好日子也就到此为止了，下面的噩梦是所有人都始料未及的。首先是德军的统帅莫德尔元帅从一架坠毁的英国滑翔机上发现了盟军全部的作战计划，立即做出了针对性的部署，尤其他的身边站着有"德国空降兵之父"之称的施徒登特上将，对付这些英美同行自是手到擒来。第二，负责"画线"的英国第 30 军推进速度出奇的慢，原本估计的会合时间不得不一再延后，而空降兵面临的危机也越发炽烈。莫德尔已经动员了在荷兰的所有德军，疯狂地向大桥扑来！

（六）直捣黄龙

在奈梅亨，德国人成功炸毁了几座重要的桥梁，但同时也有一些桥梁被美军夺取，最后双方争夺的焦点都汇集到"7 号桥"也就是计划中 8 个点之一的奈梅亨大桥，82 空降师一定要确保此桥到手。但是施徒登特早已放出狠话，奈梅亨大桥要么守住，要么不惜一切代价炸掉，总之就是不能让盟军计划得逞！

现在 82 空降师直面的是德军拥有两个装备了"黑豹"坦克的装甲团，此外，德军还装备有 88 毫米炮，120 毫米重迫击炮和"虎"式坦克，也许正是这些精良的装备给了莫德尔极大的自信，他甚至没有命令第一时间炸桥，而是计划以奈梅亨大桥为诱饵，将其变为消灭美军伞兵的屠场。但是第 82 空降师不愧素质精良，空降当天的战斗遇挫后加文没有气馁，而是派出两个团采用齐头并进的战术，让德军的防御火力顾此失彼，奈梅亨大桥遂告沦陷，气急败坏的德军指挥官现在才想起炸桥，却发现导火索早被第 82 空降师剪断了！

付出巨大代价后，第 82 空降师完成了任务，当英国第 30 军的车轮碾到奈梅亨大桥的时候，加文心里无比轻松，而在一旁的 504 团团长塔克却怒不可遏，他愤怒地对决定在此停留的 30 军指挥官咆哮："你们这是在干什么！你们为什么不去阿纳姆（最后一个点）！"而这群蒙哥马利调教出来的绅士们依旧怡然自得，他们认为天色已晚，装甲兵再上路很危险，却全然不顾自己英国同胞的死活。于是"市场—花园"也到此为止了，30 军那群小心翼翼地指挥官葬送了远方的英国第 1 空降师（他们一直遭受德军两个精锐的装甲掷弹兵师的攻击），虽然计划完成了 90%，但是由于最后一个点的崩溃使得"市场—花园"行动破产。这也是第 82 空降师参与的最后一场大规模空降行动，"市场—花园"的失利对美国空降兵来说，恰如克里特岛之于德国人，高层纷纷断定独立的空降兵作战难成大事，还是把他们用作精锐步兵的好。此后，第 82 空降师还参与过阿登森林战役和鲁尔区的围歼战，最后在易北河与苏军会师，圆满地结束了自己的二战之旅。

战后，第 82 空降师成为唯一一个得到保留的伞兵师，而同样战绩突出的"同门兄弟"101 师则改编成了以直升机机降为主的空中突击师。我们可以在多次地区冲突和战争中看到他们的身影。

十五、美国第101空降师

仔细观察，我们会发现在好莱坞大导演斯皮尔伯格的作品里中有一支部队曾多次出现。不管是《拯救大兵瑞恩》里面的瑞恩，抑或是《兄弟连》里面E连的弟兄们，他们都有一个共同的身份——美军第101空降师的伞兵。这支手臂上佩戴着啸鹰徽章的精锐之师，可能是迄今为止上镜率最高的美军王牌部队了，那他们到底都有什么战绩呢？

（一）鹰之起源

首先要解释下，现在的101师全称是"第101空中突击师"，是美军一支采用直升机快速突击的拳头部队，类似于空中骑兵。它和二战中那群"战场上的蒲公英"（伞兵）相比，部队的性质已经变化，所以"101空降师"这个称呼其实已经作古了。一脉相承的，只是那个以美国国鸟——白头海雕为蓝本的鹰徽，还有自信不屈的战斗精神。而说起二战中的101空降师，就不得不提到第82空降师，作为美军同时成立的两只空降部队，两个师渊源极深。但是和步兵师改编而来的第82师不同，101师完全是从无到有，是从第82师分出的骨干官兵组成的近亲部队。

这当然是一个不得第82师人心的决定，据说命令宣布当日竟然有多达1/3的士兵开了小差！但是好在第82师的李奇微师长治军有方，那些离队的士兵发了几天牢骚还是回来了。就这样，1942年8月16日，两支空降部队在美国本土同时宣告成立，101师首任师长是威廉·李少将，这是一位在空降兵内部享有盛誉的老资格将领，有"空降兵之父"的美誉。但不幸的是，老将军为空降师的训练操劳过度，竟然罹患心脏病，不能再跳伞参战，所以在1944年初，李的职位被原第82师参谋长、43岁的泰勒少将所替代。

其实在82师和101师组建之前，美军已经有了一系列番号以"5"开头的独立伞兵团的存在，属于实验部队的性质，兵员素质很高。空降师的最初编制计划是2个机降团加1个伞兵团，其中滑翔机步兵只要为装备和合格的驾驶员操心便可以，人员完全可以留用以前步兵师的班底。而熟练掌握跳伞技术的伞兵一时难以训练，只好从现成的伞兵团中寻找，但是这群老鸟资格老，脾气也大，对于加入新成立的两个伞兵师不屑一顾，吵吵闹闹之下只好以抽签的方式决定其归属。最终，101师得到了 502 团，加上原有的 327 跟 401 两个机降团，组成了"呼啸之鹰"最初的班底。

部队成立后，第 101 空降师没有像第 82 师那样前往北非和地中海战区参与实战，而是一直留在本土训练，直到 1944 年"霸王"行动前夕才开赴欧洲战场。在这期间，由于滑翔机产能不足的问题，空降师被迫增加了一个伞兵团的建制，原有的 501 团被整个借调过来，但是这个资格最老的伞兵团实在桀骜不驯，甚至到战争结束的时候还没有真正融入 101 师的大家庭，关系还是"配属"！这点还远不如诺曼底登陆前夕才被划入 101 师编制的第 506 团。同时因为暂时没有出国作战的任务，101 师的两个机降团编制还是保留着，直到诺曼底登陆前夕才被拆解。等到 1944 年 3 月泰勒从 82 师调过来担任师长，那个为世人所熟知的 101 空降师终于成形，下辖 501、502、506 三个伞兵团，327 机降团以及其他炮兵营等支援部队，可谓兵强马壮。

（二）出征诺曼底

诺曼底登陆的"D"日当天，101 师的狼狈状况跟 82 师不相上下，伞兵大多被空投进了德国人制造的洪泛区，在淤泥中挣扎，耗尽了气力，有人甚至因为装备过于沉重而活活淹死在不到半米深的水中！但最不幸的还属副师长唐·普拉特准将，作为师机降部队的指挥官他准备乘坐滑翔机跟部下一起参战，但是出发前不知道手下哪个马屁精担心将军中弹身亡，自作聪明地在唐·普拉特的座位下焊了一块沉甸甸的防弹钢板——结果将军的滑翔机刚与牵引机脱钩便头重脚轻失去平衡，一头栽向地面，可怜的唐准将摔断了脖子，当场一命呜呼，成为"D"日当天盟军阵亡的唯一将领。而师长泰勒也好不到哪去，他晃晃悠悠掉进了一个法国牛圈里，惨遭一群好奇的花白奶牛围观不说，松软的牛粪堆还让师长大人刚一落地就崴了脚！无奈之下，泰勒只好带着一身牛粪，拎着手枪找部下去了，但是脚上的伤势多少还是影响了他的指挥能力。不过说句实话，以 101 师被空投的分散程度来看，就算不崴脚，泰勒也至少需要三、四天才能真正聚拢部队，当上名副其实的"师长"。

群龙无首的伞兵们只好各自为战，而 506 团居然就打出了一场足以载入史册的经典战斗——布雷库尔农场夺炮之战。这也是 101 师比 82 师强的一点，82 师虽然也骁勇善战，但是却一直没有一个足够经典的战例让人刻骨铭记，而 101 师要幸运得多，出征诺曼底的首秀就大大露了一把脸。那是"D"日的上午，美军第 101 空降师 506 团 2 营 E 连（番号很熟不是吗？没错，就是鼎鼎大名的兄弟连！）接到一个命令，摧毁位于布雷库尔农场的一个德军火炮阵地一，那里有 4 门 105 榴弹炮瞄准了盟军登陆的"犹他"海滩，攻陷它将极大地减少登陆部队的伤亡。温特斯中尉接受了这项任务，率领马拉奇、葛奈瑞、托伊、温尼等等冲向敌人，这几位的名字都是在小说和电视剧里为观众所熟知的，而当天真实发生的战斗中也确实就是他们在杀敌立功，所以《英雄连》的受欢迎是有原因的。

闲话少叙，面对有机枪防御的德国火炮阵地，E 连的弟兄们巧妙地利用地形掩蔽，在两挺机枪的掩护下交替匍匐前进，到达合适距离后就扔手雷招呼。一开始德国人的反抗很激烈，但是随即从侧边包抄的几个美军也赶过来支援，德军三面受敌，不得不放弃了第一座火炮阵地溃逃。但是在战场上把后背暴露给敌人永

美国 101 空降师

远是最愚蠢的行为，逃亡中的德军遭到伞兵手中汤姆逊冲锋枪的扫射，死伤惨重。温特斯留下几个人看守第一门火炮，并派人去取炸药炸掉它。然后他带领剩下 5 人向第二门火炮进发，德国人不断朝美军投掷手榴弹，但是有了第一次成功经验，E 连仅用了 5 分钟就搞定了第二门火炮。伞兵们发现这是整个炮兵阵地的指挥中心，里面有一张地图标出了这一地域德军所有的火力点。温特斯如获至宝，立刻上交营部参考。同时他把 E 连全部的四挺机枪都调了过来，对准德军第三门火炮阵地实施强烈的火力压制，打得德军抬不起头，E 连的突击队员们趁机冲到德军跟前，还是冲锋枪和手榴弹解决了问题。

接连攻占三座火炮阵地后，E 连的大兵已经精疲力竭，温特斯打算休息一会之后继续把第四门大炮搞定，但是这时候 D 连的斯皮尔中尉带着 5 个援兵赶来，主动承担了攻陷最后一门火炮的任务。温特斯大喜，刚要对斯皮尔讲解自己刚才的成功战术，却发现这个愣头青早就提着冲锋枪向德军阵地冲了过去，一边跑还一边扫射，大嚷"弟兄们，跟我上啊!"温特斯一脸黑线，同是中尉，怎么指挥风格相差这么大呢? 没想到的是，德军也被这不按套路出牌的打法搞蒙了，在斯皮尔冲到跟前时竟然纷纷跃出战壕四散逃命，斯皮尔大吼大叫，向这群胆小鬼的背影疯狂泼洒子弹，一不留神却被德军留下的一颗手榴弹炸伤，不太圆满地结束了个人英雄主义冒险。

温特斯这一仗所采用的战术被写进西点军校的教材，他本人被推荐获得至尊的国会荣誉勋章，但是发下来的却是低了一个等级的优异服务十字勋章——不过也算

不错了。整个 "D" 日期间类似于 E 连这种小分队战斗在 101 师降落的各处上演。值得一提的是 6 月 7 日，506 团还与匆匆赶来的德军第 6 伞兵团比拼起了业务水平，结果 506 团一营的正副营长一死一伤，在付出重大代价后终于把德国同行打垮。此战中的双方都是好样的，虽然德国人在克里特岛之役后再没大规模跳伞，但是空降部队的战斗力依旧强悍。

3 天激战过后，101 师总共打通了海滩的 4 个出口，占领了两座大桥和一个水闸，还巩固了后方一个至关重要的交通枢纽。直到这时候，在 "犹他" 海滩登陆的美军坦克才终于跟黑帮电影里姗姗来迟的警察一样出现，101 师独立苦撑的日子结束了。一场恶战永远是让部队团结起来的最好方法，经过诺曼底共同经历的这惊心动魄三昼夜，506 团的弟兄们开始彻底以 "101 师" 自称，昔日的牢骚满腹一去不复返。因为 101 师在诺曼底的表现赢得了所有人的尊重，他们以在这种英雄的单位服役为自豪！

（三）目标！巴斯托尼

在诺曼底之后的 "市场—花园" 行动中，101 师的任务属于最轻松的，他们负责夺取并巩固离盟军出发点最近的埃因霍温——现在是一座以足球而闻名的城市，结果这段最短的路程英国第 30 军竟足足磨蹭了三天才到，这期间 101 师饱受补给匮乏之苦。当第 30 军的车轮缓缓碾过伞兵们用命才换来的大桥时候，全师上下无不对英军指挥官破口大骂。但是不管怎么说 101 师还是幸运的，至少比起同样参加 "市场—花园" 行动而近乎全军覆没的英国第 1 空降师，101 师的战斗力还在。战后，美国人总结了 "市场—花园" 的教训，认为单纯依靠火力匮乏的空降兵是无法跟重装部队相抗衡的，而且盟军高层似乎对空降作战的效费比也产生了疑惑。此后的日子里，82 师和 101 师这两个精锐的伞兵师再没有被成建制投入空降作战，似乎他们的命运跟德国同行渐趋一致，仅被拿来当轻步兵使用。但 101 师用自己的表现证明，即使当作步兵来用，空降兵依旧是精锐中的精锐，能啃下最艰难的战斗，比如巴斯托尼。

1944 年底，希特勒拼尽最后的力量殊死一搏，法德边境之间的阿登森林地区硝烟顿起。美国人因为之前的顺风顺水对德军掉以轻心，结果吃了大败仗，仅 12 月 17 日一天之内就损失近万人，战场形成了一个巨大的突出部，德军仿佛了有翻盘的可能。盟军统帅艾森豪威尔迅速清醒过来，调兵遣将积极组织防御。正在休整的 101 空降师被命令去增援比利时小镇巴斯托尼，但泰勒师长在这关键时刻却掉了链子——他竟然离开部队回国过圣诞去了！师长大人因此人气暴跌，反倒成就了此前

一直默默无闻的 101 师炮兵指挥官安东尼·麦考利夫准将的名望。麦考利夫这个人年龄比较大，长得也不如泰勒英俊，大概从事的职业是炮兵的关系，脾气也跟炮仗似的干脆利索，开始并不入艾森豪威尔的法眼。但是增援命令到达的时候，101 师就他一个将军值班，因此也只好由麦考利夫指挥 101 师的人员和装备上车，直奔巴斯托尼。

（四）血战连连

巴斯托尼是比利时一个普通的小镇，因为有四条公路在此交汇而成为兵家必争之地，话说此时德军的第 5 集团军已逼近巴斯托尼近郊，匆匆赶来的 101 师匆忙展开防御部署，准备誓死捍卫空降兵的尊严。艾森豪威尔调 101 师守巴斯托尼是有原因的，这一仗本质上讲是复杂地形下的城镇防御作战，101 师擅长的小分队作战会有极大的发挥空间，而且上帝保佑，德国人因为害怕断壁残垣会阻塞道路，不敢动用大炮轰击城镇里面的美军士兵，所以麦考利夫一直担心的火力差距问题也得以避免。唯一不给力的就是老天爷接连一个星期都阴着脸，美军惯常的空中支援战术无法施展，这对于空降兵来说难以适应。不过既来之，则战之，四面包围又怎么样？补给断绝又怎么样？冰天雪地环境恶劣还能怎么样？套用温特斯少校一句台词就是"我们是空降兵，生来就是给敌人包围的！"

就这样，德国人打，美国人就死守，子弹不够了用刺刀，就是不后退一步，冰雪天里很多人的脚都被冻伤了，但是那股扎硬寨、打死仗的劲头让德军不寒而栗。德军指挥官困惑无比，什么时候这些贪生怕死的美国少爷兵也变得英勇无畏了？为了试探，也可能是碰碰运气，德军指挥官派一个军官给麦考利夫送去了一份言辞恳切，文质彬彬的劝降书，大体意思翻译过来就是贵军英勇善战，本人深感佩服。可是现今尔等局势糜烂，倘使一味螳臂当车，终究难逃覆亡；若能识大体投降，可保贵部有用之身，他日有缘相见还可痛饮云云……炮筒子性格的麦考利夫连看完这封信的耐心都没有，提笔给写了一个"Nuts"就把德国人打发走了。

关于这个"Nuts"的具体含义，有人曾做过仔细的考证，得出的结论就是国内所有能上纸面的资料里给出的翻译——"狗屎"。其实看看美国电影里美国大兵听闻"Nuts"后，那邪恶狂笑的表情就能知道，一个毫无杀伤力的"狗屎"能有这样的效果吗？但是为精神文明，本书也不可能把一句脏话堂而皇之列出，只是暗示诸君：Nuts 的恰当翻译你懂我懂，主旨是问候德军指挥官的女性亲属。这一句"Nuts"让 101 师士气大振，麦考利夫也因此声名远扬，据说巴顿之所以心急火燎的赶去救援和自己毫无瓜葛的 101 师，就是为了"上帝要我们去拯救有语言天分的人!"嗯，小乔治·巴顿先生本人也是一个离开脏字就不会说话的人。最终，在麦考利夫的镇定指挥下，全师官兵浴血奋战，巴顿将军奋力营救，在零下20摄氏度的严寒中坚持了十几天的101空降师终于翻盘。与巴顿的第3集团军合力击溃了兵力3倍于己、却缺乏能源燃料的德军装甲部队，取得"呼啸之鹰"历史上最辉煌的大胜。

荣耀属于空降兵，属于101师，当然也属于巴顿将军，只不过101的家伙们一直不买账，多次宣称"101师从来不需要被巴顿拯救！"

（五）啸鹰归巢

101师二战最后的落脚点确实是一个叫"鹰巢"的地方，不过不是他们胳膊上那支白头鹰温暖的窝，而是纳粹党在南部山区的大本营，包括希特勒、戈林的别墅，当然还有他们丰厚的藏品——这是艾森豪威尔给101师坚守巴斯托尼的奖赏。这一路向南的行军是轻松而愉快的，路上不断有一些纳粹高官成为俘虏，甚至包括"闪击战之父"古德里安和地面战出色的空军元帅凯塞林。当然路上也有不愉快，比如解放达豪集中营。

101师的官兵们是最早目睹集中营惨状的美军之一，但不是最先的，否则他们难免跟之前的第45步兵师一样，把那些灭绝人性的德国看守统统枪毙！而现在唯一能做的，只有把附近的德国平民抓来掩埋尸体，集中营的罪恶从此为天下人知。泰勒后来听说第3集团军和第7集团军，甚至还有法国人也想去占领"鹰巢"，这才命令部队加速前进。506团的伞兵们拿出打仗的劲头翻山越岭，第一个闯进了纳粹党的巢穴，一番"扫荡"的结果就是希特勒很穷，戈林极富，E连寄到家里的纳粹纪念品大多都是从戈林的藏品里搜刮的（戈胖子藏的酒也被他们喝光了），而元首只可怜巴巴地贡献了几套镀金餐具，还有一床毯子！闹够了，101师官兵又开始失落起来，因为说他们要被派去日本继续打鬼子，归心似箭的官兵们决定谁也不理这茬。熟悉日本的泰勒师长倒是对此很感兴趣，据说还曾经用充满激励的语调问过部下"我们曾经在法国、荷兰和德国，打垮过希特勒的精锐部队，现在，告诉我，我们要去哪里？"结果大家异口同声给他泼了盆冷水——"Go home！（回家）"这也是没办法的事情，随便换成哪国士兵打最辛苦的一仗的时候最高长官躲在后方享福，大头兵们也不会理他。于是泰勒只好调回西点军校当校长，麦考利夫顺理成章地接任师长职务。

二战结束后，101师因为与82师在资历比拼中落了下风，很多老兵憋了一口气回家了。麦考利夫这时候干了件很聪明的事，他从哈佛文学院特意找了几个笔杆子

出众的小伙子当宣传干事，于是就有了一本叫《兄弟连》的畅销书出世，直接造成了今天 101 师的知名度大大高于 82 师的现实。一报还一报啊！

十六、美国第 1 步兵师

这是一支在美国陆军史上写下无数个第一的劲旅，也是美国近代陆军精神的滥觞，它从诞生之日起几乎参与了美军在 20 世纪以来所有的军事行动，每一次战争中都可以看到佩戴大红色"1"字臂章的步兵们用忙碌的身影向世人昭示：不管军事科技如何日新月异，步兵永远是一支军队不可动摇的柱石与灵魂。这支王牌队伍就是有"大红一师"（The Big Red One）之称的美军第 1 步兵师。

（一）拉法耶特，我们来啦！

大红一师的师徽确实就是一个大红色的阿拉伯数字"1"，而要讲大红一师的历史，一定要从一战讲起。

1917 年，惨烈的世界大战进行到第 4 个年头，欧洲大陆的列强们均已经拼了个山穷水尽，连曾经不可一世的大英帝国都感到力不从心，不得不向大洋彼端的"本家兄弟"美国发出求援的信号。眼见德国攻势日猛，在协约国一方砸下 20 多亿美元贷款的美利坚合众国出于利益考虑，同意了加入协约国一方作战的请求，这是 1917 年 4 月份的事。但是美国当时是个口号上"热爱和平"的国家，由于天生的"东西两大洋，南北无强敌"的地缘优势，以及民众对于"军队是暴政的爪牙"根深蒂固的恶劣印象，立国 200 多年的美国军备废弛，上亿人口的大国居然只有十几万陆军！装备落后，训练不足，至于实战经验更是无稽之谈。所以美国人虽然 1917 年就答应参战了，但是美国大兵们真的端起枪来到欧洲大陆却是 1918 年的事情，因为政府不得不花费了将近一年时间来征兵、训练军队以及生产武器。

第 1 步兵师就是在这段时间率先组织起来的，当时还号称"第 1 远征师"，其实就把分散在全国各地驻扎的常备军士兵集合起来给个番号，然后就让美国远征军司令"铁锤"潘兴带着心急火燎地赶到欧洲"意思意思"去了。从这里可以看出，虽然号称"司令"，但是潘兴将军充其量就是个师长，并且还是一支装备不足，训练无素的"鱼腩部队"的师长。这让素来心性高傲的潘兴很伤面子，但他也知道美军现在就是一群懵懂无知的菜鸟，如果扔到战场上估计就是被德军吞的命运，这对于国内舆论和远征军的军心将是个无情的打击。所以他顶住法国盟友的奚落压力，坚持让部队留在后方进行适应性训练，不满半年绝不出击。这期间美国大兵们在后方挖的战壕里摸爬滚打，潘兴则是蹲在办公室里日理万机，整天跟一帮参谋琢磨的就是训练、训练、再训练，他的麾下英才聚集，日后在二战叱咤风云的乔治·马歇尔以及巴顿等人，此时都在潘兴手下"打工"，马歇尔在师部的职务就是一名"参谋不带长，说话都不响"的幕僚军官。

潘兴把第 1 步兵师的训练抓到每一处细节，甚至连行军后擦不擦皮鞋都要管，他的理由跟普鲁士的腓特烈大帝非常相像——好的军人仪表是战斗力的体现。当年腓特烈为了不让士兵用袖子擦汗亲自给军礼服手腕那缝了扣子，而潘兴则是规定"鞋子必须能光亮得照出人影"！后来巴顿也受到了潘大帅的真传，他在二战时期前往第 2 军整顿的时候，第一条治军令就是——穿军服，打绑腿，违者重罚。潘兴对军容仪表要求严格，但是训练时候却不搞什么花架子。完全根据实战出发，从法国精锐的阿尔卑斯山地师请来老兵当教官，天天教美国大兵们各种狠毒阴损的杀人招式，怎么有效怎么来。看到美国大兵们在法国佬苦不堪言的折磨中一天天进步，潘兴在一旁得意地眯眯笑，他的心情可以套用一下《史记》中王翦老怀大慰的一句话——"士卒可用矣"！

果不其然，在彻底解决了训练、装备以及指挥权归属等一系列问题之后，第 1 步兵师参加了 1918 年的洛林战役。此时法德双方因为将近四年的缠斗，都已经师老兵疲，士气低迷，这一万多身强力壮的美国生力军顿时让人有耳目一新之感。气势如虹的第 1 步兵师很快攻克了一个叫康蒂尼的重要据点，然后顶着德军的炮火在这里防守了 40 天！这种自南军名将"石墙"杰克逊时代传下来的顽强意志让德军无可奈何，事后，马歇尔的报告中不无得意的写道："我们守住了康蒂尼，德军后来再也没有重新占领这个村庄。"随后，第 1 步兵师又在第二次马恩河战役中有上佳表现，赢得了法国同行的尊重。在美国独立战争的时候，法国的波旁王室和法国人民曾给予了大陆军很大帮助，尤其有一位了不起的英雄拉法耶特侯爵曾率领志愿军无条件支持华盛顿将军的作战行动。所以美国人笑称他们参战是对当年法国人民仗义援助的报答，在第 1 步兵师中曾普遍流行一个口号——"拉法耶特，我们来了！"

（二）北非遇挫

第二次世界大战的欧洲战场，跟一战有些相似之处。大英帝国再次被老对手德国逼得奄奄一息，不得不向本家兄弟求援；而美国也是一如既往武备废弛，潘兴在一战时候的努力成果不到 20 年就被后辈们败了个一干二净，美国军方又回到了文恬武嬉，歌舞升平的快活日子，以至于珍珠港事件之后，美国陆军还是需要一年的准备时间才能前往欧洲与德国人作战！所以珍珠港事件虽然早在 1941 年就爆发了，但是美国人在北非和欧洲作战却是 1942 年、1943 年的事情了。

这之前美军并非没与德军交手，但是战斗的结果却再一次证明——他们没做好准备，而大红一师在北非的遭遇就是个中典型。因为一战中的骄人战绩，大红一师上下都弥漫着一股浮躁的气氛，从师长到普通一兵，各个都嚣张跋扈、目中无人，用某位美军军官讽刺的说法"在第 1 步兵师的眼里，美国军队简直就是由第 1 步兵师和其他替补士兵组成的！"但是更可怕的是，因为远隔重洋，第 2 步兵师的高层对于欧洲以"闪电战"等为代表的军事思想变革毫无概念，而是固守着一战中被证明"行之有效"的那种静坐式步兵打法，当他们遇到了"沙漠之狐"隆美尔这种坦克战大师，注定会遭到惨败。

1943 年 2 月，北非突尼斯卡塞林山口。大红一师作为美国为数不多的常备军，被第一批从本土派来支援英国人作战行动，此时它正与第 1 装甲师一起编为美国第 2 军，准备在切断隆美尔"非洲军团"的后路，军长弗雷登道尔踌躇满志，扬言要把老狐狸赶下海。这里有必要多提一下弗雷登道尔，此公乃是美军既保守又无能的高级将领中的极品。一般军人需要冷静而思维缜密的大脑，所以数学成绩必须过得去。可是这家伙竟然因为数学不及格而没拿到西点军校的毕业证，只能算是肄业。可是此人后来却又考上了著名的麻省理工学院！他数学到底好不好？让人费解，不过他是一个不合格的指挥官，这点已经毋庸置疑。

因为麻省理工的文凭，加之与马歇尔、艾森豪威尔等军方实权派关系良好，开战的时候弗雷登道尔被委任以军长大权，麾下是美军最精锐的两支部队——第 1 装甲师和第 1 步兵师，很不幸这两支王牌军摊上了这么一位只会混事的官僚来当首长。美国人的对手隆美尔则不同，老狐狸的鼎鼎大名不用多介绍，隆美尔是典型的酷爱荣誉的职业军人，而且，数学非常好，好到可以用数学知识钻银行和税务局的空子，给自己出版的《步兵攻击》一书合理避税！

学院派出身的书呆子遇到这种军事天才，结果不用猜想也是悲剧。而且为了给初来乍到的美军上一课，老狐狸还专门加了点料。用他自己的话说就是："美国人尚无实际战斗的经验，所以我们必须一开始就给他们一个下马威，好让他们产生一种深入的无法磨灭的自卑感。"自从阿拉曼战役后，"非洲军团"上下一直憋着一股怨气无处发泄，现在眼看连菜鸟美国人都敢来找自己的麻烦，不狠狠揍一顿怎得了！此外，弗雷登道尔在战时的表现更让人汗颜，如果说这老兄把军队均匀五等分，平摊到每一个隘口防御的表现只能证明其军事素质低劣的话，那么他居然把指挥部摆在防线后方 120 公里的崇山峻岭之中，而且还要工兵为他开挖避弹所的举动可以彻头彻尾的证明，这是一个愚蠢、懦弱而且自私的胆小鬼。

一将无能，累死千军。已经师老兵疲的隆美尔敏锐地抓住战机，利用他一贯擅长的"左勾拳"战术打了美军一个措手不及，很快德军第21装甲师就突破阵地开始横扫。巨大的压力面前恐惧像传染病一样在美军中扩散，防线一个接一个地崩溃，直到演变成全体大溃逃，那些处于包围圈中的大红一师的步兵们被他们的军长跟装甲部队的坦克混编在一起，当德国人杀到的时候，惊慌失措的坦克兵不是座驾被击毁就是见势不妙发动战车逃离现场，留下跑不动的步兵只能以血肉之躯与德国装甲部队相抗衡，最后不得不缴械投降。好在德国人实力有限，占尽了便宜的老狐狸不得不见好就收，大红一师因而逃脱了被全歼的厄运，但是士气低迷、损失惨重的后遗症是留下了。盟军不得不停了它几个月的作战任务，还专门派了一位猛人——乔治·巴顿将军来当新的军长，整训部队。

（三） 西西里的传说

巴顿拿出当年老长官潘兴将军调教大红一师的手段，依旧先从军容风纪抓起。一如电影《巴顿将军》中所表现的，霹雳火上任伊始就到处去撕色情画报，抓不打绑腿的士兵，谁违规罚谁的美元。第2军的风气为之一新，但是装甲师由于损失实在惨重，元气火伤，日后只能派往意大利等次要战场，直到二战终了也无大的作为。而步兵相对来说恢复实力就容易一些，这点全世界都是通用的，从别的队伍里调来一些战斗骨干，补充上新兵，训练一下再打一仗，王牌部队的气质就找回来了。

恢复了实力，大红一师被重新调往战场，依旧归羁第2军建制，准备参加即将到来的西西里登陆作战，这时是1943年7月。西西里岛扼守意大利的门户，盟军打算拿这里当进攻意大利进而逼近欧洲腹地的跳板，德军也意识到西西里的重要意义，因此专门把精锐的戈林装甲师放在岛上来顶替那些极不可靠的意大利盟友死守。大红一师所属的第7集团军负责在岛屿的西南部登陆，由于意大利人的"帮忙"，抢滩进行得非常顺利，士兵们没费什么事就巩固了滩头阵地，准备迎接第二批次的友军到来。但是师长特里·M·艾伦少将看着眼前的景象却一点高兴不起来，因为德国人的坦克到现在还没出现过，这就意味着，轴心国一方把这些精锐的装甲部队用作了二线预备队，一旦盟军登陆成功，他们很可能就会杀一个凌厉的回马枪。想到这里艾伦少将又下意识看了一下手表，登陆已经快十几个小时了，也该来了！

又过了一段时间，德国人的装甲部队如约而至，一同前来的还有意大利人的两个师和将近 500 架次的飞机支援。好在艾伦对此有心理准备，美国大兵早就趁敌人到来之前的间隙争分夺秒挖好了工事建造了防御，甚至还拖了一批防空炮摆在滩头，艾伦打算将这里变成一个坦克和飞机的坟场。就事情起初发展来看，师长的算盘打得非常顺利。面条无敌的意大利步兵一听枪响立刻畏缩不前，无奈的戈林装甲师只好在没有步兵支援的情况下独自冲向滩头，结果惨遭大红一师的迎头痛击。但是当德国飞机轰炸的时候美军出了状况，习惯了在火力优势下作战的美军"不习惯"头顶有会扔炸弹的东西嗡嗡响，于是抓起机枪高炮就是一顿乱射，更不幸的是美国空军也正好赶过来助拳，混战中大红一师的弹药更多招呼在了自己人头上，甚至殃及当时正准备跳伞的美国空降师机群。德军趁势继续推进，甚至一度离滩头只有 2 公里，60 多辆坦克发出的轰鸣让艾伦一阵阵心绞痛。背水列阵的美国大兵们只有拼死抵抗，美军强大的火力优势在此展露无遗，海面上盟军舰队的炮弹像不要钱似的一排排砸在滩头，形成一道蔚为壮观的"火墙"，挡住了戈林师继续前进的道路，猛攻一天无功而返，戈林师只好遗憾地撤回内陆。

登陆当天如果不能把敌人赶下大海，那么这次反登陆八成是要悲剧了。德军南线指挥官凯塞林深知这一点，所以他后来的作为基本都是以保全有生力量，尽可能完全撤出精锐军队为目的。于是接下来几天德国人故意把仗打得十分混乱，盟军完全摸不清德国人意图是什么，主力在哪边，偏偏英军统帅蒙哥马利又是个谨慎有余、激情不足的人，带着手下同样骄傲倔强的"约翰牛"被凯塞林到处牵着走，赌气窝火就别提了。作为竞争对手，巴顿看着蒙哥马利受挫偷着笑，高风亮节地说道：既然贵军无能为力，那还是由鄙人率领军队来打主攻吧！艾伦，给我上！

8 月 1 日起，艾伦少将带着大红一师的弟兄们挺进西西里纵深，直扑重镇特洛伊那，也许一路太顺利，艾伦下意识把这当成了一次"捡漏"之旅。可谁曾想这个小镇是德国人撤退的必经之路，守军殊死抵抗，轻敌的艾伦措手不及，再次被打到损失惨重，只好退下眼睁睁看着德国人守了一星期，全军溜出岛内才肯放手。总之西西里就战绩而言没什么可说的，德国人虽然失地却没有丧师，十几万大军安然撤回本土，美英盟军满岛跑路，得到的只是一座空城。大红一师在西西里作战将近一个月，牺牲 267 人，伤 1000 多人，还有 300 人莫名其妙失踪，不晓得是战死找不到尸骨，还是留在了当地，和多情的意大利姑娘成就了"西西里的传说"。

（四）诺曼底鏖战

喜欢军事的人肯定看过斯皮尔伯格的经典影片《拯救大兵瑞恩》，影片开头奥马哈海滩那段血腥镜头的亲历者，其实就是大红一师的士兵，他们被分配到那个地方，算是很倒霉。因为诺曼底登陆当天至少80%的地点是万事大吉的，盟军几乎都是顺利的、毫发无伤地上了岸。而唯有大红一师负责的奥马哈海滩，因为各种自然和人为因素，德军的守备力量不但没有被摧毁反而有所加强，于是大红一师的士兵们不得不顶着德军的优势火力，以纯步兵打了一场惨烈的抢滩登陆战。

登陆伊始便很不顺利，当士兵们从运输船上换乘登陆艇的时候，因为风大浪高，当时就翻了10艘，300多人背着沉重的装备落到海里听天由命，而那些勉强没有倾覆的，士兵们也不得不忍受大风浪带来的潮湿、阴冷和颠簸晕船，当然也还有大战将来的紧张。登陆艇也不可能把士兵完全送至海滩，在舱门打开后，已经被晕船折磨得精疲力竭的士兵们不得不背负着沉重的包裹再涉水行走达几百米，然后才能够在海边的堤岸那里找到一个隐蔽的所在。而之前的整个过程，都是暴露在德军的机枪、速射炮、重炮的射程中进行的。这是一种什么感觉？地狱，我认为是。

诺曼底的滩头遍植被戏称为"隆美尔芦笋"的三角铁鹿砦，这种原本是为了阻挡盟军坦克的障碍物现在反倒成了步兵唯一可以拿来遮挡下自己的东西，至于这种安慰性质的掩体到底功能几何？斯皮尔伯格已经用他电影开头写实的30分钟告诉我们答案了。更悲剧的是装甲支援力量的缺失，原本计划要跟步兵一起上岸的十几辆水陆坦克大半部因为登陆艇倾覆沉入了大海，而仅有的几辆闯至滩头的幸运儿又被德军的88毫米炮准确地打了靶子。于是当天的奥马哈海滩变成了大红一师的步兵以单纯的血肉之躯来突破德国人的机枪、重炮和防御工事的战场，双方不死不休。

这仗硬到什么程度呢？大红一师一天内伤亡就达到了3000多人！其中主攻的第16团更是占到了总伤亡数字的1/3还多，该团被压制在防波堤下长达两小时，战况最惨烈的时候海水都被染成红色！负责指挥的布雷德利将军甚至一度精神崩溃到要放弃奥马哈海滩的登陆行动。平心而论的话，也就是大红一师这种老资格的王牌部队，才能忍住这种伤亡率而不崩溃，坚持一天居然还在傍晚用连续不断的炸药爆破突破了奥马哈滩头，挽救了诺曼底登陆，挽救了布雷德利的前程。以至于将军激动地说："这就是我为什么决定派许布纳的英勇善战的'大红一师'去增援的原因。像在西西里岛战役一样，'大红一师'又在敌人的枪林弹雨里冲锋陷阵。感谢上帝，'大红一师'正在那里。"

大红一师在1944年6月6日那一天的表现，完全符合了潘兴将军当年对这支部队的期许——"没有什么困难不能克服，没有什么牺牲不能付出，任务第一，职责至上！"当之无愧的王牌，美军之柱石。

在那之后，大红一师一路凯歌，解放比利时，突破齐格菲防线，跨越莱茵河，剑指亚琛，这个当年查理曼大帝国的首都现在成了来自大洋彼端的盎格鲁—撒克逊人后裔要征服的一个据点，不由人感慨历史无常啊。1944 年底，阿登反击战打响，德国人第 12 装甲师跟大红一师的死磕中遭到完败，然后第一步兵师 16 团再接再厉消灭了德军一支空降部队，甚至将该部的团长生擒活捉。时间延至 1945 年初，大红一师继续发起反攻，再次越过齐格菲防线，攻占雷马根大桥的桥头堡，到 4 月 1 日，已向东推进 240 多千米，甚至一度攻入到捷克斯洛伐克境内，直到德军签署投降书，美苏两国沿着德国中间线会师，大红一师才从中欧撤回，就此驻扎在德国中部地区，长达 10 年。

4 年的战争中，大红一师经历大小 40 余战，俘敌 10 万人，前后有 15 人获得国会荣誉勋章。而该师为战争胜利付出的代价也是最惨重的，大红一师的士兵们为反法西斯承担了 2.1 万人的高伤亡，甚至战争结束之时，部队中曾参加过北非作战的老兵已不足百人。

让我们向这勇士致敬！

十七、美国第 2 装甲师

二战中的美军装甲部队长久以来都是比较冷门的话题，第一是美军的装甲部队战绩不彰，没有像东线的库尔斯克那种让人记得住的硬仗。第二是美国的坦克性能平平，M4"谢尔曼"之流面对德国的"虎豹"时只能躲在空军的庇护之下，硬桥硬马的单打独斗就没有看得过去的战损比。不过曾有一支美军装甲部队让人眼前一亮，它在欧洲大陆长驱直入，接连光复法国、荷兰、比利时，之后又第一个冲过了莱茵河，一时风光无二。这便是有"地狱之轮"美称的美国第 2 装甲师，一支由乔治·巴顿将军调教出来的装甲王牌。

（一）从徽章说起

美利坚是一个讲究个性的国家，个性到军队的徽章都设计得花花绿绿，互不相同。像第 1 步兵师的"大红 1"或者第 29 师的太极阴阳图案都是个中经典，但是美军的几支装甲师却罕见地保持一致，统统一个呆板的三角形，里面红黄蓝三个等分色块，主体图案为坦克底盘、火炮加闪电，倒是很好地体现了装甲部队的作战思想。而唯一能把这几支部队区分开的只有图案上方表示部队番号的阿拉伯数字和下缀的部队格言——第一装甲师是"Old Ironsides"，即"重装甲"，据说是来自某艘老式铁甲舰的灵感；而本文的主角第 2 装甲师的信条则是"Hell on Wheels"，即

"地狱之轮"，这名字想想都带着一种火爆与血勇。不消说，肯定是擅长蛊惑人心的巴顿先生的创意，当然后来老头子还说过一句更煽动的——"我们不但要枪毙了那些德国和意大利狗崽子，还要把他们的内脏掏出来润滑我们的坦克履带！"

装甲部队徽章之所以显得没个性，倒不是因为坦克兵缺乏艺术细胞，实在是时间太赶——在1940年内美国人从无到有组建两个装甲师只花了几个月时间，这期间光为了凑齐人员和装备就忙翻了天，哪有时间再去设计徽章，有一个凑合用着就不错了！而后面成立的装甲部队觉得，既然大哥二哥的徽章都一样的，我们这些小弟又岂能打破这个规矩！于是这个颇像电工标志的三角就成了美军16个装甲师的共同特征——这其实也是装甲兵的个性，爷们就是喜欢一脉相承，不行吗？

（二）强军成型

刚成立时的第2装甲师首任师长是斯科特少将，这个人可以忽略，因为负责具体训练的教官小乔治·巴顿上校，才是第2装甲师乃至整个美国装甲部队的灵魂人物。巴顿的经历不用多重复，骁勇善战、口无遮拦又喜欢抗上的性格让他被划入了无人不知、无人不晓的行列。但很难想象这样一个言语粗鄙的家伙居然是上流社会出身，从小还接受了系统的文学与艺术的培养，生活品位高雅而独特。老巴头素来只穿高级面料制作的精良军服，擦得锃亮的长筒马靴，罕见而拉风的有机玻璃护目镜（隆美尔也有一副），佩戴镶嵌象牙柄的左轮手枪，抽最高级的古巴雪茄，然后敬着由他发明的酷到极点的"巴顿式军礼"，潇洒地前往一线部队视察。可他老人家一张嘴就是脏话满天飞，用来鼓舞那些小兵的士气；打仗时候则大吼大叫、风风火火地冲锋在前，贵族气质和军人血性在他身上居然这么矛盾的统一。其人格魅力让讲究军人气度的德军也很是赞赏，在那些高傲的德意志军官眼里，巴顿是为数不多的可以与他们为伍的盟军将领。

早在一战时期，巴顿就投身于坦克部队的训练与战术研究。他的起家比起古德里安、朱可夫和戴高乐要早很多，但不幸的是，一战结束后美国奉行孤立主义的政策，拖累了军队的进步。装甲力量发展缓慢，陆军内部反对坦克的保守势力跟德国与苏联比起来显得尤为强大，最困难的时候巴顿甚至一年只能申请到500美元的经费！无奈之下他只好洒泪告别心爱的坦克，来到骑兵仪仗部队混日子。直到1939年二战爆发，古德里安地"闪击战"彻底震慑了美国陆军高层，已经54岁的巴顿才时来运转，官升上校，被起用参与装甲师的组建工作。

尽管有高手出马，第2装甲师在国内辗转训练时间还是长达两年，巴顿几乎是手把手地教会了小伙子们怎么开坦克，然后又不厌其烦地把自己总结的装甲兵行军、作战心得——告诉众人。1940 年 11 月，巴顿不出意外地晋升为第 2 装甲师的师长，挂上了将星，1942 年又晋升为第 1 装甲军军长，麾下有第 1、第 2 两个装甲师。其中亲信的第 2 装甲师因为训练精良，被巴顿编为王牌部队，下辖 2 个坦克团（第 66、第 67 坦克团）和 1 个装甲步兵团（第 41 团），属于罕见的重型编制师，其他的装甲师只有 1 个坦克团和 1 个装甲步兵团。为了增强第 2 装甲师的打击火力，陆军高层又给其配属了 3 个自行火炮营，以及战斗工兵营、装甲侦察营和通信、医疗部队，算得上五脏俱全。

（三）北非的尴尬

1942 年底，经历了一年辛苦的战时体制转轨后，美国这头庞大的"工业怪兽"露出狰容，终于有了足够跟德军叫板的本钱。罗斯福和马歇尔决定参与欧洲的战斗，一举解决希特勒的法西斯军队。但是美国人速战速决的计划被老练的英国人给阻止了，触过德军霉头的丘吉尔认为现在德国人实力犹存，过早在西欧登陆开辟第二战场代价不小。倒不如等德国人和苏联人在东线掐个两败俱伤，然后再去摘桃子比较妥当。经过英国人这番推心置腹的劝说，罗斯福如醍醐灌顶，于是美英又凑一起商议，就拿出了一个冠冕堂皇的"火炬"计划。这个计划的核心思路就是避实就虚，不打欧洲，直奔德国人力量薄弱的地中海。正巧英国人刚取得了阿拉曼大捷，德国的"非洲军团"正处于奄奄一息的阶段，美国人索性趁机再补上一刀，彻底解决掉非洲问题以后再作打算，往好听了说叫作剪其羽翼，不好听了叫柿子捡软的捏。不管怎么讲，美国人决心要登陆北非，拿隆美尔的残兵当靶子开练了。

"火炬"计划开始进行得很顺利，盟军没费多少工夫就成功地在法属阿尔及利亚和北非登陆，第 2 装甲师上岸的地点就是大名鼎鼎的卡萨布兰卡。不过美国大兵们此刻却无心留意这个城市中是不是真的有浪漫的姻缘，因为"沙漠之狐"隆美尔来了。隆美尔对于美国人要拿他的部队练手怒不可遏，决定给美国牛仔一个教训，这才有了后来的卡塞林山口之战。第 2 装甲师在这一仗没受多大损失，但是"老大哥"第 1 装甲师却被打残了，此后这支本该是美国装甲兵大哥的部队始终未能缓过劲来，后来干脆就留在了意大利，连诺曼底登陆都没参加。

（四）登陆西西里

不过第 1 装甲师的悲剧给了第 2 装甲师表现的机会，不然论资排辈，第 2 装甲师总是会被这个"长子"压着一头，难有作为，而现在第 2 装甲师反成了美军装甲部队实际上的"带头大哥"。卡塞林山口的惨败让美军士气大跌，巴顿也被暂时调去第2军帮助部队恢复士气，他嫡系的第2装甲师则留在摩洛哥整训。巴顿想将其编入即将成立的第7集团军，为以后在意大利的战斗做准备。1943年7月10日，巴顿总算如愿以偿，第2装甲师在登陆西西里岛的当天被编入巴顿指挥的第7集团军麾下，任务是在西西里岛的西南部登陆。不过，按照作战计划，解放西西里的主要任务是蒙哥马利和英军部队，巴顿的第7集团军只是助攻的角色。

骄傲到骄横的巴顿自然不会善罢甘休，他暗示部下只要有机会就往死里打，不必顾忌什么"主攻"和"助攻"的区别。登陆行动的当天，第2装甲师在登陆序列中排得比较靠后，直到傍晚才全部上岛，由于局势比较平静，官兵们在友军护卫下好好休息了一晚。然而第二天天不亮德军装甲部队的反击就如期而至，敌人很狡猾，以步兵阵地为突破口，就是不向第2装甲师的阵地发动冲击，差点把美军第1步兵师逼下大海。幸亏巴顿及时赶到，指挥第2装甲师从侧翼出击，打退了德军多次进攻，巩固了滩头阵地。这时，打主攻的蒙哥马利却碰了钉子，由于德军"赫尔曼·戈林"装甲师和第1伞兵师的拼死阻击，英国人预料中的势如破竹般的推进没有出现，英军陷入了苦战。巴顿见有机可乘，直接建议把自己从助攻改成主攻，负责整个作战的英国将领亚历山大限迫于局势同意了巴顿的计划，其实早在他下命令之前，巴顿就把部队撒出去了。

第2装甲师和第3步兵师、第82空降师组成一个暂编军，坦克搭载步兵奔袭160多千米，直插西西里首府巴勒莫，5天内连战连捷，德军溃散而逃，留下的意大利人则望风而降。事后统计，第2装甲师歼敌5.6万人，大大给老长官长了脸。友军欢欣鼓舞，蒙哥马利却郁闷不已，下令部队急速攻克重镇墨西拿，后来的西西里之役变成了美英双方指挥官向这个小城冲刺的意气之争，到底还是巴顿压了蒙哥马利半头。

西西里战事结束后，第2装甲师暂时留在当地休整，因为岛上的男人大都打仗去了，那些独自留在家中、风情万种的意大利美女难免会让驻扎的美国大兵想入非非，一时间岛上竟到处都上演着"西西里的美丽传说"，坦克兵们很是过了一段惬意的浪漫假日。

（五）代号"眼镜蛇"

有道是"好花不常开，好景不常在"，西西里的安逸日子很快因为"霸王"计划的出台而宣告结束，而巴顿也因为"打耳光"的事件不得不离开部队避风头。要说这件事情巴顿做得不算过分，换成别的军事长官打小兵一个耳光也不会有那么多人说三道四，倒霉就倒霉在巴顿是个永远活在聚光灯下的人，同时他的个性又那么强，平常得罪的人太多，过刚而易折，艾森豪威尔无论怎么喜爱他，也得先扔到后方雪藏一阵了。直到 1944 年 1 月份，巴顿方才复出，担任第 3 集团军司令，现在的上司是他以前在第 2 军的老下级——布雷德利上将，这也是知名度比较高的一个盟军将领。巴顿和第 7 集团军以及第 2 装甲师的缘分就此了结，克拉克和帕奇两位将军先后接过了第 7 集团军的将印，而第 2 装甲师则转隶第 9 集团军，一丝不苟的在英国操练，为诺曼底登陆做准备。

作为重装部队，第 2 装甲师并没有参加诺曼底当天的滩头突击行动。直到 3 天后的 6 月 9 日，在海岸阵地彻底巩固后，这柄"重锤"方才登岸，随即投入到朗科半岛的作战之中。来势汹汹的坦克兵没费什么事，就砸碎了德国人硬核桃一般的防线，随即会同步兵解决了这个行军路上的后顾之忧。与此同时，盟军的登陆部队已经像潮水一般在欧洲大陆铺散开来，在布雷德利等人看来，解放欧洲大陆已经是指日可待。然而德军的凶悍却也不是浪得虚名，就在这种不利的情况下，还是让盟军在卡昂和瑟堡两度受挫，死缠烂打了一个月后，布雷德利发现自己的部队已经走不动了！而且不光是他，诺曼底登陆之后的 7 个星期里，盟军几乎无日不战，现在所有的集团军都到了强弩之末的状态。

不能眼睁睁看着这种状态持续下去！布雷德利决心利用盟军的空中优势，集中装甲部队制造一次大规模突击行动，突破点选在一个叫阿弗朗什的地方，行动代号为"眼镜蛇"。7 月 25 日，盟军出动了 2430 架轰炸机，以 4000 吨高爆炸弹开路，轰轰烈烈的"眼镜蛇"突击开始。第 2 装甲师负责右翼突破，没费吹灰之力就碾压过了德国人的防线。在当晚的防御战中，第 2 装甲师又挫败了德军的反攻企图，"眼镜蛇"行动完胜。唯一不幸的就是美军莱斯利·麦克奈尔中将在轰炸中被误伤身亡，成为当天最大的悲剧。"眼镜蛇"行动的胜利是诺曼底的重大转折，盟军终于冲到一个无须担心再被赶下海的安全距离，能够全身心投入到进一步的突击行动中。第 2 装甲师此时配属第 3 军，该部一路穿越法国领土，9 月 8 日来到比利时境内，然后马不停蹄，10 天后穿过德比边境，在那里建立了一个巩固的防御据点，准备等大部队会合后共同向德军的齐格菲防线发起进攻。

（六）在欧洲冲刺

第 2 装甲师一如既往发挥了"突击矛头"的作用，撕破第一层防线攻入德国本土，但是齐格菲防线显然不是那么容易崩溃的，而盟军由于战线过长，力量被分散，全局突破的企图未获成功，双方只好隔着齐格菲防线在德法边境对峙，一耽误就到了冬天。一鼓作气，再而衰，三而竭。盟军既然不能从诺曼底一口气杀入柏林，那么就到大独裁者希特勒说话了。1944年圣诞节前夕，德军在阿登森林地区发动了疯狂反击，德军仅存的装甲部队兵分3路，恶狠狠地向盟军冲来。在右翼，是希特勒最亲信的将领塞普·迪特里希指挥的武装党卫队第6装甲集团军，而迪特里希手里的王牌则是武装党卫队第2装甲师，也就是大名鼎鼎的"帝国"师。很凑巧的是，在北线对位防守的也正是美军的第2装甲师，两支番号相同的精锐部队狭路相逢，在圣诞节当天展开了死战。

"帝国"师的德军士兵都是在东线久经战火的老兵，加上装备精良，战斗力十分强悍。而美军胜在兵多将广，后勤充足，天上又时不时有飞机过来助阵，因此双方一时间杀了个难解难分，鲜血染红了战场的冰雪。最后，美国人的绝对实力占了上风，第2装甲师在付出了数倍于对手的代价之后，终于把"帝国"师少得可怜的坦克击毁殆尽，自身也有300多辆坦克永远变成了废铁——差不多是该师全部的战斗力！如果换成一般的美军师，可能在损失一半武器的时候就已经崩溃了，可第2装甲师愣是像黏在阵地一样，用"对子"的代价把战役中最凶恶的对手打残，为阿登战役最后的胜利做出了巨大贡献！"地狱之轮"也是那时候叫响的。

因为阿登战役中损失太大，第2装甲师很快就撤回后方休养，唱主角的是巴顿的第3集团军——他带出来的另一支能征惯战的雄狮。时间很快到了1945年，德军的崩溃已经是板上钉钉。2月10日，美国第9集团军的30万人以排山倒海之势强渡鲁尔河，奔袭至莱茵河畔，把3万多来不及过河的德军士兵包了"饺子"，第2装甲师在这场突袭中居功至伟。莱茵河是德国在西线赖以维持的最后天堑，可是巴顿似乎并没给德国人什么防守的机会，他麾下的第3集团军推进速度实在太快了，快到不但令德国人始料不及，连自己人也大吃一惊。2月22日，已经远远把美军大部队甩在后面的第3集团军渡过莱茵河，留在河对岸的是巴顿的豪言壮语和面色铁青的蒙哥马利元帅。

事出突然，余下的美军部队只好奋力追赶巴顿的脚步，以免他这步孤军突进的奇兵变成死棋。3月，第2装甲师过河，烟尘滚滚地杀向德国工业区的心脏——鲁尔。4月1日愚人节当天，在空降兵和其他友军配合下，第2装甲师与第7集团军把德军重兵集团困在了鲁尔包围圈内，受不了这个愚人节玩笑的德军司令莫德尔元帅饮弹自尽；纳粹失去了最后一位名将，而他部下31.7万名士气低落的德军士兵举手投降，德国人在西欧再没抵抗力可言。

解决了莫德尔，第2装甲师继续挥师东进，目标是德国另一条大河——易北河，以及近在咫尺的首都柏林，但是艾森豪威尔出于少流血的考虑，把攻克柏林的荣誉让给了从东方杀来的苏联人，于是命令辛普森将军停止前进，而这时候第2装甲师的兵锋距离柏林仅有 90 公里，苏军攻城的炮火隆隆可闻。4 月 11 日，第 2 装甲师和美军第 1 步兵师在易北河附近碰头。18 日，第 2 装甲师挺进马格德堡，在这里等到了苏军攻克柏林的消息。25 日，美苏双方会师，第二次世界大战的东西战场终于重叠在一起，这历史的一刻永远被相机定格，成为人类共同的回忆。

当年 7 月，第 2 装甲师获得了驻防柏林的任务，成为美军序列中唯一一支开进柏林的军队，算是弥补了当初未能攻打柏林的遗憾，当然，这时候德国已经投降，和平降临欧洲。战后第 2 装甲师又被编入第 7 集团军，1991 年参加了攻打伊拉克的"沙漠风暴"行动，战后被裁撤，"地狱之轮"成了历史。

十八、美国第 442 步兵团

二战中美国陆军的各级作战部队可谓"群雄并起"：在师级单位中，第 82 空降师、大红一师和第 2 装甲师堪称一时瑜亮；在连级作战单位中，第 101 空降师第 506 伞兵团第 2 营第 5 连也是家喻户晓（别说你没看过《兄弟连》）。名气稍逊一些的可能就是团营级部队，它们既没有师级单位独当一面的风光，也没有连级单位发挥个人英雄主义的舞台，所以美国的影视大片中少有团营级单位的身影。然而就有这么一支团级部队，它在一年多的战斗生涯中获得了 8 次"最佳作战单位奖"（美军最高集体荣誉），21 人次获得了美军排位最高的国会勋章（2000 年时克林顿总统追赠，该勋章二战中只颁发了 464 枚），249 人次获得银星勋章（美军排名第三位的勋章），579 人次获得铜星勋章，数千人次获得紫心勋章（大约 9000 名士兵先后在该部队服役），因此被美国人称为"紫心部队"。而这样一支战功赫赫，勋章满胸的部队竟然全部是由日裔侨民组成的，实在是传奇中的传奇。

（一）无妄的池鱼

1941 年 12 月 7 日，日本海军联合舰队利用航母舰载机偷袭了有"太平洋心脏"之称的珍珠港。在历时两个小时的攻击行动中，日军以约 200 人死伤，损失 29 架飞机和 5 艘潜艇的代价重创美国太平洋舰队，击毁美军飞机 188 架，击沉击伤美军战舰 40 余艘，毙伤美军 4,500 余人，算得上美国建国以来遭受外国力量最沉重的突然袭击（另一次就是 911 事件了）。一直幻想着置身事外的美国人被这种不宣而战的卑劣行径所激怒，12 月 8 日，罗斯福总统在参众两院发表了战争咨文，宣布前一天为美国的国耻日。讲话之后，美国国会以 534 票赞成、1 票反对通过了《对日宣战案》，美国这部庞大的战争机器开始高速运转。

在军方进行战争动员，军火企业开足马力生产的同时，美国政府也遇到了一个难题。众所周知，美国是一个移民组成的国家，其中就包括大量取得美国国籍的日裔和侨居美国的日本人，这些人应该如何安置？最终，为了美国的自身利益，罗斯福在 1942 年 2 月 19 日颁布了第 9066 号行政命令，授权军方可以自行决定什么人群可以进入军队服役。这项命令虽然没有特指日裔美国人，但是却为扣留日裔血统的美国人埋下了伏笔。1942 年 3 月，美国西部防务司令、陆军中将约翰 . L. 德威特发布第 108 号军事命令，要求西海岸的日裔美国人和日本侨民必须卖掉房子和产业，前往指定地点报到，并且规定每个成年人只能携带 70 公斤重的行李，他们不再有名字而只有一个分配来的号码。几个月后，大约 11 万人在国民警卫队的"护送"下，从自己舒适温暖的家中搬出，被安置在美国中西部地区特别修建的 10 个"重新安置中心"。这些地点要么荒无人烟，要么就是沙漠地带，他们被宣布为 4F 和 4c 级人员（即不得服役和敌侨人员），住所周围安有铁丝网，受到 24 小时监控，与外界完全隔离。2007 年上映的电影《美国往事：我的星条旗》中就真实再现了这一历史场景，主人公和夫就是一个被安置在临时中心的日裔美国人，他和儿子里恩外出购买生活必需品（在士兵的"陪同"下），白人店主毫不掩饰对他们的敌意，愤怒地喊叫着："2400 名美国人刚刚在珍珠港丧生，你们这帮'第五纵队'的日本人还想着用格子布做窗帘？"就这样，战争让日裔美国人成了其他美国人怀疑和泄愤的对象。

（二） 从夏威夷到谢尔比

美国西海岸可以进行拘禁政策，而在远离美洲大陆的夏威夷群岛，这招就行不通了。原因很简单，夏威夷群岛上的 40 万居民中接近半数都是日裔血统，如果对他们也采取拘禁措施，那么夏威夷的经济就将面临一场灾难，更别提支援太平洋作战了。最终，出于防备心理，驻夏威夷的美军指挥官埃蒙斯上校将 1300 多名日裔士兵从国民警卫队的第 298 和 299 步兵团中扫地出门。即便如此，军方对这些日裔士兵仍然颇感头痛，一方面对他们极度不信任，另一方面又觉得将他们遣散并不妥当，毕竟这些士兵熟悉美军内部事务，又具有极强的军事能力，算得上社会的不安定因素（想想《第一滴血 I》中的士兵兰博）。1942 年 6 月 5 日，军方决定成立"夏威夷临时步兵营"，专门招收那些被强行退役的日裔士兵，然后再将他们送往美国内陆的威斯康星州麦考伊营地进行训练，这样既能控制住这些士兵，又能让他们远离夏威夷这个是非之地，算得上一举两得。6 月 12 日，该营被正式命名为第 100

独立步兵营，该营后来成为第442步兵团的主力。

1943年初，第100独立步兵营在麦考伊完成了基础训练，又被送往密西西比州的谢尔比营地。在这两处军营，日裔士兵不但要完成各种体能训练、枪械射击和战术协同训练，还要不时地接受忠诚度的调查。按照战后的解密档案，当时军方的很多将军都在用放大镜观察这支部队，希望能找到借口将其解散。然而这些日裔士兵的表现出乎所有人的意料，他们不但在训练场上证明自己是合格的战士，还成功地通过了各种测试，甚至还有5名士兵因为勇救落水平民而被授予了奖章。到1943年初，军方对这批日裔士兵的疑虑基本烟消云散了。1942年2月1日，美国政府撤销了禁止日裔公民进入军队服役的命令，一个主要由日裔士兵组成的第442步兵团正式成立，该团下辖3个步兵营、1个炮兵营、1个工兵连、1个反坦克连、1个通信连、1支医疗队、1个军乐队组成。

（三）初战意大利

就在第442步兵团进行整编、训练之时，第100独立营已经开赴了北非战场。1943年9月3日，该营在阿尔及利亚的奥兰港登陆。一周后，该营被划归给久经沙场的第34师（美军中有名的"红牛师"）第133团指挥。最初，该营一直承担较为安全的机关保卫任务，这让个头矮小，身体单薄的日裔士兵非常不满，他们强烈要求前往一线作战。9月19日，第100独立营在意大利南部的萨莱诺湾登陆。此后的几个月中，第100步兵营一直在意大利南部辗转作战，除了装备精良的德军，他们还要克服意大利严冬的寒冷天气和山地战的疲劳，甚至还要面对友军的刁难，毕竟他们是美军中的"异类"。然而在激烈的战斗中，第100独立营的士兵表现出了东方战士特有的顽强精神：在进攻萨莱诺湾南部小镇蒙特米特罗的战斗中，第100独立营遭到了德军隐蔽机枪阵地的猛烈射击。换成美军其他部队，早就交替撤退，然后呼叫空中支援；而该营B连3排的战士却挺着步枪发动冲锋，一举摧毁了德军的火力点；11月底，第100独立营将机枪布置在德军防御高地的背面斜坡，然后前后夹击，三天内连续攻克3座高地，成就了"一天一个高地"的战史传奇。

1944年1月底，美第5集团军和德军在意大利中部的卡西诺山进行了一场惨烈的攻防战。随着第5集团军司令官克拉克将军的一声令下，第100独立营奉命强渡拉皮多河，向卡西诺山发动进攻。1月24日深夜，该营的A连和C连士兵悄悄接近拉皮多河东岸。他们首先遇到的是没膝的泥沼和德军布下的数千枚地雷，但这些障碍并没有带来太多的麻烦，他们在第二天清晨攻占了河堤。此时，美军炮兵开始火力支援，然而这些重炮没有起到支持作用，反而让德国人发现了河岸附近的异常，两个连立即为密集的机枪火力所包围，该营的指挥官在战斗中身受重伤。26日清晨，B 连开始渡河增援，结果在德军密集火力的杀伤中，187 名美军士兵只有14 人到达对岸。不久，军方下达了撤退命令，第 100 独立营被迫撤回了出发地。

尽管连续作战让第 100 独立营减员严重，但是该营还是在 2 月 8 日投入到夺取卡西诺山第 165 高地的战斗中。该高地是通往卡西诺山顶修道院的必经之路，在没有侧翼掩护的情况下，第 100 营一举拿下高地并坚守了整整 4 天，最后因为其他方向的进攻部队攻击不利才奉命撤回。到卡西诺战役结束，满编 1400 余人的第 100 独立营只剩下 512 名士兵，A 连的一个 40 人的步兵排只有 5 人生还，连对面的德军伞兵都被第 100 独立营的凶猛斗志所折服，称其为"小铁人"部队。为了表彰其战功，克拉克将军准许第 100 独立营和第 133 团作为首批进入罗马城的部队。

（四） 双剑合璧

1944 年 5 月 1 日，第 442 步兵团在意大利安其奥登陆，在此之前该部一直留在美国本土训练，为第 100 独立营提供补充兵员。后者在战场上的杰出表现触动了美国军方，他们决定将第 442 步兵团投入战场，第 100 独立营也划归第 442 步兵团建制，它们都隶属于第 34 步兵师。6 月 26 日，第 442 步兵团奉命进攻佛罗伦萨附近的战略要地贝尔维德尔镇。该地由武装党卫队部队的一个摩步营驻守，是德军防线上的强力支撑点。战斗开始后，德军利用隐蔽的 88 毫米高射炮和坦克将正面进攻的 442 步兵团第 2、第 3 营压制在小镇外围，这两个营的士兵虽然缺乏重武器支援，但仍然顽强地与德军对射。关键时刻，作战经验丰富的第 100 营从侧翼迂回，一举突破了德军阵地上。到当天中午，第 442 步兵团肃清了整个贝尔维德尔镇的残敌，毙伤德军 300 余人。

7 月 2 日，来不及休整的第 442 步兵团再次接到命令，攻击阿诺河（意大利中部的河流）附近的第 140 高地。这场被美军称为"小卡西诺"的局部战斗一开打就是火星四溅，德军一个山地步兵营利用坚固的工事和猛烈的炮火负隅顽抗，当天就让第 442 步兵团的一个主力步兵连伤亡殆尽。然而第 442 步兵团并不退缩，该团下属的工兵连硬是在夜色中坚持扫雷（黑夜中排雷危险性极高），在德军密布的雷区中开辟了一条通道。7 月 6 日凌晨，第 442 步兵团以两个营的兵力从 140 高地的东西两翼发动突袭，日裔战士手持刺刀和冲锋枪冲入德军战地，双方士兵展开了残酷的肉搏，拉响手榴弹同归于尽的场面屡屡出现。直到 7 月 7 日凌晨，第 442 步兵团凭借兵力的优势最终拿下高地，全歼了所有德国守军。8 月初，第 442 步兵团跟随第 34 师到达阿诺河边，结束了罗马—阿诺河战役。在罗马到阿诺河的 50 多公里的战线上，第442步兵团损失了1272名士兵，战损比堪称第34师之冠。当年9月，第442步兵团部队脱离了第5军34师的建制，被划归第7军第36师指挥。

（五）拯救牛仔

结束了意大利战役之后，第442步兵团跟随第36师在法国马赛登陆，他们进入法国后再次接到了艰巨的作战任务——攻占法国东部孚日山脉的小城布吕耶尔。当时这座小城外围有代号为A、B、C、D的四个高地，每个高地都有德军重兵保守。尽管在之前的意大利战场上，第442步兵团已经经历过山地作战，经历过不同寻常的地形但那里多数是平原，但这一次孚日山脉的特殊地势还是给他们带了来前所未有的困难：浓雾、泥潭、大雨、灌木丛和德军猛烈的炮火是他们不得不面临的几大难题。战斗在10月15日正式打响，10月18日，A、B两个高地先后被拿下，C、D两个高地因为是通往布吕耶尔的门户，所以德军反复争夺，阵地几次易手，直到10月22日才被第442步兵团彻底掌握。10月23日，该团又授命进攻布吕耶尔以北的比芬特纳。早有准备的德军玩了一手诱敌深入，他们将442团的两个步兵营放人镇内，然后四面围攻，切断其与美军主力的联系，让后者彻底失去了炮火支援。然而第442团却是美军中少有的"硬骨头"，该部利用地形拼死抵抗，硬是在乱战中拖住了德军的一个精锐步兵团，最终在第36师的倾力支援下全歼德军。

第442步兵团在比芬特纳休整了不到两天，就接到命令去援救第140团的一个步兵营。该营在比芬特纳以北3千米的地方遭到了德军精锐部队的围攻，该团的一个步兵营被阻隔在德军防线之后，正在望眼欲穿地等待援军的到来。10月27日凌晨4点，第442步兵团从营地出发，一头撞向了当面的德军坚固阵地。他们虽然得到了两个野战炮兵营的火力支援，但解救行动还是变成了一场持续3天的"自杀"式强攻：弥漫的浓雾使得第442团的士兵们根本看不清15米外的情景，士兵们必须得紧抓住前面的战友才能前进，大雪、寒冷、泥潭和疲惫带给他们无尽的折磨。陆军航空队虽然投下了部分的弹药和食物，也因为浓雾最终落入了德军之手。弹尽、粮绝，友军仍在等待支援，在这个危急时刻，第442团第3营的日裔士兵们发动了美军中不可能出现的"万岁冲锋"，这些年轻的战士高呼着"万岁"的口号冲出赖以存身的散兵坑，迎着呼啸而来的子弹奋力前冲，他们向德军阵地投掷手榴弹，用步枪和MG42机枪对射，最终摧垮了德国守军的勇气。10月30日，第442步兵团终于将幸存的200多名友军救出，而该团的伤亡却高达800人，"紫心部队"的绰号也由此而来。后来，这场名为"拯救失踪的营"的战斗被写入了美国军校的教材，关于这场战斗的油画至今仍悬挂在五角大楼。

（六）战后经历

法国境内的战斗结束后，第 442 团被一分为二：第 552 炮兵营跟随第 36 师进入德国本土作战，该营的先遣队解放了臭名昭著的达豪集中营；其他部队则被调往了意大利北部，参加对德军"哥特防线"的攻击。在此之前，美国第 5 集团军和英国第 8 集团军已经和德军僵持 5 个多月，始终未能突破德军防线。美军指挥官克拉克将军想出了一个声东击西的战术：由第 442 步兵团和第 92 师从波河北面发起突袭，吸引德军注意力，然后由英国第 8 集团军从南面发动主攻。1945 年 4 月 3 日，442 团发动了进攻，他们硬是把佯攻变成了主攻，再次发扬了"一天一个山头"的进攻精神，让整个哥特防线彻底崩塌。5 月 2 日，意大利境内的德军投降，6 天后德国投降，第 442 步兵团结束了自己的最后一战。

在整个二战期间，先后有 9000 多名日裔士兵在第 442 步兵团服役，最初在该团服役的 3000 名士兵伤亡率高达 93%，在二战的美军地面部队中首屈一指。第 442 步兵团的殊死作战多少改变了美国政府对日裔美国人的偏见，二战结束前，"重新安置中心"的日裔和日本侨民获得了释放。然而这支部队的优秀表现和累累战功并没有改变美国普通民众的反日态度，一些人在欢迎第 442 步兵团退伍兵的欢迎会上打出了"滚出美国"的标语，一些餐厅甚至拒绝日裔老兵入内……

然而日裔美军官兵对国家的忠诚、为反法西斯战争的贡献最终为日裔打消了种族误解、赢得了尊重。1983 年 2 月 24 日，美国政府承认二战期间强制拘留日裔公民是一个错误。1988 年，里根总统签署 383 号法案，代表美国政府向所有被关入"重新安置中心"的日裔美国人道歉并向健在的幸存者每人赔偿 2 万美元。1951 年，美国拍摄了反应第 442 步兵团战斗历程的影片《二世部队》（所谓二世部队，是指该部队的成员都是第二代日裔美国人）；25 岁的日裔美国演员中野莱恩担任了男主角参与演出；2007 年，中野莱恩的儿子迪斯蒙德出演了同类型影片《美国往事：我们的星条旗》，向忍辱负重、英勇顽强的父辈致以崇高的敬礼。

特别提示：

　　本书在编写过程中，参阅和使用了一些报刊、著述和图片。由于联系上的困难，和部分作品的作者（或译者）未能取得联系，对此谨致深深的歉意。敬请原作者（或译者）见到本书后，及时与本书编者联系，以便我们按照国家有关规定支付稿酬并赠送样书。

　　联系电话：010-80776121　　联系人：马老师